U0593470

高等院校工商管理专业精品教材系列

ENTERPRISE RISK MANAGEMENT
THEORY & PRACTICE

风险管理
理论与实务

（第2版）

孙立新◎编著

经济管理出版社
ECONOMY & MANAGEMENT PUBLISHING HOUSE

图书在版编目（CIP）数据

风险管理：理论与实务/孙立新编著．—2版．—北京：经济管理出版社，2019.7
ISBN 978-7-5096-6727-9

Ⅰ.①风…　Ⅱ.①孙…　Ⅲ.①风险管理　Ⅳ.①F272.35

中国版本图书馆 CIP 数据核字（2019）第 137224 号

组稿编辑：申桂萍
责任编辑：申桂萍　朱江涛
责任印制：黄章平
责任校对：王淑卿

出版发行：经济管理出版社
　　　　　（北京市海淀区北蜂窝 8 号中雅大厦 A 座 11 层　100038）
网　　址：www. E - mp. com. cn
电　　话：（010）51915602
印　　刷：三河市延风印装有限公司
经　　销：新华书店
开　　本：787mm × 1092mm/16
印　　张：20
字　　数：487 千字
版　　次：2019 年 8 月第 1 版　　2019 年 8 月第 1 次印刷
书　　号：ISBN 978-7-5096-6727-9
定　　价：58.00 元

前　言

　　企业风险管理理论起源于 20 世纪 50 年代的美国公司实践，进而成为一门独立的管理学科，逐渐形成了以风险识别、风险评定、风险决策和风险监控为主线的完整学科体系。风险管理进入一般的企业管理领域以 1963 年由麦尔和海基斯（Mehr & Hedges）合著的《企业风险管理论》一书的出版为标志。20 世纪 90 年代，西方商业界把"风险管理"课程作为前往中国进行投资的行政人员必修科目，现在很多 MBA 课程都加入了"风险管理"这一内容，中国注册会计师考试（CPA）更是将"风险管理"作为其中的重要组成部分。

　　哈佛商学院的前院长杰伊·莱特（Jay Light）曾详细讨论过，在商学院里如何教会学生发现、评估和管理风险的技能。在给伯克希尔·哈撒韦公司（Berkshire Hathaway Cooperation）股东的信中，巴菲特（Warren E. Buffett）认为，商界领袖不仅是一个风险管理的接触者，而且还应该保留对这些人的刑事追诉权：一个庞大的金融机构董事会，如果不坚持其首席执行官承担全部责任去进行风险控制，那么这个董事会就是失职的；如果他没有能力处理好这项工作，那么他也就该卷铺盖另找工作了；如果他失败了，而其政府需要对其注入资金或者进行担保，那么他和他的董事会造成的后果就是非常严重的。由哈佛商学院教授卡普兰和诺顿（Kaplan & Norton）推荐的平衡计分卡（Balanced Score Card，BSC），已经成为成千上万的企业长期使用的工具，但是卡普兰说，这个系统缺乏一个关键部分，一个被经济危机否定了的缺点，现在，平衡计分卡可能需要进行一些修改或补充。卡普兰还说："我不得不说这个系统的缺点在过去几年里已经显示出来了，那就是这个系统缺乏有关风险评价和风险管理的内容。我现在的思路是，我认为，公司在需要自己的战略计分卡的同时，还需要一个平行的计分卡——风险计分卡。""风险计分卡将会倾向于考虑哪些方面会出错，并控制那些风险的提升，对企业及早发出预警信号，建议其采取补救措施。'风险管理'原来是一个极为重要的功能，但是我们之前提到的很多'金融服务'公司并没有给予足够的重视。风险管理是孤立的，也常常被人看作是一个遵守合约问题，而不是一项战略职能。现在我们看到，预警、减灾和风险管理必须被提升到一个和战略进程平等的水平。"

　　本书立足于风险管理的"纵"（风险管理的程序）、"横"（风险管理的类别）两方面，结合风险管理实例，着重培养相关读者对风险管理的基础理论、基本方法的理解。同时，特别关注风险管理主要方法的应用能力、关键风险类别的管理能力。从内容上来看，本书共分三大部分十一章，各部分及章节的具体内容如下：

　　第一部分包括第一章风险与风险管理基础，主要介绍风险的含义、特征，风险的构成要素、种类、属性，对待风险的态度，以及对风险的度量；风险管理的含义、发展、职能以及目标和过程。

第二部分包括第二章至第五章，主要是从"纵"的层面——风险管理的四个主要流程来进行阐述。第二章为风险识别，包括风险识别的相关理论、方法与应用；第三章为风险评定，包括风险评定的相关理论、方法与应用；第四章为风险决策，包括风险决策的相关理论、方法与应用；第五章为风险监控，包括风险监控的相关理论、方法与应用。

第三部分包括第六章至第十一章，主要是从"横"的层面——风险管理的六个关键类别来进行阐述。第六章为战略风险；第七章为财务风险；第八章为政治风险；第九章为市场风险；第十章为信用风险；第十一章为操作风险。每章均注重各类风险的基础理论、基本方法与应用。

本书在参考大量国内外文献的基础上，融入了近年来国内外学者的研究成果，本书还选用了较多的案例，这些研究成果和案例来源于多个渠道，本书未能一一列出，在此，特向这些研究成果和案例的相关作者表示衷心的感谢。本书对整体结构、内容的安排及案例的选择进行了精心设计，进行了一种尝试，难免出现一些错漏和不足，恳切希望广大读者及从事相关研究和实际工作的学者、专家提出宝贵意见，以便今后进一步修正、完善。

本书主要适用于高等院校经管类专业的本科、研究生教学，同时也适用于经管类研究人员、从业人员，以及对风险管理课程感兴趣的人士。

目　录

第一章 风险与风险管理基础

【学习要点】

☆ 了解风险的含义、特征及构成要素。

☆ 理解风险的种类、属性、态度。

☆ 掌握风险的度量。

☆ 了解风险管理的概念、职能和意义。

☆ 理解风险管理的目标和过程。

【章首案例】   **美国杜邦公司**

1802 年，杜邦公司成立于美国特拉华州的白兰地河畔，生产黑火药。在此后将近 100 年的时间里，杜邦的主营业务始终没能脱离黑火药的生产。1818 年 3 月的一天，厂内的一个工头喝醉了酒，没有按照规定的安全程序操作，结果引起了工厂的爆炸。在熊熊燃烧的火焰中，40 多名工人的生命被夺去，损失近 12 万美元，十几年的苦心经营险些付之一炬，杜邦公司几乎走到了崩溃的边缘。火药爆炸后，杜邦便将"安全"二字渗入全身的毛细血管，在工业安全上的措施不断改进。如今仍处于高危行业的它，却以"全球最安全的公司"著称。

如今，杜邦已有多家雇用 2000 名以上员工的工厂，在连续十多年的运转中，没有出现过一起工伤事故。杜邦的安全纪录也远远优于其他企业，公司每 100 万个工时发生损失工作日的频率是 1.5，包括划破一个手指、手脚扭伤及下班以后的伤害记录，是美国各行业平均记录的 1/10；超过 60% 的工厂实现了"0"伤害率，杜邦每年因此而减少了数百万美元的支出。

"安全"这两个字几乎被杜邦发挥到了极致，员工上班时比下班后还要安全。每一个员工在加入杜邦时，都必须承诺信守"安全是被雇用的条件"；每个新员工入职之后最先接受的就是安全培训；所有会议的第一个议程必须是介绍安全通道或分享安全知识；每个员工身上都有一张卡片，卡片上有负责安全的联系人的通信方式；打开电子邮件，就会收到有关安全的常识；各级管理层必须对安全负责；在杜邦的高级管理层进入新工厂亲自操作以前，任何员工不得私自进入新工厂……《华尔街日报》曾报道说，杜邦对于员工安全的关心已到了有点疯狂的地步。

在杜邦，有近乎苛刻的安全指南：在走廊上，员工没有遇到紧急情况时不允许奔跑；员工上下楼梯必须扶扶手；笔筒里的笔全部笔尖朝下；打开抽屉取放东西后必须马上关好；人坐在椅子上，不能让座椅只有两条腿着地；椅背上不能挂衣服，统一挂在衣服架上；水杯必须带盖子；水杯必须远离电脑；会场上，插线板的电源线如果暴露在地面上，必须用胶带把电线固定在地面上。

杜邦的下属公司上海杜邦农化有限公司针对农药生产的特殊性，对员工工作服的存放、清洗和废旧制服的处理都做出了相当具体而详细的规定，严禁员工将工作服穿出工厂。还有一个员工称之为"保命条款"的规定，就是坐车必须系安全带，如果公司发现坐车不系安全带的员工，马上会将其开除。上海的出租车只有前排副驾驶的位置有安全带，后排都没有安全带，在这种情况下，杜邦的员工如果出去开会，就只能一人打一辆车。

东莞杜邦电子材料有限公司规定，每位进入车间的员工都必须戴防护眼镜、身着制服以防化学药剂溅到眼睛或衣服上；每个工作室的出口处上方的指示灯要保持常明；每个车间都安装安全淋浴设施，包括紧急冲淋器和洗眼装置，每周有专人检查这些装置，测试有无故障。东莞杜邦公司还为员工专门制作了"员工诊疗卡"。这样，公司员工在外地出差或休假时，如遇到突发事故需要就诊或紧急治疗，即使在没有带钱的情况下，也能得到及时的医疗帮助。此卡的正面有员工的姓名、亲笔签名及身份证号码，背面印有公司负责人的姓名和电话，诊疗卡上还印着"东莞杜邦衷心感谢贵院照顾我们的员工。如员工无法支付现金，东莞杜邦保证支付全部费用，请将账目清单连同此卡一并寄往：……"的字样。

当然，工作之外的安全和工作之内的安全同等重要。从1953年开始，杜邦就规定，员工在家里做家务受了伤，要向公司报告，甚至对员工装修房子使用什么材料也提供相关的指导。

资料来源：作者根据多方资料整理而成。

企业风险管理是一个极具挑战的领域。随着世界经济国际化、金融全球化的发展，以及科技进步、技术创新使得市场竞争日益激烈，企业每天都受到不确定性的困扰，风险可谓无处不在。要进行企业风险管理，首先要从认识风险开始。

第一节　风险的含义、特征和构成要素

一、风险的含义

1. 风险的生活渊源

人类认识风险的历史几乎与人类的文明一样久远。普遍认为，"风险"（Risk）一词最早来源于生活中的"风"险。在远古时期，以打鱼捕捞为生的渔民们，深深地体会到"风"给他们带来的无法预测、无法确定的危险。他们认识到，在出海捕捞打鱼的生活中，"风"即意味着"险"，因此，渔民们每次出海前都要祈祷，祈求神灵保佑自己能够平安归来。

2. 风险的词源

从词源上来看，多数学者认为"风险"一词是舶来品，有人认为来自阿拉伯语，有人认为来源于西班牙语或拉丁语。据 19 世纪的德国伟大东方语言学家艾瓦尔德（Ewald）考证，英语中"风险"一词是从欧陆引进的，到 17 世纪才出现；在中世纪（从公元 5 世纪持续到公元 15 世纪），拉丁词 Risicum 是一个高度专业化的词汇，主要用于海上贸易以及随之而来的有关损失或损害的法律问题。那时，风险是指一种客观的危险，一种上帝的举动，一种不可抗力的可能性；而来自意大利语的"Risque"一词，是在现代早期的航海贸易和保险业中出现的。

3. 风险的学术定义

目前，学术界对风险的内涵阐述很多，但至今还没有统一的定义。由于对风险的理解和认识程度不同，或对风险的研究角度不同，不同的学者对风险概念有着不同的解释。1901 年，美国哥伦比亚大学的爱伦·威雷特（Allan H. Willett）在其博士论文《风险与保险的经济理论》中最早给出风险的定义：风险是关于不愿发生的事件发生的不确定的客观体现。在这个定义中，风险有两个特征：客观性和不确定性。1921 年，美国经济学家富兰克·奈特（Frank Hyneman Knight）在其经典著作《风险、不确定性和利润》中，首次明确区分了风险与不确定性，认为风险是可度量的，不确定性是不可预见和不可计量的。1964 年，美国明尼苏达大学教授威廉和汉斯（C. A. William & R. M. Heins）在《风险管理与保险》中认为，风险是客观的，因为它对任何人都是同等程度地同样存在；但同时，风险也有其不确定的一面，由于认知者的主观判断不同，不同的人对同一风险会有不同的看法。1983 年，日本学者武井勋在《风险理论》中认为，风险是特定环境中和特定期间内自然存在的导致经济损失的变化。这说明风险具有相对性，是在特定环境和时间状态下的产物。1985 年，美国学者海恩斯（John Haynes）在《经济中的风险》一书中对风险进行了分类并对风险本质进行了分析，将风险定义为损害或者损失发生的可能性。

4. 本书定义

综合诸多学术界文献，本书将风险定义为：风险是在特定环境下、特定时间内，预期结果偏离期望值的可能性。

风险用数学公式表示为 $R = f(P, C)$，其中 R 表示风险，P 表示不利事件发生的概率，C 表示该事件发生的损失程度。

风险管理的数学表达式则为 $R = f(P, C, A)$，其中 A 表示人的承受能力与管理能力。

二、风险的特征

风险有许多特征，其中最突出的是不确定性、客观性和普遍性。

1. 风险的不确定性

风险性质会因时空等因素变化而有所变化。风险及其所造成的损失在总体上具有必然性，是可知的；但在个体上却是偶然的，不可知的，具有不确定性。在企业经营所处的环境中，诸如全球化、技术、重组、变化中的市场、竞争和管制等因素都会导致不确定性。不确定性来源于不能准确地确定事项发生的可能性以及所带来的影响。不确定性也是主体的战略选择带来和导致的。如一个主体采取基于向其他国家拓展业务的增长战略，因此带来了与该国政治环境的稳定性、资源、市场、渠道、劳动力技能和成本相关的风险和机会。

2. 风险的客观性

风险不以人的意志为转移，是独立于人的意识之外的客观存在。人们只能在一定的时间和空间内改变风险存在和发生的条件，降低风险发生的频率和损失程度，但是，从总体上说，风险是不可能彻底消除的。

3. 风险的普遍性

自从人类出现后，就面临着各种各样的风险。风险渗入到社会、企业、个人生活的方方面面，风险无处不在，无时不有。正是由于这些普遍存在的对人类社会生产和人们的生活构成威胁的风险，才有了保险存在的必要和发展的可能。

专栏 1-1　　　　　　　　**地铁和椰子：风险的不确定性**

　　风险的本质可概括为"一个确定"和"六个不确定"。"一个确定"，就是风险发生的最后结果是确定的，即一定有损失。"六个不确定"，即：①是否发生不确定；②发生时间不确定；③发生对象不确定；④发生空间不确定；⑤发生状况不确定；⑥产生损失不确定。

　　《与机会共舞》的作者斯拜罗·马瑞达克斯（Spyros Makridakis）、罗宾·霍格思（Robin Hogarth）和阿尼尔·葛巴（Anil Gaba）指出，风险有两类，可分别用地铁和椰子来代表。人们只要做一些调查，大多数时候都可以近乎准确地预测地铁将在几点到站；而椰子就有所不同，人们虽然知道椰子熟了会掉落，但却无法预测它将在何时掉落或落在何处。因此，乘地铁可以有所计划，收集椰子就难以规划了。

　　马瑞达克斯、霍格思和葛巴认为，我们必须承认有些风险无法预测，任何风险都可以控制的想法实为不切实际的幻想。

三、风险的构成要素

风险是由风险因素、风险事故和损失三者构成的统一体。

1. 风险因素

风险因素是指促使某一特定损失发生或增加其发生的可能性或扩大其损失程度的原因。它是风险事故发生的潜在原因，是造成损失的内在或间接原因。根据性质不同，风险因素可分为自然风险因素、道德风险因素（故意）和心理风险因素（过失、疏忽无意）三种类型。

（1）自然风险因素。自然风险因素是指由自然力量或物质条件所构成的风险因素。例如，闪电、暴雨、木结构房屋等。

（2）道德风险因素。道德风险因素是与人的品德修养有关的无形因素，即是指由于个人不诚实、不正直或不轨企图，故意促使风险事故发生，以致引起社会财富损毁和人身伤亡的原因或条件。

（3）心理风险因素。心理风险因素是与人的心理状态有关的无形的因素，即是指由于人们不注意、不关心、侥幸，或存在依赖保险心理，以致增加风险事故发生的机会和加大损失的严重性的因素。如粗心大意、乱丢烟蒂等。

2. 风险事故

风险事故是指造成生命财产损失的偶发事件，是造成损失的直接的或外在的原因，是损失的媒介物。如火灾、车祸、疾病等。风险只有通过风险事故的发生，才能导致损失；风险事故意味着风险的可能性转化为现实性；风险事故发生的根源主要有三种，即自然现象、社会经济的变动、人或物本身。

3. 损失

在风险管理中，损失是指非故意的、非预期的、非计划的经济价值的减少或消失，即经济损失。这一定义包含两个重要的因素：一是"非故意的、非计划的、非预期的"；二是"经济价值的减少"，两者缺一不可，否则就不构成"损失"。通常将损失可分为两种形态，即直接损失和间接损失。直接损失，又称实质损失，是由风险事故导致的财产本身的损失和人身的伤害；间接损失则是由直接损失引起的额外费用损失、收入损失、责任损失等。多数情况下，间接损失的金额很大，有时甚至超过直接损失。

风险因素是风险事故发生的潜在原因；风险事故是造成生命财产损失的偶发事件，是造成损失的直接的或外在的原因，是损失的媒介；就某一事件来说，如果它是造成损失的直接原因，那么它就是风险事故；而在其他条件下，如果它是造成损失的间接原因，它便成为风险因素。如在"下冰雹路滑发生车祸，造成人员伤亡"和"冰雹直接击伤行人"两个事件中，前者的"冰雹"是风险因素，后者则是风险事故。损失是非故意的、非预期的和非计划的经济价值的减少；风险因素引起或增加风险事故；风险事故发生可能造成损失。三者关系如图1－1所示。

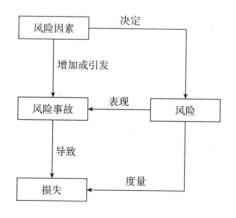

图1－1 风险三要素之间的关系

第二节 风险的种类

风险已经成为企业生产的组成部分，无处不在，无时不在。企业在被风险环境包围的同时，也制造着新的风险。企业风险不仅来自于其中的自然环境和制度环境，也来自企业作为集体或个人做出的每个决定、每种选择及每次行动。风险是以多种形态存在的，这涉及了风险的分类。

一、基本分类

1. 根据风险产生的原因分类

风险可分为自然风险、社会风险、政治风险、经济风险和技术风险：

（1）自然风险是指由于自然力的不规则变化引起的种种现象所导致的对人们的经济生活和物质生产及生命安全等所产生威胁的风险。

（2）社会风险是指由于个人或团体的行为（包括过失行为、不当行为及故意行为）或不行为使社会生产、人们生活遭受损失的风险。

（3）政治风险又称为国家风险，它是指在对外投资和贸易过程中，因政治原因或订约双方所不能控制的原因，使债权人可能遭受损失的风险。

（4）经济风险是指在生产和销售等经营活动中由于受各种市场供求关系、经济贸易条件等因素变化的影响或经营者决策失误，对前景预期出现偏差等，导致经营失败的风险。

（5）技术风险是指伴随着科学技术的发展、生产方式的改变而威胁人们的生产与生活的风险。

2. 根据风险的性质分类

风险可分为纯粹风险和投机风险：

（1）纯粹风险是指只有损失机会而无获利可能的风险。如一个人购买汽车后，就面临汽车遭受损失和给他人人身、财产带来损害的可能性，结果只能是发生或不发生，只要发生，就是损失。如物质损坏、财产被盗、产品缺陷责任赔偿、工伤赔偿等。

（2）投机风险是相对于纯粹风险而言的，是指既有损失机会又有获利可能的风险。如购买股票，可能获利也可能赔钱。对于风险承担者来说，纯粹风险和投机风险往往同时存在。狭义的风险管理基本上是针对纯粹风险的，要把纯粹风险可能带来的不利性减轻到最低程度；而广义的风险管理既要考虑把纯粹风险带来的不利性降低到最低程度，又要考虑把投机风险收益性增加到最大程度。一般情况下，纯粹风险具有可保性，而投机风险不可保。

3. 根据风险产生的环境分类

风险可分为静态风险和动态风险：

（1）静态风险是指在社会经济正常的情况下，自然力的不规则变化与人们的过失行为所导致的损失、损害风险，如水灾、旱灾、地震、瘟疫、雷电等自然原因发生的风险；由于某些人疏忽大意、故意行为而发生的火灾、爆炸、员工伤害、破产等风险；由于某些人不道德、违法违纪行为造成的放火、破坏、欺诈等风险。

（2）动态风险是指由于社会经济、政治、技术和组织等方面发生变动所导致的损失与损害风险，如由于人类需要的改变，机器、制度的改造等而造成的风险。静态风险接近于纯粹风险，动态风险接近于投机风险。

静态风险与动态风险有以下区别：

（1）风险性质不同。静态风险一般均为纯粹风险；而动态风险则既包含纯粹风险也包含投机风险。

（2）发生特点不同。静态风险在一定条件下具有一定的规律性，变化比较规则，可以通过大数法则加以测算；动态风险的变化却往往不规则，无规律可循，难以用大数法则进行测算。

（3）影响范围不同。静态风险通常只影响少数个体；而动态风险的影响则比较广泛，往往会带来连锁反应。

4．根据损失的范围分类

风险可分为基本风险和特定风险：

（1）基本风险是指非个人行为引起损失或损害的风险，这种风险实际上是一种团体风险，是个人不能预防的风险。

（2）特定风险是指风险的产生及造成的后果只与特定的人或部门相关的风险。

5．根据风险的对象分类

风险可分为财产风险、人身风险、责任风险和信用风险：

（1）财产风险是指导致一切有形财产的损毁、灭失或贬值的风险。财产损失通常包括财产的直接损失和间接损失两个部分。

（2）人身风险是指导致人的伤残、死亡、丧失劳动能力以及增加费用支出的风险。人身风险所致的损失一般有两种，一种是收入能力损失，另一种是额外费用损失。

（3）责任风险是指个人或团体的疏忽或过失行为，造成他人财产损失或人身伤亡，依照法律、契约或道义应负法律责任或契约责任的风险。

（4）信用风险是指在经济交往中，权利人与义务人之间，由于一方违约或违法致使对方遭受经济损失的风险。

6．根据风险的效应分类

风险可分为系统性风险和非系统性风险：

（1）系统性风险是指由于全局性的共同因素引起的投资收益的可能变动，这种因素以同样的方式对所有证券的收益产生影响。系统性风险即市场风险，是指由整体政治、经济、社会等环境因素对证券价格所造成的影响。系统性风险包括政策风险、经济周期性波动风险、利率风险、购买力风险、汇率风险等。这种风险不能通过分散投资加以消除，因此又被称为不可分散风险。

（2）非系统性风险是指由于某一种特定原因对某一特定资产收益率造成影响的可能性。通过分散投资，非系统性风险能够被降低，如果分散充分有效的话，这种风险就能被完全消除，因此又称可分散风险。非系统性风险的具体构成内容包括经营风险和财务风险两部分。

二、典型分类

1. 安达信的风险分类

（1）市场风险。市场风险是指市价波动对于企业营运、投资可能产生亏损的风险，如利率、汇率、股价等变动对相关部位损益的影响。

（2）信用风险。信用风险是指交易对手无力偿付货款、恶意倒闭导致求偿无门的风险。

（3）流动性风险。影响企业资金调度能力之风险，如负债管理、资产变现性、紧急流动应变能力等。

（4）作业风险。作业风险是指作业制度不良、操作疏失造成的风险，如流程设计不良或矛盾、作业执行发生疏漏、内部控制未落实等。

（5）法律风险。法律风险是指契约的完备与有效与否，对企业可能产生的风险，如承做业务的适法性、对外文契约或外国法令的认知等。

（6）会计风险。会计风险是指会计处理与税务对企业盈亏可能产生的风险，如账务处理的妥适性、合法性、税务咨询及处理是否完备等。

（7）资讯风险。资讯风险是指因资讯系统的安控、运作、备援失当而导致的风险，如系统障碍、当机、资料消灭，安全防护或电脑病毒预防与处理等。

（8）策略风险。策略风险是指在竞争环境中，企业选择市场利基或核心产品失当的风险。

2. CPA 考试对风险的分类

CPA 注册会计师考试在《公司战略与企业风险管理》中将企业面对的风险分为两大类：行业风险和经营风险。

（1）行业风险。行业风险是指在特定行业中与经营相关的风险。企业选择在哪个行业中经营显得非常重要。在考虑企业可能面对的行业风险时，以下几个因素是非常关键的。①生命周期阶段。行业有生命周期，企业会经历起步期、成长期、成熟期及最后的衰退期。显然，处于成长期的行业会比处于成熟期或衰退期的行业有利得多。②波动性。波动性是与变化相关的一个指标。波动性行业是指成长迅速变化，充满上下起伏的行业。波动性行业会涉及较大的不确定性，使计划和决策变得更难。波动性行业包括电子业、软件业、房地产业和建筑业。③集中程度。对企业来说，比较好的情况是在一个受保护的行业中处于垄断地位，就像某些国家公用事业公司或国家政府所管理的公司一样。但是，随着大多数国家的发展、国家企业私有化、关税壁垒降低，以及新兴行业与成熟公司的相互竞争，这些垄断地位已经被推翻，而且各行业变得更具竞争性。典型行业的前五大风险如表 1-1 所示。

（2）经营风险。经营风险是经营企业时面临的风险，是指由于采用的战略不当、资源不足，或者经济环境或竞争环境发生变化而不能达成经营目标的风险，包括市场风险、政治风险、操作风险、法律/合规性风险、项目风险、信用风险、产品风险、流动性风险、环境风险和声誉风险。从某种程度上来说，企业所做的所有决策都具有风险，管理层不能保证所做的每一个决策都是正确的。经营风险主要分为以下几种：

表1-1　典型行业的前五大风险

风险排序	金融服务	零售	生产	高科技/电信	公共事业/能源	化工/制药
1	市场风险：股票、现金和利率的波动	竞争风险	宏观经济风险	竞争风险	市场风险：商品价格的波动性	环境风险
2	客户风险	人才风险	竞争风险	客户风险	合规风险	合规风险
3	竞争风险	操作风险	操作风险	合规风险	竞争风险	客户风险
4	宏观经济风险	客户风险	供应链风险	人才风险	客户风险	研发风险
5	合规风险	宏观经济风险	人才风险	供应链风险	人才风险	操作风险

资料来源：EIU（The Economist Intelligence Unit Limited）。

①市场风险。市场风险是指由于市价的变化而导致亏损的风险。企业需要管理的主要市场风险是利率风险、汇率风险、商品价格风险和股票价格风险。

②政治风险。政治风险在很大程度上取决于企业运营的所在国家的政治稳定性，以及当地的政治制度。政府的更迭有时会导致业务出现重大变化，甚至在政治制度稳定的国家，政治改革的影响也可能是重大的。

③操作风险。操作风险是指由于员工、过程、基础设施或技术及对运作有影响的类似因素的失误而导致亏损的风险。从本质上来说，许多已经识别出的风险是操作方面的。如员工、技术、舞弊、外部依赖、过程/程序、外包等。

④法律/合规性风险。法律/合规性风险指不符合法律或法规要求的风险。毫无疑问，所有的企业都受到相关的监管。大多数企业受到国家级、省级和地区级的监管，也可能受到职业团体的监管。企业所面临的监管是无处不在的，从监管职业安全健康的法规到有关如何恰当储存危险物质的规定，到报告有关经营活动的详情以满足税收目的的要求。与法规有关的主要风险并不是指法规存在的事实。越来越多的企业认识到，法规的实施是必要的，它能为企业提供一个顺利执行商业交易的环境。实际上，与法规有关的主要风险是指法规突然发生了变化。由于法规都是强制性的，很多企业意识到最重要的是要及时应对这些法规变化所带来的风险。

⑤项目风险。在企业中，有很多的项目需要进行日常管理，例如，建立新的业务线、开发新市场。项目管理的责任是以一定的预算，根据规格及时完成任务，从而使客户满意。项目风险管理应对项目可能无法执行、项目进度可能发生变化、项目成本可能超支、项目不能达到预定规格，或者项目成果可能会遭到顾客拒绝等风险。越来越多的经营活动是以项目为基础的，所以企业是否能对项目风险进行管理也变得越来越重要。否则，企业会发现它所启动的项目很少能达成目标。

⑥信用风险。信用风险是指交易对方在账款到期时不予支付的风险。确定允许赊欠的对象以及允许赊欠的金额是公司经理应当考虑的最为重要的决策之一，且这一决策通常决定着企业的存亡。这一决策之所以重要，是因为多数企业在每一项达成的交易中或产品销售中只能取得适度毛利。即使最终应收账款会被支付，但延迟支付期间所产生的额外成本或收回应收账款所需的成本会极大地降低交易的利润，对小规模企业而言尤其如此，因为小规模企业经常面临延期支付，而且其几乎无法补偿这些额外费用。

⑦产品风险。所有销售产品、提供劳务的企业都会涉及产品风险。新产品所面临的问

题是这些产品没有经验可循。管理层不知道新产品对客户是否具有吸引力。新产品越具有创新性，引入该产品所面临的风险就越大。在新产品开发过程中，无法排除现在取胜的产品在上市后失败的可能性，但是新产品一旦取得成功就能赚取大额利润。除了新产品外，成熟的产品也会面临产品风险。例如，一旦产品变得商业化，若企业的产品无法与竞争者的产品区别开来，其能否在市场上取得成功在很大程度上取决于产品价格。

⑧流动性风险。流动性风险是指由于缺乏可用资金而产生的到期无法支付应付款项的风险。值得注意的是，即使企业取得了令人满意的利润，但一旦发生流动性危机，企业利润也会很快走向下滑。在金融领域更为如此，尤其是当银行和金融机构过多地依赖于银行间融资时。到期时及时偿还债务对于维持信誉度以及消费者信心都是非常重要的，因为这能够确保企业的商业信用不受影响。无法按时偿还债务很可能意味着信用的丧失。不仅受直接影响的各方会对企业的信用丧失信心，许多潜在的客户也会丧失信心，因为在这种情况下坏消息传播得很快。在偿还债务时，企业可采用不同的方式筹集资金，包括现有的现金余额、借款或企业资产出售。

⑨环境风险。环境风险在近几年来逐渐赢得了广泛关注，这主要源于"绿色行动"的环保者提高了公众的环保意识，并使其更加关心人类行为有意或无意造成的环境破坏。环境风险是指企业由于其自身或影响其业务的其他方面造成的环境破坏而承担损失的风险。直接的环境影响通常比较明显，例如，石油泄漏或排放到河流造成的污染，烟囱产生的空气污染，垃圾处理场的废物倾倒等产生的环境破坏；而间接的环境影响就不太明显，例如，公司的产品达到了其使用寿命，产品的处理就会产生环境问题，比如核废弃物。

⑩声誉风险。声誉风险是指企业声誉会受到负面影响的风险。声誉风险产生的负面影响会非常重大，其能导致企业的经营陷入严重衰退，极端情况下还可能导致企业被接管或倒闭。在某些情况下，这种影响会比较缓慢，而在其他情况下影响也可能非常迅速。负面传闻或公共信息通常会导致声誉缓慢下滑，声誉缓慢下滑会对企业产生长远的影响。例如，对一家制造型企业而言，由于其客户担心公司按期交货的能力，公司的订单数量会出现下降。随着销售量的下降，盈利能力以及现金流量都会受到影响，而这又会带来更多的负面传闻，从而引发订单量和利润的螺旋式下滑。除此之外，贸易以及品牌信用供应商会变得焦虑，并制定更为严格的条款或取消原有的支持，从而导致可能的流动性问题。螺旋式下滑会不断持续，直到管理层采取一致行动扭转这一趋势。

专栏 1-2   **企业如何识别所面临的风险**

A 公司通过其在中国的 30 家店铺销售多种高质量的运动服和运动鞋。在国家经济不断增长的情况下，该公司目前是盈利的，但这几年的利润空间一直在缩小，公司尚未对此查明原因。每家店铺均采用电子系统记录库存。所有商品都由各店铺提供详细的产品要求，然后由驻孟加拉国的总部集中订购。订单通过邮寄方式发给供应商，并用塔卡（孟加拉国货币单位）结算。最近有新闻报道称，A 公司在中国独家代理的防辐射服装，因其生产中使用的一种化学药品，在阳光下暴晒时间过长会释放毒烟。公司管理层正对此事进行调查。

根据上述信息，A 公司面临的风险包括：

（1）操作风险：①会计方面——毛利率下降的原因虽然尚未弄清，但是可能表明存在舞弊和其他违规行为。而这可能是由于会计处理过程中的差错或舞弊行为导致销售收入减少。②技术风险与公司所采用电子系统的技术有关，比如可能在传输过程中产生差错。

（2）外汇风险：公司因用塔卡进行采购而面临外汇风险，从而导致采购成本上涨。

（3）声誉风险：公司在中国独家代理的防辐射服装存在的安全问题，可能损害公司声誉，影响其产品的销售。

3. 巴塞尔协议对风险的分类

巴塞尔协议是巴塞尔银行监管委员会成员为了维持资本市场稳定、减少国际银行间的不公平竞争、降低银行系统信用风险和市场风险，提出的资本充足率（Capital Adequacy）要求。巴塞尔委员会由十国集团中央银行行长于1974年倡议建立，其成员包括十国集团中央银行和银行监管部门的代表。自成立以来，巴塞尔委员会制定了一系列重要的银行监管规定，1974年前联邦德国赫斯塔特银行（Herstatt）和美国富兰克林银行（Franklin National Bank）倒闭，促使1975年9月第一个巴塞尔协议出台。这个协议极为简单，核心内容就是针对国际性银行监管主体缺位的现实，突出强调了两点：①任何银行的国外机构都不能逃避监管；②母国和东道国应共同承担的职责。

1983年5月巴塞尔委员会又出台了《银行国外机构的监管原则》（又称《巴塞尔协定》）。这个原则基本上是前一个协议的具体化和明细化。比如明确了母国和东道国的监管责任和监督权力，分行、子行和合资银行的清偿能力、流动性、外汇活动及其头寸各由哪方负责等，由此体现"监督必须充分"的监管原则。

《巴塞尔协议》的实质性进步体现在1988年7月通过的《关于统一国际银行的资本计算和资本标准的报告》（以下简称《巴塞尔报告》）。该报告主要有四部分内容：①资本的分类；②风险权重的计算标准；③1992年资本与资产的标准比例和过渡期的实施安排；④各国监管当局自由决定的范围。体现协议核心思想的是前两项。《巴塞尔报告》的核心内容是资本的分类。也正因为如此，许多人直接就将《巴塞尔报告》称为规定资本充足率的报告。

1997年7月全面爆发的东南亚金融风暴更是引发了巴塞尔委员会对金融风险的全面而深入的思考。从巴林银行、大和银行的倒闭到东南亚的金融危机，人们看到，金融业存在的问题不仅仅是信用风险或市场风险等单一风险的问题，而是由信用风险与市场风险外加操作风险互相交织、共同作用造成的。

1997年9月推出的《有效银行监管的核心原则》表明巴塞尔委员会已经确立了全面风险管理的理念。该文件共提出涉及银行监管七个方面的二十五条核心原则。尽管这个文件主要解决监管原则问题，未能提出更具操作性的监管办法和完整的计量模型，但它为此后巴塞尔协议的完善提供了一个具有实质性意义的监管框架，为新协议的全面深化留下了宽广的空间。新协议所重头推出并具有开创性内容的三大支柱——最低资本要求、监管部门的监督检查及市场约束，都在《核心原则》中形成了雏形。

2003年通过的《巴塞尔协议Ⅱ》首次提出了三大支柱，增加了监督检查和市场纪律两个支柱。2010 年 11 月通过的《巴塞尔协议Ⅲ》由 2008 年全球金融危机直接催生，提高了资本质量要求，并增加了杠杆率等监管指标。这些规定不具法律约束力，但十国集团监管部门一致同意在规定时间内在十国集团实施。经过一段时间的检验，鉴于其合理性、科学性和可操作性，许多非十国集团监管部门也自愿地遵守了巴塞尔协定和资本协议，特别是那些国际金融参与度高的国家。

虽然巴塞尔委员会不是严格意义上的银行监管国际组织，但事实上已成为银行监管国际标准的制定者。金融界依据巴塞尔协议常把风险分为信用风险、市场风险、操作风险三类。

（1）信用风险，又称交易对方风险或履约风险，指交易对方不履行到期债务的风险。信用风险暴露主要分为五个部分，分别是公司风险、银行风险、主权风险、零售风险和股权风险。

（2）市场风险是指由于基础资产市场价格的不利变动或者急剧波动而导致衍生工具价格或者价值变动的风险。市场风险可以分为利率风险、外汇风险、股票价格风险和商品价格风险。

（3）操作风险是指由于信息系统或内部控制缺陷导致意外损失的风险。与信用风险和市场风险不同，操作风险是指由不完善或有问题的内部程序、人员及系统或外部事件所造成损失的风险。操作风险的主要种类包括内部欺诈、外部欺诈、就业政策与工作场所安全、客户、产品和业务操作、灾害和其他事件、业务中断与系统失败，以及执行、交割和内部管理流程。

4. 国务院国有资产监督管理委员会对风险的分类

国务院国有资产监督管理委员会（State – owned Assets Supervision and Administration Commission of the State Council，缩写为 SASAC，简称国资委）在《中央企业全面风险管理》中把风险分为战略风险、市场风险、运营风险、财务风险、法律风险。

三、本书对风险的分类

依据以上对风险的分类方式，本书探讨的企业所面临的关键风险主要有六类，包括战略风险、财务风险、政治风险、市场风险、信用风险、操作风险。在本书第六章至第十一章分别阐述。

第三节　风险的属性、态度和度量

一、风险的属性

人们重视风险与风险管理，起因于风险的属性。风险的基本属性包括自然属性、社会属性和经济属性。

1. 自然属性

风险是由客观存在的自然现象所引起的，大自然是人类生存、繁衍生息的基础。自然界通过地震、洪水、雷电、暴风雨、滑坡、泥石流、海啸等运动形式给人类的生命安全和经济生活造成损失，对人类构成风险。自然界的运动是有其规律的，人们可以发现、认识和利用这些规律，降低风险事故发生的概率，降低损失的程度。

2. 社会属性

不同的社会环境下，风险的内容不同。风险是在一定社会环境下产生的，这是风险的社会属性。风险事故的发生与一定的社会制度、技术条件、经济条件和生产力等都有一定的关系。例如，战争、冲突、瘟疫、经济危机、恐怖袭击、车祸等是受社会发展规律影响和支配的。

3. 经济属性

风险的经济属性强调风险发生后所产生的经济后果，即风险与经济的相关联性。只有当灾害事故对人身安全和经济利益造成损失时，才体现出风险的经济属性，才因此称为风险。否则，不定义为风险。例如，股市风险、信用风险、企业的生产经营风险等，都可能造成相关的经济损失。

二、风险的态度

不同的人对风险持不同的态度，一般分为风险厌恶、风险中立和风险偏好三种。

（1）风险厌恶（Risk Averse）是一个人接受一个有不确定的收益的交易时相对于接受另外一个更保险但是也可能具有更低期望收益的交易的不情愿程度。

（2）风险中立（Risk Neutral）是相对于风险偏好和风险厌恶而言的，风险中立的投资者对自己承担的风险并不要求风险补偿。每个人都是风险中立的世界称为风险中立世界（Risk – Neutral World）。

（3）风险偏好（Risk Appetite）是指人们在实现其目标的过程中愿意接受的风险的数量。

如甲与乙扔硬币，乙给予甲两种选择。

方案 A：若出现正面，则甲得 20 元；若出现反面，则甲需支付 10 元。

方案 B：甲可以不扔硬币而稳得 5 元。

如果甲选择方案 A，则属于风险偏好型。

如果其选择方案 B，则属于风险厌恶型。

如果其无所谓，则属于风险中立型。

三、风险的度量

实际结果与预期结果的差异程度实质上就是风险的大小。它主要取决于以下指标：

1. 损失频率

损失频率，又称损失机会、风险频率，是指在一定时间范围内实际损失或预期损失的数量与所有可能发生损失的数量的比值。通常以分数或百分率来表示。例如 0.1% 或 1%，损失频率用于度量事件是否经常发生。

2. 损失程度

损失程度，又称风险程度，是指每发生一次事故导致风险标的单位的毁损状况，即毁损价值占被毁损标的的全部价值的百分比。它是发生损失金额的算术平均数，用来度量每一事故造成的损害。通常情况下，发生损失的频率和损失程度成反比关系：损失频率很高，但损失程度不大；损失频率不高，但损失程度很大。

专栏 1-3　　　　　　　　风险管理专栏："汉立区三角"

在研究损失频率与损失程度之间的关系时，常用工业意外事故的"汉立区三角"（Heinrich Triangle）来说明：在工业事故中，每发生一次大的伤害事故，就伴随有 30 次小的伤害事故和 300 次无伤害的事故。这个三角图解是经过对几千件小事故的研究得出的结论，它有利于我们理解频率与损失程度之间的关系，如图 1-2 所示。但也有例外，在某些特殊情形下，事故发生的频率不高，而损失程度很高。如航空风险、航空事故发生多半是全损，而不是小事故。

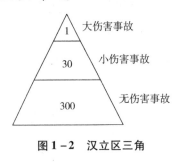

图 1-2　汉立区三角

3. 损失期望值

损失期望值是风险变量的加权平均值，是根据一定时期内，一定条件下大量同质标的损失的经验数据计算所得的平均损失，它反映了所评价的目标总体在一定情况下损失的一般水平。如 n 次同类汽车碰撞事故，每次损失值为 x_1，x_2，$\cdots$，x_n，则损失平均值为

$$\bar{x} = \frac{x_1 + x_2 + \cdots + x_n}{n} = \frac{1}{n}\sum_{i=1}^{n} x_i$$

（1）离散型风险变量，期望值为

$$E = \sum_{i=1}^{n} x_i p_i$$

其中，n 为风险变量的状态数；x_i 为风险变量的第 i 种状态下变量的值；p_i 为风险变量的第 i 种状态出现的概率。

（2）连续型风险变量，期望值为

$$E = \int_a^b x_i f(x_i)$$

4. 方差或标准差

方差和标准差都是描述风险变量偏离期望值程度的绝对指标，反映的是损失的变动程度、损失与平均损失的偏离程度。一个概率分布的方差等于每一观测值与平均数之差的平方的平均数。它可用来度量将均值作为估算可能结果的适用性。在其他条件相同的情况下，标准差越大，风险越大。

（1）方差的计算公式为

$$\sigma^2 = \frac{\sum_{i=1}^{n}(x_i - \bar{x})^2}{n}$$

（2）标准差，就是方差的平方根。标准差的计算公式为

$$\sigma = \sqrt{\sigma^2}$$

5. 离散系数

（1）用途和意义。

所谓离散系数，即变异系数，就是一组数据的标准差与该组数据的平均值之比。其大小反映一组数据最大值和最小值与其平均值之间的差异程度。离散系数越大，说明这一数据组的数据分布越不均匀；相反，离散系数越小，其数据组的数据分布就越均匀。当进行两个或多个资料离散程度的比较时，如果度量单位与平均数相同，可以直接利用标准差来比较。如果度量单位和（或）平均数不同时，比较其离散程度就不能采用标准差，而需采用标准差与平均数的比值（相对值）来比较。离散系数是用来综合反映观察标的的变动范围与损失平均值之间相互关系的指标，可以表示为标准差与损失平均值之比。其计算公式为 $C_v = \sigma/\bar{x}$。其中，σ 为标准差，$\bar{x}$ 为平均值。

如同样的标准差，若损失平均值小，则损失波动范围较大，风险较大；若损失平均值很大，则表明波动范围较小，风险较小。离散系数给出了一个风险的相对值。离散系数越小，损失分布的相对危险就越小。

（2）例题解析。

例 1：已知某猪场长白成年母猪平均体重为 190kg，标准差为 10.5kg；而大约克成年母猪平均体重为 196kg，标准差为 8.5kg，试问：两个品种的成年母猪，哪一个体重变异程度大？

解：此例观测值虽然都是体重，单位相同，但它们的平均数不相同，只能用变异系数来比较其变异程度的大小。长白成年母猪体重的变异系数：C. V = 10.5/190 × 100% = 5.53%。大约克成年母猪体重的变异系数：C. V = 8.5/196 × 100% = 4.34%。所以，长白成年母猪体重的变异程度大于大约克成年母猪的。

注意，变异系数的大小，同时受平均数和标准差两个统计量的影响，因而在利用变异系数表示资料的变异程度时，最好将平均数和标准差也列出。

例 2：有两个不同水平的工人日产量（件）资料。甲组：60，65，70，75，80；乙组：2，5，7，9，12。试比较两组的离散程度。

解：由计算得：甲的平均数为 70 件，甲的标准差为 7.07 件；乙的平均数为 7 件，乙的标准差为 3.41 件。若根据标准差甲大于乙而断言，甲组离散程度大于乙组，或乙组的平均数代表性高于甲组，都是不妥的。因为这两组的水平悬殊，应计算其离散系数来比较：甲的离散系数根据公式算得 10.1%，乙的离散系数根据公式算得 48.7%，计算结果表明，并非甲组离散程度大于乙组，而是乙组大于甲组。或者说，乙组的平均日产量代表性低于甲组。

例 3：离散系数和离散程度的关系是（　　　）。

A. 两者成正比

B. 离散系数大，离散程度小

C. 两者成反比

D. 离散系数大，离散程度大

E. 两者不成比例

参考答案：AD

解题思路：离散系数与离散程度成正比，即离散系数越大，离散程度越大；离散系数越小，离散程度越小。

专栏1-4   **期望值与风险程度**

现有A、B两方案：A方案投资2000元，市场和盈利情况如表1-2所示；B方案投资10000元，市场和盈利情况预测如表1-3所示。请判断两方案的风险程度。

表1-2   A方案投资收益预测表

市场状态	销路好	销路较好	销路一般	销路较差	销路差
状态概率（P_i）	0.1	0.2	0.4	0.2	0.1
盈利（X_i）	10000	8000	6000	4000	2000

表1-3   B方案投资收益预测表

市场状态	销路好	销路较好	销路一般	销路较差	销路差
状态概率（P_i）	0.05	0.1	0.7	0.1	0.05
盈利（X_i）	4000	3500	3000	2500	2000

解：

$$E_A = 10000 \times 0.1 + 8000 \times 0.2 + 6000 \times 0.4 + 4000 \times 0.2 + 2000 \times 0.1$$
$$= 6000 \text{（元）}$$

$$E_B = 4000 \times 0.05 + 3500 \times 0.1 + 3000 \times 0.7 + 2500 \times 0.1 + 2000 \times 0.05$$
$$= 3000 \text{（元）}$$

$$\sigma_A = \sqrt{4000^2 \times 0.1 + 2000^2 \times 0.2 + 0 + (-2000)^2 \times 0.2 + (-4000)^2 \times 0.1}$$
$$\approx 2190.89 \text{（元）}$$

$$\sigma_B = \sqrt{1000^2 \times 0.05 + 500^2 \times 0.1 + 0 + (-500)^2 \times 0.1 + (-1000)^2 \times 0.05}$$
$$\approx 387.29 \text{（元）}$$

$$V_A = \frac{\sigma_A}{E_A} = \frac{2190.89 \text{元}}{6000 \text{元}} \approx 0.365$$

$$V_B = \frac{\sigma_B}{E_B} = \frac{387.29 \text{元}}{3000 \text{元}} \approx 0.129$$

从收益的分散程度看，A方案的风险程度要大于B方案。在本例中，标准差表示的是收益分散程度的绝对值，在对收益期望值不同、标准差也不同的方案进行比较时，需要计算标准差与期望值之比，即离散系数。因为$E_A > E_B$，说明方案A比方案B能获得较大的收益；同时，也说明方案A比方案B风险大。

第四节　风险管理的发展与职能

1996 年，彼得·伯恩斯坦（Peter L. Bernstein）在《与天为敌：风险探索传奇》一书中写道："一个具有革命意义的看法是，对风险的掌握程度是划分现代和过去时代的分水岭：所谓对风险的掌握就是说未来不再更多地依赖上帝的安排，人类在自然面前不再是被动的。在人们发现跨越这个分水岭的道路之前，未来只是过去的镜子，或者只是属于那些垄断了对未来事件进行预测的圣贤和占卜者的黑暗领地。""风险管理有助于我们在非常广阔的领域里进行决策，从分配财富到保护公共健康，从战争到家庭计划安排，从支付保费到系安全带，从种植玉米到玉米片的市场营销。"

一、风险管理的演进

风险管理自古以来就在发挥作用，只是形式不正规。正式的风险管理的历史较短且操作范围较窄。对风险的掌握是一个极其漫长的过程。人类活动的扩展引起风险日趋复杂，其种类不断增加，同时，风险的发展刺激了风险管理的发展，而风险管理的发展又推动人们向更高的目标攀登。

1. 萌芽阶段

彼得·伯恩斯坦（1996）认为，人类在文艺复兴时期就想操控灾害或风险。随着概率论的产生，人们对于灾害事件的估计开始有了客观的科学根据，这推动了风险理论与实证研究的产生，这个时候还没有"风险管理"的名词，但与其功能相当的安全管理（Safely Management）与保险（Insurance）已经有了相当的发展。由于受到 1929～1933 年世界性经济危机的影响，美国约有 40% 的银行和企业破产，经济倒退了约 20 年。美国企业为应对经营上的危机，许多大中型企业都在内部设立了保险管理部门，负责安排企业的各种保险项目。在这个阶段的安全管理与保险领域中，风险管理的思维仅限于对客观存在的实体损害的管理。

2. 形成阶段

"风险管理"这一名词最早是由美国宾夕法尼亚大学的所罗门·许布纳博士于 1930 年在美国管理协会发起的一项保险问题会议上提出的。1938 年以后，美国企业对风险管理开始采用科学的方法，并逐步积累了丰富的经验。风险管理作为企业的一种管理活动，在 20 世纪 50 年代发展成为一门学科。一些重人损失事件使公司高层决策者开始认识到风险管理的重要性。如 1953 年 8 月 12 日，通用汽车公司的一个汽车变速箱厂因火灾损失了 5000 万美元，成为美国历史上损失最为严重的 15 起重大火灾之一。这场大火灾与 20 世纪 50 年代其他一些偶发事件一起推动了美国风险管理活动的兴起。最早论及风险管理的文章出现在 1956 年的《哈佛商业评论》上，在这篇名为《风险管理——成本控制的新名词》的文章中，拉赛尔·加拉尔（Russell B. Gallagher）建议：希望进一步扩大风险管理者的权限，希望他们在受限制的纯粹被动与消极转嫁的保险功能以外，能够转化与提升为积极的事前风险管理功能，把保险当成是风险管理的工具之一，而非唯一可行的风险管理工具。并指出，在一个企业中应该有专人负责管理风险，即在企业内部应该有一个全职的

"风险管理者"。后来，随着经济、社会和技术的迅速发展，人类开始面临越来越多、越来越严重的风险。20世纪70年代以后逐渐掀起了全球性的风险管理运动。

3. 发展阶段

科学技术的进步在给人类带来巨大利益的同时，也给社会带来了前所未有的风险。1979年3月美国三里岛核电站的爆炸事故、1984年12月3日美国联合碳化物公司在印度的一家农药厂发生的毒气泄漏事故、1986年苏联乌克兰切尔诺贝利核电站发生的核事故等一系列事件，大大推动了风险管理在世界范围内的发展。同时，在美国的商学院里首先出现了一门涉及如何对企业的人员、财产、责任、财务资源等进行保护的新型管理学科，这就是风险管理。马柯威茨（Markowitz）是将"回报""效用"这类金融术语与风险联系起来的第一人，其理论为后来的金融学奠定了基础，并被后人发展成为"现代投资组合理论"；他于1973年发表的布莱克—斯科尔斯期权定价模型被称为现代金融风险管理理论发展的里程碑，该理论为金融工程的发展奠定了基础。这些理论为全面风险管理的产生提供了不可或缺的土壤，为企业风险管理提供了丰富多样的工具。

4. 现代阶段

传统的风险管理集中于纯粹风险的管理，管理方法主要是保险。20世纪90年代是传统风险管理和现代风险管理的分水岭。传统的风险管理理论、方法和实践基本是围绕纯粹风险展开的，这与早期将保险作为主要的风险管理手段密切相关。长期以来，风险管理的发展深深地打上保险的烙印。20世纪90年代以后，风险管理进入了一个全新的阶段——整体化风险管理阶段。整体化风险管理冲破了传统风险管理对风险的狭隘理解，把风险看作一个整体进行研究。它从整体上去认识风险，研究和解决的是风险对企业的整体影响。造成这一时期风险管理发生重大转变的原因主要有两个：第一，由于金融衍生品使用不当引发了多起金融风暴，促使财务性风险管理有了进一步的发展；第二，保险理财与衍生性金融商品的整合，打破了保险市场与资本市场间的藩篱，财务再保险与巨灾风险债券的出现就是明显的例证。新型风险管理是站在整个公司角度的风险管理，常常被称为公司风险管理（Corporate Risk Management）或全面风险管理（Enterprise Risk Management），它关注的主要是风险对冲的目的和对整个公司价值的影响，是风险管理理论发展的最新方向。全面风险管理理论的发展丰富了风险管理理论的内容，使得风险管理涵盖的范围越来越广泛，风险管理的实际操作也日益复杂，新的风险管理方式不断涌现。

专栏 1 - 5   **风险定律**

（1）哈维尔定律（Harvel's Law）：随着损益绝对值的增加，风险将增加。

（2）大数定律（Law of large numbers）：大数定理就是当试验次数足够多时，事件发生的频率无穷接近于该事件发生的概率。该描述即伯努利大数定律。

（3）哈姆列维定律（Hamlevey's Law）：随着财富的增长，决策者的风险回避倾向会递减。

（4）克雷定律（Clay's Law）：保守型决策者的数量要多于冒险型决策者的数量。

（5）卡因曼定律（Kahneman's Law）：①风险决策后的输赢结果对人而言是不对等的，减少100元带给人的损失远远大于增加100元带给人的收益；②人们最在意的是他们已经得到的东西。占有的时间越长失去的痛苦越大。如煮熟的鸭子、钓鱼等。因此，奖励与惩罚是极不对称的，惩罚带来的痛苦大于奖励带来的快乐。

思考题：

有一家公司面临两个投资决策，投资方案A肯定盈利200万，投资方案B有50%的可能性盈利300万，50%的可能性盈利100万。假设公司的盈利目标为110万，一般会如何选择？如果公司的目标定为300万呢？

二、风险管理的含义

风险研究首先出现于保险业，进而扩展到银行业、证券业等金融领域。风险管理进入一般的企业管理领域以1963年由麦尔和海基斯（Robert Irwin Mehr & Robert Atkinson Hedges）的《企业风险管理论》一书的出版为标志。1981年，威廉姆斯和汉斯（C. Arthur Williams & J. R. Richard M. Heins）的《风险管理与保险》则进一步给出了风险管理的定义：根据组织的目标或目的以最少费用，通过风险识别、测定处理及风险控制技术把风险带来的不利影响降低到最低程度的科学管理。风险管理是通过对风险进行识别、衡量和控制，以最小的成本使风险损失达到最低的管理活动。理想的风险管理，是一连串排好优先次序的过程，使当中可以引致最大损失及最可能发生的事情优先处理，而相对风险较低的事情则压后处理。

风险管理是研究风险发生规律和风险控制技术的一门新兴管理科学。它是一个组织或个人用以降低风险的负面影响的决策过程。具体而言，就是组织或个人通过风险识别、风险评定、风险决策，并在此基础上优化组合各种风险管理技术，对风险实施有效的控制和妥善处理风险所致损失的后果，以最小的成本获得最大的安全保障。

综上所述，风险管理具有如下特点：①风险管理的对象是风险；②风险管理的主体可以是任何组织和个人，包括个人、家庭、营利性组织和非营利性组织；③风险管理的过程包括风险管理计划、风险识别、风险评定、风险决策和风险监控等；④风险管理的基本目标是以最小的成本收获最大的安全保障；⑤风险管理成为一个独立的管理系统，并成为一门新兴学科。

三、企业风险管理

企业风险管理（Enterprise Risk Management，ERM）框架是由Treadway委员会所属的美国虚假财务报告全国委员会的发起组织委员会（Committee of Sponsoring Organizations of the Treadway Commission，COSO）在内部控制框架的基础上，于2004年9月提出的企业风险管理的整合概念。在市场不确定性增加的环境下，企业的风险管理成为企业应对经济危机的核心，全面风险管理应运而生。

1. COSO对企业风险管理的界定

COSO认为，企业风险管理处理风险和机会，以便创造或保持价值。它的定义如下：

企业风险管理是一个过程，它由一个主体的董事会、管理当局和其他人员实施，应用于战略制定并贯穿于企业之中，旨在识别可能会影响主体的潜在事项，管理风险以使其在该主体的风险容量之内，并为主体目标的实现提供合理保证。

这个定义反映了几个基本概念。企业风险管理是一个过程，它持续地流动于主体之内；由组织中各个层级人员实施；应用于战略制定；贯穿于企业，在各个层级和单元应用，还包括采取主体层级的风险组合观；旨在识别一旦发生将会影响主体的潜在事项，并把风险控制在风险容量以内；能够向一个主体的管理当局和董事会提供合理保证；力求实现一个或多个不同类型但相互交叉的目标——它只是实现结果的一种手段，并不是结果本身。

这个定义之所以比较宽泛，是因为它抓住了对于企业组织如何管理风险至关重要的关键概念，为不同组织形式、行业和部门的应用提供了基础，它直接关注特定主体既定目标的实现，并为企业风险管理的有效性提供了依据。

2. 国资委对企业风险管理的界定

2006年6月，我国国务院国有资产监督管理委员会制定的《中央企业全面风险管理指引》中将企业风险界定为"未来的不确定性对企业实现其经营目标的影响"；而全面风险管理是指企业围绕总体经营目标，通过在企业管理的各个环节和经营过程中执行风险管理的基本流程，培育良好的风险管理文化，建立健全全面风险管理体系，包括风险管理策略、风险理财措施、风险管理的组织职能体系、风险管理信息系统和内部控制系统，从而为实现风险管理的总体目标提供合理保证的过程和方法。

专栏 1-6　　　　　　　　风险管理的若干个"第一"

（1）第一份保险单。1384年，在佛罗伦萨诞生了世界上第一份具有现代意义的保险单。这张保单承保一批货物从法国南部阿尔兹安全运抵意大利的比萨。在这张保单中有明确的保险标的、明确的保险责任，如海难事故，其中包括船舶破损、搁浅、火灾或沉没造成的损失或伤害事故。

（2）第一个准确、科学地描述风险的科学家。瑞士数学家贝努利于1705年发现了大数定律。大数定律后来成为一切保险的计价基础。

（3）第一家保险公司。世界上第一家保险公司于1720年在伦敦成立。当时英国人已经在定价时使用了抽样的统计方法。标志着风险管理在实际应用中的重大进展。

（4）第一个权威性的"内部控制"定义。1949年美国审计程序委员会下属的内部控制专门委员会经过两年研究发表了题为《内部控制：协调系统诸要素及其对管理部门和注册会计师的重要性》的专题报告，对内部控制做了权威性的定义。

（5）第一次发表"组合选择"理论。1952年，马柯威茨发表了题为《证券组合选择》的论文，他将金融资产的收益和风险进行了合理的量化。在此基础上，他通过一系列的数学模型和方法，从理论上论证了证券投资的分散化可以有效地降低非系统风险，并提出了确定最优证券组合的方法，为现代金融风险管理奠定了基础。

（6）第一个提出"风险管理"的人。1955 年，在美国宾夕法尼亚大学的沃顿商学院，施耐德教授提出了"风险管理"的概念。

（7）第一个风险管理标准。1995 年由澳大利亚和新西兰联合制定了世界上第一个风险管理标准（AS/NZS 4360）

（8）第一个巴塞尔协议。20 世纪 80 年代，随着金融市场的发展，特别是金融衍生产品的使用，银行风险的增大引起了国际上的广泛关注。国际清算银行于 1988 年发表了第一个巴塞尔协议，提出了商业银行的经营规范。

（9）第一个国家风险管理标准的诞生。世界上第一个国家风险管理标准是 1995 年由澳大利亚和新西兰联合制定的 AS/NZS 4360，它明确定义了风险管理的标准程序。

（10）第一个中国的全面风险管理指导性文件发布。2006 年 6 月 6 日，国务院国有资产监督管理委员会发布了《中央企业全面风险管理指引》，标志着中国走上了风险管理的中心舞台，开启了中央企业风险管理历史的新篇章……

四、风险管理的职能

1. 计划职能

风险管理的计划职能是指通过对企业风险识别、估测、评价和选择处理风险的手段，设计管理方案，并制订风险处理的实施计划。风险处理预算的编制则在处理手段选定后，计算合理的、必要的风险处理费用，并编制风险处理费用预算以及拟订风险处理的实施计划。

2. 组织职能

风险管理的组织职能是根据风险管理计划，分配各种风险处理技术的业务分担、权限的下放、组织上的职务调整等方面。风险管理组织职能的关键在于组织结构的确立，在风险管理部门处于企业主管部门位置的情况下，把执行权限下放给部门各成员；在风险管理部门处于参谋部门位置的情况下，风险管理则对生产、销售、财务、劳动人事等主管部门进行工作上的联系、建议和调整。

3. 指导职能

风险管理的指导职能是对风险处理计划进行解释、判断、传达计划方案，交流信息和指挥活动。也就是说，是组织该机构的成员去实现风险管理计划。

4. 控制职能

风险管理的控制职能是指对风险处理计划执行情况的检查、监督、分析和评价，也就是根据事先设计的标准以计划的执行情况测定、评价和分析，对计划与实际不符之处予以纠正。控制职能的范围包括风险的识别是否准确全面、风险的估测是否有误、风险处理技术的选择是否奏效、风险处理技术的组合是否最佳、自保和基金的留取是否恰当、控制风险技术能否防止或减少风险的发生、按制订的预算能否保障计划内的保险事故发生后得到及时补偿等。

专栏1-7　　　　　　　　　　　风险管理计划书

一、风险管理计划书的内容框架

风险管理计划书一般应包括：①项目概况；②风险识别（分类、风险源、预计发生时间点、发生地、涉及面等）；③风险分析与评估（定性和定量的结论、后果预测、重要性排序等）；④风险管理的工作组织（设立决策机构、管理流程设计、职责分工、工作标准拟订、建立协调机制等）；⑤风险管理工作的检查评估。如表1-4所示。

表1-4　标准风险管理计划书

1. 综述	(1) 风险管理的范围、目的和意义	3. 风险评定	(1) 风险分析
	(2) 概述		a. 风险概率估计
	a. 项目背景		b. 风险损失计算
	b. 风险管理目标		c. 风险分析标准
	(3) 风险管理组织		d. 分析误差的可能来源、大小
	a. 风险管理及风险管理人员		(2) 风险评价
	b. 责任		a. 风险评判方法
	c. 权利		b. 评判方法的假设前提和局限性
	(4) 风险管理的内容说明		c. 评判标准
	a. 进度安排		d. 风险评判结果
	b. 主要里程碑和检查行动	4. 风险管理决策	(1) 根据风险评价结果提出的建议
	c. 预算		(2) 可行的风险防范与处理方法
2. 风险识别	(1) 风险感知		(3) 风险管理成本收益分析、方案选择
	(2) 风险分析（风险来源、性质、分类等）		(4) 风险管理实施的监督
			(5) 风险管理绩效评价
			a. 绩效评价指标和方法
			b. 绩效评价结果标准

二、风险管理计划书样本

1. 风险管理目的

通过对本公司设计开发和生产的系列型体外冲击波碎石机存在的风险进行分析、评价和控制以及生产后信息的评价，确保产品的所有风险均处于可接受的水平。

2. 风险管理活动范围

适用于本公司设计开发和生产的系列型体外冲击波碎石机在产品实现全过程的风险管理活动的控制，如产品实现的策划、与顾客有关的过程、设计和开发、采购、生产和服务提供、监控和测量装置的控制等风险管理活动的控制。

3. 职责和权限的分配

（1）总经理：①提供风险管理所需的资源；②批准风险管理计划；③批准风险管理报告。

（2）总工程师：①全面负责产品技术及质量有关风险管理；②参与风险分析和评价。

（3）办公室：①负责对参与风险管理人员的资格认可；②全面监督、组织实施风险管理活动；③参与风险分析和评价。

（4）财务部：①提供采购过程与风险有关的相关信息；②参与风险分析和评价。

（5）生产部：①提供生产过程与风险有关的相关信息；②在生产过程中采取风险控制措施，降低或消除风险；③参与风险分析和评价。

（6）技质部：①编制风险管理计划；②编制风险管理报告；③负责风险分析和评价；④对风险控制措施的结果进行验证；⑤负责不合格品的评审；⑥组织实施风险管理活动。

（7）销售部：①参与对售出产品的质量跟踪，并反馈相关信息；②参与风险分析和评价。

（8）售后服务部：①负责对售出产品的质量跟踪，并反馈相关信息；②参与风险分析和评价。

4. 风险管理活动策划

（1）新产品的风险管理活动策划：①在设计开发阶段进行风险管理；②技质部按照本公司质量手册7.3要求，编制《风险分析报告》。

（2）已注册产品的风险管理活动策划：①每三年进行一次生产后信息的评价，并根据评价结果决定是否对风险进行分析、评价和控制；②每年由技质部负责风险管理活动记录文档的评审；③本次风险管理活动完成后，由技质部负责编制风险管理报告；④如果产品出现重大质量事故或不良事件，要立即启动风险管理流程（执行 YY/T 0316—2008 规定的风险管理流程），针对发生的问题，进行风险分析、评价和控制。

5. 风险控制措施验证活动

（1）验证风险控制措施已在最终设计中得到实施。

（2）验证风险控制措施的有效性。

（3）所有的对风险控制措施的结果进行验证的活动由技质部负责组织实施。

（4）验证活动完成后，由技质部负责记录并保存文档。

6. 风险管理活动的评审和验证要求

（1）技质部组织参与风险管理的相关部门对风险管理文档进行评审。

（2）技质部对风险控制措施的结果进行验证。

7. 风险的可接受性准则

（1）风险的概率分级。如表 1-5 所示。

（2）风险的严重度水平。如表 1-6 所示。

（3）风险评价准则。如表 1-7 所示。

（4）风险评价准则系数值分析。根据上述风险评价准则所构成的 5×5 风险评价矩阵图，确定风险可接受区域。①可接受系数：$A_e = Pi \times Si$。②广泛可接受区：$A_e \leq 4$，该区域内，风险是可以接受的，并且不需要主动采取风险控制。③ALARP 合理可行区：

表 1-5　风险的概率分级

表示符	系数值	风险发生概率定量分析的范围	概率的定性描述	备注
P5	5	$\geq 10^{-2}$	经常	
P4	4	$10^{-3} \sim 10^{-2}$	有时	
P3	3	$10^{-4} \sim 10^{-3}$	偶然	
P2	2	$10^{-5} \sim 10^{-4}$	很少	
P1	1	$< 10^{-5}$	非常少	

表 1-6　风险的严重度水平

表示符	系数值	风险严重度定量的描述	风险严重度定性的描述	备注
S1	1	可忽略	不便或暂时不适	
S2	2	轻度	导致不要求专业医疗介入的暂时伤害或损伤	
S3	3	严重	导致要求专业医疗介入的伤害或损伤	
S4	4	危重的	导致永久性损伤或危及生命的损伤	
S5	5	灾难性的	导致患者死亡	

表 1-7　风险的评价准则

概率 ＼ 严重度	S1	S2	S3	S4	S5
P5	ALARP（合理可行）区	ALARP（合理可行）区	不容许区	不容许区	不容许区
P4	广泛可接受区	ALARP（合理可行）区	ALARP（合理可行）区	不容许区	不容许区
P3	广泛可接受区	ALARP（合理可行）区	ALARP（合理可行）区	ALARP（合理可行）区	不容许区
P2	广泛可接受区	广泛可接受区	ALARP（合理可行）区	ALARP（合理可行）区	ALARP（合理可行）区
P1	广泛可接受区	广泛可接受区	广泛可接受区	广泛可接受区	ALARP（合理可行）区

$4 < A_c \leq 12$，该区域内，应先考虑接受风险的受益和进一步降低的可行性，然后对风险与受益进行比较，如果受益超过风险，则风险是可接受的；如果受益没有超过风险，则风险是不可接受的。任何风险都应降到可行的最低水平。④不容许区：$A_c > 12$，该区域内，风险如果不能予以降低，则判断为是不容许的。

8. 生产和生产后信息的收集和评审活动

（1）生产部提供生产过程与风险有关的相关信息。

· 24 ·

（2）售后服务部负责对售出产品的质量跟踪，并反馈相关信息（反馈信息的来源包括使用者、服务员、培训人员、事故报告、顾客反馈等）。

（3）技质部组织参与风险管理的相关部门对得到的生产和生产后信息进行风险管理。

（4）技质部组织参与风险管理的相关部门对风险管理文档进行评审活动。

第五节 风险管理的目标、过程与意义

一、风险管理的目标

风险管理的基本目标是以最小成本获得最大安全保障效益。风险管理具体目标可以概括为损前目标和损后目标。损前目标是指通过风险管理消除和减少风险发生的可能性，为人们提供较安全的生产、生活环境。损后目标是指通过风险管理在损失出现后及时采取措施，组织经济补偿，帮助企业迅速恢复生产和生活秩序。风险管理不仅仅是一个安全生产问题，还包括识别风险、评估风险和处理风险，涉及财务、安全、生产、设备、物流、技术等多个方面，是一套完整的方案，也是一个系统工程。

1. 损前目标

（1）经济目标。企业应以最经济的方法预防潜在的损失，即在风险事故实际发生之前，就必须使整个风险管理计划、方案和措施最经济、最合理，这要求对安全计划、保险，以及防损技术的费用进行准确分析。

（2）安全状况目标。安全状况目标就是将风险控制在可承受的范围内。风险管理者必须使人们意识到风险的存在，而不是隐瞒风险，这样有利于人们提高安全意识，防范风险并主动配合风险管理计划的实施。

（3）合法性目标。风险管理者必须密切关注与经营相关的各种法律法规，对每一项经营行为、每一份合同都加以合法性的审视，不至于使企业蒙受财务、人才、时间、名誉的损失，保证企业生产经营活动的合法性。

（4）履行外界赋予企业的责任目标。例如，政府法规可以要求企业安装安全设施以免发生工伤，同样一个企业的债权人可以要求贷款的抵押品必须被保险。

2. 损后目标

（1）生存目标。一旦不幸发生风险事件，给企业造成了损失，损失发生后风险管理的最基本、最主要的目标就是维持生存。实现这一目标，意味着通过风险管理人们有足够的抗灾救灾能力，使企业、个人、家庭乃至整个社会能够经受得住损失的打击，不至于因自然灾害或意外事故的发生而元气大伤、一蹶不振。实现维持生存目标是受灾风险主体在损失发生之后，在一段合理的时间内能够部分恢复生产或经营的前提。

（2）保持企业生产经营的连续性目标。风险事件的发生给人们带来了不同程度的损失和危害，影响正常的生产经营活动和人们的正常生活，严重者可使生产和生活陷于瘫痪。对公共事业尤为重要，这些单位有义务提供不间断的服务。

（3）收益稳定目标。保持企业经营的连续性便能实现收益稳定的目标，从而使企业保特生产持续增长。对大多数投资者来说，一个收益稳定的企业要比高风险的企业更具有吸引力。稳定的收益意味着企业的正常发展，为了达到收益稳定目标，企业必须增加风险管理支出。

（4）社会责任目标。尽可能减轻企业受损对他人和整个社会的不利影响，因为企业遭受一次严重的损失会影响到员工、顾客、供货人、债权人、税务部门以至整个社会的利益。为了实现上述目标，风险管理人员必须辨识风险、分析风险和选择适当的应对风险损失的方法和措施。

二、风险管理的一般过程

风险管理程序要求识别和了解企业面临的各种风险，以评估风险的成本、影响及发生的可能性，并针对出现的风险制定应对办法，制定文件记录程序以描述发生的情况以及实施的纠正举措。风险管理一般包括风险识别、风险评定、风险决策和风险监控四个过程，如图 1 - 3 所示。这四个过程之间相互作用，也与其他知识领域中的各种过程相互作用。虽然各个过程是作为彼此独立、相互间有明确界面的组成部分来分别介绍的，但在实践中，它们可能会交叉重叠、互相影响。

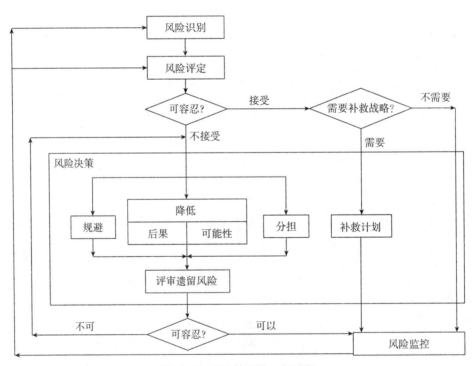

图 1 - 3　风险管理的一般过程

1. 风险识别

确定何种风险可能影响项目，并将这些风险的特性整理成文档。

2. 风险评定

对风险和条件进行分析，将它们对项目目标的影响按顺序排列。测量风险出现的概率和结果，并评估它们对项目目标的影响。

3. 风险决策

制定一些程序和技术手段，用来提高实现项目目标的机会和减少对实现项目目标的威胁。

4. 风险监控

监控残余风险，识别新的风险，执行降低风险计划，以及评价这些工作的有效性。

三、风险管理的意义

1. 风险管理对社会的意义

风险管理对于企业、个人与家庭和其他任何经济单位，都具有提高效益的功效，从而必然使整个社会的经济效益得到保证或增加。同时，风险管理可以使社会资源得到有效利用，使风险处理的社会成本下降，使全社会的经济效益增加。

2. 风险管理对个人与家庭的意义

通过有效的风险管理，可以防范个人与家庭遭受经济损失，使个人与家庭在意外事件之后得以继续保持原有的生活方式和生活水平。一个家庭能否有效地预防家庭成员的死亡或疾病、家庭财产的损坏或丧失、责任诉讼等风险给家庭生活带来的困扰，直接决定了此家庭的成员能否从身心紧张或恐慌中解脱出来。他们所承担的身体上和精神上的压力减少了，就可以在其他活动中更加投入。

3. 风险管理对企业的意义

有效的风险管理，可使企业充分了解自己所面临的风险及其性质和严重程度，及时采取措施避免或减少风险损失，有利于维持企业生产经营的稳定；通过风险管理，可以降低企业的费用，从而直接增加企业的经济效益；有效的风险管理会使企业上下获得安全感，并增强扩展业务的信心，增加领导层经营管理决策的正确性，降低企业现金流量的波动性；有效的风险管理有助于创造一个安全稳定的生产经营环境，激发劳动者的积极性和创造性，为企业更好地履行社会责任创造条件，帮助企业树立良好的社会形象。

专栏 1-8　　　　　　　　**钻石综合风险管理体系**

在 20 世纪 70～80 年代，事故和其他发生的风险导致了许多组织的破产，这一现象引起了一些跨国公司和大型联合企业股东的极大关注，为强化自己的社会关注力和最大限度地降低事故和其他事件的损失，这些企业开始引入了"损失控制"的理念，将管理的重点慢慢地从预防伤害转向预防和控制损失。从那时起，风险管理得到了世界上更大的关注，并逐步地得到发展。

钻石体系就是在这一背景之下产生的，它由国际风险控制协会联盟创造人弗兰克·伯德先生首创，其早期设计的目的仅仅是协助企业控制损失，降低事故，它是一个公共性的系统。但随着国际社会及企业对风险管理需求的不断增加以及对钻石体系表现出的日益增长的兴趣与关注，使得国际风险控制协会不得不升级了它的安全、健康、环境质量保护体系以满足市场要求并符合国际标准，经过美国、南非、澳大利亚等联盟成员 7 次修编，钻石体系已被证实为一个随时可用的现成架构，是一个涵盖了所有职业安全、健康、环境、质量及社会等元素风险，符合 ISO9001、ISO14001 及 OH-SAS 18001、AS/NZS 4801 标准要求的整合系统。它是世界上最好的安健环质量综合风险管理体系之一。

钻石体系强调"以人为本"的思想，它结合安全行为科学，通过行为干预技术，改善员工风险行为，无限度地提升商业机构底线的质和量，改善机构生产能力及员工士气，并最终为商业机构带来世界级的职业安全、健康、环境、质量及风险管理的成果。

钻石体系的设计具有较强的可塑性，它贴近企业操作实践，具备兼容企业与当地行业特殊要求的能力，诸多国际及跨国公司在钻石体系上的成功运用充分说明它是一套科学的、完备的管理系统。

钻石体系由 12 个元素组成，这些元素代表好的管理实践，并与一些国际标准如 ISO 14001、ISO 9001：2000、OHSAS－18001、英国标准 8800 及其他国际标准如 AS/NZS 4801 相兼容。钻石体系元素如下：①组织管理；②能力、培训与沟通；③风险管理；④设计与变化管理；⑤作业现场管理；⑥设备设施管理；⑦检查系统；⑧职业健康与环境保护系统；⑨事件/事故管理；⑩应急准备与响应；⑪监测与审核；⑫纠正与预防行动系统。

钻石综合风险管理体系核心思想与理念为：①基于风险的原则；②事件/事故预先控制的原则；③系统性原则；④全员参与的原则；⑤安全的行为与态度的原则。

【章末案例】   华为 VS 中兴：狼与牛的缠斗

2011 年 4 月 28 日，当欧洲大陆的媒体都在关注即将到来的英国威廉王子大婚的时候，一个小小的诉讼却吸引了中国媒体的目光。中国通信企业华为在德国、法国和匈牙利三国同时起诉中兴通讯。华为认为，中兴侵犯了华为有关数据卡和 LTE 技术的一系列专利，并且未经华为许可，中兴在数据卡产品上非法使用了华为的注册商标。对中兴而言，这是它在一个月之内第二次被告上法庭。4 月 1 日，爱立信在欧洲控告中兴，诉讼涉及核心网、GSM 及第四代移动通信等相关专利。对于华为的做法，中兴通讯并不示弱。在被华为控告消息传出仅 20 个小时后，4 月 29 日下午，深感"震惊和不理解"的中兴做出反击，声称对方侵犯了其 LTE 等重要专利，并在中国递交诉状，反诉华为侵犯其第四代移动通信系统（LTE）专利。同是扎根深圳的通信公司，为什么闹到了对簿公堂的地步？双方的纠纷究竟因何而起？

一、同城相争

10 年前，中兴与华为相继在深圳的华侨城安营扎寨，一个在东头，一个在西头。回头看看，一度兴盛的国内四大通信设备制造商"巨大中华"（巨龙、大唐、中兴、华为），如今可以在国内通信设备制造商里叫得响的，也就只剩下这两家。有意思的是，中兴的总裁侯为贵说，他们对牛很感兴趣。而华为总裁任正非则口口声声要培养一个"狼群"。

两家都在深圳，又是同行，当然"接火"的时候就要多一些。平时的交锋不过是小打小闹，二者真正直接交火是在 1998 年。1995 年国家出台了一系列扶持民族通信产业发展的政策。国内企业尤其是"巨大中华"四家在共同挑战外国品牌中逐渐占据上风后，回头扩大国内市场份额。但 2002 年前后，四家企业的业绩呈天壤之别。巨龙没落、大唐式微，而同处深圳的中兴和华为却异军突起，先后走上了海外扩张的道路。在很多合同招标中，最后往往只剩下中兴与华为这两家同在深圳的同行"冤家"。双方为了扩大各自的市场份额，除了巨大的营销队伍和投入之外，最后只能诉诸价格战。中兴与华为两家有70% 的产品是相同的。两家的竞争又主要是在电源市场和交换机市场上，而这恰恰又是华为公司市场占有率比较低的两个产品。

1998 年，为了争夺市场，华为搞了一纸"有利于华为"却"而有损中兴"的交换机产品比较书，并大量送给目标客户。中兴的人得知后，非常气愤，以牙还牙，也搞了一纸电源产品比较书。矛盾就这样被激化，双方先后在河南、湖南两地展开了官司拉锯战。与此同时，各路媒体也纷纷参与进来。一场轰轰烈烈的博弈开始了。有媒体这样评价此事："侯为贵以和为贵，任正非是非不分。"

二、华为 VS 中兴

华为是 1988 年进入中国电信设备市场的，华为进入高增长期的时间集中在 1997 年至1998 年的两年时间里，华为 1997 年实现销售额 5 亿美元，1998 年销售额达到 12 亿美元。当兵出身的任正非很多时候是一副"农民"样，大大咧咧地卷着衣袖，有点不修边幅。中兴人称他为"一介武夫"。但是任正非的演讲口才在华为是上下皆知的。面对加盟华为的新员工，任正非毫不掩饰自己的无知："我个人既不懂技术，也不懂 IT，甚至看不懂财务报表——唯一需要我做的是，在大家研究好的文件上签上名。"任正非无疑又是绝顶聪明的，每年都有成千上万的大学本科生、硕士、博士、博士后等来为他效命。华为的规矩很严，一切按制度说话，而《华为公司基本法》就是制度第一的体现。据说，有一次任正非到公司上班，但忘了戴工作牌，他给门卫讲了很多好话，但门卫就是死活没让他进。为此，任正非感动不已，这个员工因此而受到了任正非的褒奖。据说，在每年华为新员工的培训会上，任正非都会慷慨激昂地发表一番"煽动"性极强的讲话。而这样的结果往往就是让新员工们铆足了劲，投入到工作中。

在中兴总裁侯为贵的身上，体现更多的是知识分子的斯文和工程师出身的严谨，他以温和的表情与不张扬的作风，赢得中兴人的崇敬、爱戴与信任。在中兴，可以看到中兴的员工似乎显得更"家居"一些。大家的穿着比较随意，说话有些慢条斯理，整个办公区一派乐融融的景象。然而华为就不一样了，办公区内每层都有封闭的电子门，员工进入都要有电子钥匙。华为的员工大都身着职业装，一副精明能干、十分利索的样子，用中兴人的话来讲，华为人的眼睛里随时都放着一种要去抢市场的光。不管中兴人在说这样的话时是怎样的一种心理，但华为员工尤其是跑市场的销售员给他们这样的评价的确言不为过。在中兴与华为的市场争夺战中，中兴似乎常常处于被动局面。中兴的人似乎更擅长做技术，而对做市场缺乏更多应对的招数。

三、导火索

此次华为与中兴的专利纠纷，并非简单地为了声讨 800 万元的专利费，而是缘于2010 年一桩海外知识产权纠纷，华为认为中兴在欧洲低价销售数据卡，导致数据卡价格大跌，让自己蒙受了巨大的损失。当时，主业涉及无线网卡、USB 闪存和嵌入式笔记本上网模块的比利时 Option 公司因数据卡产品倾销及侵犯知识产权等问题向欧盟起诉中兴、华为等中国企业。欧盟对中国数据卡发起反倾销和保障措施调查，涉案金额高达 41 亿美元，创下涉案金额历史纪录。

据业内人士透露，Option 起诉中国厂商，主要是在中兴引发的价格战的冲击下，导致欧洲的沃达丰等大型电信运营商纷纷抛弃了 Option，濒临倒闭。由于此案涉及欧盟最敏感的"三反"（反倾销、反补贴和保障措施）问题，若中国企业败诉，将会遭受沉重打击（欧盟可对中国生产的数据卡，每张征收反倾销税 60 欧元以上，而当时数据卡单价仅为 20 欧元）。当时，数据卡出口最多的华为、中兴都参与了应诉与谈判。为了消除贸易障碍，华为于 2010 年 10 月宣布与 Option 达成协议，承诺将在比利时成立一个研发中心，还同意购买 Option 的连接管理器软件授权，以 800 万欧元收购 Option 半导体公司 M4S 全部流通股。

在这件事情上，华为总共花掉了 1 亿多美元。据参与这起谈判的知情人士回忆，华为虽然积极促成事情解决，但中兴在这件事情上不愿支付专利费。在欧洲数据卡市场，华为占据绝对优势。2005 年之前，全球市场上基于 PCMCIA 接口的老式数据卡，年销量不到 150 万只。2006 年，华为进入欧洲数据卡市场，推出全球第一款 USB 数据卡，让行业局势大变。但随着中兴 2007 年低价杀入，原本市面上售价 200 欧元的数据卡，后来报价已经降至 17 欧元，基本上无利可图，仅价格战就导致华为损失 10 亿美元。而且，中兴引发的价格战，被认为是欧盟"三反"调查的导火索，这也让华为颇有微词。接下来 4G 就要启动，下一代数据卡也将推出，如果大家依旧靠低价搅局，都无钱可赚。不过，中兴对华为的观点并不认同，在它看来，欧洲市场的数据卡价格大跌是市场行为，与其进入欧洲市场无关，中兴的进入只会丰富消费者的选择。

2011 年 5 月 10 日，华为赢得了由德国汉堡法院颁布的针对中兴德国公司商标侵权的初始禁令，禁止中兴在其 USB 数据卡上使用华为的一项注册商标，禁止中兴在德国销售印有该商标的 USB 数据卡。消息传出后，中兴随即进行了有力的反击，认为此项"临时禁令"不具法律效力，仅属于诉讼前的临时救济措施，最终是否侵权，要等待法院的实体判决。它还在 5 月 12 日对外发布声明称，自己注册在先，华为蓄意注册在后，其阴谋是阻止中兴在欧洲市场的快速扩张。

四、核心业务竞争

华为在德国、法国和匈牙利对中兴提起诉讼，指责中兴侵犯其一系列专利技术，涉及数据卡和高速 4G LTE 网络技术。华为出具多张图片称，中兴数据卡抄袭使用了华为的商标，并印上华为的标识，而没有向华为支付相应的授权费用；此外，华为一项数据卡旋转头设计已申请专利，而中兴生产的数据卡模仿了华为旋转头专利设计。

在知识产权领域，截至 2010 年底，华为累计申请中国专利 3.1869 万件、PCT 国际专利申请 8892 件、海外专利 8279 件。该公司现已加入 123 个国际标准组织，是全球主要的标准贡献者。"为了保护我们的创新成果以及在欧洲合法注册的知识产权，华为不得不采取此次法律行动。我们的目标是终止中兴通讯对华为知识产权的非法使用，并通过协商解决纠纷。"华为首席法务官宋柳平表示，"你专利很少的时候，肯定要向其他企业支付专利许可费。所谓互换专利，也要看你的专利有没有那么多价值。比如我有个房子，你拿价值相近的房子来换才行，彼此差距不能太悬殊。"2010 年，华为支付了 2.21 亿美元的专利许可费，而中兴一直拒绝给爱立信、华为等厂商支付专利费用。

毫无疑问，专利壁垒已成为国际竞争的重要武器。即便是同城兄弟，在刺刀见红的肉搏战中，也无法回避。当时，华为是仅次于爱立信的全球第二大电信设备生产商，而数据卡和 LTE，既是华为、中兴两家重要的增长驱动力，也是争夺焦点所在。华为、中兴占据全球数据上网卡制造商的前两位，销量占据全球80%以上的市场：中兴2010年销售了3000万张数据卡，而华为在2009年时，数据卡销量已经突破3500万张。与此同时，华为、中兴等公司都在争夺 LTE 订单：华为此前拿下了包括荷兰运营商 KPNNV、西班牙电信和德国电信在内的 LTE 订单；中兴通讯则在瑞典、丹麦独建全球第一个 LTEFDD/TDD双模商用网。

尽管双方对围绕 LTE 技术专利的诉讼不做进一步说明，但外界却对此事热议不断。"你做什么业务我做什么业务，你进军哪个国家我进军哪个国家"，Frost Sullivan 首席顾问王煜全指出，华为、中兴两家是通信设备商中最为相似的，因此当竞争发展到一定阶段的时候，必然会"打起来"。业内人士认为，华为起诉中兴的另一目的，在于确立自己跨国公司的形象。咨询公司 BDA 中国公司总裁邓肯·克拉克表示，在中国以外的地区起诉另外一家中国公司，这有利于华为的形象，因为这可以消除华为与中国政府或其他中国公司有联系的一贯印象。有分析人士认为，华为和中兴此次纠纷表面上是一场维护自身利益的专利诉讼，但背后争夺的却是未来全球 4G 市场。也有人认为，此次华为与中兴之间的专利纠纷，实际上反映出两家公司在国际市场的竞争已日趋激烈。

这次专利纠纷的核心围绕 4G 关键的 LTE 技术，从一个侧面说明华为和中兴正在为未来的全球 4G 市场展开争夺。关于此次"中华"专利战的缘起，两家公司都有过各种各样基于在全球"某一区域市场"上的交恶举证：比如，在欧洲市场上，率先冲入欧洲的华为开创性地推出了基于 USB 接口的无线数据卡，从而助推了这一应用在欧洲的普及，但是市场蛋糕做大后，随着中兴通讯的闯入，早年每部100美金的数据卡已经降至了后来的20美元，市场空间及利润空间已经被价格的恶性竞争所蚕食，这直接引发了华为指责"入侵者"中兴窃取了其在数据卡等领域的专利甚至是商标权；又如，中兴指称华为选择2011年4月28日宣布起诉中兴"别有用心"，因为当天中兴在马来西亚获得了欧洲运营商挪威电信（Telenor）在当地部署5000个 HSPA＋/LTE 站点的 4G 合同，这一合同不仅极有可能导致此前由爱立信和华为两家公司部署的网络搬迁，还有可能会影响到华为与Telenor 未来在欧洲其他项目上的合作关系。

回到全球商业的大格局来看，或者事情的本质更为明了：尽管一度由十数家厂商竞争的全球通信赛场上只余寥寥5家设备商，但是每年1500亿美元的市场容量已经开始随着全球3G的渐次落幕而触及天花板。前几年预期最高以中国、印度为代表的亚太市场销售增长正在大幅减速，加之北美出于政治原因的封闭和坚不可摧，欧洲事实上成为了中国两家公司争夺最为激烈的战场，这将加剧厂商间对欧洲运营商客户的争夺。

五、未来的追问

电信设备市场风云激荡，中国双雄却坐看潮起潮落，成了中国企业"走出去"的样板。这场专利大战无论结果如何，都会给中国企业传递一个重要的信息：企业必须重视和尊重知识产权，共同维护商业生态，才能可持续发展。无论是中兴还是华为，诉讼背后都回避不了未来的追问。对于中兴而言，2011年的开局即遭到"五强"之中的两强进行专利狙击，并且诉讼之地皆选在了业绩的主要产粮区欧洲，可能多少令投资者有些苦恼。华为也并非高枕无忧。这个长期以来，每天都在追问"生"与"死"的华为，正在大声地发出"转型"的声音，有人说，华为诉同城而生的中兴，实为不得已，在竞争的驱使下，对未来的焦虑使其开始在"进攻"的同时，也选择了"防守"，因为正如大家都称他"狼"一样，他一出生就是一只理性的、凶猛的商业动物。这次专利纠纷不管结果如何，对中国企业都是很好的启示，企业必须重视和尊重知识产权，共同维护商业生态，营造一个公平的竞争环境。

资料来源：作者根据多方资料整理而成。

【本章小结】

本章将风险定义为：风险是在特定环境下、特定时间内，预期结果偏离期望值的可能性。风险具有不确定性、可测定性、客观性和普遍性等特征。风险由危险因素、危险事故和损失三个要素构成。企业所面临的关键风险主要有六类，包括战略风险、财务风险、政治风险、信用风险、操作风险、市场风险，在本书后面的第六章至第十一章中分别阐述。风险有自然属性、社会属性和经济属性。人们对风险一般持冒险、保守和中立三种态度。风险由损失频率、损失程度、期望值、方差/标准差和离散系数等指标来衡量。风险管理有计划、组织、指导和控制四个职能，有效的风险管理对社会、个人与家庭、企业意义重大。风险管理的目标分为损前目标和损后目标两类。风险管理包括风险识别、风险评定、风险决策和风险监控四个环节。

【问题思考】

1. 如何理解风险？

2. 简述风险的特征。

3. 主要的风险分类有哪些？分别依据什么标准？

4. 简述风险管理的方法。

5. 简述风险管理的意义。

6. 简述风险管理的目标与过程。

7. 某建筑队在施工时偷工减料导致建筑物塌陷，造成人员伤亡，则

（1）风险因素是（　　　）。

A. 偷工减料　　　　B. 建筑物塌陷　　　　C. 人员伤亡

（2）该风险因素属于（　　　）。

A. 物质风险因素　　B. 心理风险因素　　　C. 道德风险因素

8. 某房东外出时忘记锁门，结果小偷进屋、家具被偷，则

（1）风险因素是（　　　）。

A. 房东外出　　　　B. 忘记锁门　　　　　C. 小偷进屋

（2）该风险因素属于（　　　）。

A. 物质风险因素　　B. 心理风险因素　　　C. 道德风险因素

第二章　风险识别

【学习要点】

☆ 了解风险识别的程序。

☆ 领会专家调查法的应用。

☆ 领会事故树法的应用。

☆ 领会危险与可操作性研究的应用。

☆ 掌握情景分析法的应用。

☆ 掌握流程图法的应用。

☆ 掌握工作－风险分解法的应用。

☆ 了解保单对照法。

【章首案例】

香飘飘有限公司

香飘飘有限公司创办于 2005 年 8 月浙江湖州市，公司总投资额 2.5 亿元，注册资本 5000 万元。2017 年 11 月，香飘飘在四次冲刺 IPO（首次公开募股）后进军 A 股市场。然而，在上市大半年后，香飘飘正遭遇不小的困境。2018 年 8 月 16 日晚间，香飘飘公布的上市以来的第一份半年报显示：香飘飘 2018 年上半年实现营业收入约为 8.7 亿，净利润亏损 5500 万元。同时，新产品液体奶茶遭遇统一、康师傅的阻击，以及高管相继出走、毛利率下滑等，正影响着公司的实际经营。在上市之前，香飘飘已经是杯装奶茶业的龙头企业，但是随着香飘飘招股书的公开，其自身的众多弊端也暴露在市场面前。

（1）职业经理人相继离职。2018 年 4 月，在香飘飘服务近 10 年的副总经理陈强从公司离职，不再担任任何职务；7 月，从加多宝挖来的元老级人物卢义富也相继离职，其在香飘飘任职不满 1 年；10 月，同样从加多宝挖来的主管人事副总夏楠也向公司递交了辞呈，此时距她上任还不满 4 个月。卢义富和夏楠一度被外界视作企业破局的关键。

（2）产品单一。招股书显示，香飘飘主营业务为奶茶的研发、生产与销售，主要产品为椰果系列和美味系列两大类共 12 种口味杯装奶茶产品，此外还有其他产品，包括桂圆红枣奶茶、蒙古奶茶和原汁奶茶等。香飘飘披露的 2018 年三季报显示，公司营业收入实现 16.80 亿元，其中杯装奶茶实现销售 7.32 亿元，液体奶茶实现销售 1.27 亿元，来自杯装奶茶的贡献仍超九成比例，公司在短期内仍摆脱不了产品单一的困局。

（3）家族制企业。根据招股书，发行前蒋建琪及妻子陆佳华持有香飘飘 80.46% 股权，女儿蒋晓莹持股 5%，蒋建琪的兄弟蒋建斌持股 10%。发行后，蒋建琪直接和间接持股 65.14%，蒋建琪之弟蒋建斌持股 9%，蒋建琪妻子陆家华持股 7.2%，其女蒋晓莹持股 4.5%，家族合计持有公司股份比例达 85.84%。香飘飘是一家典型的家族企业。

（4）重广告轻研发。在杯装奶茶市场，香飘飘一直独占鳌头，大量广告投入和单一产品撑起了公司的业绩，但这种经营模式的可持续性也一直被诟病。2015 年至 2017 年，公司广告费用支出分别为 2.53 亿元、3.59 亿元和 2.3 亿元，2018 年上半年投入 1.14 亿元，同比增长 78.13%。净利润仅为广告投入的七成，也就是说，每投入一元的广告费用，只带来 7 毛钱的利润。与大手笔砸广告相对的，是香飘飘在研发费用上的"节省"。2014 年至 2016 年，公司研发支出分别为 1477.14 万元、558.53 万元、639.38 万元，占营业收入比例分别为 0.71%、0.29%、0.27%，占比不断下滑。

分析人士认为，整体而言，香飘飘面临的最大威胁是消费环境变化下消费者选择的抽离与其递消费升级的产品思路之间的矛盾。有食品研究人员表示，消费人群口味升级，加上外卖蓬勃发展，以香飘飘为代表的高糖式奶茶已不能满足消费者需求。

资料来源：作者根据多方资料整理而成。

风险无处不在，而大多数企业面临的风险类型不同、范围广泛，因此，在采取风险管理行动之前，识别风险是至关重要的。风险识别是风险管理的第一步，也是风险管理的基础。风险识别是用感知、判断或归类的方式对现实的和潜在的风险性质进行鉴别的过程。风险识别阶段最为重要的工作就是建立风险数据库，将识别出来的各种风险及其原因进行适当的归类，并用文字做清楚的描述，为风险评价等内部控制后续工作打好基础。风险识别的目的并不是罗列每个可能的风险，而是识别那些可能对运营产生影响的风险。即在合理的时间段内，发生风险的可能性的大小。如果企业不得不面对某种风险，而又不知道发生风险的可能性或后果，则对风险进行识别可能比较困难。因此，管理层应尽力识别所有可能对企业取得成功产生影响的风险，包括整个业务面临的较大或重大的风险，以及与每个项目或较小的业务单位关联的不太主要的风险。

第一节　风险识别概述

一、风险识别的界定

1. 风险识别的含义

风险识别（Risk Identification），也称风险辨识，是在风险事故发生之前，感知各种风险事故，分析风险事故的潜在原因，找到危险源，建立相应的风险数据库。

2. 事故

这个定义中的"事故"是指个人或集体在实现某种意图而进行的活动过程中，突然发生的、违反人的意志的、迫使活动暂时或永久停止的事件。事故是突然发生的、出乎人们意料的意外事件，事故的后果是违背人的意志的。

3. 危险源

这个定义中的"危险源"是可能导致事故的潜在的不安全因素，现实的各种系统不可避免地会存在某些种类的危险源。根据危险源在事故本身发展中的作用可分为两类：第一类危险源是系统中存在的、可能发生意外释放的能量或危险物质，包括各种能量源和能量载体；这类危险源在事故发生时放出的能量是导致人员伤害或财物损坏的能量主体，决定事故后果的严重程度，是事故发生的前提。第二类危险源是导致约束、限制能量措施失效破坏的各种不安全因素，包括人、物、环境。这类危险源的出现破坏了对第一类危险源的控制，使能量或危险物质意外释放，是第一类危险源导致事故的必要条件。这类危险源出现的难易程度决定事故发生的可能性的大小。第二类危险源是围绕第一类危险源随机出现的人、物、环境方面的问题，其辨识、评价和控制应在第一类危险源辨识、评价和控制的基础上进行；第二类危险源的辨识、评价和控制比第一类危险源辨识、评价和控制更为困难。

专栏 2 - 1   事故致因理论——能量意外释放论

事故发生有其自身的规律和特点，了解事故的发生、发展和形成过程对于辨识、评价和控制危险源具有重要意义。只有掌握事故发生的规律，才能保证生产系统处于安全状态，事故致因理论是帮助人们认识事故整个过程的重要理论依据。

1961 年吉布森（Gibson）提出，事故是一种不正常的或不希望的能量释放，意外释放的各种形式的能量是构成伤害的直接原因。因此，应该通过控制能量或控制能量载体（能量达及人体的媒介）来预防伤害事故。在吉布森的研究基础上，1966 年美国运输部安全局局长哈登（Haddon）完善了能量意外释放理论，提出"人受伤害的原因只能是某种能量的转移"，并提出了能量逆流于人体造成伤害的分类方法，将伤害分为两类：第一类伤害是由施加了超过局部或全身性损伤阈值的能量引起的；第二类伤害是由影响了局部或全身性能量交换引起的，主要指中毒窒息和冻伤。

能量在生产过程中是不可缺少的。如果由于某种原因能量失去控制，超越了人们设置的约束或限制而意外地逸出或释放，则表明发生了事故。如机械能、电能、热能、化学能、电离及非电离辐射、声能和生物能。

预防伤害事故就是防止能量或危险物质的意外释放，防止人体与过量的能量或危险物质接触。能量意外释放论提醒人们要经常注意生产过程中能量的流动、转换，以及不同形式能量的相互作用，防止能量的意外逸出或释放。

（1）事故是一种不正常的或不希望的能量释放。

（2）所有的伤害（或损坏）都是因为接触了超过机体组织（或结构）抵抗力的某种形式的过量的能量；有机体与周围环境的正常能量交换受到了干扰（如窒息、淹溺等）。因而，各种形式的能量构成伤害的直接原因。

（3）事故发生时，在意外释放的能量作用下人体（或结构）能否受到伤害（或损坏），以及伤害（或损坏）的严重程度如何，取决于作用于人体（或结构）的能量的大小、能量的集中程度、人体（或结构）接触能量的部位、能量作用的时间和频率等。

能量意外释放论阐明了伤害事故发生的物理本质，指明了防止伤害事故就是防止能量意外释放，防止人体接触能量，人们要经常注意生产过程中能量的流动、转换，以及不同形式能量的相互作用，防止发生能量的意外释放，安全技术、安全管理就是控制能量。

二、风险识别的程序

风险管理者需要充分了解企业所面临的风险。风险管理中最大的问题是没有认识到潜在的障碍威胁。企业需要知道损失来自何处，并能够找出受益于损失控制程序的问题领域。然而，风险管理人员不能对未能识别和计量的风险因素采取行动。作为起点，风险管理者应通过正式的检查程序来全面分析风险和损失。风险识别有感知风险和分析风险两个环节。感知风险是风险识别的基础，分析风险是风险识别的关键。

1. 感知风险

了解各种风险事故。如在仓库设施风险中，可能致损的风险事故有火灾、爆炸、交通阻断等。这一认识风险的过程是感知风险。

2. 分析风险

分析引起风险事故的各种风险因素，研究导致风险事故发生的原因和条件的环节，称为分析风险。如对引起火灾的风险原因的分析，像化学反应、自燃等。

事实上，风险识别程序在具体的风险识别实际工作中是很难划分的，因为很难对其界定。因此，风险识别分几个环节并不重要，重要的是列出企业面临的全部风险，列出每一种风险产生的具体原因，从而建立、健全风险数据库。它们在执行时可能是重复，也可能是同时进行的。

专栏 2 – 2　　　　　　　　奥运会的风险有哪些？

奥运会的收入主要来自电视转播权的销售、门票收入及商业赞助。识别其中的风险一直是一个重要的事项。请思考：奥运会的风险有哪些？

分析：①运动员及观众的人身伤害；②技术风险（计算机的计分）；③安全问题（恐怖袭击）；④人流的控制；⑤电视转播合同的取消；⑥天气因素。

三、风险识别的基本原则

1. 全面周详

全面周详的原则要求全面系统地考察、了解各种风险事件的损失频率和损失程度，风险因素及因风险的出现而导致的其他问题，以便及时而清楚地为决策者提供比较完备的决策信息。

2. 综合考察

单位面临的风险是一个复杂的系统，其中包括不同类型、不同性质、不同损失程度的各种风险。由于复杂风险系统的存在，使得某一种独立的分析方法难以对全部风险奏效，因此必须综合使用多种分析方法。

3. 量力而行

在经费限制的条件下，企业必须根据实际情况和自身的财务承受能力，来选择效果最佳、经费最省的识别方法。企业或单位在风险识别和衡量的同时，应将该项活动所引起的成本列入财务报表，综合地考察分析，以保证用较小的支出来换取较大的收益。

4. 科学计算

对风险进行识别的过程，同时就是对单位的生产经营（包括资金借贷与经营）状况及其所处环境进行量化核算的具体过程。风险的识别和衡量要以严格的数学理论作为分析工具，在普遍估计的基础上，进行统计和计算，以得出比较科学合理的分析结果。

5. 系统化、制度化、经常化

为了保证最初分析的准确程度，就应该进行全面系统的调查分析，将风险进行综合归类，揭示其性质、类型及后果。如果没有科学系统的方法来识别和衡量，就不可能对风险有一个总体的综合认识，就难以确定哪种风险是可能发生的，也不可能较合理地选择控制和处置的方法。这就是风险的系统化原则。此外，由于风险随时存在于单位的生产经营活动之中，所以，风险的识别和衡量也必须是一个连续不断的、制度化的过程。这就是风险识别的制度化、经常化原则。

四、风险识别方法

风险识别的方法有很多，各有其优缺点和适用条件。世界上没有一种能适用于全部风险识别的最好方法。企业不同，识别风险的方法就不同；风险不同，识别的方法也不完全一样。实际上，特定的风险识别方法对一些企业比对另一些企业更有用，对一些风险识别比对另一些风险识别更有用。因此，试图用一种最好的方法识别企业所面临的全部风险的想法是不现实的。这也说明，识别企业的风险不能依靠单一的方法或工具。在实际工作中，即使识别同一种风险也可以同时使用几种方法。要根据企业经营活动的特点、内外环境变化和经营管理的需要，对风险识别方法做出适当的选择和组合。风险识别方法既要关注过去，也应着眼于将来。关注过去是为了从风险事故中总结经验，便于从惊人相似的风险事故原因中识别风险。着眼于未来是因为风险就是未来的不确定性，要预测未来发展趋势。不论采用什么方法，只要确实把风险识别出来就行。不能过分强调定量分析模型，简单的或许就是有用的。

专栏 2-3　　　一家学校对外包学生饮食服务的风险识别

一家学校的校长正在考虑将饮食服务外包给外部的服务供应商，也就是说，私人企业将接管现有的饮食服务员工及厨师，并承担为学生提供饮食的责任。在评价这一建议时，该校长考虑了采取外包安排的以下几个风险因素：

（1）承包商的财务结构不稳定。

（2）承包商在为学生提供高品质、健康食物方面可能有不良记录，以及承包商的卫生标准未能达标。

（3）学校无法控制绩效。例如，饮食服务员工能否采纳学校行政组的指导或意见。

（4）食品卫生情况与学生生病或感染传染病之间的关联性或因果关系。

（5）公众尤其是家长对饮食外包的敌对情绪。

第二节　专家调查法

专家调查法，也称专家咨询法、专家意见法、经验分析法，是基于专家的知识、经验和直觉，发现潜在风险的分析方法。采用专家调查法时，专家应有合理的规模，人数取决于项目的特点、规模、复杂程度和风险的性质，没有绝对规定，一般应在 10 ~ 20 位。专家调查法适用于风险分析的全过程。专家调查法有很多用途，在进行风险识别时，主要包括头脑风暴法、德尔菲法、风险专家调查列举法、风险识别调查表、风险对照检查表等。

一、头脑风暴法

1. 头脑风暴法

头脑风暴法（Brain Storming，BS）是由美国创造学家 A. F. 奥斯本于 1939 年首次提出、1953 年正式发表的一种激发性思维的方法。此法经各国创造学研究者的实践和发展，现已形成了一个发明技法群，如奥斯本智力激励法、默写式智力激励法、卡片式智力激励法等。

在群体决策中，由于群体成员心理相互作用影响，易屈于权威或大多数人意见，形成所谓的"群体思维"。群体思维削弱了群体的批判精神和创造力，损害了决策的质量。为了保证群体决策的创造性，提高决策质量，管理上发展了一系列改善群体决策的方法，头脑风暴法是较为典型的一个。

头脑风暴法又可分为直接头脑风暴法（通常简称为头脑风暴法）和质疑头脑风暴法（也称反头脑风暴法）。前者是在专家群体决策中尽可能激发创造性，产生尽可能多的设想的方法，后者则是对前者提出的设想、方案逐一质疑，分析其现实可行性的方法。

采用头脑风暴法组织群体决策时，要集中有关专家召开专题会议，主持者以明确的方式向所有参与者阐明问题，说明会议的规则，尽力创造融洽轻松的会议气氛。一般不发表意见，以免影响会议的自由气氛，由专家们"自由"提出尽可能多的方案。

2. 对头脑风暴法的评价

实践经验表明，头脑风暴法可以排除折中方案，对所讨论问题通过客观、连续的分析，找到一组切实可行的方案，因而头脑风暴法在军事决策和民用决策中得出了较广泛的应用。例如，在美国国防部制定的长远科技规划中，曾邀请 50 名专家采取头脑风暴法开了两周会议。参加者的任务是对事先提出的长远规划提出异议。通过讨论，得到一个使原规划文件变为协调一致的报告，在原规划文件中，只有 25% ~ 30% 的意见得到保留，由此可以看到头脑风暴法的价值。

当然，头脑风暴法实施的成本（时间、费用等）是很高的。另外，头脑风暴法要求参与者有较好的素质。这些因素是否满足会影响头脑风暴法实施的效果。

3. 头脑风暴法的流程

系统化处理程序如下：①对所有提出的设想编制名称一览表；②用通用术语说明每一设想的要点；③找出重复的和互为补充的设想，并在此基础上形成综合设想；④提出对设想进行评价的准则；⑤分组编制设想一览表。

二、德尔菲法

德尔菲法（Delphi）是一种集中众人智慧进行科学预测的分析方法，由美国咨询机构兰德公司首先提出，它主要是借助于有关专家的知识、经验和判断来对企业的潜在风险加以估计和分析。德尔菲法依据系统的程序，采用匿名发表意见的方式，即专家之间不得互相讨论，不发生横向联系，只能与调查人员发生关系，通过多轮次调查专家对问卷所提问题的看法，经过反复征询、归纳、修改，最后汇总成专家基本一致的看法，作为预测的结果。这种方法具有广泛的代表性，较为可靠。

1. 德尔菲法的步骤

德尔菲法的具体实施步骤如下：①组成专家小组。按照课题所需要的知识范围，确定专家。专家人数的多少，可根据预测课题的大小和涉及面的宽窄而定，一般不超过20人。②向所有专家提出所要预测的问题及有关要求，并附上有关这个问题的所有背景材料，同时请专家提出还需要什么材料。然后，由专家做书面答复。③各个专家根据他们所收到的材料，提出自己的预测意见，并说明自己是怎样利用这些材料并提出预测值的。④将各位专家第一次判断意见汇总，列成图表，进行对比，再分发给各位专家，让专家比较自己同他人的不同意见，修改自己的意见和判断。也可以把各位专家的意见加以整理，或请身份更高的其他专家加以评论，然后把这些意见再分送给各位专家，以便他们参考后修改自己的意见。⑤将所有专家的修改意见收集起来，汇总后，再次分发给各位专家，以便做第二次修改。逐轮收集意见并为专家反馈信息是德尔菲法的主要环节。收集意见和信息反馈一般要经过三四轮。在向专家进行反馈的时候，只给出各种意见，但并不说明发表各种意见的专家的具体姓名。这一过程重复进行，直到每一个专家不再改变自己的意见为止。⑥对专家的意见进行综合处理。

2. 德尔菲法的优缺点

德尔菲法能发挥专家会议法的优点：①能充分发挥各位专家的作用，集思广益，准确性高；②能把各位专家意见的分歧点表达出来，取各家之长，避各家之短；③适用范围广；高效快捷，成本低，简单易行。同时，德尔菲法又能避免专家会议法的缺点：①权威人士的意见影响他人的意见；②有些专家碍于情面，不愿意发表与其他人不同的意见；③出于自尊心而不愿意修改自己原来不全面的意见。德尔菲法的主要缺点是：过程比较复杂，花费时间较长；专家意见是主观判断；有时意见难以统一；并非万能，要与其他方法结合。

3. 德尔菲法示例

某书刊经销商采用德尔菲法对某一专著销售量进行预测。该经销商首先选择若干书店经理、书评家、读者、编审、销售代表和海外公司经理组成专家小组。将该专著和一些相应的背景材料发给各位专家，要求大家给出该专著最低销售量、最可能销售量和最高销售量三个数字，同时说明自己做出判断的主要理由。将专家们的意见收集起来，归纳整理后返回给各位专家，然后要求专家们参考他人的意见对自己的预测重新考虑。专家们完成第一次预测并得到第一次预测的汇总结果以后，除书店经理 B 外，其他专家在第二次预测中都做了不同程度的修正。重复进行，在第三次预测中，大多数专家又一次修改了自己的看法。第四次预测时，所有专家都不再修改自己的意见。因此，专家意见收集过程在第四次以后停止。最终预测结果为最低销售量 26 万册，最高销售量 60 万册，最可能销售量46 万册。

又如，2000 年某股份公司发明一项专利，生产一种便携式自行车。西欧某国一厂商近年发明了优于本企业的同类产品。财务风险的关键在于在一定时期内（主要是前 8 年，企业产品上市并立足未稳时）是否有国内厂商引进国外先进技术。

企业就本企业生产线投资及正常情况下收回投资的时间表，请专家判断：国内是否会出现厂商引进国外先进技术、设备并形成生产能力？时间是哪一年？第二轮问题：是否存在国内企业研制新产品加入竞争的危险？其时间如何？对前一问题是否进行修改？如坚持原有观点，理由何在？第二轮结果较第一轮有所收敛，且较多专家认为国内企业自行开发的可能性不亚于引进的风险，并预计此时间在 2013 年前后。此后进行了第三轮、第四轮、第五轮工作（见表 2-1、表 2-2）。

表 2-1　引进国外技术的时间预计统计结果

轮次	中位数	下四分点	上四分点
1	2010 年	2005 年	2015 年
2	2009 年	2005 年	2014 年
3	2007 年	2003 年	2012 年
4	2008 年	2004 年	2012 年
5	2007 年	2005 年	2011 年

表 2-2　国内出现先进技术的时间预计统计结果

轮次	中位数	下四分点	上四分点
1	2013 年	2008 年	2020 年
2	2012 年	2007 年	2019 年
3	2010 年	2007 年	2016 年
4	2009 年	2008 年	2013 年

根据结果，企业决定借款上马，借款期为 5 年，5 年后分期还本付息；力求压缩工期，迅速形成生产能力，提前取得盈利，力争至 2007 年前还清贷款，避免后续财务风险。

三、风险专家调查列举法

由风险管理者对该企业、单位可能面临的风险逐一列出，并根据不同的标准进行分类。专家所涉及的面应尽可能广泛些，有一定的代表性。一般的分类标准为直接或间接、财务或非财务、政治性或经济性等。

采用风险专家调查列举法进行风险识别可以利用两种形式：①通过保险险种一览表，企业可以根据保险公司或者专门保险刊物的保险险种一览表，选择适合本企业需要的险种。这种方法仅仅对可保风险进行识别，对不可保风险则无能为力。②委托保险人或者保险咨询服务机构对本企业的风险管理进行调查设计，找出各种财产和责任存在的风险。

专栏 2-4　　　　　　三泰公司的风险识别

2009 年 9 月 7 日至 9 月 23 日，三泰集团内部审计部联合管理咨询公司组成的内部控制项目组（以下简称项目组），依据《企业内部控制基本规范》等有关规定，对三泰公司进行风险识别。

一、三泰公司风险识别的主要成果

项目组编制完成了《三泰公司流程目录》，如表 2-3 所示，细分出一级流程 3 个、二级流程 16 个、三级流程 46 个、四级流程 25 个，并绘制现状流程图 31 张。在此基础上，结合职业判断对每一个业务流程中的潜在风险进行了识别，初步识别出主要风险 34 项，形成三泰公司风险识别表，如表 2-4 所示。

表 2-3　三泰公司流程目录（示例）

流程编号	一级流程	二级流程	三级流程	四级流程
01	子公司管控			
01.01		组织及人员管理		
01.01.01			治理结构管理	
01.01.01.01				治理结构设立
01.01.01.02				治理结构变更
01.01.02			高管选聘	
01.01.03			考核管理	
01.01.03				责任书签订
01.01.03				考核与奖惩
01.02		经营管理		
01.02.01			子公司重大事项管理	
01.02.01.01				子公司重大事项决策
01.02.01.02				子公司重大事项执行
01.02.02			子公司日常经营监督	
02	财务管理			

表2-4 三泰公司风险识别表（示例）

类别	风险编号	风险名称	风险描述
子公司管控风险	1	重大决策风险	是指由于对子公司重大事项（包括但不限于子公司发展计划及预算，重大投资，重大公司合同协议，重大资产收购、出售及处置，重大筹资活动，对外担保和互保，对外捐赠，关联交易等）的决策评审程序不规范，评审论证质量存在不足，重大事项决策及执管行过程的监督管理不到位等原因，导致经营发展战略实现的不确定性
	2	预算管理风险	是指由于预算管理制度不健全、编制的预算方案与三泰公司战略和预算目标不符，预算编制与实际脱节，预算方案未得到严格执行，预算考核制度不合理，无预算考核或考核结果不公正等原因，导致全面预算管理战略实现的不确定性
	3	高管选聘风险	是指由于高管人员选聘制度不健全或方式不公开、不公平，选聘方法不科学，个人能力与素质评价不准确等原因，致使选聘高管人员无法满足岗位需要，导致运营发展的不确定性
	4	考核与奖惩风险	是指由于考核与奖惩的管理制度不健全、经营目标设定不科学、考核和奖惩方案不合理、执行不到位等原因，导致子公司经营利润与三泰公司投资回报实现的不确定性
	5	权责分配风险	是指由于管理制度不健全、相关部门设置不合理、权责不清晰、治理结构不合理、权限体系设计不合理等原因，导致的机构管理失控和经济受损
	6	资源分配风险	是指由于资源分配制度不健全，主营业务方向不符合三泰公司战略规划，现有资源的整合、分配不能满足子公司发展需求等原因，导致资源优化配置实现的不确定性
	7	合同监控风险	是指合同管理制度不健全，未对合同条款进行审批、未对签署生效的合同履行过程进行有效监控，未按照合同条款约定收款、付款或提供服务，未按规定程序进行合同的变更与解除，未及时、正确处理合同履行中产生的问题等原因，导致的经济损失或陷入的法律纠纷
	8	资产管理风险	是指由于资产管理制度不健全，资产管理报批程序未得到严格执行，资产的购置、使用、维护、处置不当，资产会计处理和相关信息不合法、不真实、不完整等原因，导致资产使用效率低下、资产损失、资产账实不符，以及国有资产保值增值的不确定性

二、三泰公司风险识别工作流程

主要工作流程有：①各部门和各分（子）公司负责人根据确定的初始信息收集方法和工具，结合自身业务特点收集相关信息，填写《3C风险信息收集表》。②风险质量部从三泰公司整体业务角度出发，对各职能部门和各分（子）公司的《3C风险信息收集表》提出修改和完善建议，各部门和各分（子）公司据此进行修改完善。③风险质量部根据修改和完善后的《3C风险信息收集表》，整理分析初始信息，编制《3C公司风险调查问卷》。④风险质量部提交《3C公司风险调查问卷》，主管领导进行补充，重点补充公司层面的主要风险事件。⑤总经理办公会对《3C公司风险调查问卷》进行审批确认。⑥风险质量部编制填写标准，发放《3C公司风险调查问卷》，并指导各部门和各分（子）公司进行填写。⑦风险质量部组织相关部门领导访谈，并做好访谈记录，对访谈进行总结和整理，整理出初始公司层面风险和业务层面风险。⑧风险质量部对各部门业务进行流程梳理，确定流程目录，绘制流程图，确定业务层面风险。相关部门和各分（子）公司给予积极配合。⑨回收《3C公司风险调查问卷》并统计分析，结合领导访谈和业务流程梳理，自上而下、自下而上确定公司层面风险。⑩风险质量部将确定的业务层面风险和公司层面风险提交主管领导，主管领导提出修改意见。⑪通过对公司层面风险及业务层面的风险描述，形成初始风险数据库（风险辨识列表），并提交主管领导，主管领导提出修改意见。⑫公司总经理办公会对初始风险数据库进行审批确认。⑬风险质量部组织分析风险成因及影响结果，准备风险评估工作。

三、三泰公司风险识别的方法

①问卷调查法。将可能发生的风险列入问卷，通过问卷调查、统计分析，判别风险大小和影响程度等。②研讨会。将跨部门和/或不同级别的管理人员召集到一起，就风险管理的特定题目（如风险事件识别、风险决策）进行讨论。③流程图法。通过对流程的分析，发现和识别风险可能发生的环节或地方，以及流程中各个环节对风险影响的大小。④情景分析法。通过有关数字、图表和曲线等，对未来的某个状态或某种情况进行详细的描绘和分析，从而识别引起风险的关键因素以及影响程度的一种风险识别方法。它注重说明某些事件出现风险的条件和因素，以及当某些因素发生变化时将发生的风险和产生的后果等。⑤风险结构分解法（RBS）。将风险按照其内在结构进行逐层分解并形成结构示意图，直观地反映风险的地位与构成，以便检查。

四、案例分析

项目组在了解三泰公司基本情况的基础上，系统地搜集和确认公司各个层面对经营目标有影响的风险事件，包括内部和外部的风险事件，并根据风险的定义对风险事件进行归类，形成三泰公司当前的风险清单；同时，搜集各项风险事件的属性信息，如动因、影响、责任岗位、涉及流程、发展趋势等，为风险评估提供基础资料。总体来说，项目组对三泰公司的风险识别成果显著，工作流程具体清晰、方法得当。具体分析如下：

（1）将风险识别作为公司内部控制手册的重要内容来设计，不仅十分必要，也是《企业内部控制基本规范》的要求。风险识别是通过收集公司各种风险信息，包括所涉及范围内所有相关的风险信息，建立风险信息数据库，并定期对其进行维护和更新，为风险评估和风险决策工作获取基础信息。风险识别是内部控制的前提，同时，风险识别是一个动态和连续不断的重复过程，需要针对环境的变化持续进行。随着客观环境的变化，企业风险也会改变性质或者出现新的风险，因此，应将风险识别工作经常化，作为一项长期制度。《企业内部控制基本规范》也要求：企业应当根据设定的控制目标，全面、系统、持续地收集相关信息，结合实际情况，及时进行风险评估。

（2）把风险识别重点放在公司层面，对操作层面或业务层面的风险识别重视不够。COSO内部控制报告指出：风险识别包括识别企业层面的风险和识别操作层面的风险。

可以说，世界上没有两个企业所面临的风险是一样的，即使是同一个企业不同时期所面临的风险也是不一样的，就是同一个企业的不同部门，不同级别的人所面临的风险也是不同的。所以，识别企业风险不但困难，而且没有固有模式可以借鉴。虽说把企业所面临的全部风险识别出来是不现实的，但也要抓住重点，使风险识别能覆盖重大风险领域。

（3）识别风险的流程比较具体，采用了问卷调查、流程风险辨识、研讨会、访谈、流程图、情景分析等多种方法，并对风险及风险事件进行归类汇总，形成了风险识别列表。3C框架认为识别风险的过程，实际上也是识别诱发风险产生原因的过程。识别风险因素之所以重要，不仅在于有利于从风险产生的根源入手识别企业所面临的风险，更重要的是一旦确定了主要风险因素，企业管理当局可以依据其重要程度并结合业务活动，抓住主要矛盾，管理重要风险。在实际风险管理工作中仅把风险因素按内部和外部来列示没有现实意义，比较现实的做法是针对可能存在的具体风险，按内部、外部因素来进行识别。内部因素（诱发风险产生的主要原因）包括：治理因素、组织因素、经营因素、管理因素、技术因素、信息因素、人员因素、环境因素等；外部因素（诱发风险产生的次要原因）包括：经济因素、科技因素、法律因素、社会因素、政治因素、自然因素等。如果有具体的目标可以绘制成"骨"图。如图2-1所示。

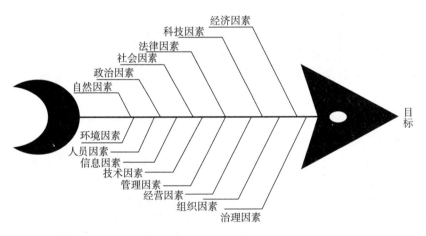

图2-1　目标"骨"图

《企业内部控制基本规范》指出，企业识别内部风险应当关注下列因素：董事、监事、经理及其他高级管理人员的职业操守和员工专业胜任能力等人力资源因素，组织机构、经营方式、资产管理、业务流程等管理因素，研究开发、技术投入、信息技术运用等自主创新因素，财务状况、经营成果、现金流量等财务因素，营运安全、员工健康、环境保护等安全环保因素，其他有关内部风险因素；企业识别外部风险应当关注下列因素：经济形势、产业政策、融资环境、市场竞争、资源供给等经济因素，法律法规、监管要求等法律因素，安全稳定、文化传统、社会信用、教育水平、消费者行为等社会因素，技术进步、工艺改进等科技因素，自然灾害、环境状况等自然环境因素，其他有关外部风险因素。根据可能出现的具体风险有针对性地进行识别是正确的；同时，根据价值链理论，把风险识别按价值链延伸，从价值链的视角考虑风险越来越重要。

资料来源：李三喜. 三泰公司风险识别案例及分析［J］. 中国内部审计，2009（12）：60－62.

第三节　事故树分析法

一、事故树基本概念

事故树分析法（Fault Tree Analysis，FTA）也叫风险树分析法，它是一种从结果到原因逻辑分析事故发生的有向过程，遵循逻辑学的演绎分析原则，即仿照树型结构，将多种风险画成树状，进行多种可能性分析。若能在此基础上对每种可能性给出概率，则为概率树法，它可以更为准确地判断每种风险发生的概率大小，进而计算出风险的总概率。

1961 年美国贝尔电话研究所的沃森（H. A. Watson）在研究民兵式导弹发射控制系统的安全性评价时，首先提出了这个方法；接着该所的默恩斯（A. B. Mearns）等改进了这个方法，对解决火箭偶发事故的预测问题做出了贡献。其后，美国波音飞机公司的哈斯尔（Hassl）等对这个方法又作了重大改进，并采用计算机进行辅助分析和计算。1974 年美国原子能委员会应用 FTA 对商用核电站的灾害危险性进行评价，发表了拉斯马森报告（Rasmussen Report），引起了世界各国的关注。1976 年，清华大学核能技术研究所在核反应堆的安全评价中开始应用了 FTA。1978 年，天津东方红化工厂首次用 FTA 控制生产中的事故，获得成功。1982 年，北京市劳动保护研究所召开了第一次安全系统工程座谈会，介绍和推广了 FTA。实践证明，FTA 是一种具有广阔的应用范围和发展前途的系统安全分析方法。

事故树形似倒立着的树。树的"根部"顶点节点表示系统的某一个事故，树的"梢"底部节点表示事故发生的基本原因，树的"枝杈"中间节点表示由基本原因促成的事故结果，又是系统事故的中间原因；事故因果关系的不同性质用不同的逻辑门表示。这样画成的一个"树"用来描述某种事故发生的因果关系，称之为事故树。

1. 事故树的符号

事故树是一种特殊的倒立树状逻辑因果关系图，用表示事件的符号、逻辑门符号描述系统中各种事件之间的因果关系。逻辑门的输入事件是输出事件的"因"，逻辑门的输出事件是输入事件的"果"。

（1）表示事件的符号主要有：底事件（导致其他事件的原因事件），包括"基本事件"（无须探明其发生原因的底事件）及"未探明事件"（暂时不必或不能探明其原因的底事件）；结果事件（由其他事件或事件组合所导致的事件），包括"顶事件"（所关心的最后结果事件）及"中间事件"（位于底事件和顶事件之间的结果事件，它既是某个逻辑门的输出事件，又是别的逻辑门的输入事件）；此外，还有开关事件、条件事件等特殊事件符号。如图 2－2 所示。

图 2-2　事故树主要事件的符号

（2）逻辑门符号：在 FTA 中逻辑门只描述事件间的因果关系。与门、或门和非门是三个基本门，其他的逻辑门如"表决门""异或门""禁门"等为特殊门。

2. FTA 的步骤

（1）建造事故树。把拟分析的重大风险事件作为"顶事件"，"顶事件"的发生是由若干"中间事件"的逻辑组合所导致，"中间事件"又是由各个"底事件"逻辑组合所导致。这样自上而下地按层次进行因果逻辑分析，逐层找出风险事件发生的必要而充分的所有原因和原因组合，构成了一个倒立的树状的逻辑因果关系图。

如对飞机的机翼重量这个风险事件进行分析："重量"为顶事件，可能使飞机的速度达不到预期的要求；造成超重的原因可能是"材料"的问题，或"设计"未满足重量的预期值的要求；造成"设计"问题的原因（假设）是设计"人员"只注意靠增加发动机的能力来提高速度，未考虑重量的影响，而同时也未按设计控制"程序"的要求进行认真的评审、未能及时发现问题。"设计"即为中间事件，而"人员""程序"及"材料"即为底事件。根据逻辑关系画出事故树，如图 2-3 所示。

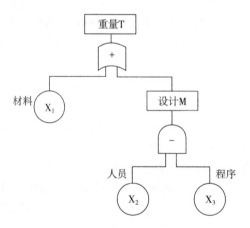

图 2-3　事故树示例

事件 $T = X_1 \cup M = X_1 \cup X_2 \cap X_3$

式中，符号"$\cup$"表示逻辑"或"；"$\cap$"表示逻辑"与"。这只是建造事故树的一个简单的例子，实际情况要复杂得多。除用人工演绎建造事故树外还可用计算机进行自动建树。人工建造事故树的基本规则如下：①明确建树的边界条件，确定简化系统图；②顶事件应严格定义；③事故树演绎过程首先寻找的是直接原因而不是基本原因事件；④应从上而下逐级建树；⑤建树时不允许逻辑门—逻辑门直接相连；⑥妥善处理共因事件。

（2）对事故树进行规范化、简化和模块分解：①将建造好的事故树简化变成规范化事故树，"规范化事故树"是仅含底事件、结果事件及"与""或""非"三种逻辑门的事故树。事故树的规范化的基本规则为按规则处理未探明事件、开关事件、条件事件等特殊事件；保持输出事件不变，按规则将特殊门等效转换为"与""或""非"门。②按集合运算规则（结合律、分配律、吸收律、幂等律、互补律）去掉多余事件和多余的逻辑门。③将已规范化的事故树分解为若干模块，每个模块构成一个模块子树，对每个模块子树用一个等效的虚设的底事件来代替，使原事故树的规模减少。可单独对每个模块子树进行定性分析和定量分析。然后，可根据实际需要，将顶事件与各模块之间的关系转换为顶事件和底事件之间的关系。

（3）求事故树的最小割集，进行定性分析。"割集"指的是事故树中一些底事件的集合，当这些底事件同时发生时，顶事件必然发生。若在某个割集中将所含的底事件任意去掉一个，余下的底事件构不成割集了（不能使顶事件必然发生），则这样的割集就是"最小割集"。最小割集是底事件的数目不能再减少的割集，一个最小割集代表引起事故树顶事件发生的一种故障模式。

第一，求最小割集。求最小割集的方法有"下行法"和"上行法"。①下行法的特点是根据事故树的实际结构，从顶事件开始，逐级向下寻查，找出割集。规定在下行过程中，顺次将逻辑门的输出事件置换为输入事件。遇到与门就将其输入事件排在同一行（布尔积），遇到或门就将其输入事件各自排成一行（布尔和），直到全部换成底事件为止。这样得到的割集再两两比较，画去那些非最小割集，剩下的即为事故树的全部最小割集。②上行法是从底事件开始，自下而上逐步地进行事件集合运算，将或门输出事件表示为输入事件的布尔和，将与门输出事件表示为输入事件的布尔积。这样向上层层代入，在逐步代入过程中或者最后，按照布尔代数吸收律和等幂律来化简，将顶事件表示成底事件积之和的最简式。其中每一积项对应于事故树的一个最小割集，全部积项即是事故树的所有最小割集。

第二，定性分析。找出事故树的所有最小割集后，按每个最小割集所含底事件数目（阶数）排序，在各底事件发生概率都比较小，差别不大的条件下：①阶数越少的最小割集越重要；②在阶数少的最小割集里出现的底事件比在阶数多的最小割集里出现的底事件重要；③在阶数相同的最小割集中，在不同的最小割集里重复出现次数越多的底事件越重要。例如，一个事故树有4个最小割集：$\{X_1\}$，$\{X_2，X_5\}$，$\{X_3，X_5\}$，$\{X_2，X_3，X_4\}$。底事件 X_1 最重要，X_5 比 X_2、X_3 重要，X_4 最不重要；底事件的重要程度依次为 X_1，X_5，X_2 或 X_3，X_4。在数据不足的情况下，进行上述的定性比较，找出了顶事件（风险事件）的主要致因，定性的比较结果可指示改进系统的方向。

（4）定量分析。在掌握了足够数据的情况下，可进行定量的分析。

第一，顶事件发生概率（失效概率）的计算。在掌握了"底事件"的发生概率的情况下，就可以通过逻辑关系最终得到"顶事件"即所分析的重大风险事件的发生概率，用 P_f 表示，又称为"失效概率"。事故树顶事件 T 发生概率是各个底事件发生概率的函数，即

$$P_f(T) = Q(q_1，q_2，\cdots，q_n) \tag{2-1}$$

工程上往往没有必要精确计算，采用近似的计算方法一般可满足工程上的要求。例如，当各个最小割集中相同的底事件较少且发生概率较低时，可以假设各个最小割集之间相互独立，各个最小割集发生（或不发生）互不相关，则顶事件的发生概率为

$$P_f(T) = 1 - \prod_{i=1}^{r}[1 - P(K_i)] \tag{2-2}$$

其中，r 为最小割集数。在飞机重量风险事件的例子中，假设底事件 X_1、X_2、X_3 的发生概率分别是 q_1、q_2 及 q_3，顶事件 T 的发生概率 P_f 为

$$P_f = 1 - (1 - q_1)(1 - q_2q_3) \tag{2-3}$$

第二，重要度的计算。事故树中各底事件并非同等重要，工程实践表明，系统中各部件所处的位置、承担的功能并不是同等重要的，因此引入"重要度"的概念，以标明某个部件（底事件）对顶事件（风险）发生概率的影响大小，这对改进系统设计、制定应付风险策略是十分有利的。对于不同的对象和要求，应采用不同的重要度。比较常用的有四种重要度，即结构重要度、概率重要度、相对概率重要度及相关割集重要度。底事件结构重要度从事故树结构的角度反映了各底事件在事故树中的重要程度；底事件概率重要度表示该底事件发生概率的微小变化而导致顶事件发生概率的变化率；底事件的相对概率重要度表示该底事件发生概率微小的相对变化而导致顶事件发生概率的相对变化率；底事件的相对割集重要度表示包含该底事件的所有最小割集中至少有一个发生的概率与顶事件发生概率之比。

定量的分析方法需要知道各个底事件的发生概率，当工程实际能给出大部分底事件的发生概率的数据时，可参照类似情况对少数缺乏数据的底事件给出估计值；若相当多的底事件缺乏数据且又不能给出恰当的估计值，则不适宜进行定量的分析，只能进行定性的分析。

3. 故障模式影响及危害性分析

故障模式即故障表现的形式，如短路、断路（开路）、断裂等。故障模式影响及危害性分析（FMECA）是确定系统所有可能的故障，根据对每一个故障模式的分析，确定每一个故障对系统工作的影响，找出单点故障，并按故障模式的严酷度及其发生概率确定其危害性。FMECA 分两个步骤完成，即故障模式及影响分析（FMEA）、危害性分析（CA）。

4. FMECA 使用的几个术语

第一，约定层次。根据分析的需要，按产品的相对复杂程度或功能关系划分产品层次，这些层次从比较复杂的（系统）到比较简单的（零件）进行划分。①初始约定层次：要进行 FMECA 总的、完整的产品所在的层次。②其他约定层次：相继的约定层次（第二、第三、第四等）。

第二，严酷度。严酷度是故障模式所产生后果的严重程度。严酷度应考虑到故障造成的最坏的潜在后果，并应根据最终可能出现的人员伤亡、系统损坏和经济损失的程度来确定。严酷度的分类如下：①Ⅰ类（灾难的）——这是一种会引起人员死亡或系统（如飞机、坦克、导弹及船舶等）毁坏的故障；②Ⅱ类（致命的）——这种故障会引起人员的严重伤害、重大经济损失或导致任务失败的系统严重损坏；③Ⅲ类（临界的）——这种故障会引起人员的轻度伤害、一定的经济损失或导致任务延误或降级的系统轻度损坏；④Ⅳ类（轻度的）——这是一种不足以导致人员伤害、一定的经济损失或系统损坏的故障，但它会导致非计划性维护或修理。

第三，危害性。危害性是对某种故障模式的后果及其发生概率的综合度量。可进行定

性的分析，相关数据具备的情况下可定量分析。

二、故障模式及影响分析

进行 FMEA 的目的是分析产品故障对系统工作所产生的影响，并将每一故障按其严酷度分类，通过 FMEA 来确定那些高风险产品及改进措施。

1. FMEA 的方法

FMEA 的方法有两种：硬件法及功能法。①硬件法：根据产品的功能对每个故障模式进行评价，用表格列出各个产品，并对可能发生的故障模式及其影响进行分析。当产品可按设计图纸及其他工程设计资料明确确定时，一般采用硬件法。这种方法适用于从零件级开始分析再扩展到系统级，即自下而上进行分析。②功能法：这种方法认为每个产品可以完成若干功能，而功能可以按输出分类。将输出一一列出，并对它们的故障模式进行分析。当产品构成尚不能明确确定时（例如，在产品研制的初期，尚得不到详细的产品原理图、部件清单及产品装配图），或当产品的复杂程度要求从初始约定层次开始向下分析，即自上而下分析时，一般采用功能法。

2. FMEA 的步骤

FMEA 一般按下列步骤进行：①定义被分析的系统（包括系统的每项任务、每一任务阶段及每一种工作方式相对应的功能的详细说明、内部和外部接口、各约定层次的预期性能、系统限制及故障判据的说明）；②绘制功能和可靠性方框图；③确定产品及接口设备所有潜在故障模式，并确定其对相关功能或产品的影响，以及对系统和所需完成任务的影响；④按最坏的潜在后果评估每一故障模式，确定其严酷度类别；⑤为每一故障模式确定检测方法和补偿措施；⑥确定为排除故障或控制风险所需的设计更改或其他措施；⑦记录分析结果。

3. FMEA 表格

采取 FMEA 表格，从约定层次（如零部件）开始逐级向上分析故障造成的影响。表格中各栏目应填写的内容如下：

第一栏（代码）：填写被分析产品的代码。

第二栏（产品或功能标志）：被分析产品的功能名称，原理图上的符号或设计图纸的编号。

第三栏（功能）：需完成的功能，包括零部件的功能及与接口设备的关系。

第四栏（故障模式）：在约定层次中所有可预测的故障模式，如提前运行，在规定的应工作时刻不工作，间断地工作，在规定的不应工作的时刻工作，工作中输出消失或故障输出或工作能力下降，在系统特性及工作要求或限制条件方面的其他故障状态。

第五栏（故障原因）：包括导致故障的物理或化学过程、设计缺陷、零件使用不当等各种原因。

第六栏（任务阶段与工作方式）：说明发生故障的任务阶段与工作方式。

第七栏（故障影响）：评价每一故障模式对局部的（对当前分析的约定层次的产品的使用、功能或状态的影响）、高一层次的和最终的影响。

第八栏（故障检测方法）：记入检测故障模式的方法。

第九栏（补偿措施）：指出消除或减轻故障影响的补偿措施。

第十栏（严酷度类别）：根据故障影响确定每一故障模式的严酷度类别。

对运载火箭助推器捆绑结构前连接杆的故障模式影响的分析示例见表 2 - 5，这里给出的 FMEA 表格只是其中的一部分。

表 2 - 5　FMEA 表格示例（部分故障模式的示例）

初始约定层次：运载火箭　　　　约定层次：捆绑结构

代码	产品或功能标志	功能	故障模式	故障原因	任务阶段与工作方式	故障影响			故障检测方法	补偿措施	严酷度类别
						局部影响	高一层次影响	最终影响			
23110	前连接杆（CBEO—10）	保证助推器与芯级连接，传递助推器的推力；分离时保证助推器与芯级及时脱开	连杆断裂	材料严重缺陷强度不合格	起飞阶段	连杆断裂	助推器与芯级连接失效	运载火箭发射失效	目视检查仪器测试	设计留有安全系数严格材料强度检查	I 类灾难的
			连杆松动	连接螺母松动锁紧不起作用	发射飞行阶段	连接杆松动	助推器有轻微扰动	运载火箭有轻微扰动	目视检查仪器测试	设计上采取防松动措施	IV 类轻度的
			接到分离信号连杆未及时断开	爆炸螺栓未炸开	推进器与芯级分离阶段	接到分离信号连杆未及时断开	影响助推器与芯级正常分离	影响将有效载荷送入预定轨道	目视检查仪器测试	设计上采取冗余措施（每个连杆 2 个爆炸螺栓）	II 类致命的
			连杆提前炸开	分离筒因静电或雷击误炸	飞行阶段	连杆误炸	助推器失去前连杆，推力不能正常传递	影响火箭飞行任务的完成	测试与试验	设计上采取全箭的防雷击防静电措施	II 类致命的

三、危害性分析

危害性分析的目的是按每一故障模式的严酷度类别及故障模式的发生概率所产生的综合影响对其划等分级，以便全面地评价各种故障模式的影响。可见，危害性分析是对 FMEA 的补充和扩展，是在进行 FMEA 的基础上才能进行的，总的分析过程即故障模式影响及危害性分析（FMECA）。

危害性分析有定性分析和定量分析两种方法，选择哪种方法应根据具体情况决定。在不能获得产品的技术状态数据或故障率数据的情况下，应选择定性的分析方法。进行定量分析时所用的故障率数据源应与其他可靠性分析时所用的数据源相同。

1. 危害性的定性分析

定性分析的方法是对 FMEA 中确定的各故障模式发生的概率进行评价，将故障模式发生概率按一定规定分成不同的等级：A 级（经常发生）——在产品工作期间内某一故障模式的发生概率大于产品在该期间内总的故障概率的 20%；B 级（有时发生）——在产品工作期间内某一故障模式的发生概率大于产品在该期间内总的故障概率的 10%，但小于 20%；C 级（偶然发生）——在产品工作期间内某一故障模式的发生概率大于产品在该期间内总的故障概率的1%，但小于10%；D级（很少发生）——在产品工作期间内某一故障模式的发生概率大于产品在该期间内总的故障概率的0.1%，但小于1%；E级（极少发生）——在产品工作期间内某一故障模式的发生概率小于产品在该期间内总的故障概率的0.1%。

2. 危害性分析表格

危害性分析表格的前七个栏目的内容与FMEA表格相同。

第八栏（故障概率或故障数据源）：当进行定性分析时，将对该故障模式发生概率评定的等级填入即可，不再填写表格的其余栏目而直接绘制危害性矩阵。定性分析时也可在FMEA表格的最右侧加一列栏目，填写评定的该"故障模式发生概率等级"而不必另绘危害性分析表格。

第九栏（故障率 λ_p）：λ_p 可通过可靠性预计得到。

第十栏（故障模式频数比 d_j）：d_j 表示产品以故障模式 j 发生故障的百分比。

第十一栏（故障影响概率 β_j）：β_j 是产品以故障模式 j 发生故障而导致系统任务丧失的条件概率。

第十二栏（工作时间 t）：以产品每次任务的工作小时数或工作循环次数表示。

第十三栏（故障模式危害度 C_{mj}）：C_{mj} 是产品危害度的一部分，是产品的第 j 个故障模式的危害度：

$$C_{mj} = \lambda_p \times d_j \times \beta_j \times t \tag{2-4}$$

第十四栏（产品危害度 C_r）：C_r 是该产品在某一特定的严酷度类别下的各故障模式危害度的总和：

$$C_r = \sum_{j=1}^{n} C_{mj} = \sum_{j=1}^{n} \lambda_p \times d_j \times \beta_j \times t \tag{2-5}$$

式中，n 为该产品在相应严酷度类别下的故障模式数。

3. 危害性矩阵

危害性矩阵用来确定和比较每一故障模式的危害程度，进而为确定改进措施或进行风险处理的先后顺序（排序）提供依据。矩阵图的横坐标用严酷度表示，纵坐标用产品危害度 C_r 或故障模式发生概率等级表示，如图2-4所示。将各故障模式的严酷度类别及故障模式发生概率或产品的危害度标在矩阵的相应位置，从原点开始，所记录的故障模式分布点沿着对角线方向距离原点越远，其危害性越大，即风险越大，越需要采取措施应对。

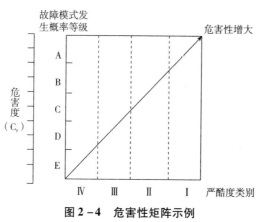

图2-4 危害性矩阵示例

专栏 2 - 5　　　　　　**桥式起重机吊物伤害事故树及其分析**

1. 确定顶事件

西部钻探国际钻井公司酒泉生产点机修、钻修、井控工房均使用桥式起重机吊运需进行维修的设施。在起重设备使用过程中，可能因为不安全状态，作业人员存在不安全行为，容易发生吊物挤伤、砸伤、撞击、打击等起重伤害事故，因此，本次评价以"桥式起重机作业吊物伤害事故"为事故树顶事件，对其产生原因及可采取的安全措施进行分析评价。

2. 构建事故树

桥式起重机作业吊物伤害事故树见图 2 - 5。

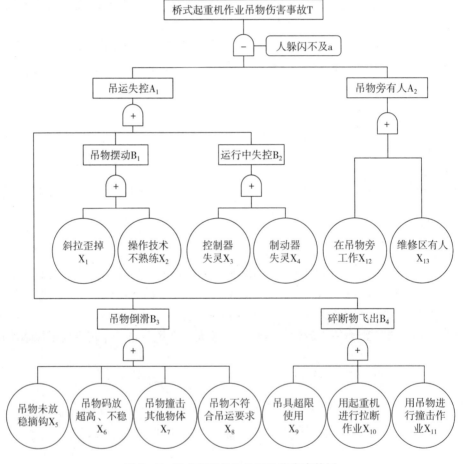

图 2 - 5　桥式起重机作业吊物伤害事故树

3. 分析计算

（1）最小割集分析。用布尔代数法求出桥式起重机作业吊物伤害事故树的最小割集。

$$T = A_1 \cdot A_2 = (X_1 + X_2 + X_3 + X_4 + X_5 + X_6 + X_7 + X_8 + X_9 + X_{10} + X_{11}) \cdot (X_{12} + X_{13})$$

$$= X_1 \cdot X_{12} + X_2 \cdot X_{12} + X_3 \cdot X_{12} + X_4 \cdot X_{12} + X_5 \cdot X_{12} + X_6 \cdot X_{12} + X_7 \cdot X_{12} + X_8 \cdot X_{12} +$$

$$X_9 \cdot X_{12} + X_{10} \cdot X_{12} + X_{11} \cdot X_{12} + X_1 \cdot X_{13} + X_2 \cdot X_{13} + X_3 \cdot X_{13} + X_4 \cdot X_{13} + X_5 \cdot X_{13} +$$

$$X_6 \cdot X_{13} + X_7 \cdot X_{13} + X_8 \cdot X_{13} + X_9 \cdot X_{13} + X_{10} \cdot X_{13} + X_{11} \cdot X_{13}$$

即最小割集为

$K_1 = \{X_1, X_{12}\}$，$K_2 = \{X_2, X_{12}\}$，$K_3 = \{X_3, X_{12}\}$，$K_4 = \{X_4, X_{12}\}$，$K_5 = \{X_5, X_{12}\}$，$K_6 = \{X_6, X_{12}\}$，$K_7 = \{X_7, X_{12}\}$，$K_8 = \{X_8, X_{12}\}$，$K_9 = \{X_9, X_{12}\}$，$K_{10} = \{X_{10}, X_{12}\}$，$K_{11} = \{X_{11}, X_{12}\}$，$K_{12} = \{X_1, X_{13}\}$，$K_{13} = \{X_2, X_{13}\}$，$K_{14} = \{X_3, X_{13}\}$，$K_{15} = \{X_4, X_{13}\}$，$K_{16} = \{X_5, X_{13}\}$，$K_{17} = \{X_6, X_{13}\}$，$K_{18} = \{X_7, X_{13}\}$，$K_{19} = \{X_8, X_{13}\}$，$K_{20} = \{X_9, X_{13}\}$，$K_{21} = \{X_{10}, X_{13}\}$，$K_{22} = \{X_{11}, X_{13}\}$。

由此可知，桥式起重机作业吊物伤害事故树的最小割集有 22 个，其事件组合如表 2-6 所示。

表 2-6　最小割集事件组合表

序号	事件组合代号	事件组合
1	X_1，X_{12}	操作人员起重作业中斜拉歪掉发生吊物伤人事故
2	X_2，X_{12}	操作人员操作不熟练，不具备上岗资格吊运发生事故
3	X_3，X_{12}	控制失灵，起重机械失控伤害操作人员
4	X_4，X_{12}	制动设施失灵（刹车、防坠落等），伤害作业人员
5	X_5，X_{12}	吊运物件未稳当放置摘钩，吊物伤害作业人员
6	X_6，X_{12}	调运物件码放不规则及吊具捆绑不当滑落伤害作业人员
7	X_7，X_{12}	吊物运行中未确认作业环境吊物撞击其他物体伤害作业人员
8	X_8，X_{12}	调运物件体积、重量超标不符合吊运要求滑落伤害作业人员
9	X_9，X_{12}	因吊具超限使用、质量问题等原因，吊物断裂伤害作业人员
10	X_{10}，X_{12}	违章使用起重机械进行拉断作业，吊具断裂伤害作业人员
11	X_{11}，X_{12}	违章使用起重设备或者吊物进行撞击作业发生作业人员伤害事故
12	X_1，X_{13}	因操作人员起重作业中吊物斜拉歪掉，发生吊物伤害作业危险区未撤离人员
13	X_2，X_{13}	操作人员操作不熟练，发生吊物伤害危险区未撤离人员
14	X_3，X_{13}	控制失灵，起重机械伤害作业危险区未撤离人员
15	X_4，X_{13}	制动设施失灵（刹车，防坠落等），伤害作业危险区未撤离人员
16	X_5，X_{13}	吊运物件未稳当放置摘钩，吊物伤害作业危险区未撤离人员
17	X_6，X_{13}	调运物件码放不规则及吊具捆绑不当滑落伤害作业危险区未撤离人员
18	X_7，X_{13}	吊物运行中未确认作业环境吊物撞击其他物体伤害危险区未撤离人员
19	X_8，X_{13}	调运物件体积、重量超标不符合吊运要求滑落伤害危险区未撤离人员
20	X_9，X_{13}	因超限使用、质量问题等原因吊具断裂，吊物伤害作业危险区未撤离人员
21	X_{10}，X_{13}	违章使用起重机械进行拉断作业，断裂物伤害危险区未撤离人员
22	X_{11}，X_{13}	违章使用设备或吊物进行撞击作业，发生危险区未撤离人员伤害事故

（2）结构重要度分析。利用最小割集排出结构的重要度顺序为

$$I_{(12)} = I_{(13)} > I_{(1)} = I_{(2)} = I_{(3)} = I_{(4)} = I_{(5)} = I_{(6)} = I_{(7)} = I_{(8)} = I_{(9)} = I_{(10)} = I_{(11)}$$

从事故树的基本时间结构重要度分析，作业危险区域有其他工作人员及吊运人员在吊物旁这两个事件结构重要度最高，因此，首先，企业应加强对作业现场的管理，在进行起重作业过程中，一定要确认作业危险区域无其他无关人员，司索工在完成捆绑、挂钩等作业后，也应撤离到安全区域。其次，对吊运物体、吊运环境、设备设施的安全附件规范以及作业人员的上岗资格确认，杜绝违章作业也是预防事故发生的很重要的因素。

4. 最小径集分析

有事故树分析其成功树，计算最小径集。

$$T' = A_1' + A_2' = X_1'X_2'X_3'X_4'X_5'X_6'X_7'X_8'X_9'X_{10}'X_{11}' + X_{12}'X_{13}'$$

最小径集有两个，其事件组合见表2-7。

表2-7 最小径集事件组合表

序号	事件组合代号	事件组合
1	X_1', X_2', X_3', X_4', X_5', X_6', X_7', X_8', X_9', X_{10}', X_{11}'	消除设备的不良状况，安全附件齐全可靠；具备良好的起重作业环境；吊运物件符合要求，不超重、超出吊运体积；作业人员具备上岗资格，不违章作业
2	X_{12}', X_{13}'	作业现场无其他无关人员；司索作业人员作业完毕后撤离到安全区域，尽量采取遥控操作及自动装夹吊运，提高自动化程度

5. 结果分析

（1）通过对该公司起重作业过程中可能发生的吊物伤人事故造成人员伤害事故树分析，导致该事故发生的基本事件多，最小割集均为二元事件组合，说明造成起重作业吊物伤人事故的途径较多。

（2）从各基本事件的结构重要度来看，在进行起重作业过程中，作业场所危险区域有其他无关人员，以及司索工在完成捆绑、挂钩等作业后未撤离到安全区域最重要，因此企业应加强对作业场所的管理，起重作业场所不得逗留其他无关人员，司索工作业完毕也应撤离到安全区域。

（3）对起重设备、设备安全附件、吊运物件、吊运环境应做出明确的要求，保证起重设备完好，安全附件齐全，吊运物件不超标超重，作业环境无影响起重作业正常进行的障碍物。

（4）消除人的不安全因素。作业人员应具备上岗资格持证上岗，制定详细的安全操作规程，对作业人员进行定期培训，杜绝起重作业违章现象。

（5）提高起重作业的自动化控制程度，如遥控系统及规则物体的自动装夹系统等，减少起重作业现场人员的操作及逗留时间。

第四节 危险与可操作性研究

一、危险与可操作性研究概述

危险与可操作性研究法（Hazard and Operability Study，HAZOP）是英国帝国化学工业公司（ICI）为解决除草剂制造过程中的危害于 20 世纪 60 年代发展起来的一套以引导词（Guide Words）为主体的危害分析方法，用来检查设计的安全以及危害的因果来源。近几年，它的应用范围逐步扩大，例如，将 HAZOP 用于软件应用，如可编程电子系统；对人员进行输送的系统，如公路、铁路；检查不同的操作顺序和操作程序；评价不同行业的管理程序；评价特定的系统，如医疗设备等。

HAZOP 尤其适用于识别现有或拟建系统的缺陷，包括物料输送、人员流动或数据传输，按预定工序运行的事件和活动或该工序的控制程序。HAZOP 还是新系统设计和开发所需的重要工具，也可以有效地用于分析一个给定系统在不同运行状态下的危险和潜在问题，如开车、备用、正常运行、正常停车和紧急停车等。HAZOP 不仅能运用到连续过程，也可用于间歇和非稳态过程及工序。HAZOP 可视为价值工程和风险管理整个过程不可分割的一部分。

HAZOP 是一项用于分析给定系统的结构化和系统化方法，目的有两个：第一，识别系统中潜在的危险。这些危险可能既包括与系统临近区域密切相关的危险，也包括影响范围更广的危险，如某些环境危害。第二，识别系统中潜在的可操作性问题，尤其是识别可能导致产品不合格的操作干扰和生产偏差的原因。

HAZOP 分析的重要作用在于，通过结构化和系统化的方式识别潜在的危险与可操作性问题，分析结果有助于确定合适的补救措施。

HAZOP 分析的特点是以"分析会议"的形式进行。会议期间，一个多专业小组在分析组长的引导下，使用一套核心引导词识别对系统设计目的的偏离，对设计或系统进行全面系统的检查。该技术旨在利用系统的方法激发参与者的想象力，识别危险与可操作性问题。HAZOP 应视为一种基于经验的方法，用于完善设计，而不是要取代其他的经验方法（如标准规范）。

识别潜在危险与可操作性问题有许多不同的工具和技术，包括检查表法（Checklist）、故障模式和影响分析（FMEA）、事故树分析（FTA）和 HAZOP 分析等。有些技术，如检查表法（Checklist）和"如果—怎么样（what - if）"分析，能用于所获信息较少时的系统生命周期早期，也能用于后期不需要详细分析时。虽然 HAZOP 分析需要更多的详细信息，却能更加全面地识别出给定系统的危险和设计缺陷。

二、HAZOP 分析程序

HAZOP 分析程序包括界定、准备、分析，以及文档和跟踪四个步骤，如图 2 - 6 所示。

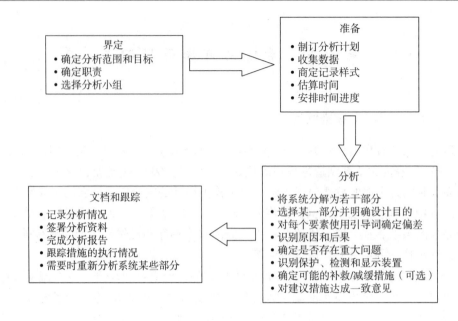

图 2 - 6　HAZOP 分析程序

资料来源：国家安监局 AQ/T 3049—2013 HAZOP 分析。

1. 界定

主要工作有确定分析范围和目标，确定职责，选择分析小组。

第一，分析小组的组成。危险分析小组的组织者应当负责组成有适当人数且有经验的 HAZOP 分析组。HAZOP 分析小组一般最少由 4 人组成，包括组织者、记录员、两名熟悉过程设计和操作的人员。虽然对简单、危险情况较少的过程而言，规模较小的分析组可能更有效率，但 5 ~ 7 人的分析组是比较理想的。如果分析组规模太小，则由于参加人员的知识和经验的限制将可能得不到高质量的分析结果。小组召集人应具备工业安全及实际进行危害分析与可操作性分析经验的资深工程师担任。要求生产工程师熟悉基本设计、程序模拟；系统工程师熟悉生产线及仪器图及基本设计规范；品质工程师熟悉标准操作步骤及标准；仪控工程师具备设备及控制系统选择经验；安全工程师了解安全标准、法规、安全管理等；其他专业人员还有工业卫生专业人员、电机工程师、维修工程师等。

第二，安排 HAZOP 分析工作时，项目经理应明确规定 HAZOP 小组的分工和职责，并得到 HAZOP 分析组长的同意。

第三，确定分析的目的、对象和范围。分析的目的、对象和范围必须尽可能的明确。分析对象通常是由装置或项目的负责人确定的，并得到 HAZOP 分析组的组织者的帮助。应当按照正确的方向和既定目标开展分析工作，而且要确定应当考虑到哪些危险后果。

2. 准备

第一，获得必要的资料。在进行 HAZOP 分析工作之前，必须收集下列资料或数据：流程图、管线及仪表图、设计标准；流程说明、质能平衡、生产计划、生产目标；设备规格、设备布置图；公共及支援设施说明；操作步骤及维修计划。

第二，将资料变成适当的表格并拟定分析顺序。为了让分析过程有条不紊，分析组的组织者通常在分析会议开始之前要制订详细的计划，必须花一定的时间根据特定的分析对象确定最佳的分析程序。连续过程：已更新的图纸，初步偏差目录，工作表；间歇过程：操作程序。

第三，安排会议次数和时间。每个分析节点平均需 20~30 分钟，每个设备分配 2~3 小时。每次会议持续时间不要超过 4~6 小时（最好安排在上午），而且分析会议应连续举行。最好把装置划分成几个相对独立的区域，每个区域讨论完毕后，会议组做适当修整，再进行下一区域的分析讨论。对于大型装置或工艺过程，可以考虑组成多个分析组同时进行，由某个分析组的组织者担任协调员，协调员首先将过程分成相对独立的若干部分，然后分配给各个组去完成。

3. 分析

HAZOP 分析需要将工艺图或操作程序划分为分析节点或操作步骤，然后用引导词找出过程的危险。得到的结果为：①偏差的原因、后果、保护装置、建议措施；②需要更多的资料才能对偏差进行进一步的分析。

会议组织者应注意的问题：HAZOP 分析的组织者把握分析会议上所提出的问题的解决程度很重要，为尽量减少那些悬而未决的问题，他应当在每个偏差的分析及建议措施完成之后再进行下一偏差的分析；在考虑采取某种措施以提高安全性之前应对与分析节点有关的所有危险进行分析。为保证会议的高效率，组织者必须牢记以下几点：①不要与分析组成员对抗；②认真听取所有成员的意见；③在会议进行过程中，不允许任何人有抵触；④保证必要的休息以保持旺盛的精力。

4. 文档和跟踪

HAZOP 分析结束时，应生成 HAZOP 分析报告并经小组成员一致同意。若 HAZOP 小组不能达成一致意见，应记录原因。记录表样本如表 2-8 所示。HAZOP 分析报告应包括以下内容：概要、结论、范围和目标、逐条列出的分析结果、HAZOP 工作表、分析中使用的图纸和文件清单，以及在分析过程中用到的以往研究成果、基础数据等。

表 2-8　HAZOP 分析记录表

分析人员：　　　　　　　　　　　　图纸号：
会议日期：　　　　　　　　　　　　版本号：

序号	偏差	原因	后果	安全保护	建议措施
分析节点或操作步骤说明，确定设计工艺指标					

三、HAZOP 分析介绍性示例

HAZOP 分析方法有介绍性和程序性两种，本示例介绍 HAZOP 分析方法的基本情况。假设一个简单的工厂生产过程如图 2-7 所示，物料 A 和物料 B 通过泵连续地从各自的供料罐输送至反应器，在反应器中合成并生成产品 C。假定为了避免爆炸危险，在反应器中 A 总是多于 B。完整的设计描述将包括很多其他细节，如压力影响、反应和反应物的温度、搅拌、反应时间、泵 A 和泵 B 的匹配性等，但为简化示例，这些因素将被忽略。工厂中等分析的部分用粗线条表示。如图 2 - 7 所示。

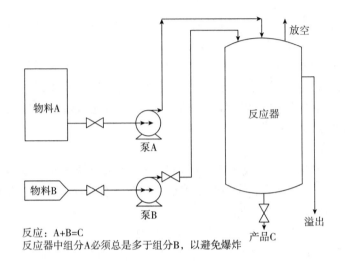

图 2 - 7　简化流程

分析部分是从盛有物料 A 的供料罐到反应器之间的管道，包括泵 A。这部分的设计目的是连续地把物料 A 从罐中输送到反应器，物料 A 的输送速率（流量）应大于物料 B 的输送速率。设计目的如表 2 - 9 所示。

表 2 - 9　设计目的

物料	活动	来源	目的地
A	输送（转移） （A 速率 > B 速率）	盛有物料 A 的供料罐	反应器

第五节　风险识别的其他方法

一、情景分析法

1. 情景分析法

情景分析法是就某一主体或某一主题所处的宏观环境进行分析的一种特殊研究方法。概括地说，情景分析的整个过程是通过对环境的研究，识别影响研究主体或主题发展的外部因素，模拟外部因素可能发生的多种交叉情景以分析和预测各种可能前景。情景分析首先要进行情景设计，通常借助讨论，形成关于未来情况的各种可能的看法。一个简单的投资项目的风险情景设计如表 2 - 10 所示。

表 2 – 10　情景设计

影响因素	因素	最佳情景	基准情景	最差情景
影响因素	市场需求	不断提升	不变	下降
影响因素	经济增长	增长 5% ~ 10%	增长 < 5%	负增长
发生概率		20%	45%	35%
结果		投资项目可在 5 年内达到收支平衡	投资项目可在 10 ~ 15 年内达到收支平衡	不确定

　　情景分析法比较灵活，其应用涵盖了两种情况：第一，利用目前的环境进行直接的向外的趋势预测；第二，向目前环境中人为增加新的条件，对趋势进行观察。因此，研究人员更容易应用抽象思维处理复杂的社会、经济问题，尤其是一些包含了过多不确定因素的问题。在实际应用中，情景分析逐步形成了四种基本模式，各种模式的研究主题如表 2 – 11 所示。

表 2 – 11　情景分析的四种基本模式

情景分析模式	美国模式	法国模式	OECD 模式	欧洲共同体模式
模式使用条件	环境不确定			
研究主题	单个组织（企业）的发展规划	多个组织共同发展的协调	多个利益冲突的组织发展战略	欧洲共同体发展战略

　　在风险管理上，情景分析法可以主要被用于：①帮助决策者注意某些措施或政策可能引起的风险或危机性的后果；②帮助识别需要进行检测的风险范围；③研究某些关键因素对未来过程的重大影响；④帮助识别和控制一些重大突发性风险的发生和影响，特别是当出现一些极端的情景时，可以有效帮助产业集群识别和把握一些主要的风险控制因素。

　　2. 情景分析法的操作过程

　　情景分析法的操作过程：首先，可以利用有关的数据、图表和图形等资料对产业集群中供应链系统的运作状态进行描述，以便用来研究引起有关风险的关键因素及其后果影响程度。然后罗列出供应链系统中风险发生的因素，并选择一些主要的控制因素形成情景分析的关键因素。之后，再研究当某些因素发生变化时将出现怎样的风险，及其造成的损失和后果如何。情景分析法的实施步骤如图 2 – 8 所示。

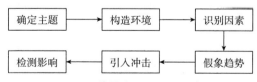

图 2 – 8　情景分析法的实施步骤

　　情景分析法并不排斥传统趋势外推预测方法，而是有效地利用趋势外推预测法做稳定环境下系统的短期预测，并在此基础上对其长远预测的不可靠部分进行弥补和拓展，由此形成了新的思维。情景分析法与传统预测方法的比较如表 2 – 12 所示。

表 2 – 12　情景分析法与传统预测方法的比较

	情景分析法	传统预测方法
输入	定性、定量的数据：定性的信息常用专家打分、德尔菲法、交叉影响分析法等	在定量分析时，通常不包括准确的定性分析结果；在定性分析时，追求专家知识的一致性
输出	通常提供多重未来情景，在假设重大事件不一定但有可能发生的基础上，提供未来发展多重情景状态和路径情景	有集中于单项预测的倾向，缺少弹性，通常提及重大事件的影响，但无法对重大事件发生后的未来态势做出预测
预测成本	成本介于传统预测和系统分析之间	成本较低
用途	适用于处于环境变化中的系统长期战略决策和规则所需的预测，也适用于检验规划和战略对环境变化的灵敏度	适用于制订企业短期计划，并在缺少时间、资金和人力的情况下，做"粗略"估计之用

3. 情景分析法示例

（1）案例背景：A 公司是一个总部在英国的消费品制造企业，在最近几年全球化浪潮的影响下，致力于建立一个全球的供应链系统，以达到降低成本、提高效率的目的。然而，2003 年的 SARS 事件让公司意识到全球化的供应链背后隐藏的巨大风险，特别是在发展中国家和地区，政策环境的不稳定性、各种突发事件的爆发等，都会对供应链造成破坏，甚至造成供应链中断。因此，公司决定采用情景分析方法来检测当前供应链中的薄弱环节，假设一种严重的传染病再次在亚洲地区爆发，考虑 A 公司的供应链系统中以下三方面的变化：①客户对货物运送的新要求；②运营环境改变带来的新要求；③现有供应链中需要改进的环节（甚至部分流程的重组），以适应环境变化。

画出供应链流程图。图 2 – 9 左半部是 A 公司供应北美一大型零售商 B 的供应链，这条供应链只涉及一个很小的产品组合：2 个原材料供货商、1 个第三方物流服务提供者和 1 个客户（零售商）。A 制造商进行库存补充的供应链流程如下：首先，A 制造商的原材料订单送至 C 供货商（中国）和 D 供货处（泰国）（P1、P2），C 供货商接到订单后进行原材料挖掘（RS1）、原材料提炼（RS2 – RS4）和原材料质量检验（QS1），然后，原材料被装载并由 XY 进行运输（T1）；D 的供货过程也是一样（US1 – US3、QS2、T2）：原材料由 XY 被运到目的地（阿根廷）后由当地分支接受、卸载并运输到 A 在当地的外包工厂 E 处（TS3 – TS5），E 接受并先储存（S），然后进行生产（M1 – M4）、包装（P）、成品检验（Q1），并仍由 XY 负责装载运输到零售商的配送中心（T3 – T5），最后由配送中心分配到各门店（DC、R1 – R3）。

（2）A 公司供应链风险识别流程。首先，将一般供应链中可能出现的风险全部罗列出来。一般来说，大致有三个方面：①供货商风险，包括单一供货商风险、连贯性计划覆盖范围、供货商运营风险、合同责任风险等；②生产风险，包括外包风险、工人风险（如旷工、误操作）、独特工艺风险（知识产权）等；③运输风险，包括海关风险、运输商财力、单一运输商风险、储存要求等。其次，对该条目目标供应链整体流程逐项判断，确定是否隐藏着上述所列的风险因子。例如，由于 A 在全球范围内指定 XY 为独家物流服务提供商，所以具有单一运输商风险；又如，从原材料到成品，中间要在多个国家转运，因此在运输环节中具有海关风险。我们可以借助风险图（Risk Map）来进行判断。风险图类似一个矩阵，横轴为所有可能的风险因子，纵轴为目标供应链流程对应，通过分析该条供应链所隐藏的风险则绘于相应处，如图 2 - 9 所示。最后，开发相应情景。该案例的假设背景是亚洲地区出现了一种非常强的传播性疾病的症状，这一背景的蓝本是 2003 年 4 ~ 5 月的 SARS 事件，SARS 对于供应链的影响主要在于限制了货物和人员的流动，参考 SARS 后的媒体关于这方面的报道，可以列出以下 3 个供应链风险关键维度：①旅行限制，影响产品开发周期和全球采购；②隔离范围，影响工厂生产和库存水平；③贸易障碍——美国等地可能对来自疫区的货物加强卫生及防疫检查，导致过关手续更为烦琐、检查范围更广、标准更严格，可能使得货物通关时间被拉长。

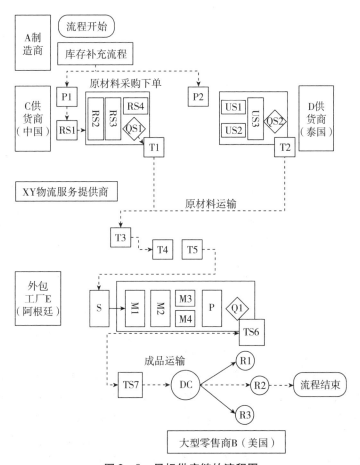

图 2 - 9　目标供应链的流程图

　　尽管对这三个关键维度通过排列组合可以形成 8 种不同的组合（见表 2 - 13），但实际上可能的情景并没有这么多。由于 3 个关键维度之间存在某种内在的逻辑性，假如出现大范围隔离的话，不太可能有 WHO 不颁布地区旅行警告的情况出现。而如情景分析法的所述，所列情景之间在逻辑上必须协调。而且所列情景之间有比较明显的差别。根据这些原则，最终挑选了如表 2 - 13 所示的三个典型情景，并且对每个情景在三个维度上进行具体描述（见表 2 - 14），这些描述有助于后面供应链薄弱环节的识别和判断。

表 2 - 13　3 个典型情景分析矩阵

	旅行限制		隔离范围		贸易障碍	
	无	有	有限的	大规模的	低	高
情景 1	√		√		√	
	√		√			√
	√			√	√	
	√			√		√
		√	√		√	
		√	√			√
情景 2		√		√	√	
情景 3		√		√		√

表 2 - 14　各情景的具体描述

情景 1	情景 2	情景 3
旅行限制并未出现	旅行不便	旅行严重不便，人员不愿前往亚洲地区旅行，亚洲地区人员无法进入其他地区
国际航运恢复正常	亚洲地区航运部分受到严重影响	由于人员短缺和卫生措施严格，亚洲地区部分航运停运
工厂维持正常生产	部分工厂或者工厂部分部门停工	工厂停工，工人旷工
货物过关并未受到很大拖延，生产周期并未拉长	货物过关时间拉长，导致生产周期的拉长	货物过关时间大大拉长，甚至部分货物需要进行隔离

　　值得注意的是，在上述开发和选择情景的过程中，始终侧重于关键维度的变动对供应链而非对企业整体运营带来的影响。所挑选出的关键维度都是可能对供应链指标产生影响的因素，如贸易障碍可能影响生产周期的指标。

　　接下来就可以在所开发出的 3 个情景下鉴别供应链的薄弱环节。现以情景 2 为例进行说明。在已完成的风险图，如图 2 - 9 中，判断在该种情景下，每个风险因子可能造成的破坏性大小。虽然 C、D 都为独家供货商，但 C、D 本身都在全球范围内有多家工厂，而且 C 还具有完善的业务可持续性计划。因此在情景 2 下部分工厂不得不停工时，还有其他地方的工厂可以继续生产、保持供货。因此，在情景 2 中，C 和 D 都不足以构成供应链的薄弱环节；反之，A 在全球范围内采用 XY 一家作为 3PL 服务提供商，在情景 2 下，显示出巨大的不稳定性。如果有疾病的蔓延导致 XY 在某地的工人罢工，或者未能达到疾病暴发后美国更严格的运输服务卫生检疫标准，就会造成整条供应链的中断。因引，在情景 2 下，单一运输商风险成为目标供应链一个很大的薄弱环节。

　　最后得出的结论如图 2 - 10 所示。该图是对于原先风险图的改进，它用方块标示出在设定情景 2 下，目标供应链所有的薄弱环节。同理可得到情景 3 下的目标供应链风险排序图，如图 2 - 11 所示。

A公司对客户零售商B的供应链流程		供货商风险			产品风险			生产风险			运输风险		
		单一供货商风险	连贯性（计划覆盖）范围	供货商运营风险	质量控制过程风险	产品缺陷风险	产品回收过程	外包风险	工人风险	独特工艺风险	海关风险	运输商财务状况	单一运输商风险
C供货商（中国）	订购（PS1）												
	提炼（RS1–4）	■	■	■					■				
	质检（QS1）				■								
D供货商（泰国）	订购（PS2）												
	提炼（US1–3）	■	■	■					■				
	质检（QS2）				■								
XY运输商	原材料运输（T1，T2）										■	■	■
E外包工厂（阿根廷）	生产（M1–M4）							■	■	■			
	成品检验（Q1）				■								
XY运输商	运输成品（T3–5）										■	■	■

图2-10　在设定情景2下目标供应链风险排序图

A公司对客户零售商B的供应链流程		供货商风险			产品风险			生产风险			运输风险		
		单一供货商风险	连贯性（计划覆盖）范围	供货商运营风险	质量控制过程风险	产品缺陷风险	产品回收过程	外包风险	工人风险	独特工艺风险	海关风险	运输商财务状况	单一运输商风险
C供货商（中国）	订购（PS1）				■								
	提炼（RS1–4）	■	■	■					■				
	质检（QS1）												
D供货商（泰国）	订购（PS2）				■								
	提炼（US1–3）	■	■	■			■						
	质检（QS2）												

图2-11　情景3下的目标供应链风险排序图

资料来源：修改自宁钟、王雅青（2007）。

很明显，图2-10和图2-11这两幅在不同情景下的风险排序图是不同的。譬如单一供应商风险，在情景3下，大多数的工厂都停工，并且由于疫情的严重，许多工人擅自旷工，因此即使 C、D 两家在全国多处设有工厂，仍然避免不了生产的停顿，此时单一供应商构成供应链的薄弱环节。

结合情景 2 和情景 3 的风险图，我们可以得到最优风险组合为：①对单一物流服务提供商的依赖；②对工人旷工没有应对措施；③日益严格的通关政策。

二、流程图法

"无论做什么，都画一个流程图吧！如果你不这样做，你不知道你自己在做什么"，爱德华兹·戴明（W. Edwards Deming）博士如是说。流程图法（Flow Charts）是指企业风险管理部门将整个企业生产过程一切环节系统化、顺序化，制成流程图，从而便于发现企业面临的风险。流程图法可以通过分析企业的生产制造或管理流程不同层次，寻找识别关键的风险点。对关键风险点进行历史资料分析，评估风险事件发生的频率；结合投入产出分析技术对风险兑现时的损失幅度进行有效的评估。对一个涉及许多产品、原料在不同环节上流动的生产过程来说，流程图是一个合适的风险识别方法。在企业中存在着产品流程、服务流程、财务会计流程、市场营销流程、分配流程等。从企业的价值流角度来看，企业的流程可分为外部流程和内部流程。外部流程是指原辅材料的采购、产品的销售以及材料与产品的运输、仓储等。内部流程是企业内部生产制造或服务提供的流程，是指在生产工艺中，从原料投入到成品产出，通过一定的设备按顺序连续地进行加工的过程。例如，某钢铁制造企业的铁矿粉造块与炼焦、高炉炼铁、转炉炼钢、钢水连铸、轧钢等。

流程图是揭示和掌握封闭系统运动状况的有效方式。作为诊断工具，它能够辅助决策制定，让管理者清楚地知道，问题可能出在什么地方，从而确定出可供选择的行动方案。就是把事故发生过程、事故原因构成等用流程图的方法表示出来，使人们能一目了然。它根据事故发生的时间顺序，按事故发生前、事故发生过程中和事故发生后三个阶段，来分析事故构成要素（人员、物、设备、地点、环境、作业过程等）的变化情况。流程图法的缺点是需要耗费大量的时间制作；过于笼统，不利于对细节的描述，造成风险遗漏；缺乏定量分析。

流程图法的分析步骤为：①识别生产过程的各个阶段；②设计流程图；③解释流程图；④综合流程图；⑤预测可能的风险状况并制订计划。流程图法的优点是能把一个问题分成若干个可以进行管理的部分，便于阅读分析。为便于识别，绘制流程图的习惯做法是：事实描述用椭圆形表示，行动方案用矩形表示，问题用菱形表示，箭头代表流动方向。如图 2 - 12 所示。

三、工作—风险分解法

1. 工作—风险分解法原理

工作—风险分解法（Work Breakdown System - Risk Breakdown System，WBS - RBS）是将工作分解成 WBS 树，风险分解形成 RBS 树，然后以工作分解树和风险分解树交叉构成的 WBS - RBS 矩阵进行风险识别的方法。具体有三步工作：一是工作分解；二是风险分解；三是套用 WBS - RBS 矩阵判断风险是否存在。在工作分解形成工作分解树时，主要是风险主体与子部分，以及子部分之间的结构关系和工作流程进行工作分解。工作分解树如图 2 - 13 所示。

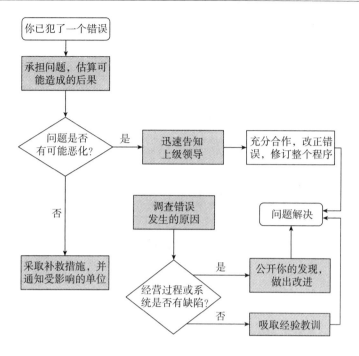

图 2－12　流程图分析步骤

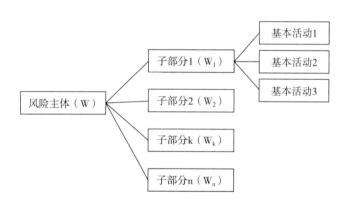

图 2－13　工作分解树

构造风险分解树，风险识别的主要任务是找到风险事件发生所依赖的风险因素，而风险事件与风险因素之间存在因果关系。风险分解树就是建立风险事件与风险因素之间的因果联系模型。风险分解的第一层次是把风险事件分为内外两类，内部风险产生于项目本身，外部风险源自项目的环境因素。第二层次的风险事件按照内外两类事件继续往下细分，每层风险都按照其影响因素构成进行分解，最终分解到最基本的风险事件，把各层风险组合形成风险分解树，如图 2－14 所示。

在工作分解与风险分解完成以后，将工作分解树与风险分解树交叉构成风险识别矩阵，如图 2－15 所示，WBS－RBS 矩阵的行向量是工作分解到底层形成的基本工作包，矩阵的列向量是风险分解到底层形成的基本子因素。风险识别过程是按照矩阵元素逐一判断某一工作是否在该矩阵元素横向所对应的风险。

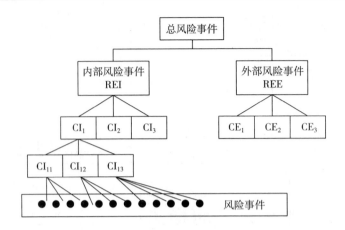

图 2－14　风险分解树

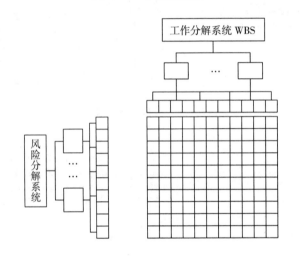

图 2－15　WBS－RBS 矩阵

2. 工作—风险分解法示例

CBD 项目开发工作繁多，涉及风险因素识别的工作量也比较大，但是如果我们对 CBD 风险的预测就像对待盖房子那样简单处理，就可能铸就更大的风险问题。采用 WBS－RBS 法对 CBD 风险识别符合 CBD 风险预测的要求。采用 WBS－RBS 符合 CBD 风险识别的系统性原则要求，该方法将工作进行层层分解，这样风险源就会逐级地呈现在作业分解树上，从而不容易漏掉某些风险因素。用 WBS－RBS 法的另外一个好处就是在进行预测中可以估计出各层次作业的相对权重，虽然只是初步权重，但是也为后期的评价工作打下了一定的数量基础。WBS－RBS 法对工作分解、风险分解的细化，体现了 CBD 风险预测完整性的要求，在初始阶段细化工作与风险在一定程度上规避了笼统凭借主观判断识别风险的弊端。定性分析风险的过程中体现定量的思路，使风险识别变得相对简单，能够更容易全面地识别风险，是 CBD 这类复杂项目进行风险识别的首选方法。

用 WBS－RBS 法对 CBD 项目投资决策进行风险识别的过程：

第一步，构造 CBD 项目工作分解树。风险主体 CBD 项目开发，子部分工作包括项目审批、项目融资、设计招标、施工招标、企业引入等，通过各个子部分细分活动，形成工作分解树。

第二步，构造 CBD 项目投资决策风险分解树。CBD 投资决策风险构成总风险事件，内部风险事件细分为技术风险、管理风险等，外部风险事件细分为社会风险、经济风险、政治风险、自然风险等，进一步细分到具体造成风险的事件，形成风险分解树。

第三步，构造 WBS – RBS 矩阵。

第四步，判断每一个矩阵元素的风险状态和风险转化条件，常用形式是发放风险调查表和实地考察，实地考察中包括直接咨询相关人员和类似项目的历史资料分析。工作目的就是判断风险是否存在，所以相应的风险状态就是"有"和"无"两种。采用数字表示进行"有""无"判断，矩阵元素取值为"0"，就代表第 I 项作业的风险不存在，或是影响很小，可以忽略；如果取值为"1"，就代表第 I 项工作的风险存在。最终形成以"0""1"表示的矩阵。如表 2 – 15 所示。

表 2 – 15 某项目的一级作业分解的风险识别矩阵

项目	R_{11}	R_{12}	R_{13}	R_{21}	R_{22}	R_{23}	R_{31}
W_1	1	1	1	1	1	0	1
W_2	0	0	1	1	0	1	0
W_3	1	1	0	1	0	0	0
W_4	1	1	1	1	0	1	1
W_5	0	1	1	0	1	1	1

资料来源：吕蕾. 基于工作风险分解法的 CBD 项目风险识别模型［J］. 格林尼治风险管理课程, 2011.

针对 CBD 进行 WBS – RBS 风险识别，不考虑何种类型的 CBD 建设进行一般风险识别，向城市发展规划部门、商业地产开发涉足者、建筑承包商、市场建材供应商、银行等企业的专家发放问卷，问卷的发放越多越好，回收汇总后得到一个可以进行后期风险管理的风险库。该风险库可包含 CBD 项目开发的一级风险因素（包括如前文所述的外部风险因素、内部风险因素和系统交错风险因素）和二级具体的子风险因素。CBD 项目开发风险库的建立为具体 CBD 项目开发风险预测提供借鉴和参考。

四、风险识别调查表

风险识别调查表主要采用定性的方法，描述风险的来源与类型、风险特征、对项目目标的影响等。如表 2 – 16 所示。

表 2 – 16 风险识别调查表

编号：	时间：
项目名称	
风险类型	
风险描述	
风险对项目目标的影响	
风险的来源、特征	

五、风险对照检查表

风险对照检查表是一种规范化的定性风险分析工具，具有系统、全面、简单、快捷、高效等优点，容易集中专家的智慧和意见，不容易遗漏主要风险；对风险分析人员有启发思路、开拓思路的作用。

适用范围：①当有丰富的经验和充分的专业技能时，项目风险识别相对简单，并可以取得良好的效果。②对照检查表的设计和确定是建立在众多类似项目经验基础上的，需要大量类似项目的数据。而对于新的项目或完全不同环境下的项目，则难以适应。需要针对项目的类型和特点，制定专门的风险对照检查表。

六、保单对照法

保单对照法（Warranty Comparison Method）是由保险公司将其现行出卖的保单种类与风险分析调查表相结合，以问卷的形式制成表，企业风险管理人员依据此表格与企业已拥有的保单，加以对照比较分析的一种识别风险的方法。

这一方法纯以保险的立场由专家们设计出保单对照分析表供企业界应用。它有两个限制：其一为无法发现企业存在的不可保危险，其二为风险管理者如不具备丰富的保险专业知识及缺乏对保单性质和条款的认识则不宜胜任。保单对照法重点突出了对企业可保风险的调查，而对一些不可保风险的识别则具有相当的局限性。保单对照法要求风险管理者具有丰富的保险专业知识，并对保单性质和条款有较深的了解。

【章末案例】　　　　　　　　中国北亚航空股份有限公司

中国北亚航空股份有限公司及其子公司主要为中国大陆、港澳地区及国际（欧洲）提供航空客运、货运及邮运服务。其前身为北亚航空有限责任公司，1997 年成立中国"北亚集团"，控股北亚航空有限责任公司，2004 年改制为"北亚航空"并获得了中国证券监督管理委员会批准，于 2004 年 8 月成功在上海证券交易所发行并上市。

北亚航空发展迅速，已经成为目前中国客运飞机最多、航线网络最发达、年客运量最大的航空公司之一。其机队规模跃居世界前十，国内第二。北亚航空形成了以广州、北京及中部省会城市为中心枢纽，密集覆盖国内 150 多个通航点，全面辐射亚洲 40 多个通航点，连接欧美澳非洲的发达航线网络，航线数量 660 多条，每天有 1500～1900 个航班穿梭于世界各地，每天投入市场的座位数可达 18 万个。通过与天合联盟成员密切合作，北亚航空的航线网络通达全球 840 个目的地，连接 155 个国家和地区，到达全球各主要城市。

北亚航空的飞行实力出众，拥有 3332 名优秀的飞行人员，并且是国内拥有独立培养飞行员能力的两家航空公司之一，与全球知名飞行模拟器制造商 CAF 合资建立的泛亚飞行训练中心是亚洲规模最大的飞行训练中心；北亚航空机务维修实力雄厚，旗下控股的阳明北亚飞机维修工程有限公司建有亚洲最大的飞机维修机库，并与德国 MTB 公司合建有亚洲最大、维修等级最高的航空发动机维修基地。

北亚集团在 2011 年初时提出，北亚航空及其子公司的收入应当在 2010 年的基础上再增长 10.12%，并把维修收入、新业务领域，以及开拓新航线的客运服务作为新的收入增长点。根据北亚航空的合并报表，2011 年北亚航空实际收入增长为 9.58%。

由于航空业竞争激烈，优秀的飞行人员紧缺，北亚航空的部分优秀飞行员被几家主要竞争对手高薪挖角，导致近百名飞行员提出离职或递交辞职申请。

北亚航空已经委托北京诚华律师事务所对提出辞职的飞行员提出补偿培训费的要求，而飞行员则反诉劳动合同中约定的培训费过高，要求调低。此外部分飞行员选择去了境外的公司，因此提出不适用劳动合同法的规定而拒绝支付培训费，北亚航空积极应对，由于涉及对境外企业的诉讼，因此北亚航空提出暂停部分飞行人员的飞行资格，待诉讼结束后重新恢复，但已经被法院拒绝该诉讼请求。

泛亚飞行训练中心一直保持着高超的培训水平，每年要承担大量的培训任务，从未出过任何事故。但近期微博上爆料，泛亚中心的技术主任及部分主管在中心设备的历年采购中有串通舞弊、中饱私囊的情况，该主任及有关主管纷纷表示绝无该种情况，但由于涉及金额巨大，且有当地政府官员涉嫌其中，当地公检法部门已开始介入调查，并宣布暂封中心的部分场所和设备，且表示无确定恢复日期。

阳明北亚由于技术力量强大，国内的绝大多数中小型航空公司一直选择与北亚航空建立战略合作伙伴关系，维修事项均指定由阳明北亚公司完成。因此其维修费用也构成了北亚集团收入的重要部分。但由于国内的航空公司航线发展较快，阳明北亚已经难以满足维修的要求，部分航空公司开始转向其主要竞争对手中南飞机维修工程公司，同时 2011 年内接连有两家航空公司声称因维修不当造成部分飞机多次停飞并转入其他公司再次返修，造成了巨大的经济损失。

阳明北亚坚持认为不存在维修不当的情况，并出具了该公司质检中心的鉴定证明。双方数次协商未果后，这两家航空公司提出诉讼，要求赔偿经济损失 1.574 亿元，并免费承担其他飞机的重新检修工作，据财务人员测试，其重新检修工作如果启动，阳明北亚公司将支出 0.9834 亿元。法院已经受理该项诉讼申请，但在收集证据时，由于缺乏双方均认可的中立机构导致无法提出鉴定证明资料，因此案件尚在进一步取证阶段。

由于受到"采购门"和"维修门"的影响，北亚航空受到了证券市场的诸多质疑，其股票价格从 8.734 元暴跌到 6.012 元，且成交低迷。北亚航空的独立董事张桓曾多次发出质疑，要求启动内审工作，并重点对泛亚中心及阳明北亚公司进行审计，但董事会讨论后认为，泛亚中心并非具有独立法人资格的企业，属于北亚航空的一个部门，其内控管理涉及北亚航空的方方面面，因此无法单独进行内审，且部分设备和场地已经被封存冻结，此时审计也不现实。同时由于德方、阳明市地方国资委均为阳明北亚公司的投资方，此时也要考虑其国际影响和政治影响。因此最终否决了张桓的提案。

北亚航空公司加盟了天合联盟后，发现世界三大航空联盟在市场上各有优势，星空联盟主要占据着亚、欧和南美市场，天合联盟主要在北美地区"称霸"，而寰宇联盟则在大西洋地区拥有相当优势。入盟的航空公司虽然一方面可依托联盟优势寻求发展，另一方面也将遭遇其他市场的进入壁垒。但北亚航空认为，在欧洲地区的发展是本公司的重要战略，因此在上年开始订购了空客 A380 型超豪华飞机 10 架，拟以意大利、法国、德国为主要突破方向，进军欧洲线路。

而由于美国金融危机引起的欧洲经济的大滑坡，欧洲航空业正在全力推行简约节能理念，在意大利新近设计蹲骑式的飞机座位，同样的机型可提供更多座位，其航空公司主打低廉票价的营销方式。

北亚航空在 2011 年 8 月发布临时公告，宣布其非执行董事周康离职。

北亚航空同时致力于发展货运业务。同时，为了配合货运业务的发展，北亚航空还全面梳理了其全球信息管理系统，与著名的德国管理软件公司签订合同，定制了兼顾货运和客运的人人软件（GP1S），于 2011 年 5 月上线使用，为了保证业务的稳定，在使用 GP1S 系统的同时继续使用原系统，由于其理念过于先进，尽管前期进行了大量的培训及模拟操作，但实际运营后各部门人员均叫苦不迭，客运事业部门勉力支撑，而货运事业部门，由于属于新业务，人员缺少经验，数次出现延误等意外事故。

2010 年 10 月 1 日，北亚航空正式启动"三网建设"——航线枢纽网络、市场营销网络和服务保障网络，开始了建设国际化规模网络型航空公司的战略转型。

第一次出资为 23.1 亿元，于 2011 年 5 月 14 日出资完毕，出资后占阳明机场集团 13% 的股份。第二次出资和第三次出资均为 15.95 亿元，按协议分别在 2011 年 12 月 31 日和 2012 年 4 月 5 日完成注资。按照协议，北亚公司在 5 月 28 日选派了原董事会秘书李达到阳明机场集团任集团副总，分管财务工作。但由于北亚公司中主要领导并无机场建设及管理经验，因此阳明机场集团的日常经营管理工作仍由国资委及市政集团指派人员担任，北亚公司不再选派人员参与经营。

2011 年 9 月，证监会接到举报，称北亚航空的独立董事钱伟忠及总经理董天中涉嫌内幕交易，且金额重大。证监会已经着手调查，目前已经将钱伟忠和董天中进行"双规"，两人违规进行内幕交易已经得到了初步证实，由于还可能牵涉他人，因此案件仍在进一步取证调查中。

此外，天合联盟主席团发言人对北亚航空的"维修门"和"采购门"的事件表示关注，并强调天合联盟成员必须保持透明的制度，努力杜绝一切腐败，要始终保持着"清白得如同猎犬的牙齿"的形象，因此联盟将时刻关注事件的发展，并会考虑采取必要的行动以对北亚航空及其子公司内部控制进行审计，以判断其是否仍满足天合联盟的标准。

资料来源：作者根据多方资料整理而成。

【本章小结】

风险识别是用感知、判断或归类的方式对现实的和潜在的风险性质进行鉴别的过程。风险识别是风险管理的第一步，也是风险管理的基础。只有在正确识别出自身所面临的风险的基础上，人们才能够主动选择适当有效的方法进行处理。存在于人们周围的风险是多样的，既有当前的也有潜在于未来的，既有内部的也有外部的，既有静态的也有动态的等。风险识别的任务就是要从错综复杂的环境中找出经济主体所面临的主要风险。风险识别一方面可以通过感性认识和历史经验来判断，另一方面也可通过对各种客观的资料和风险事故的记录来分析、归纳和整理，以及必要的专家访问，从而找出各种明显和潜在的风险及其损失规律。因为风险具有可变性，因而风险识别是一项持续性和系统性的工作，要求风险管理者密切注意原有风险的变化，并随时发现新的风险。风险识别的方法有多种，有专家调查法、事故树分析法、危险与可操作性研究、流程图分析法等。

【问题思考】

1. 在考虑一项投资项目时，需要对该项目的市场吸引力做出评价。我们可以列出同市场吸引力有关的若干因素，包括整体市场规模、市场年增长率、历史毛利率、竞争强度、对技术的要求、对能源的要求、对环境的影响等。市场吸引力的这一综合指标就等于上述因素加权求和。每一个因素在构成市场吸引力时的重要性即权重和该因素的得分，需要由管理人员的主观判断来确定。请思考如何采用德尔菲法。

2. 事故树中有哪些常用符号？分别代表什么？试用事故树法分析汽车故障。

3. 什么是危险与可操作性研究法？试用其分析相关风险。

4. 什么是情景分析法？试用其分析相关风险。

5. 什么是流程图法？试用其分析相关风险。

6. 什么是工作－风险分解法？试用其分析相关风险。

第三章 风险评定

【学习要点】

　　☆ 了解风险等级的确定。

　　☆ 了解风险的优先次序排列。

　　☆ 掌握风险评定的数理基础。

　　☆ 学会风险坐标法的应用。

　　☆ 学会压力测试的应用。

　　☆ 学会层次分析法的应用。

　　☆ 学会关键风险指标法的应用。

　　☆ 学会可靠性预计的应用。

　　☆ 学会关联图法的应用。

　　☆ 学会专家技术评估法的应用。

【章首案例】 <center>**通惠食品厂的虫害风险评定**</center>

　　2014 年 4 月 15 日上午，通惠食品厂虫害风险管理小组成员进行了现场风险评定，并得到厂方管理与实施人员的支持。在现场人员带领下，项目成员对厂房内外的硬件、软件管理中的虫害风险因素进行了详细检查和拍照取样。

　　一、关于虫害风险评定

　　对于食品、饮料加工企业，害虫（Pest）是指任何可能导致企业材料、产品非正常损耗，影响食品质量和安全的昆虫、鸟类、啮齿类等生物，包括苍蝇、老鼠、蟑螂、蜜蜂等。任何可能导致害虫入侵、滋生和栖息的条件，均被列为虫害风险。基于 HACCP（危害分析与关键控制点）的原则，企业需要制定和实施风险定义、程度评估、指标设定、纠正措施、化学安全管理和文件记录方案等程序，即虫害风险管理（Pest Risk Management）。本次风险评定，主要涵盖鼠害风险、飞虫风险（苍蝇、蜜蜂、蚊子）、化学污染风险等。风险评定结果如表 3-1 所示。

　　表中的名词定义如下：

　　（1）安全值满分（Full Safety Score）：各项虫害风险管理因素均完全得到有效控制时所能获得的最高安全值，常在实际分析中作为实际安全值的参照指标，满分为 200 分。

　　（2）初始安全值（Initial Safety Score）：以（10—完善；7—良好；3—不足；0—严重不足）为现场评估分值。其中，"良好"是指已有一定的风险管理措施，但需进一步改善；"不足"是指有少量风险管理措施，但亟须进一步改善；"严重不足"是指完全缺乏相关的风险管理措施，极易导致虫害。

表 3 - 1　虫害风险评定结果

评估角度	风险类别	安全值满分	加权安全值	安全符合程度
风险来源	鼠害风险	125	74	59%
	飞虫风险	122	73.5	60%
	化学污染风险	55	49	89%
风险位置	室外环境	32.5	20	62%
	内部建筑	52.5	18.5	35%
	管理程序	55	36.5	66%
	硬件设备	60	51	85%
整体安全符合比例	—	—	—	63%

（3）加权安全值（Weighted Safety Score）：初始安全值，根据每个因素对虫害风险的影响程度加权计算后，判断单风险对整个企业的影响。

（4）安全值符合程度（Completion of Safety）：本数通过汇总相关因素的加权安全值，并参照安全值满分的百分比（%）进行对比，以判断该类风险对整个企业的影响。

二、结果讨论

从总体结果观察，整体安全符合程度为63%，即该厂已有一定的虫害风险管理意识，并采取了一定的措施（文档、化学污染控制等），但仍需做较大的调整改善方能满足食品安全和有效虫害风险管理的要求。以下风险尤其需要引起我们的重视：

（1）建筑结构风险（35%）。建筑结构的漏洞或不足，例如，主要出入口缺乏防虫设施（风幕、胶帘或自动卷帘门），门缝过大，墙体空洞，排水道防鼠闸不足或使用失当等，均可直接导致害虫入侵。而基于现场观察的结果，最大的问题在于建筑内功能分区间缺乏足够的物理阻隔（墙体），害虫入侵后很容易直接进入生产区域。例如，注入区（Filling Area）为高度敏感区域。可是该区域周边的大门长期打开，并无物理设施做任何的飞虫阻隔。飞虫极容易在入侵后直接进入开口暴露的容器内。

（2）室外环境风险（62%）。厂区内外的室外环境清洁卫生决定了外围的害虫密度情况。从现场观察，主要的风险来源是垃圾房和回收瓶堆放区。垃圾房清洗后的污水并未在垃圾房内的排水口得到及时排出，而是在地表缓慢流向厂外。污水产生的气味极易吸引外围的苍蝇入侵，同时也不符合GMP（良好作业规范）的相关卫生要求。回收瓶存放区摆放离生产楼大门（无任何防虫设施）过近（50米内），而瓶内残留的甜味饮料极易吸引大量蜜蜂，并经大门直接进入生产大楼。此类情况，也见于砂糖临时存放地点。从室内灭蝇灯捕获的昆虫情况看，包括注入区的灭蝇灯均可发现蜜蜂入侵的证据。建议把该类物料存放在室内，或尽可能远离生产大楼。

（3）管理程序风险（66%）。虫害风险管理是作为整个企业各管理层共同参与制定和实施的，由特定部门统一协调。而虫害风险管理的有效实施，需要相关管理人士具备一定的风险管理经验和虫害控制知识。通过与行政部相关人士沟通和现场检查，企业已有较强的化学污染风险意识和初步的控制方案，也具备现场的虫害控制记录表和简单的设施布放。但是，仍无法确认企业是否具备完整的虫害控制方案。但在实施层面上，例如入口门保持关闭、地面污水清除、灭蝇灯保持开启等，均需要各部门的共同支持和参与，专业服务公司的技术支持也不可或缺。

（4）硬件设施风险（85%）。硬件设施不足会导致虫害风险无法得到有效的控制和监测。在现场检查中，主要大门入口缺乏有效的硬件设施阻隔飞虫入侵。常见的设施包括风幕、自动卷帘门或胶帘。这也是导致室内灭蝇灯粘纸上发现大量入侵飞虫的原因。室内的灭蝇灯分布和高度设置需根据虫害的变化，及时做出调整。高敏感区域和主要入口的灭蝇灯需要进一步加强，而大部分灭蝇灯的高度在2.5米以上，远高于最佳有效高度即1.5～2米，且不便正常维护。

三、建议

总体而言，企业虫害风险管理已初具规模，并由专门部门负责，适合实施更全面的风险管理。但是，在具体实施过程中，仍可发现人员专业知识不足、设施使用或安装不当等问题，尤其是缺乏一个完整的虫害风险评估和控制系统，建议企业管理层予以相应重视和采取有效控制措施。

资料来源：作者根据多方资料整理而成。

在识别出对企业的各个层级有影响的重大风险后，下一步是对风险发生的可能性及相对重大程度进行评定。风险通常是相互依存的，风险管理者应依据组织结构考虑和评价风险间的相互依存关系。

第一节　风险评定概述

一、风险评定概述

风险评定是一项寻找风险幅度方面的信息、确定一旦风险成为现实将会造成后果的活动。风险评定阶段的主要任务是确定风险的等级，排列风险的优先次序。

1. 确定风险的等级

风险评级是根据风险识别阶段所列出的潜在的、现实的风险清单，利用科学的工具和专门技术，正确地量化公司的主要风险，确定风险的等级程度。采用风险可能性和结果对风险进行分组。风险的计量和估值是风险管理中最有难度的工作，但是这对于具有成本效益的风险管理及精明的决策是至关重要的。花费一定的时间和资源，对于后期的风险管理程序是有帮助的。

2. 排列风险的优先次序

对风险按照风险影响进行优先排序，优先级别最高的风险，如其风险严重程度等于1，优先级别最低的风险，其风险严重程度等于20，对级别高的风险优先处理。进行优先次序排列时，不应仅考虑财务方面的影响，更重要的是考虑对实现企业目标的潜在影响。

并非所有的风险经过识别后都是重大风险，非重要的风险应定期复核，特别是在外部事项发生变化时，应检查这些风险是否仍为非重大风险。

二、风险等级的区位分析

1. 评估风险的严重程度

对风险等级的确定可以按照图 3 - 1 所示的过程来进行，首先对风险的严重程度进行评估，看其会对企业产生怎样的影响，然后预测风险发生的可能性，最后针对上述所做出的评定采取合理的行动。

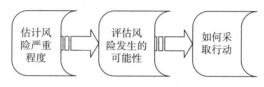

图 3 - 1　风险分析过程图

2. 确定区位

权衡风险之前，要对风险本身的区位加以确定，要针对企业的资源，做出承受风险能力的评估，从而采取相应的措施。区位分析就是对一项不确定性因素的可能性和重要性进行二维的区位分析。在图 3 - 2 中，横坐标表示风险发生的可能性，纵坐标表示风险的严重程度。从逻辑关系上来讲，企业进行风险管理的时候，首先要分析风险的严重程度，然后分析风险的可能性。

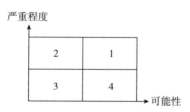

图 3 - 2　风险的二维区位图

综合可能性和重要性两方面，把坐标分为四个区域，在第一个区域里，风险的重要性和可能性都非常高，这种风险发生的频率比较高，发生了之后对企业的影响也比较大，面对这种重要的风险企业要特别关注。在第二个区域里，重要性比较强，但是发生的可能性比较小。在第三个区域里，风险可能性和重要性相对来说都比较小。在第四个区域里，风险的重要性较差，发生概率比较高。

专栏 3 - 1　　　　广电企业和房地产企业的区位分析

1. 广电企业的区位分析

广电类型企业的风险按照重要性和可能性的划分，一个节目的选材或者选题就十分重要，选题不好的话会一招毙命。一条新闻一个节目如果违反了政策，这个电视台或者这个企业，就可能有灭顶之灾。

对广电企业来说最重要的风险是政治风险，第二个是质量风险。质量风险也经常发生，在一个强手林立的信息化社会，节目的质量也是竞争力，是企业生存的关键。要确保节目播出的安全，从物质装备到信号传输过程都非常重要。技术性故障会影响到节目的播出，这种经常性发生的风险也要引起足够的重视。

现在广电企业人力资源很匮乏，高水平高素质的主持人和项目研发人员都很缺乏，但是跳槽的人还不多，应把它归为第二个区域。

企业需要投资，在选择节目的时候，投资风险也很重要，但是这种重要性跟前面的人力资源、安全播出节目和政治风险相比就小得多。另外，企业需要天天找新的节目，投资的风险又是经常发生的，应放在第三个区域。万幸的是这个行业的企业管理很规范，模式操作、财务结构体系也很简单，财务风险比较小。从同意投资、开始筹资、运行业务到项目增值整个过程很明显，比起制造业或者投资性的金融企业的财务风险要小得多，于是就归为第四区域。

2. 房地产企业的区位分析

房地产企业和广电企业截然不同，它最大的风险是政策风险，属于第一个区域。现在国家出台很多相关政策，对房地产企业进行整治。这种产业政策的调整会给企业带来很大的政策风险，影响房地产企业的战略发展，所以企业要顺应时代和政策的发展，调整运营策略。

房地产企业面临的第二区域的风险就是资金风险，顺驰是房地产业的一匹黑马，结果这匹黑马跑到一半累死了，被兼并收购了。原因就是资金链的断裂，资金链断裂的风险在房地产行业里面非常重要也是经常发生的。

资源的风险依然是非常重要的一个环节，拿地、抢地、圈地，对房地产企业的发展非常重要。从整个企业发展的周期和资源配置的重复性来看，资源风险的可能性比资金和政策风险频率要低一些，所以它的可能性会小一些，可以放到第三个区域。

企业的每一个项目、每一个楼盘、每一个操作过程，都可能存在违规风险，它的频率非常高，次数非常多，但是它给企业带来的整体影响要小一些，所以就把它归在第四个区域。

三、风险评定的程序

风险评定的过程是首先根据已识别的风险因素，收集相关的风险数据，利用科学的统计方法、风险评定方法和相关的判断依据，建立理论模型，确定风险的等级和排列风险的优先次序。如图3－3所示。

四、风险评定的数理基础

风险评定所需要的数理基础主要是概率和概率分布。

1. 客观概率

客观概率是实际发生的概率，可以根据历史统计数据或是大量的试验来推定，或是根据类似事件的数据资料，计算出客观概率。主要有两种方法：①将一个事件分解为若干子事件，通过计算子事件的概率来获得主要事件的概率；②通过足够量的试验，统计出事件的概率。客观概率估计法最大的缺点是需要足够的信息，但通常是不可得的。客观概率只能用于完全可重复事件，因而并不适用于大部分现实事件。

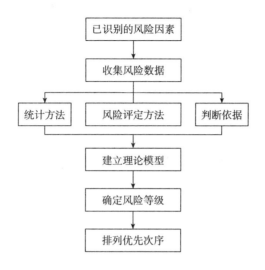

图 3 - 3 风险评定的过程

2. 主观概率

主观概率是基于个人经验、预感或直觉而估算出来的概率，是一种个人的主观判断。当有效统计数据不足或是不可能进行试验时，主观概率是唯一选择。

3. 风险概率分布

（1）离散型概率分布。输入变量可能值是有限个数。各种状态的概率取值之和等于 1，它适用于变量取值个数不多的输入变量。

（2）连续型概率分布，输入变量的取值充满一个区间。常用的连续概率分布如表 3 - 2 所示。

表 3 - 2 常用的连续概率分布

分布名称	正态分布	三角形分布	β 分布	经验分布
密度函数特点	密度函数以均值为中心对称分布。当均值为 $\bar{x}$，方差为 σ^2，用 N（$\bar{x}$, o）表示	密度函数是由最悲观值、最可能值和最乐观值构成的对称的或不对称的三角形	密度函数在最大值两边不对称分布	密度函数并不适合于某些标准的概率函数，可根据统计资料及主观经验估计的非标准概率分布
适用范围	适用于描述一般经济变量的概率分布，如销售量、售价、产品成本等	适用于描述工期、投资等不对称分布的输入变量，也可用于描述产量、成本等对称分布的输入变量	适用于描述工期等不对称分布的输入变量	它适合于项目评价中的所有各种输入变量

续表

分布名称	正态分布	三角形分布	β 分布	经验分布
图形	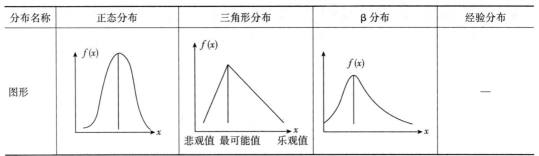			—

第二节　风险评定的方法与应用

一、风险坐标图

1. 操作步骤

风险坐标图是把风险发生可能性的高低、风险发生后对目标的影响程度，作为两个维度绘制在同一个平面上（即绘制成直角坐标系）。对风险发生可能性的高低与风险对目标影响程度的评定有定性、定量等方法。定性方法是直接用文字描述风险发生可能性的高低、风险对目标的影响程度，如"极低""低""中等""高""极高"等。定量方法是对风险发生可能性的高低、风险对目标影响程度用具有实际意义的数量描述，如对风险发生可能性的高低用概率来表示、对目标影响程度用损失金额来表示。

表 3 - 3 列出了某公司对风险发生可能性的定性、定量评估标准及其相互对应关系。

表 3 - 3　企业风险评价标准

	评分	1	2	3	4	5
定量方法	一定时期发生的概率	10%以下	10%～30%	30%～70%	70%～90%	90%以上
定性方法	文字描述一	极低	低	中等	高	极高
	文字描述二	一般情况下不会发生	极少情况下才发生	某些情况下发生	较多情况下发生	常常会发生
	文字描述三	今后10年内发生的可能少于1次	今后5～10年内可能发生1次	今后2～5年内可能发生1次	今后1年内可能发生1次	今后1年内至少发生1次

资料来源：国资委《中央企业全面风险管理指引》。

表 3 - 4 列出了某公司关于风险发生后对目标影响程度的定性、定量评估标准及其相互对应关系。

表 3 - 4 风险对目标的影响程度

评分				1	2	3	4	5
适用于所有行业	定量方法	企业财务损失占税前利润的百分比		1%以下	1%~5%	6%~10%	11%~20%	20%以上
	定性方法	文字描述一		极轻微的	轻微的	中等的	重大的	灾难性的
		文字描述二		极低	低	中等	高	极高
		文字描述三	企业日常运行	不受影响	轻度影响(造成轻微的人身伤害,状况立刻受到控制)	中度影响(造成一定人身伤害,需要医疗救援,状况需要外部支持才能得到控制)	严重影响(企业失去一些业务能力,造成严重人身伤害,状况失控,但无致命影响)	重大影响(重大业务失误,造成重大人身伤亡,状况失控,给企业致命影响)
			财务损失	较低的财务损失	轻微的财务损失	中等的财务损失	重大的财务损失	极大的财务损失
			企业声誉	负面消息在企业内部流传,企业声誉没有受损	负面消息在当地局部流传,对企业声誉造成轻微损害	负面消息在某区域流传,对企业声誉造成中等损害	负面消息在全国各地流传,对企业声誉造成重大损害	负面消息流传世界各地,政府或监管机构进行调查,引起公众关注,对企业声誉造成无法弥补的损害
适用于开采业、制造业	定性与定量结合	安全		短暂影响职工或公民的健康	严重影响一位职工或公民健康	严重影响多位职工或公民健康	导致一位职工或公民死亡	引致多位职工或公民死亡
		营运		对营运影响微弱 在时间、人力或成本方面不超出预算1%	对营运影响轻微 受到监管者责难 在时间、人力或成本方面超出预算1%~5%	减慢营业运作 受到法规惩罚或被罚款等 在时间、人力或成本方面超出预算6%~10%	无法达到部分营运目标或关键业绩指标 受到监管者的限制 在时间、人力或成本方面超出预算11%~20%	无法达到所有的营运目标或关键业绩指标 违规操作使业务受到中止 时间、人力或成本方面超出预算20%
		环境		对环境或社会造成短暂的影响 可不采取行动	对环境或社会造成一定的影响 应通知政府有关部门	对环境造成中等影响 需一定时间才能恢复 出现个别投诉事件 应执行一定程度的补救措施	造成主要环境损害 需要相当长的时间来恢复 大规模的公众投诉 应执行重大的补救措施	无法弥补的灾难性环境损害 激起公众的愤怒 潜在的大规模的公众法律投诉

资料来源:国资委《中央企业全面风险管理指引》。

2. 应用示例

（1）定性示例。对风险发生可能性的高低和风险对目标影响程度进行定性或定量评定后，依据评定结果绘制风险坐标图。如 B 公司对 9 项风险进行了定性评估，风险①发生的可能性为"低"，风险发生后对目标的影响程度为"极低"……风险⑨发生的可能性为"极低"，对目标的影响程度为"高"，则绘制风险坐标图，如图 3 - 4 所示。

（2）定量示例。A 公司对 7 项风险进行定量评定，其中：风险①发生的可能性为83%，发生后对企业造成的损失为 2100 万元；风险②发生的可能性为 40%，发生后对企业造成的损失为 3800 万元；……而风险⑦发生的可能性在 55% ~ 62%，发生后对企业造成的损失在 7500 万 ~ 9100 万元，在风险坐标图上用一个区域来表示，绘制的风险坐标图如图 3 - 5 所示。

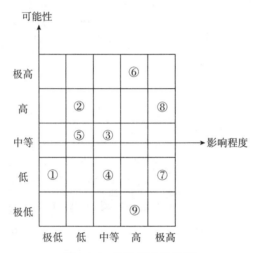

图 3 - 4　定性风险坐标图

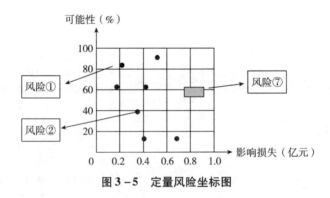

图 3 - 5　定量风险坐标图

（3）确定优先次序。绘制风险坐标图的目的在于对多项风险进行直观的比较，从而确定各风险管理的优先次序和策略。如 C 公司绘制了风险坐标图 3 - 6，并将该图划分为A、B、C 三个区域，公司决定承担 A 区域中的各项风险且不再增加控制措施；严格控制B 区域中的各项风险且专门补充制定各项控制措施；确保规避和转移 C 区域中的各项风险且优先安排实施各项防范措施。

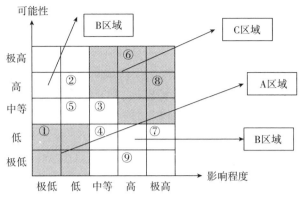

图 3-6 确定优先次序的风险坐标图

二、压力测试

1. 操作步骤

压力测试，是确立系统稳定性的一种测试方法，在软件工程、金融风险管理等领域应用比较普遍。通常在系统正常运作范围之外进行，以考察其功能极限和隐患。压力测试能够帮助商业银行充分了解潜在风险因素与银行财务状况之间的关系，深入分析银行抵御风险的能力，形成供董事会和高级管理层讨论并决定实施的应对措施，预防极端事件可能对银行带来的冲击。银行的压力测试通常包括信用风险、市场风险、操作风险、其他风险等方面内容。在压力测试中，商业银行应考虑不同风险之间的相互作用和共同影响。压力测试是指在极端情景下，分析评定风险管理模型或内控流程的有效性，发现问题，制定改进措施的方法，目的是防止出现重大损失事件。具体操作步骤如下：

（1）针对某一风险管理模型或内控流程，假设可能会发生哪些极端情景。极端情景是指在非正常情况下发生概率很小，而一旦发生，后果将会十分严重的情景。假设极端情景时，不仅要考虑本企业或与本企业类似的其他企业出现过的历史教训，还要考虑历史上不曾出现，但将来可能会出现的事情。

（2）评定极端情景发生时，该风险管理模型或内控流程是否有效，并分析对目标可能造成的损失。

（3）制定相应措施，进一步修改和完善风险管理模型或内控流程。

2. 应用示例

以信用风险管理为例。如一个企业已有一个信用很好的交易伙伴，该交易伙伴除发生极端情景，一般不会违约。因此，在日常交易中，该企业只需"常规的风险管理策略和内控流程"即可。采用压力测试方法，是假设该交易伙伴将来发生极端情景（如其财产毁于地震、火灾、被盗），被迫违约对该企业造成了重大损失。而该企业"常规的风险管理策略和内控流程"在极端情景下不能有效防止重大损失事件，为此，该企业采取了购买保险或相应衍生产品、开发多个交易伙伴等措施。

三、层次分析法

1. 操作步骤

层次分析法（The Analytic Hierarchy Process，AHP）是美国著名运筹学家、匹兹堡大

学教授塞蒂（T. L. Saaty）于20世纪70年代中期提出的一种定性与定量相结合的多准则决策分析方法。

层次分析法在风险分析中有两种用途：一是将风险因素逐层分解识别，直至最基本的风险因素，也称正向分解；二是两两比较同一层次风险因素的重要程度，列出该层风险因素的判断矩阵（判断矩阵可由专家调查法得出），判断矩阵的特征根就是该层次各个风险因素的权重，利用权重与同层次风险因素概率分布的组合，求得上一层风险的概率分布，直至求出总目标的概率分布，也称反向合成。

运用层次分析法解决实际问题一般包括四个步骤：①建立所研究问题的递阶层次结构；②构造两两比较判断矩阵；③由判断矩阵计算被比较元素的相对权重；④计算各层元素的组合权重；⑤将各子项的权重与子项的风险概率分布加权叠加，即得出项目的经济风险概率分布。

2. 应用示例

温州市政部门管理人员需要对修建一项市政工程项目进行决策，可选择的方案是修建通往旅游区的高速路或修建城区地铁。除了考虑经济效益外，还要考虑社会效益、环境效益等因素，即多准则决策问题，这时可以运用层次分析法解决。具体分析解决步骤如下。

第一步，建立递阶层次结构。应用AHP解决实际问题，首先明确要分析决策的问题，并把它条理化、层次化，理出递阶层次结构。AHP要求的递阶层次结构一般由以下三个层次组成：①目标层（最高层），指问题的预定目标；②准则层（中间层），指影响目标实现的准则；方案层（最低层），指促使目标实现的措施。

可以看出在该决策问题中，市政管理人员希望通过选择不同的市政工程项目，使综合效益最高，即决策目标是"合理建设市政工程，使综合效益最高"。为了实现这一目标，需要考虑的主要准则有三个，即经济效益、社会效益和环境效益。通过深入思考，决策人员认为还必须考虑直接经济效益、间接经济效益、方便日常出行、方便假日出行、减少环境污染、改善城市面貌等因素，从相互关系上分析，这些因素隶属于主要准则，因此放在下一层次考虑，并且分属于不同准则。

假设本问题只考虑这些准则，接下来需要明确为了实现决策目标，在上述准则下可以有哪些方案。根据题中所述，本问题有两个解决方案，即建高速路或建地铁，这两个因素作为方案层元素放在递阶层次结构的最下层。这样构成的递阶层次结构如图3-7所示。

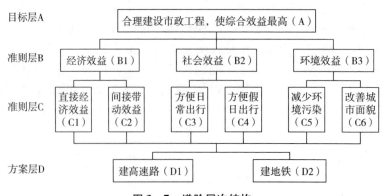

图3-7 递阶层次结构

第二步，构造判断矩阵并请专家填写。接着，根据递阶层次结构构造判断矩阵。构造判断矩阵的方法是：每一个具有向下隶属关系的元素（被称作准则）作为判断矩阵的第一个元素（位于左上角），隶属于它的各个元素依次排列在其后的第一行和第一列。

重要的是填写判断矩阵。填写判断矩阵的方法是：向填写人（专家）反复询问：针对判断矩阵的准则，其中两个元素两两比较哪个重要，重要多少，对重要性程度按 $1 \sim 9$ 赋值，重要性标度值如表 3-5 所示。

表 3-5 重要性标度含义表

重要性标度	含义
1	表示两个元素相比，具有同等重要性
3	表示两个元素相比，前者比后者稍重要
5	表示两个元素相比，前者比后者明显重要
7	表示两个元素相比，前者比后者强烈重要
9	表示两个元素相比，前者比后者极端重要
2，4，6，8	表示上述判断的中间值
倒数	若元素 i 与元素 j 的重要性之比为 a_{ij}，则元素 j 与元素 i 的重要性之比为 $a_{ji} = 1/a_{ij}$

设填写后的判断矩阵为 $A = (a_{ij})_{n \times n}$，判断矩阵具有如下性质：①$a_{ij} > 0$；②$a_{ji} = 1/a_{ij}$；③$a_{ii} = 1$。根据上面性质，判断矩阵具有对称性，因此在填写时，通常先填写 $a_{ii} = 1$ 部分，然后再仅需判断及填写上三角形或下三角形的 $n(n-1)/2$ 个元素就可以了。在特殊情况下，判断矩阵可以具有传递性，即满足等式：$a_{ij} \cdot a_{jk} = a_{ik}$。当上式对判断矩阵所有元素都成立时，我们称该判断矩阵为一致性矩阵。填写后的判断矩阵如表 3-6 所示。

表 3-6 判断矩阵表

A	B_1	B_2	B_3
B_1	1	1/3	1/3
B_2		1	1
B_3			1

B_1	C_1	C_2
C_1	1	1
C_2		1

B_2	C_3	C_4
C_3	1	3
C_4		1

B_3	C_5	C_6
C_5	1	3
C_6		1

C_1	D_1	D_2
D_1	1	5
D_2		1

C_2	D_1	D_2
D_1	1	3
D_2		1

C_3	D_1	D_2
D_1	1	1/5
D_2		1

C_4	D_1	D_2
D_1	1	7
D_2		1

C_5	D_1	D_2
D_1	1	1/5
D_2		1

C_6	D_1	D_2
D_1	1	1/3
D_2		1

第三步，层次单排序与检验。对于专家填写后的判断矩阵，利用一定数学方法进行层

次排序。单排序是指每一个判断矩阵各因素针对其准则的相对权重。计算权重有和法、根法、幂法等，这里简要介绍和法。和法的原理是，对于一致性判断矩阵，每一列归一化后就是相应的权重。对于非一致性判断矩阵，每一列归一化后近似其相应的权重，再对这 n 个列向量求取算术平均值作为最后的权重。具体的公式是：

$$W_i = \frac{1}{n} \sum_{j=1}^{n} \frac{a_{ij}}{\sum_{k=1}^{n} a_{kl}}$$

需要注意的是，在层层排序中，要对判断矩阵进行一致性检验。在特殊情况下，判断矩阵可以具有传递性和一致性。一般情况下，并不要求判断矩阵具有这一性质。但从人类认识规律看，一个正确的判断矩阵重要性排序是有一定逻辑规律的，例如若 A 比 B 重要，B 又比 C 重要，则从逻辑上讲，A 应该比 C 重要，若两两比较时出现 A 比 C 重要的结果，则该判断矩阵违反了一致性准则，在逻辑上是不合理的。因此在实际中要求判断矩阵满足大体上的一致性，需进行一致性检验。只有通过检验，才能说明判断矩阵在逻辑上是合理的，才能继续对结果进行分析。一致性检验的步骤如下。

（1）计算一致性指标 C. I.（Consistency Index）。

$$C. I. = \frac{\lambda_{max} - n}{n - 1}。$$

（2）查表（见表 3-7）确定相应的平均随机一致性指标 R. I.（random index）。据判断矩阵不同阶数查下表，得到平均随机一致性指标 R. I.。例如，对于 5 阶的判断矩阵，查表得到 R. I. = 1.12。

表 3-7 平均随机一致性指标 R. I. 表（1000 次正互反矩阵计算结果）

矩阵阶数	1	2	3	4	5	6	7	8
R. I.	0	0	0.52	0.89	1.12	1.26	1.36	1.41
矩阵阶数	9	10	11	12	13	14	15	
R. I.	1.46	1.49	1.52	1.54	1.56	1.58	1.59	

（3）计算一致性比例 C. R.（Consistency Ratio）并进行判断。

$$C. R. = \frac{C. I.}{R. I.}$$

当 C. R. < 0.1 时，认为判断矩阵的一致性是可以接受的；当 C. R. > 0.1 时，认为判断矩阵不符合一致性要求，需要对该判断矩阵进行重新修正。本例层次单排序及检验结果见表 3-8。可以看出，所有单排序的 C. R. < 0.1，认为每个判断矩阵的一致性是可以接受的。

第四步，层次总排序与检验。总排序是指每一个判断矩阵各因素针对目标层（最上层）的相对权重。这一权重的计算采用从上而下的方法，逐层合成。很明显，第二层的单排序结果就是总排序结果。假定已经算出第 k-1 层 m 个元素相对于总目标的权重 $w^{(k-1)} = (w_1^{(k-1)}, w_2^{(k-1)}, \cdots, w_m^{(k-1)})^T$，第 k 层 n 个元素对于上一层（第 k 层）第 j 个元素的单排序权重是 $p_j^{(k)} = (p_{1j}^{(k)}, p_{2j}^{(k)}, \cdots, p_{nj}^{(k)})^T$，其中不受 j 支配的元素的权重为零。

令 $P^{(k)} = (p_1^{(k)}, p_2^{(k)}, \cdots, p_n^{(k)})$，表示第 k 层元素对第 k-1 层个元素的排序，则第 k 层元素对于总目标的总排序为

$$w^{(k)} = (w_1^{(k)}, w_2^{(k)}, \cdots, w_n^{(k)})^T = p^{(k)} w^{(k-1)}$$

或

$$w_i^{(k)} = \sum_{j=1}^{m} p_{ij}^{(k)} w_j^{(k-1)} \quad I = 1, 2, \cdots, n$$

表 3-8 层次单排序及检验结果表

A	单（总）排序权值	B_1	单排序权值	B_2	单排序权值	B_3	单排序权值
B_1	0.1429	C_1	0.5000	C_3	0.7500	C_5	0.7500
B_2	0.4286	C_2	0.5000	C_4	0.2500	C_6	0.2500
B_3	0.4286	C. R.	0.0000	C. R.	0.0000	C. R.	0.0000
C. R.	0.0000						

C_1	单排序权值	C_2	单排序权值	C_3	单排序权值	C_4	单排序权值
D_1	0.8333	D_1	0.7500	D_1	0.1667	D_1	0.8750
D_2	0.1667	D_2	0.2500	D_2	0.8333	D_2	0.1250
C. R.	0.0000	C. R.	0.0000	C. R.	0.0000	C. R.	0.0000

C_5	单排序权值	C_6	单排序权值
D_1	0.1667	D_1	0.2500
D_2	0.8333	D_2	0.7500
C. R.	0.0000	C. R.	0.0000

同样，也需要对总排序结果进行一致性检验。假定已经算出针对第 k-1 层第 j 个元素为准则的 C. I. $_j^{(k)}$、R. I. $_j^{(k)}$ 和 C. R. $_j^{(k)}$，j = 1, 2, $\cdots$, m，则第 k 层的综合检验指标

$$\text{C. I.}_j^{(k)} = (\text{C. I.}_1^{(k)}, \text{C. I.}_2^{(k)}, \cdots, \text{C. I.}_m^{(k)}) w^{(k-1)}$$

$$\text{R. I.}_j^{(k)} = (\text{R. I.}_1^{(k)}, \text{R. I.}_2^{(k)}, \cdots, \text{R. I.}_m^{(k)}) w^{(k-1)}$$

$$\text{C. R.}^{(k)} = \frac{\text{C. I.}^{(k)}}{\text{R. I.}^{(k)}}$$

当 C. R. $^{(k)}$ < 0.1 时，认为判断矩阵的整体一致性是可以接受的。

层次总排序及检验结果如表 3-9、表 3-10 所示。可以看出，总排序的 C. R. < 0.1，认为判断矩阵的整体一致性是可以接受的。

表 3-9 C 层次总排序（C. R. = 0.0000）表

C_1	C_2	C_3	C_4	C_5	C_6
0.0714	0.0714	0.3214	0.1071	0.3214	0.1071

表 3 - 10   D 层次总排序 （CR = 0. 0000）

D_1	D_2
0. 3408	0. 6592

第五步，结果分析。通过对排序结果的分析，得出最后的决策方案。从方案层总排序的结果看，建地铁（D_2）的权重（0.6592）远远大于建高速路（D_1）的权重（0.3408），因此，最终的决策方案是建地铁。

接着，根据层次排序过程分析决策思路。对于准则层 B 的 3 个因子，直接经济效益（B1）的权重最低（0.1429），社会效益（B_2）和环境效益（B_3）的权重都比较高（均为0.4286），说明在决策中比较看重社会效益和环境效益。对于不看重的经济效益，其影响的两个因子直接经济效益（C_1）、间接带动效益（C_2）单排序权重都是建高速路远远大于建地铁，对于比较看重的社会效益和环境效益，其影响的四个因子中有三个因子的单排序权重都是建地铁远远大于建高速路，由此可以推出，建地铁方案由于社会效益和环境效益较为突出，权重也会相对突出。

从准则层 C 总排序结果也可以看出，方便日常出行（C_3）、减少环境污染（C_5）是权重值较大的，而如果单独考虑这两个因素，方案排序都是建地铁远远大于建高速路。由此我们可以分析出决策思路，即决策比较看重的是社会效益和环境效益，不太看重经济效益，因此对于具体因子，方便日常出行和减少环境污染成为主要考虑因素，对于这两个因素，都是建地铁的方案更佳，由此，最终的方案选择建地铁也就顺理成章了。

四、关键风险指标法

1. 操作步骤

一项风险事件发生可能有多种成因，但关键成因往往只有几种。关键风险指标管理是对引起风险事件发生的关键成因指标进行管理的方法。具体操作步骤如下：①分析风险成因，从中找出关键成因；②将关键成因量化，确定其度量，分析确定导致风险事件发生（或极有可能发生）时该成因的具体数值；③以该具体数值为基础，以发出风险预警信息为目的，加上或减去一定数值后形成新的数值，该数值即关键风险指标；④建立风险预警系统，即当关键成因数值达到关键风险指标时，发出风险预警信息；⑤制定出现风险预警信息时应采取的风险控制措施；⑥跟踪监测关键成因数值的变化，一旦出现预警，即实施风险控制措施。

2. 关键风险指标示例

以易燃易爆危险品储存容器泄漏引发爆炸的风险管理为例。容器泄漏的成因有使用时间过长、日常维护不够、人为破坏、气候变化等因素，但容器使用时间过长是关键成因。如容器使用最高期限为 50 年，人们发现当使用时间超过 45 年后，则易发生泄漏。该 "45年" 即为关键风险指标。为此，制定使用时间超过 "45 年" 后需采取的风险控制措施，一旦使用时间接近或达到 "45 年" 时，发出预警信息，即采取相应措施。

该方法既可以管理单项风险的多个关键成因指标，也可以管理影响企业主要目标的多个主要风险。使用该方法，要求风险关键成因分析准确，且易量化、易统计、易跟踪监测。

五、可靠性预计

可靠性预计是进行可靠性设计的重要内容之一。可靠性预计是根据组成系统的元件、组件、分系统的可靠性来推测系统的可靠性。这是一个从小到大、自下而上的综合过程。可将预计的结果与要求的可靠性的指标相比较，审查设计能否达到目标的要求，比较不同的设计方案，发现设计中的薄弱环节，为设计决策、改进设计、进行可靠性试验的方案设计提供依据。可靠性预计也可作为风险分析的一种方法，找出需重点关注的单元和环节并确定其影响程度，作为进行风险处理的依据。可靠性预计的方法有以下几种：

第一，性能参数法。根据所统计的大量相似系统的性能参数与可靠性的关系，预计初步确定了性能及结构参数的新系统的可靠性。

第二，相似产品法。利用成熟的相似产品的经验数据（来自现场使用评价或试验结果）来估计新产品的可靠性。

第三，故障率预计法。在已有了产品原理图和结构图，选出了元部件，已知其类型、数量、环境及使用应力，且可得到有关故障率的数据时，采用故障率预计法。

第四，专家评分法。依靠有经验的工程技术人员，按照复杂度、技术水平、工作时间、环境条件等因素对系统中的各单元进行评分，由已知的某产品单元故障率及相对的评分系数，计算出其余各单元的故障率。

六、关联图法

关联图法（Inter‑relationship Diagraph）是用于分析事物因果关系的图，它是把几个问题和涉及这些问题的关系极为复杂的因素之间的因果关系用箭头连接起来形成的图，所关注的"问题"及相关的"原因"用"方框"及"圆圈"圈起来。关联图的形式比较灵活，例如，把应解决的问题安排在中央位置，从和它们最直接的原因开始（放在离"问题"最近的位置），将有关的因素各按因果关系排列在周围，形成一个"中央集中型关联图"（图3-8（a））；把应解决的问题安排在右（或左）侧，按各因素的因果关系尽量从右向左（或从左向右）排列，形成一个"单向汇集型关联图"（图3-8（b））。

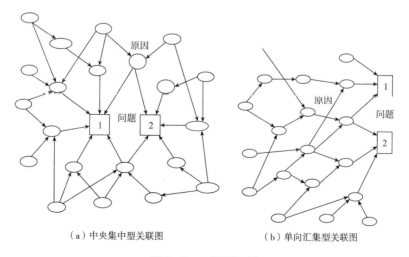

（a）中央集中型关联图　　　　（b）单向汇集型关联图

图 3-8　关联图示例

应用关联图的步骤有：①确定待分析的问题，提出与此问题有关的所有因素；②用灵活的语言简明扼要地表示各主要因素；③用箭头把因果关系有逻辑地表示出来；④根据图形纵观和掌握全局，分析重要影响因素；⑤针对重要影响因素拟订措施计划。

关联图用于风险分析时，"问题"即为待分析的"风险"，各相关因素就是风险事件的致因，从关联图可分析风险的主要致因及相互的关系。关联图特别适用于同时对多个风险事件的分析，有利于了解各风险事件、各风险致因之间的相互作用及影响，从而考虑综合的风险处理方案。

七、专家技术评估法

选择熟悉项目的每个风险区（如设计、试验、生产、保障服务）及产品，工作分解结构，每个单元的风险问题的专家组成专家组，在进行风险辨识的基础上，评估风险事件的发生概率及其后果，确定风险等级及风险处理的优先顺序，是一种可靠而实用的风险评估手段。要进行专家评估，就必须制定统一的评价标准，即规定风险事件发生概率判据、后果判据及对两者的综合评定风险等级的综合判据，是一种定性分析方法。

1. 概率判据

将风险事件发生的概率分为a、b、c、d、e五个等级，各等级表示的含义如表3-11所示。

表3-11 概率判据（示例）

等级	风险事件发生的可能性
a	极小可能发生
b	不大可能发生
c	很可能发生
d	极有可能发生
e	接近肯定发生

2. 后果判据

将风险一旦发生会造成的后果分为1、2、3、4、5五个等级，各等级表示的含义如表3-12所示。

表3-12 后果判据（示例）

等级	设风险已成事实，会产生何种程度影响		
	技术性能	进度	费用
1	影响极小或无影响	影响极小或无影响	影响极小或无影响（无变化）
2	采取一些缓解措施影响可以接受	需要另增资源，可以满足要求的进度	变化<5%
3	采取重大缓解措施影响可以接受	对关键里程碑有轻微偏离，不能满足要求的进度	变化5%~7%
4	影响可以接受，但已没有任何缓解余地	对关键里程碑或受影响的关键路径有重大偏离	变化7%~10%
5	不能接受	不能实现关键节点或重要项目关键里程碑的进度	变化>10%

3. 风险等级综合判据

综合风险事件发生的概率及后果的多种组合,将风险的大小划分为三个等级:高风险、中风险及低风险,如表3-13所示。

表3-13 风险等级综合判据(示例)

等级	说明
高	可能有重大危害
中	有某种危害
低	影响轻微

考虑风险发生概率及其后果,总体风险等级示例如图3-9所示。

概率

	1	2	3	4	5	
e	中	中	高	高	高	
d	低	中	中	高	高	
c	低	中	中	高	高	
b	低	低	低	中	高	
a	低	低	低	低	中	后果

图3-9 总体风险等级示例

专家组成员各自对每项风险进行评价、投票,汇总投票结果,反馈给专家组,组织专家讨论后再投票(可能需反复多次),最后得到基本一致的分析结果。

【章末案例】 **HY公司供应商质量风险等级评估标准**

1. 目的:识别供应商质量风险,并进行分级,然后根据供应商质量风险等级大小,管理供应商,重点是强化对高风险度的供应商管理。

2. 定义:供应商质量风险等级分为A、B、C、D四等。A代表风险很小;B代表风险小;C代表风险中;D代表风险大。

3. 适用范围:适用于HY公司所有合格供应商。

4. 操作方法:①每年评定1次,每年1月份,由TQC按此标准进行初步评定,然后分别与各个专家团进行评审确定,评审后将结果(包括不能达成共识的名单)一并提交TQC - LEADER;②TQC - LEADER组织各CEG - leader进行评审确定;③评定后由TQC - LEADER提交策略中心LEADER审核发布,策略中心LEADER可以根据采购策略和相关政策等综合因素给予适当调整,然后发布并上报采委会;④一旦发布生效,则执行本管理制度;⑤风险等级一旦评定,当年不得升级,当违反"批次质量表现无条件高压线"的G1款,则当年自动降为D级;⑥每年风险等级评定时应考虑其上一年的评定结果,升级只能一年升一级,不得越级提升,可越级降级;⑦上一年的D类供应商转为C类必须按照新供应商认证的质量体系标准，由 TQC 启动全面认证和评估，经过严格认证合格后才具备转级的必要条件。

5. 评价标准：首先按"质量保证体系"和"年度质量表现"两个维度分别评价，然后根据这两个维度评价结果进行综合评价，给出每个供应商风险等级 A、B、C、D。上一年的 D 类供应商转为 C 类必须按照新供应商认证的质量体系标准进行全面认证和评估，认证合格后方可转级：非合格供应商质量风险等级自然为 D；当年引入的新供应商的质量风险等级最高为 C。

5.1 质量保证体系评价标准

5.1.1 质量体系分项评价（见表3－14）

表3－14 质量体系分项评价

序号	项目内容	A	B	C	D
1	质量体系认证	通过 ISO9000 等认证流程文件执行规范。多次稽查没有发现明显缺陷	通过 ISO9000 等认证，大部分流程文件执行规范。多次稽查没有发现严重缺陷	通过 ISO9000 等认证，但大部分流程文件执行随意，多次稽查发现很多严重缺陷	1. 未通过任何类似 ISO9000 认证 2. 虽然通过 ISO9000，但诚信很差，时有伪造数据和报告等行为
2	企业总体管理水平与质量组织	1. 企业管理层管理水平高、质量意识高、质量主管在公司地位高（副总级），在企业骨干和工程师适中，建立了完善的质量保证组织和队伍，并且有 IT 化质量分析工具和系统（如 QIS 系统、六西格玛分析、SPC 等） 2. 有专门支持华为的质量团队，对华为要求及问题反馈很重视 3. 发现问题能及时通知我司并主动招回 （存在以上之三）	1. 企业管理层管理水平高、质量意识高、质量主管在公司地位高（副总级），在企业骨干和工程师适中，建立了质量保证组织和队伍，并且有 IT 化质量分析工具和系统（如 QIS 系统、六西格玛分析、SPC 等），并且例行化分析和改进 2. 对华为要求及问题反馈极为重视 3. 发现问题能及时通知我司并给出解决方案建议 （存在以上之三）	1. 企业管理层管理水平较高、质量意识较高、质量主管在公司地位高（副总级），在企业骨干和工程师适中，建立了质量保证组织和队伍，但没有 IT 化质量分析工具和系统（如 QIS 系统、六西格玛分析、SPC 等） 2. 对华为要求及问题反馈较重视 （存在以上之二）	1. 企业管理层管理水平低、质量意识淡薄、质量主管在公司地位低（普通经理），IT 化程度差、企业骨干和工程师明显偏少，没有建立质量保证组织和队伍 2. 质量主管在公司地位高（副总级），但企业质量改进意识和文化很差 3. 虽然管理水平高，但对华为要求及问题反馈多年来极不重视 （存在以上之一）
3	生产设备、工艺与失效分析能力	1. 生产设备、工艺设备，处于业界先进水平 2. 有很好的失效分析设备、试验设备和能力 （存在以上之二）	1. 生产设备、工艺设备，处于业界较好水平 2. 有一定的失效分析设备、试验设备和能力 （存在以上之二）	1. 生产设备、工艺设备，处于业界一般水平，并且有改进计划和愿望 2. 有一定的失效分析设备、试验设备和能力 （存在以上之二）	1. 生产设备、工艺设备差，处于业界落后水平，没有改进计划和愿望 2. 没有失效分析设备和能力，指望客户验证和分析 （存在以上之一）

序号	项目内容	A	B	C	D
4	PCN 控制流程	1. 在设计、工艺、设备、材料等方面更改有完整变更控制流程，并且例行化执行 2. 对重要更改能及时通知华为 （存在以上之二）	1. 在设计、工艺、设备、材料等方面更改有完整变更控制流程，但例行化执行差 2. 对重要更改能及时通知华为 （存在以上之二）	1. 在设计、工艺、设备、材料等方面更改有部分变更控制流程，但例行化执行差 2. 对重要更改能及时通知华为 （存在以上之二）	1. 在设计、工艺、设备、材料等方面更改没有变更控制流程 2. 对重要更改从不通知华为 （存在以上之一）
	总体评价				

5.1.2　质量体系总体标准

质量保证体系评价分为 A、B、C、D 四级。A 代表优秀；B 代表良好；C 代表一般；D 代表很差。根据前面分项评价结果，按以下标准给出质量保证体系总体评价结果。总体评价标准如下：

（1）只要有一项为 D，则质量体系总体评价为 D；

（2）在没有 D 项情况下，有两项为 C，则质量体系总体评价为 C；

（3）在没有 C、D 项情况下，有三项为 A，则质量体系总体评价为 A；

（4）除了上述情况，则质量体系总体评价为 B。

5.2　质量表现评价

首先，根据供应商一年期间 4 个季度的质量等级评定结果进行评定，然后，根据"批次质量表现无条件高压线"对前述评定结果进行修正。

5.2.1　根据 4 个季度供应商质量等级的评定标准

（1）只要有 2 个季度为 D 或者 4C，则质量表现总体评价为 D；

（2）只要有 3 个季度为 C 以下（如 2C + 1D 或 3C），则质量表现总体评价为 C；

（3）在没有 C、D 项情况下，只要有 3 个季度为 A，则质量表现总体评价为 A；

（4）除了上述情况，则质量表现总体评价为 B。

5.2.2　批次质量表现无条件高压线

G1：若发生 1 次（含 1 次）以上一级事故，或 2 次二级事故，或三次一般批次隔离，则质量表现总体评价为 D；

G2：若发生 1 次二级事故，或 2 次一般批次隔离，则质量表现总体评价为 C；

G3：若发生 1 次一般批次隔离，则质量表现总体评价最高为 B。

事故分级参见《供应商质量问题赔偿协议》分类。

5.3　供应商质量风险等级总体评价标准

根据前述供应商体系评价等级和质量表现评价，给出供应商质量风险等级总体评价，标准如表 3 - 15 所示。

5.4　评定结果汇总

按表 3 - 16 格式进行汇总。

表 3－15 供应商质量风险等级总体评价标准

序号	"质量体系评价"和"质量表现评价"两者满足的条件	评价等级	说明
1	AA 或 AB	A	
2	AC 或 BB	B	
3	BC	C	
4	CC 或 DX	D	X：指任意等级项

表 3－16 评定结果汇总表

序号	供应商名称	质量体系评价结果	质量表现评价结果	风险等级总体评价	质量体系评价描述	质量表现评价描述
例	供应商×× ×	B	B	B	1.1A/1.2B/1.3C/1.4B	4B/1A/2C/3B/G3
1						
2						

资料来源：作者根据多方资料整理而成。

【本章小结】

    风险评定是一项寻找风险幅度方面的信息、确定一旦风险成为现实将会造成后果的活动。风险评定阶段的主要任务是确定风险的等级，排列风险的优先次序。风险评级是根据风险识别阶段所列出的潜在的、现实的风险清单，利用科学的工具和专门技术，正确地量化公司的主要风险，确定风险的等级程度。采用风险可能性和结果对风险进行分组。进行优先次序排列时，不应仅考虑财务方面的影响，更重要的是考虑对实现企业目标的潜在影响。区位分析是一种重要的风险等级评估方法。风险评定所需要的数理基础主要是概率和概率分布。风险评定的方法有风险坐标图法、压力测试、层次分析法、关键风险指标法、可靠性分析、关联图法、专家技术评估法等。

【问题思考】

    1. 风险评定的主要任务是什么？

    2. 如何对风险等级进行区位分析？

    3. 风险评定有哪些程序？

    4. 什么是风险坐标图法？试举例说明。

    5. 什么是压力测试？试举例说明。

    6. 什么是层次分析法？试用其分析相关风险。

    7. 什么是关键风险指标法？它有哪些步骤？

    8. 什么是可靠性分析？

    9. 什么是专家技术评估法？

第四章　风险决策

【学习要点】

☆ 了解风险决策的含义、内容、过程。

☆ 理解经验判断法、专家咨询法的应用。

☆ 领会危机决策法的应用。

☆ 掌握期望损益法、效用期望值法的应用。

☆ 掌握线性规划法、盈亏平衡法的应用。

☆ 掌握不确定型风险决策、决策树法的应用。

☆ 理解马尔可夫链、贝叶斯法的应用。

☆ 理解控制型、财务型风险管理方法。

【章首案例】　泰诺胶囊 VS 婴儿卫浴用品：强生公司的危机决策

1982 年 9 月底的一天上午，在美国新泽西州布伦瑞克市强生公司总部大楼的五层会议室里，董事长詹姆斯·伯克正在与总裁戴维·克莱尔讨论一些关系到公司发展远景但目前并不太急迫的事务。这一天两个人的心情都非常好，强生公司的销售额和利润一直保持着强劲的增长势头，整个公司上下洋溢着平和乐观的气氛。然而，一阵急促的敲门声打破了这里的平静，招行董事亚瑟·奎尔闯进了会议室。他带来了一个令人震惊的消息：在芝加哥，有几位病人因服用了强生公司的泰诺胶囊而中毒身亡。现已查明，在他们服用的泰诺胶囊中含有剧毒成分——氰化物，这些胶囊的红色外皮有些褪色并微微肿胀，胶囊里的白色粉末已变成了灰色。其中一粒胶囊中含有 65 毫克氰化物——通常只需 50 毫克的剂量就可置人于死地。

一、泰诺胶囊

强生是美国一家著名的医药公司，在当时世界医药公司排名中名列前十，年销售额过百亿美元。该公司早在 1975 年就开发出了可代替阿司匹林的"泰诺胶囊"，投放市场后获得了巨大的成功。7 年内，该药就赢得了止痛药市场 35% 以上的份额。1981 年销售额达 5.4 亿美元，利润占整个公司利润的 15% ~ 20%，泰诺胶囊成了强生公司的核心产品。

然而，天有不测风云。1982 年 9 月 30 日早晨，有媒体报道说，当天在芝加哥服用泰诺胶囊的人中，有 7 人死亡，另有 250 人中毒入院，起因是服用了强生公司含有氰化物的泰诺胶囊。消息一出，震惊美国，1 亿多服用"泰诺"的消费者顿时陷入巨大的恐慌之中，整个新闻媒体炸开了锅，群起而攻之，那些和强生竞争激烈的公司也趁机别有用心地大肆渲染。随着噩耗的扩散，美国各地众多死亡或疾病都被怀疑与其相关，事态蔓延极其严重。起先，仅3人因服用该药片而中毒死亡，可随着各种消息的扩散，据称美国全国各地有250人因服用该药而得病或死亡，其影响迅速扩散到全美各地，调查显示有94%的消费者知道泰诺中毒事件。

危机事件发生后，公司快速反应，组成了以首席执行官吉姆·伯克为首的7人危机管理委员会，全权指挥整个危机事件处理，同时邀请著名的公关公司配合。这个委员会连续6周每天都碰头2次，以解决危机发展中出现的各种问题，一切重大决定都必须经过委员会的讨论，然后才能统一行动。整个危机处理，强生坚持了两点：一是做好"最坏的可能"准备；二是始终把公众的利益放在第一位。

经过百名专业调查人员以及医学界权威人士的共同努力，最后终于查明了真相：危机发生前，有一位精神病患者在一家药店购买了泰诺胶囊，然后向胶囊里注入了氰化物，之后又退回了店里，药店在没有任何防备的情况下，又把该药当做泰诺卖给了无辜的人，结果导致了这些严重事故。最终调查结果虽然证明了强生公司是无辜的，但市场又是无情的。据测算，中毒悲剧使强生市场占有率由35.5%降到不足7%。真相大白后，为了维护企业声誉、保住泰诺品牌、挽回公司的损失，强生展开了提升形象、重返市场的公关之举。同时，强生公司果断地制定出了5项决策。

决策1：抽调大批人马立即对所有药片进行检验。经过公司各部门的联合调查，在全部800万片剂的检验中，发现所有受污染的药片只源于一批药，总计不超过75片，并且全部在芝加哥地区，不会对全美其他地区有丝毫影响，而最终的死亡人数也确定为7人，并非如消息所传的250人。

决策2：虽然受污染的药品只有极少数，但强生公司仍然按照公司最高危机原则，即"在遇到危机时，公司应首先考虑公众和消费者利益"。强生公司在全国范围内立即收回全部价值近1亿美元的"泰诺"止痛胶囊。并投入50万美元利用各种渠道和媒体通知医院、诊所、药店、医生停止销售此药。

决策3：以真诚和开放的态度与新闻媒介沟通，迅速传播各种真实消息，无论是对企业有利的消息，还是不利的消息，他们都毫不隐瞒。

决策4：积极配合美国医药管理局的调查，在5天时间内对全国收回的胶囊进行抽检，并立即向公众公布检查结果。

决策5：以美国政府发布新的药品包装规定为契机，为"泰诺"止痛药设计防污染的新式包装，重返市场。

1982年11月11日，强生公司举行大规模的新闻发布会。会议由公司董事长伯克先生亲自主持。在此次会议上，他首先感谢新闻界公正地对待"泰诺"事件，然后介绍该公司率先实施"药品安全包装新规定"，花费5000万美元进行了产品包装的改进，推出了坚固的三层密封包装的新型泰诺解痛胶囊，包装盒和瓶口上都注有"封口破损请勿服用"。为了推广他们的新包装，公司走访了上百万人次的医务人员，向消费者赠送新包装药品。泰诺新包装首开抗污染、防假冒的日用品包装先河。

紧接着，在博雅公关的助阵下，强生于1982年11月11日邀请了30个城市的电视台500名记者前来纽约的喜来登中心广场参加一场规模盛大的电视记者招待会，并进行了卫星转播。会上，强生接受众多记者的采访，播放了泰诺新式包装药的录像。当天，恰好是苏联领导人勃列日涅夫逝世和美国航天飞机升空的日子，但人们丝毫没有减少对泰诺的热情和关注，使强生的记者招待会还是取得了巨大成功，美国各大电视台、电台和报纸都做了大量报道，《华尔街日报》称赞道："强生公司选择了自己承担巨大损失而使其他人免受伤害的做法。"这次招待会被认为是美国新闻史上"难度极大"的记者招待会，是一次具有历史性纪念意义的记者会。通过积极的努力，强生的知名度更广，美誉度也有了新的提升，到1983年5月强生公司基本上收回了原有的市场。

二、婴儿卫浴用品

在2009年"3·15"这个敏感的日子，美国一家非营利性消费者组织——"安全化妆品运动"公布了涉及强生、帮宝适等多家公司的婴儿卫浴产品含有甲醛等有毒物质的检测报告。几乎与此同时，2009年3月12日，中国内某知名论坛也出现了一篇题为《强生差点把我一岁半的女儿毁容》的帖子，发表之后以迅雷不及掩耳之势被传播，22万网友浏览该帖，近千人回复。中国内外市场的质疑同时涌来，对强生来说可谓是始料未及，消费者的强烈关注和恐慌也让强生取代乳制品站在危机的风口浪尖。

在此次的危机事件中，强生的策略与"泰诺胶囊"中毒事件刚好相反——快速的危机公关措施保住了一时的市场销售，但网上不断升级的舆论谴责与讨伐强生的自发联盟，让强生陷入了一场真正的危机中。针对此次企业危机，强生从可能导致危机升级、市场崩溃的两大主要渠道入手：一方面向全国各大媒体发出产品澄清说明的传真。另一方面向各大卖场发去质检部门的无毒证明，为挽救消费信心做尽可能的努力。在事件发生的第一时间内，强生公司就在中国市场启动了危机公关应对，其公关代理公司给国内各知名媒体发去说明，称强生产品是"安全的，检测出的有毒物质含量均在安全范围之内"。

但在消费沟通方面，强生却是乏善可陈的，在传言爆出、真相未明之时，强生产品的市场销售依然进行着；官方的检测结果自相矛盾的信息，让民众失去了判断的标准，在"潜规则"众多的市场环境中，我们知道这样的一纸宣告并不能说明一切真相。

强生香港公司称，所有强生产品符合世界各地的卫生标准，强生负责人表示，国家有关部门的检验证实强生婴儿护理产品是安全的，没有必要下架，也没有必要召回。刚刚声明产品没有问题，所以不会下架的强生悄悄在超市搞起了促销。有两款强生沐浴露最高降幅达到20%。同时，强生在全国多家媒体上刊出广告称，强生婴儿产品经国家食品药品监督管理局和国家质检总局检验，符合中国相关的质量和安全标准。

据一项专题调查显示，近97%的父母表示近期或今后将不再使用强生、帮宝适等美国品牌婴儿卫浴产品。如果含毒事件为真，64%左右的使用者会对这些产品提出控诉。另外，调查显示近74%的父母为宝宝使用强生、帮宝适等美国品牌卫浴产品，但对于今后是否还会使用强生、帮宝适等产品，近47%的网友表示"以后都不会使用了，宝宝的生命要紧"，近50%的网友表示"持观望态度，暂时停用一段时间"，两者总和高达97%。仅剩下3%的网友明确表示，将继续使用这些品牌的产品。

资料来源：作者根据多方资料整理而成。

风险决策是企业全面风险管理的重要内容之一。从决策发生的层次、决策的内容来看，决策包括战略决策、运营决策、业务决策等不同层次的决策，决策风险在每一个层次都会发生。一般情况下，越是高层的决策，影响越深，战略关联性较大，严重程度越大，往往不易马上表现出来，将对企业造成持久、深远的影响；越是低层的决策影响就相对越小，严重程度也相对较小，一般能立即显示出来，表现为直接的经济损失。

第一节　风险决策概述

一、风险决策的含义与内容

1. 风险决策的含义

风险决策是指在确定了决策的主体经营活动中存在的风险，并分析出风险概率及其风险影响程度的基础上，根据风险性质和决策主体对风险的承受能力而制订的回避、承受、降低或者分担风险等相应防范计划。制定风险决策策略主要考虑四个方面的因素：可规避性、可转移性、可缓解性、可接受性。

2. 风险决策的内容

风险决策过程的活动是执行风险行动计划，以求将风险降至可接受程度。包括以下内容：①对触发事件的通知做出反应。得到授权的个人必须对触发事件作出反应。适当的反应包括回顾当前现实以及更新行动时间框架，并分派风险行动计划。②执行风险行动计划。应对风险应该按照书面的风险行动计划进行。③对照计划，报告进展。确定和交流对照原计划所取得的进展。定期报告风险状态，加强小组内部交流。小组必须定期回顾风险状态。④校正偏离计划的情况。有时结果不能令人满意，就必须换用其他途径。将校正的相关内容记录下来。

专栏 4-1　　　　　　　　　　　C 公司

有一家专为某国内机场提供服务的 C 公司，它的业务规模在两年前发生了很大的变化：由只为原机场提供服务扩展至兼向其他机场提供服务，由于公司业务范围与规模的变化，公司员工规模有了很大的提升，从几十人的团队扩展至上百人。

C 公司的这一变化使得公司的风险分布重新洗牌，曾经"风险水平"评级为低的竞争对手风险、资金风险、人力资源风险在新的评估中骤升为高风险，而一个新的风险，公司战略风险也被纳入了风险评估考量。如果该公司只是按照以前的风险评估结果实施风险管理工作，很明显，风险决策措施会跟不上企业的发展，甚至会制约企业的扩张。

企业是一个不断成长的有机实体，它所面临的风险不是一成不变的。可以相信，内因和外因的变化都会导致企业风险发生变化。业务规模、业务范围、法律法规、规章制度等的变化都会导致风险类别、风险分布、风险评级发生变化，风险识别、风险评估以及有效的风险都会需要进行更新安排。这也是为什么我们看到不少企业会年度性地开展风险研讨会、更新风险清单和应对方案等。

二、风险决策的类型与决策过程

1. 风险决策类型

企业决策通常有几大类，例如战略决策、业务实施决策、计划批准决策、创新项目批准决策或企业解决风险或危机问题决策等。企业的风险管理决策是上述决策中的一大类，属于企业针对风险潜在问题的决策。因而，风险管理的决策过程基本上遵循着决策过程的流程，事实上企业风险管理决策的过程也恰恰是企业的风险管理过程。

2. 风险决策过程

企业风险管理的决策过程包括：①界定拟解决的问题范畴，确认风险偏好。②识别风险（识别问题）。企业风险管理决策通常始于一种风险问题，问题是指预期状态和现实状态之间出现的差距。对于出现的风险问题，决策者要积极地收集和整理情报，并对相关信息进行系统地风险诱因分析。③确定风险衡量指标（确定目标）。确定风险指标类别、分级程度；确认风险管理目标。④风险分析。确定风险的范围、性质、风险影响度、风险发生频率。⑤风险评价。评估现有的风险管理水平，根据风险的重要性实施风险排序，分析风险的相关性。⑥风险应对备选方案（包括策略和措施）。在确定了问题和分析所得到的信息之后，决策者就要拟订解决问题的若干可行性方案，通过从中择优以便做出科学的决策。在制定备选方案的过程中，决策者应尽可能保证备选方案的多样性，即从不同角度设想和精心设计若干可行方案，确保备选方案的质量。⑦最佳风险应对备选方案（包括策略和措施）。备选方案确定后，就要根据一定的标准对各备选方案进行分析和评价。在比较各种备选方案时，应根据风险评估的结果、风险问题的性质，考虑风险成本/收益/机遇的权衡，考虑决策的目标、考虑组织的资源和方案的可行性，对各备选方案的优劣进行综合评价，并确定各方案优劣顺序的排列，进而选择方案。⑧选择执行与监督。最佳风险应对方案选定后就可以正式实施了。对于有些特别复杂的决策，在普遍实施之前，有时需要先进行局部试验，以验证其合理性、可靠性。在决策的实施过程中，同时应注意保持必要的监督，以便对出现的问题或实施的效果进行及时反馈，进而对原决策方案进行一定的修正或改进。⑨反馈、调整和改进。在风险应对决策进入实施中往往会由于客观情况的变化发生这样或那样与目标偏离的情况，通过决策的追踪和决策的反馈及时地掌握决策的进展情况，以便做好及时的决策调整或决策改进。

第二节 风险决策的定性方法与应用

定性的决策方法是指决策者在占有一定的事实资料、实践经验、理论知识的基础上，利用其直观判断能力和逻辑推理能力对决策问题进行定性分析的方法。常见的定性决策方法有以下几种。

一、经验判断法

1. 经验判断法的适用范围

经验判断法也叫直观判断法，就是决策者根据过去的经验教训，以及所掌握的知识对决策方案做出评价，是一种定性的决策方法。尽管目前出现了很多现代化的手段和方法来帮助决策，但是这些手段和方法并不能完全替代经验判断法。对于一些简单决策、应急决策，经验判断仍不失为一种有效的方法。利用经验判断法做出的方案评价里，决策者的素质、经验、个性、思维方式等起着直接的决定性作用，但应避免经验主义错误。

经验判断法适用于以下三种情形：第一，决策问题不复杂，备选方案不多，方案的优劣可以明显地辨别时。第二，备选方案很多，虽各有利弊但都可行，综合差别不大，不能明显判断孰优孰劣时。第三，决策问题有多个目标，备选方案都可行，但是在各个目标上达到的程度不一样，要选出以达到主要目标要求为主的方案时。

2. 常用的经验判断法

直觉法、淘汰法、环比法、排队法、分类法、优点综合法等都是较为常用的经验判断法。①直觉法。直觉法是管理者运用直觉来制定决策。直觉决策法是一种潜意识的决策过程，基于决策者的经验、能力的判断。②淘汰法。淘汰法是先根据一定的条件和标准，对全部备选方案筛选一遍，将达不到要求的方案淘汰掉，以达到缩小选择范围的目的。③环比法。环比法是根据一定的条件和标准将所有方案两两比较，优者得 1 分，劣者得 0 分，然后以各方案得分多少为标准选择方案。④排队法。排队法是根据一定的条件和标准，按各方案的优劣程度进行顺序排队，排在前面的就是相对较优的。如果出现按不同标准排序，各方案之间优劣正好循环的情况，比如 A 方案优于 B 方案，B 方案优于 C 方案，C 方案优于 A 方案，此时，可以在两两对比的基础上，给各方案打分，优者得 1 分，劣者得 0 分，以最终得分的多少确定最佳方案。若得分相同，还需要进行下一步比较。⑤分类法。分类法是先把备选方案按照主要特点分成几大类，然后采用以下两种方法之一进行评估择优。第一种方法是从每类方案中选取一至二个最佳方案，淘汰其他方案，然后对这些相对更优的方案进行比较，选出最佳方案；第二种方法是先把各类方案进行分析对比，确定哪一类方案最好，这样淘汰所有其他的类别，只在选出的这一类中再选出其中的最佳方案。⑥优点综合法。优点综合法是考虑到最佳方案不是十全十美的，被淘汰方案也不是一无是处，评估的结果发现没有哪一个方案是特别让人满意的，因此把各备方案的优点融合起来形成新的最佳方案。这种方法有两种基本方式：一种是以一个较优方案为主，将其他方案可以移植的优点综合到这一方案中；另一种是从各个方案中选出可以移植的优点，直接综合成一个新的方案。它的好处在于没有完全否认落选方案，而是采取扬弃的方法，将合理的、好的部分保留下来。

二、专家咨询法

对于较为复杂的方案，也可以通过借助集体的经验、智慧进行决策，必要时，外部的专家也可以参与进来。

1. 头脑风暴法

头脑风暴法即通过有关专家之间的信息交流，集思广益，鼓励提出任何种类的方案设计思想，同时禁止对各种方案的任何批判，是一种比较常用的集体决策方法。实践经验表明，头脑风暴法可以排除折中方案，通过对所讨论问题客观、连续的分析，找到一组切实可行的方案，因此在企业决策中有着广阔的应用前景。

2. 德尔菲法

德尔菲法依据系统的程序，采用匿名发表意见的方式，团队成员之间不得互相讨论，不发生横向联系，只能与调查人员发生关系，通过多轮次调查专家对问卷所提问题的看法，经过反复征询、归纳、修改，最后汇总成专家基本一致的看法，作为决策的依据。这种方法具有广泛的代表性，较为可靠。

3. 电子会议

电子会议是利用尖端的计算机技术，将问题显示给决策参与者，他们把自己的回答打在计算机屏幕上，个人评论和票数统计等都投影在会议室内的屏幕上的一种决策方法。电子会议的主要优点是匿名、诚实和快速，决策参与者能不透露姓名地打出自己所要表达的任何信息，一敲键盘即显示在屏幕上，使所有人都能看到。它还使人们能够充分地表达他们的想法而不会受到惩罚，它消除了闲聊和讨论偏题，且不必担心打断别人的"讲话"。缺点是那些打字快的人使那些口才虽好但打字慢的人相形见绌；该过程缺乏面对面的口头交流所传递的丰富信息。

4. 德尔菲法应用示例

某公司研制出一种新兴产品，现在市场上还没有相似产品出现，因此没有历史数据可以获得。公司需要对可能的销售量做出预测，以决定产量。于是该公司成立专家小组，并聘请业务经理、市场专家和销售人员等8位专家，预测全年可能的销售量。8位专家提出个人判断，经过三次反馈得到的结果如表4-1所示。

表4-1　销售量预测

专家编号	第一次判断			第二次判断			第三次判断		
	最低销售量	最可能销售量	最高销售量	最低销售量	最可能销售量	最高销售量	最低销售量	最可能销售量	最高销售量
1	150	750	900	600	750	900	550	750	900
2	200	450	600	300	500	650	400	500	650
3	400	600	800	500	700	800	500	700	800
4	750	900	1500	600	750	1500	500	600	1250
5	100	200	350	220	400	500	300	500	600
6	300	500	750	300	500	750	300	600	750
7	250	300	400	250	400	500	400	500	600
8	260	300	500	350	400	600	370	410	610
平均数	345	500	725	390	550	775	415	570	770

（1）平均值预测。在预测时，最终一次判断是综合前几次的反馈做出的，因此在预测时一般以最后一次判断为主。则如果按照8位专家第三次判断的平均值计算，则预测这个新产品的平均销售量为（415+570+770）/3=585。

（2）加权平均预测。将最可能销售量、最低销售量和最高销售量分别按0.50、0.20和0.30的概率加权平均，则预测平均销售量为570×0.5+415×0.2+770×0.3=599。

（3）中位数预测。用中位数计算，可将第三次判断按预测值高低排列如下：最低销售量：300 370 400 500 550；最可能销售量：410 500 600 700 750；最高销售量：600 610 650 750 800 900 1250；将最可能销售量、最低销售量和最高销售量分别按 0.50、0.20 和 0.30 的概率加权平均，则预测平均销售量为：$600 \times 0.5 + 400 \times 0.2 + 750 \times 0.3 = 605$。

上述三种不同方法得出的结论都可以作为预测的依据。

三、危机决策法

危机决策法是指决策者在阻碍和危害组织发展的突发性事件发生后，迅速启动各种突发事件的应急机制，将危害或不确定性控制到可接受水平的过程。危机决策是危机管理的核心。按照危机发生所涉及的领域和职责，可把危机分为企业危机和公共危机。危机决策是一种特殊类型的决策。由于危机决策涉及的未知、不确定的因素多，决策环境复杂，是一种典型的非结构化的决策问题，因此很难用一定的模型进行定量分析。常用的危机决策方法有先斩后奏法、把握时机法、各个击破法、辩证综合法等。

专栏 4 - 2　　　　　　　　　**餐馆服务员的危机处理**

一个餐馆老板询问他的员工："如果上餐时手里的餐盘不稳，又救之不及，应怎么办？"标准答案是：用最后一点力量，使托盘掉向远离客人的地方；如果周围有客人，则倒向大人，远离小孩；倒向男人，远离女人；倒向人的身体时，远离要害部位。

其遵循的原则是：提前预判、损失最小化、机智、责任感和勇气。

---

1. 先斩后奏法

先斩后奏法是指情况来得太突然，如果按常规汇报上级再等待批示后处理，可能贻误时机，于是就先干再汇报，或边干边汇报，这个就叫做先斩后奏法。先斩后奏法遵循的原则有：全局性原则，即决策是要对全局有利；紧迫性原则，抓紧时间，并看是否来得及向上级汇报。

2. 把握时机法

把握时机法是指当出现危机的时候，若客观条件还不满足处理危机的条件，这时应该耐心地等待时机成熟，等到条件具备，再实施危机决策。把握时机法关键在于把握事物的度，在适当的时候出击，切忌贸然行事，时刻牢记欲速则不达的教训。

3. 各个击破法

各个击破法是指任何事物发展都是不平衡的，危机也不例外。高素质的决策者懂得寻找危机的薄弱环节、容易突破的事件。通过解决一个薄弱环节打开整个局面，鼓舞士气，激励民心，再寻找下一个突破口。

4. 辩证综合法

辩证综合法的决策艺术比前三者更高超，它是指在危机全面持久地阻碍事物发展的时候，一种方法无法解决所有的问题，这时就该对各方进行辩证分析，进行综合治理。辩证综合法在当代决策中的运用越来越广泛，市场经济中存在多种多样的复杂问题、新鲜问题，要在全球化激烈的竞争中取胜，各级决策者要从多角度、多方面辩证地分析问题，处理问题。

在处理危机时还有很多其他的方法，但上述四种是比较典型的方法，它们各有特色：先斩后奏法要求决断快，迅速抓住稍纵即逝的机会；把握时机法要求决断准，把握住事物发展的度；各个击破法要求善分解，从整体中分解出薄弱的环节；辩证综合法要求善合成，用各种方法、手段解决一个复杂问题。另外，要很好地应付危机，决策者要注重培养危机意识，平时就未雨绸缪，居安思危，防微杜渐，时时刻刻保持危机感，在危机真正出现的时候，才能临危不乱，处变不惊，沉着冷静，变害为利，转危为安。

第三节　风险决策的定量方法与应用

由于决策中存在不确定因素，每一种决策都有出现不利情况和有利情况的可能，无论风险决策者采取哪种方案，都要承担一定的风险。根据风险决策者风险偏好的不同，风险决策者通常采取的定量方法有期望值法、效用期望值法、不确定风险决策、决策树、贝叶斯法、马尔可夫法、蒙特卡罗模拟法等。定量决策方法是指决策者在占有历史数据和统计资料的基础上，运用数学和其他分析技术建立起可以表现数量关系的数学模型并进行决策的方法。

一、期望损益法

1. 期望损益法的原理

风险管理决策对象是风险，风险的决策者可以根据不同风险因素所引致的风险概率对某一个决策方案进行决策。风险管理决策的任一方案面临一个或几个风险因素，各个方案因风险因素所引致的风险损失后果也不同，这样就无法直接比较不同风险管理决策方案的优良。不同决策方案导致的期望损益的大小可以作为选择决策方案的标准。期望损益法有期望损失和期望收益两种准则。

2. 期望损失准则

期望损失运用于纯粹风险，期望损失最小的方案为最优风险管理决策方案。如某运输车面临交通事故风险，为简便起见，只考虑两种可能后果：不发生损失或全损，发生全损的概率为2.5%。有三种风险管理方案可供选择：①自留风险并且不采取任何安全措施；②自留风险并且采取安全措施，安全措施使发生全损的概率降为1%；③购买保险，保费为3000元。如表4-2所示。

表4-2　不同措施下的损失

方案	成本（元）	
	发生火灾时	不发生火灾时
（1）自留风险不采取安全措施	直接损失：100000 间接损失：5000	0

风险管理：理论与实务

续表

方案	成本（元）	
	发生火灾时	不发生火灾时
（2）自留风险并且采取安全措施	直接损失：100000 间接损失：5000 措施成本：2000	安全措施成本：2000
（3）购买保险	保费：3000	保费：3000

不同方案的期望损失为：方案（1）的期望损失 = 105000 × 2.5% + 0 × 97.5% = 2625 元；方案（2）的期望损失 = 107000 × 1% + 2000 × 99% = 3050 元；方案（3）的期望损失 = 3000 × 2.5% + 3000 × 97.5% = 3000 元。显然，方案（1）的期望损失最小，选择方案（1）作为风险管理决策方案。

3. 期望收益准则

期望收益运用于投机风险，期望收益最大的方案为最优风险管理决策方案。把采取的方案当成离散的随机变量，则 m 个方案就有 m 个离散随机变量，是和方案对应的损益值。离散随机变量 X 的数学期望为

$$E(X) = \sum_{i=1}^{m} p_i x_i$$

式中，x_i 为随机离散变量 x 的第 i 个取值，x = 1，2，…，m；p_i 为 x = x_i 时的概率。期望值法就是利用上述公式算出每个方案的损益期望值并加以比较。若决策目标是期望值收益最大，则选择收益期望值大的方案为最优方案。

如某企业要决定一产品明年产量，以便早做准备。假定产量大小主要根据其销售价格好坏而定。据以往经验数据及市场预测得知：未来产品售价出现上涨、不变和下跌三种状态的概率分别是 0.3、0.6 和 0.1。若该产品按大、中、小三种不同批量（即三种不同方案）投产，则下一年度在不同价格状态下的损益值可以估算出来，如表 4-3 所示。现要求通过决策分析来确定下一年度产量，使产品获得的收益期望最大。

表 4-3 损益值表

自然状态 概率 损益值 行动方案	价格上涨 θ₁	价格不变 θ₂	价格下跌 θ₃
	0.3	0.6	0.1
大批生产 A1	40	32	-6
中批生产 A2	36	34	24
小批生产 A3	20	16	14

方案 A1：E(A1) = 0.3 × 40 + 0.6 × 32 + 0.1 × (-6) = 30.6（万元）；方案 A2：E(A2) = 0.3 × 36 + 0.6 × 34 + 0.1 × 24 = 33.6（万元）；方案 A3：E(A3) = 0.3 × 20 + 0.6 × 16 +

$0.1 \times 14 = 17.0$（万元）。

通过运算比较后可知，方案 A2 的数学期望 E（A2）＝33.6 万元，为最大，所以选择方案 A2 为最优方案。即下一年度的产品产量按中批生产所获得的收益期望最大。

4. 忧虑成本的影响

忧虑成本是面对风险的时候，风险管理决策者对高额风险损失的担忧，对自身风险把握能力和承受能力的怀疑，这种风险态度所引致的一种主观成本。当全额投保时，忧虑成本为 0；当部分投保、部分风险转移、实施损失控制措施时，忧虑成本减少；当风险自留时，忧虑成本高。

专栏 4 - 3　　　　　　　　　　　**圣彼得堡悖论**

圣彼得堡悖论（Saint Petersbury Paradox）是决策论中的一个悖论，是数学家丹尼尔·伯努利的表兄尼古拉·伯努利在 1738 提出的一个概率期望值悖论，它来自于一种掷币游戏，即圣彼得堡游戏。设定掷出正面或者反面为成功，游戏者如果第一次投掷成功，得奖金 2 元，游戏结束；若第一次不成功，继续投掷，第二次成功得奖金 4 元，游戏结束；这样，游戏者如果投掷不成功就反复继续投掷，直到成功，游戏结束。如果第 n 次投掷成功，得奖金 2n 元，游戏结束。按照概率期望值的计算方法，将每一个可能结果的得奖值乘以该结果发生的概率即可得到该结果奖值的期望值。游戏的期望值即为所有可能结果的期望值之和。随着 n 的增大，以后的结果虽然概率很小，但是其奖值越来越大，每一个结果的期望值均为 1，所有可能结果的得奖期望值之和，即游戏的期望值，将为"无穷大"。按照概率的理论，多次试验的结果将会接近于其数学期望。但是实际的投掷结果和计算都表明，多次投掷的结果，其平均值最多也就是几十元。正如 Hacking（1980）所说："没有人愿意花 25 元去参加一次这样的游戏。"这就出现了计算的期望值与实际情况的"矛盾"，问题在哪里？实际在游戏过程中，游戏的收费应该是多少？决策理论的期望值准则在这里还成立吗？这是不是给"期望值准则"提出了严峻的挑战？正确认识和解决这一矛盾对于人们认识随机现象、发展决策理论和指导实际决策无疑具有重大意义。

丹尼尔·伯努利是出生于瑞士名门的著名数学家，1725～1733 年期间一直在圣彼得堡科学院研究投币游戏。其在 1738 年发表《对机遇性赌博的分析》中提出解决"圣彼得堡悖论"的"风险度量新理论"，指出用"钱的数学期望"来作为决策函数不妥，应该用"道德期望"来行动。而道德期望并不与得利多少成正比，而与初始财富有关。穷人与富人对于财富增加的边际效用是不一样的。即人们关心的是最终财富的效用，而不是财富的价值量，而且，财富增加所带来的边际效用（货币的边际效用）是递减的。伯努利选择的道德期望函数为对数函数，即对投币游戏的期望值的计算应为其对数函数期望值的计算：

$$E(.) = \sum_{n=1}^{\infty} \frac{1}{2^n} \alpha \log 2^n \approx 1.39\alpha$$

其中，α > 0 为一个确定值。

另外，Crammer（1728）采用幂函数的形式的效用函数对这一问题进行了分析。假定

$u(x) = \sqrt{x}$

则

$$E[u(x)] = \sum_{x=1}^{\infty} p(x)u(x) = \sum_{x=1}^{\infty} \frac{1}{2^x}\sqrt{2^{x-1}} = \frac{1}{2-\sqrt{2}}$$

$x = \{E[u(x)]\}^2 = 2.914$

因此，期望收益最大化准则在不确定情形下可能导致不可接受的结果。而伯努利提出的用期望效用取代期望收益的方案，可能为我们的不确定情形下的投资选择问题提供最终的解决方案。根据期望效用，20% 的收益不一定和 2 倍的 10% 的收益一样好；20% 的损失也不一定与 2 倍的 10% 损失一样糟。

二、效用期望值法

1. 效用及效用理论

在日常生活中，我们时常要比较不同商品或者服务给我们生理、心理上带来的感受或者说效用（Utility）。例如，看一场电影还是吃一块鸡腿，是需要经过激烈思想斗争的，尤其是当荷包里所剩无几的时候。这便涉及效用大小比较的问题。个人对商品和财富所追求的满足程度由其主观价值效用来衡量。在具有风险的条件下，个人行为动机和准则是为了获取最大效用值，而非最大期望值。所谓效用，是对总目标的效能价值或贡献大小的一种测度。效用理论认为人们的经济行为的目的是为了从增加的货币量中取得最大的满足程度，而不仅仅是为了得到最大的货币数量。在风险决策的情况下，可用效用来量化决策者对待风险的态度。通过效用这一指标，可将某些难以量化、有质的差别的事物（事件）给予量化，将要考虑的因素折合为效用值，得出各方案的综合效用值，再进行决策。效用函数反映决策者对待风险的态度。不同的决策者在不同的情况下，其效用函数是不同的。

假设通过问卷调查得到了某车主的效用曲线，根据某效用曲线可知他对失去 1 万元的效用损失为 100，失去 200 元时的效用损失为 0.8。再假设此人在一年内因车祸造成他人损失而赔偿 1 万元的概率是 0.01，为转移此风险需要支付的保费为 200 元。下面以效用理论分析此人的决策行为。

方案一：购买保险，支付 200 元保费，效用损失为 0.8。

方案二：自己承担风险，效用损失为 1，如表 4-4 所示。

表 4-4　效用损失

可能损失	效用损失		损失概率		期望的效用损失
10000 元	100	×	0.01	=	1
0 元	0	×	0.99	=	0

虽然方案二的预期财产损失 100 元要小于方案一的财产损失 200 元。但方案一的效用损失小于方案二的效用损失，所以该车主愿意支付 200 元买保险。

2. 效用理论在风险管理决策中的应用

效用理论在风险管理决策中的应用步骤为：第一步，建立效用函数关系；第二步，根据效用函数，计算每一方案的期望效用损失值；第三步，选择期望效用损失值最小的方案。

假定一个风险管理员有一栋建筑物，最大可能损失是 10 万美元，该风险管理员的风险态度如何呢？需要找出他的效用函数。步骤为：①设最大损失的效用为 1，即 $U(100000) = 1$（实际上是 $U(-100000) = -1$）。②假设没有损失的效用为 0，$U(0) = 0$。③问这个风险管理员为了转移概率为 0.5 的最大损失 10 万美元，他所愿意支付的最高转移成本，假定回答是 60000 美元，因此，$U(60000) = 0.5U(100000) + 0.5U(0) = 0.5 \times 1 + 0.5 \times 0 = 0.5$。④再问这个风险管理员为了转移概率为 0.5 的 60000 美元的损失，他所愿意支付的转移成本。假定回答是 35000 美元。因此，这 35000 美元的效用是 $U(35000) = 0.5 \times U(60000) + 0.5 \times U(0) = 0.5 \times 0.5 + 0.5 \times 0 = 0.25$。⑤再问这个风险管理人员为了转移概率为 0.5 的 35000 美元的损失，他愿意支付的最高金额假定是 20000 美元。因此，这 20000 美元的效用是 $U(20000) = 0.5U(35000) + 0.5U(0) = 0.5 \times 0.25 + 0.5 \times 0 = 0.125$。⑥继续询问下去，得出结果如表 4-5 所示。

表 4-5　建筑物风险转移效用表

可能损失（美元）	发生概率	最大转移成本（美元）	最大转移成本的效用
(1)	(2)	(3)	(4)
60000	0.5	60000	0.5
35000	0.25	35000	0.25
20000	0.125	20000	0.125
11000	0.0625	11000	0.0625
6000	0.0312	6000	0.0312
3500	0.0156	3500	0.0156
2000	0.0078	2000	0.0078
1100	0.0039	1100	0.0039
600	0.002	600	0.0020
350	0.001	350	0.0010

根据询问结果表得出下面的效用曲线，反映了风险态度，如图 4-1 所示。

现在这个风险管理人员需要在三个方案中选择一个最佳风险处理方法：①自担风险。②部分投保。按实际损失赔偿，但至多赔偿建筑物一半价值的损失，保险费是 640 美元。③全部保险。保险费是 710 美元。该风险管理员会挑选哪种方案呢？如表 4-6 所示。

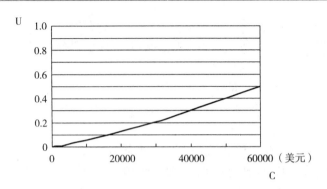

图 4-1 效用曲线

表 4-6 风险决策方法

建筑物损失（美元）	0	500	1000	10000	50000	100000
概率	0.80	0.1	0.08	0.017	0.002	0.001
①自担风险（美元）	0	500	1000	10000	50000	100000
②部分投保（美元）	640	640	640	640	640	50640
③全部保险（美元）	710	710	710	710	710	710

（1）对于自担风险。

表 4-7 自担风险方案

可能损失（美元）	效用	概率	预期效用损失	预期货币损失（美元）
（1）	（2）	（3）	（4）=（2）×（3）	（5）=（1）×（3）
0	0	0.8	0	0
500	0.0016	0.1	0.00016	50
1000	0.0035	0.08	0.00028	80
10000	0.0563	0.017	0.00957	170
50000	0.04	0.002	0.0008	100
100000	1	0.001	0.001	100
	—	—	0.01181	500

（2）对于部分投保。

表 4-8 部分投保方案

可能损失（美元）	效用	概率	预期效用损失	预期货币损失（美元）
640	0.0022	0.999	0.0022	640
50640	0.4064	0.001	0.00041	51
总计	—	—	0.00261	691

（3）对于全部保险。

表 4-9　全部保险方案

可能损失（美元）	效用	概率	预期效用损失	预期货币损失（美元）
710	0.0024	1	0.0024	710

综合比较以上三个方案，得出的结论为：①全额投保是此案例的最佳策略。因为它带来的预期效用损失最小，为 0.0024。②保险费的构成。购买全部保险的预期货币支出之所以高，是因为保险公司在计算保险费时，对预期损失要加上其经营费用开支和其应得利润。

三、线性规划法

线性规划法（Linear Programming）是在一些线性等式或不等式的约束条件下，求解线性目标函数的最大值或最小值的方法。线性规划问题一般具有三个特征：对于所要解决的决策问题，可用一组决策变量表示某一方案，且决策变量的取值非负；决策的目标函数是决策变量的线性函数，约束条件是决策变量的线性等式或线性不等式；能够建立线性规划数学模型。

1. 线性规划法的步骤

线性规划法的步骤，首先确定影响目标大小的变量；然后列出目标函数方程；最后找出实现目标的约束条件，列出约束条件方程组，并从中找出一组能使目标函数达到最优的可行解。线性规划有图解法、代数法、单纯形法等求解方法。

2. 线性规划法示例

某企业生产桌子和椅子两种产品，都要经过制造和装配两道工序，如表 4-10 所示，假设市场状况良好，企业生产出来的产品都能卖出去，试问企业管理者如何组织生产使企业利润最大？

表 4-10　制造和装配工序时间表

	桌子	椅子	工序可利用时间（小时）
在制造工序上的时间（小时）	2	4	48
在装配工序上的时间（小时）	4	2	60
单位产品利润（元）	8	6	—

解：（1）确定目标——利润，确定影响利润的变量——桌子的数量 T 和椅子的数量 C；

（2）列出目标函数方程：$Y = 8T + 6C$；

（3）找出约束条件；制造工序：$2T + 4C \leqslant 48$，$T \geqslant 0$；

装配工序：$4T + 2C \leqslant 60$，$C \geqslant 0$；

（4）求出最优解：$T = 12$，$C = 6$。

四、盈亏平衡法

盈亏平衡法又称量本利分析法、保本分析法，是进行产量决策常用的方法。该方法基本特点是把成本分为固定成本和可变成本两部分，然后与总收益进行对比，以确定盈亏平衡时的产量或某一盈利水平的产量。盈亏平衡点法有图形法、代数法等求解方法。

1. 图形法求解示例

某建筑工地需抽除积水保证施工顺利进行，现有 A、B 两个方案可供选择。

A 方案：新建一条动力线，需购置一台 2.5W 电动机并线运转，其投资为 1400 元，第四年末残值为 200 元，电动机每小时运行成本为 0.84 元，每年预计的维护费用为 120 元，因设备完全自动化无须专人看管。

B 方案：购置一台 3.86kW 的（5 马力）柴油机，其购置费用为 550 元，使用寿命为 4 年，设备无残值。运行每小时燃料费为 0.42 元，平均每小时维护费为 0.15 元，每小时的人工成本为 0.8 元。

若寿命都为 4 年，基准折现率为 10%，试比较 A、B 方案的优劣。

解：两方案的总费用都与年开机小时数 t 有关，故两方案的年成本均可表示 t 的函数。

$C_A = 1400(A/P, 10\%, 4) - 200(A/F, 10\%, 4) + 120 + 0.84t = 518.56 + 0.84t$

$C_B = 550(A/P, 10\%, 4) + (0.42 + 0.15 + 0.8)t$
$\quad = 175.51 + 1.37t$

令 $C_A = C_B$，即 $518.56 + 0.84t = 175.51 + 1.37t$，可解出 t = 651（h），所以在 t = 651h 这一点上，$C_A = C_B = 1065.4$（元）。A、B 两方案的年成本函数如图 4-2 所示。由图 4-2 可见，当开机小时数低于 651h 时，选 B 方案有利；当年开机小时数高于 651h 时，则选 A 方案有利。

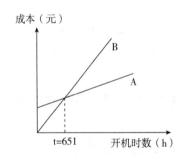

图 4-2　A、B 方案成本函数曲线

2. 代数法求解示例

如某企业生产某种产品的总固定成本为 60000 元，单位变动成本为 1.8 元/件，产品价格为 3 元/件，假定某方案带来的产量为 100000 件，问该方案是否可取？

解：设 p 为产品单位价格，Q 代表产量或销售量，F 代表总固定成本，v 代表单位变动成本，Y 代表总利润，c 代表单位产品贡献（c = p − v）；

（1）求保本产量，企业不盈不亏时：$pQ = F + vQ$，所以保本产量：$Q = F/(p-v) = F/c = 60000/(3-1.8) = 50000$；

（2）求保利润目标的产量：$pQ = F + vQ + Y$，$Q = (F+Y)/(p-v) = (F+Y)/c$；

（3）求利润：$Y = pQ - F - vQ = 3 \times 100000 - 60000 - 1.8 \times 100000 = 60000$。

五、不确定型风险决策法

不确定型决策，是指存在两个或两个以上的自然状态、存在一个期望达到的明确的决策目标、存在可供选择的两个或两个以上行动方案且每种行动方案在每个自然状态下的损益值可以计算的情形下的决策问题。在这样的决策中，决策者面临多种可能的自然状态，且未来自然状态出现的概率不可预知，可选方案在不同状态下结果不同的决策。

1. 常用的决策准则

由于不确定型决策面临的是不确定状况，无法确定何种自然状态出现，无法确定它出现的结果，此时决策者只能依据一定的准则来进行决策分析。常用的决策准则有乐观准则、悲观准则、折中准则、等概率准则、后悔值准则。根据这些准则求出方案的期望值，然后再确定每一决策问题的最优值。

（1）乐观准则。这种决策方法先考虑每种方案的最大收益，在每一个方案中选出最大的结果，然后比较最大结果的大小，最后选出最大的方案。由于乐观准则是估计每一方案中最大值中的最大值，反映了决策者的乐观情绪，他认为最有利的自然状态会出现，也反映了决策者敢于冒险的精神。当依据乐观准则做出决策的时候，决策者就要积极地为获得最大利润而努力有效地工作，而不是消极等待。

（2）悲观准则。这种决策方法先考虑每种方案的最小收益，在每一个方案中选出最大的结果，然后比较最大结果的大小，最后选出最大的方案。由于悲观准则是估计每一方案中最小值中的最大值，反映了决策者的悲观情绪，他认为最差的自然状态会出现，也即反映了决策者的保守态度。

（3）折中准则。决策者认为最好和最坏的自然状态都有可能出现，决策者既不盲目乐观也不盲目悲观，那么根据决策者的估计和判断，对最好的自然状态的出现设置一个乐观系数 α，对应的悲观系数则为 （1 − α）。这个系数就作为权重，分别乘以各方案的最大、最小收益值，得出的期望值最大的就是要选择的最佳方案。

（4）等概率准则。决策者认为每种自然状态出现的可能性是一样的，期望收益值就是每一个方案各状态收益值的和除以其自然状态个数的平均值。比较之后则选择期望收益最大或期望损失最小的方案为最佳方案。

（5）后悔值准则。该准则是一个基于机会损失的准则，是为了减少决策者后悔的程度的有效策略。由于自然状态的不确定性，在决策实施之后，决策者可能会后悔没有能够选择到最佳方案。这个因为决策造成的损失价值，称为后悔值。根据这一准则，把各个自然状态下的最高收益值当作理想值，所选方案在该自然状态下的收益值与理想值之差就是后悔值。后悔值越小，所选方案越接近于最佳方案。遵循后悔值准则的决策者追求后悔值最小，他首先在各个方案中选择最大后悔值，然后比较选出最小的那一个对应的方案为最佳方案。

2. 不确定型决策方法示例

（1）小中取大法。采用这种方法的管理者对未来持悲观的看法，认为未来会出现最差的自然状态，因此不论采取哪种方案，都只能获取该方案的最小收益。用这种方法进行决策时，应首先计算各方案在不同状态下的收益，找出最差自然状态下的收益，然后进行比较，选择在此状态下收益最大或损失最小的方案。在表 4 - 11 中选 C 方案。

表 4 - 11　小中取大法示例

方案 \ 自然状态 收益	销路好	销路一般	销路差
A. 改进生产线	180	120	- 40
B. 新建生产线	240	100	- 80
C. 与其他企业协作	100	70	16

（2）大中取大法。采用这种方法的管理者对未来持乐观的看法，认为未来会出现最好的自然状态，因此不论采取哪种方案，都能获取该方案的最大收益。用这种方法进行决策时，应首先计算各方案在不同状态下的收益，找出最好自然状态下的收益，然后进行比较，选择在此状态下收益最大的方案。本例中选 B 方案。

（3）最小最大后悔值法。管理者在选择了某方案后，如果将来发生的自然状态表明其他方案的收益更大，那么他就会为自己的选择而后悔。最小最大后悔值法就是使后悔值最小的方法。采用这种方法进行决策时，首先找出在该自然状态下收益最大的值；然后，计算各方案在自然状态下的后悔值，某方案在某自然状态下的后悔值 = 该自然状态下的最大收益 - 该方案在该自然状态下的收益；找出各方案的最大后悔值，进行比较；最终选择"最大后悔值"最小的方案作为最终方案。由表 4 - 12 可得，A 方案的最大后悔值为 60，B 方案的最大后悔值为 96，C 方案的最大后悔值为 140，经比较，A 方案的最大后悔值最小，故选择 A 方案。

表 4 - 12　小中取大法示例

方案 \ 自然状态 收益	销路好	销路一般	销路差
A. 改进生产线	60	0	56
B. 新建生产线	0	20	96
C. 与其他企业协作	140	50	0

六、决策树法

1. 决策树原理

决策树法指的是从一个基点出发，将各种可供选择的方案、可能出现的状态、可能性大小及产生的后果等全部标注在一个树状的图示中，同时还可以随时补充和不确定性情况下的决策分析，以便对决策过程中由于主观或客观条件所能造成的各种可能性进行分析，在此基础上再对最终的决策方案进行选择。决策树方法普遍应用于计量长期目标的决策效果。该方法有利于决策人员使决策问题形象化。

决策树方法强调决策之前要审慎地考虑和权衡可能出现的各种情况，这种方法一般分为以下几个步骤：第一步，绘制决策树图形。决策树图形是人们对某个决策问题未来发展状况的各种可能性评估预测后在图纸上的反映。绘制决策树图形的过程就是拟定各种备选方案的过程，是对未来可能发生事件进行思考和预测的过程。第二步，分配损益值。将收益或损失值分配到树的端点，最好根据过去的统计资料来确定。第三步，预计可能发生事件的概率。即不确定性、可能性的大小，可以根据统计资料得到，也可以用特定的预测方法计算得到。第四步，计算期望值，又称损益平均值，是决策利弊的数量表现方式，是用来比较各个备选方案经济效益的一个原则。从树的端点开始由上而下，自右向左，把某方案几种可能性结果的数值与它们各自的概率相乘，加总后就是要求的该方案的期望值。

2. 决策树示例

某建筑公司拟建一预制构件厂，一个方案是建大厂，需投资 300 万元，建成后如销路好每年可获利 100 万元，如销路差，每年要亏损 20 万元，该方案的使用期均为 10 年；另一个方案是建小厂，需投资 170 万元，建成后如销路好，每年可获利 40 万元，如销路差每年可获利 30 万元；若建小厂，则考虑在销路好的情况下三年以后再扩建，扩建投资 130 万元，可使用 7 年，每年盈利 85 万元。假设前 3 年销路好的概率是 0.7，销路差的概率是 0.3，后 7 年的销路情况完全取决于前 3 年。试用决策树法选择方案。

解：这个问题可以分前 3 年和后 7 年两期考虑，属于多级决策类型，如图 4-3 所示。

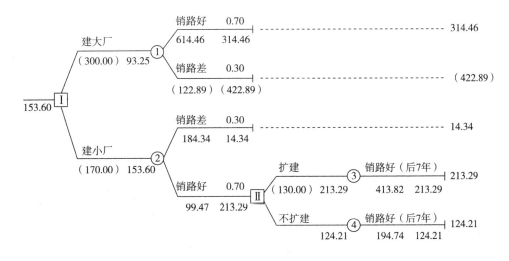

图 4-3 决策树多级决策示例

考虑资金的时间价值，各点益损期望值计算如下：

点①：净收益 = [100 × (P/A, 10%, 10) × 0.7 + (-20) × (P/A, 10%, 10) × 0.3] - 300 = 93.35（万元）；

点③：净收益 = 85 × (P/A, 10%, 7) × 1.0 - 130 = 283.84（万元）；

点④：净收益 $= 40 \times$ （P/A，10%，7）$\times 1.0 = 194.74$（万元）；

可知决策点Ⅱ的决策结果为扩建，决策点Ⅱ的期望值为 $283.84 + 194.74 = 478.58$（万元）；

点②：净收益 $=$（283.84 + 194.74）$\times 0.7 + 40 \times$（P/A，10%，3）$\times 0.7 + 30 \times$（P/A，10%，10）$\times 0.3 - 170 = 345.62$（万元）。

由上可知，最合理的方案是先建小厂，如果销路好，再进行扩建。在本例中，有两个决策点Ⅰ和Ⅱ，在多级决策中，期望值计算先从最小的分枝决策开始，逐级决定取舍到决策能选定为止。

七、马尔可夫链

马尔可夫链，因安德烈·马尔可夫（A. A. Markov，1856～1922）得名，是数学中具有马尔可夫性质的离散时间随机过程。在该过程中，在给定当前知识或信息的情况下，过去（即当期以前的历史状态）对于预测将来（即当期以后的未来状态）是无关的。

1. 随机变量、随机函数与随机过程

有一变量 x，能随机地取数据，但不能准确地预言它取何值，而对于每一个数值或某一个范围内的值有一定的概率，那么称 x 为随机变量。假定随机变量的可能值 x_i 发生概率为 P_i，即 $P(x = x_i) = P_i$。对于 x_i 的所有 n 个可能值，离散型随机变量分布有 $\sum P_i = 1$，对于连续型随机变量，有 $\int P(x) dx = 1$。

在试验过程中，随机变量可能随某一参数（不一定是时间）的变化而变化。如测量大气中空气温度变化 $x = x(h)$，随高度变化。这种随参变量而变化的随机变量被称为随机函数。而以时间 t 作参变量的随机函数称为随机过程。也就是说，随机过程是这样一个函数，在每次试验结果中，它以一定的概率取某一个确定的但预先未知的时间函数。

在随机过程中，有一类具有"无后效性性质"，即当随机过程在某一时刻 t_0 所处的状态已知的条件下，过程在时刻 $t > t_0$ 时所处的状态只与 t_0 时刻有关，而与 t_0 以前的状态无关，则这种随机过程称为马尔可夫过程。即 i_{t_0} 为确知，i_t（$t > t_0$）只与 i_{t_0} 有关，这种性质为无后效性，又叫马尔可夫假设。

2. 马尔可夫链

时间和状态都是离散的马尔可夫过程称为马尔可夫链。如蛙跳问题：池塘里有三张荷叶，编号为 1、2、3，假设有一只青蛙随机地在荷叶上跳来跳去。在初始时刻 t_0，它在第二张荷叶上。在时刻 t_1，它有可能跳到第一张或者第三张荷叶上，也有可能在原地不动。我们把青蛙某个时刻所在的荷叶称为青蛙所处的状态。这样，青蛙在未来处于什么状态，只与它现在所处的状态有关，与它以前所处的状态无关。实际上青蛙在一段时间内在荷叶间跳或不跳的过程就是一个马尔可夫过程，如图 4 - 4 所示。

写成数学表达式为：

$P(x_{t+1} = j \mid x_t = i_t, x_{t-1} = i_{t-1}, \cdots, x_1 = i_1)$

定义：$P_{ij} = P(x_{t+1} = j \mid x_t = i) = P(x_{t+1} = j \mid x_t = i_t)$

即在 $x_t = i$ 的条件下，使 $x_{t+1} = j$ 的条件概率，是从 i 状态一步转移到 j 状态的概率，因此它又称一步状态转移概率。

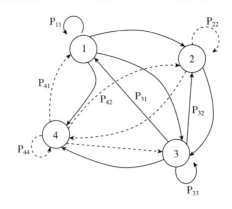

图 4 − 4　跳蛙问题图示

3. 状态转移矩阵

（1）一步状态转移矩阵。

系统有 N 个状态，描述各种状态下向其他状态转移的概率矩阵定义为

$$P = \begin{pmatrix} P_{11} & P_{12} & \cdots & P_{1N} \\ P_{21} & P_{22} & \cdots & P_{2N} \\ \vdots & \vdots & \cdots & \vdots \\ P_{N1} & P_{N2} & \cdots & P_{NN} \end{pmatrix}$$

这是一个 N 阶方阵，满足概率矩阵性质：

①$P_{ij} \geq 0$，i，j = 1，2，…，N 非负性性质。②$\sum P_{ij} = 1$，行元素和为 1，i = 1，2，…，N。③若 A 和 B 分别为概率矩阵时，则 AB 为概率矩阵。

（2）k 步状态转移矩阵。

若系统的一步状态转移概率不随时间变化，即转移矩阵在各个时刻都相同，称该系统是稳定的。这个假设称为稳定性假设。蛙跳问题属于此类，后面的讨论均假定满足稳定性条件。

经过 k 步转移由状态 i 转移到状态 j 的概率记为 $P(x_t + k = j \mid x_t = i) = P_{ij}(k)$，其中，i，j = 1，2，…，N。

定义：k 步状态转移矩阵为

$$P^{[k]} = \begin{pmatrix} P_{11}(k) & P_{12}(k) & \cdots & P_{1N}(k) \\ \vdots & \vdots & \cdots & \vdots \\ P_{N1}(k) & P_{N2}(k) & \cdots & P_{NN}(k) \end{pmatrix}$$

当系统满足稳定性假设时，$P^{[k]} = P^k = P \cdot P \cdots \cdot P$，其中 P 为一步状态转移矩阵。即当系统满足稳定性假设时，k 步状态转移矩阵为一步状态转移矩阵的 k 次方。

例如，设系统状态为 N = 3，求从状态 1 转移到状态 2 的二步状态转移概率。

解：作状态转移图 4 − 5。

解法一：由状态转移图

1—1—2：$P_{11} \cdot P_{12}$　　1—2—2：$P_{12} \cdot P_{22}$　　1—3—2：$P_{13} \cdot P_{32}$　　$P_{12} = P_{11} \cdot P_{12} + P_{12} \cdot P_{22} +$

$P_{13} \cdot P_{32} = \sum P_{1i} \cdot P_{i2}$

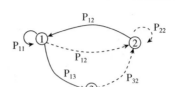

图 4-5 状态转移图

$$P = \begin{pmatrix} P_{11}(2) & P_{12}(2) & P_{13}(2) \\ P_{21}(2) & P_{22}(2) & P_{23}(2) \\ P_{31}(2) & P_{32}(2) & P_{33}(2) \end{pmatrix}$$

解法二：k = 2，N = 3

$$P \cdot P = \begin{pmatrix} P_{11} & P_{12} & P_{13} \\ P_{21} & P_{22} & P_{23} \\ P_{31} & P_{32} & P_{33} \end{pmatrix} \begin{pmatrix} P_{11} & P_{12} & P_{13} \\ P_{21} & P_{22} & P_{23} \\ P_{31} & P_{32} & P_{33} \end{pmatrix}$$

得

$$P_{12(2)} = P_{11} \cdot P_{12} + P_{12} \cdot P_{22} + P_{13} \cdot P_{32} = \sum P_{1i} \cdot P_{i2}。$$

4. 马尔可夫链示例

某地区有甲、乙、丙三家公司，过去的历史资料表明，这三家公司某产品的市场占有率分别为50%、30%和20%。不久前，丙公司制定了一项把甲、乙两公司的顾客吸引到本公司来的销售和服务措施。设三家公司的销售和服务是以季度为单位考虑的。市场调查表明，在丙公司新的经营方针的影响下，顾客的转移概率矩阵为

$$P = \begin{pmatrix} 0.70 & 0.10 & 0.20 \\ 0.10 & 0.80 & 0.10 \\ 0.05 & 0.05 & 0.90 \end{pmatrix}$$

使用马尔可夫分析方法研究此销售问题，并分别求出三家公司在第一、第二季度各拥有的市场占有率和最终的市场占有率。

解：设随机变量 $X_t = 1$，2，3（t = 1，2，3）分别表示顾客在 t 季度购买甲、乙和丙公司的产品，显然 $\{X_t\}$ 是一个有限状态的马尔可夫链。已知 P（$X_0 = 1$）= 0.5，P（$X_0 = 2$）= 0.3，P（$X_0 = 3$）= 0.2，又已知马尔可夫链的一步转移概率矩阵，于是第一季度的销售份额为

$$(0.50 \quad 0.30 \quad 0.20) \begin{pmatrix} 0.70 & 0.10 & 0.20 \\ 0.10 & 0.80 & 0.10 \\ 0.05 & 0.05 & 0.90 \end{pmatrix} = (0.39 \quad 0.30 \quad 0.31)$$

即第一季度甲、乙、丙三公司占有市场的销售份额分别为39%、30%和31%。再求第二季度的销售份额，有

$$(0.39 \quad 0.30 \quad 0.31) \begin{pmatrix} 0.70 & 0.10 & 0.20 \\ 0.10 & 0.80 & 0.10 \\ 0.05 & 0.05 & 0.90 \end{pmatrix} = (0.319 \quad 0.294 \quad 0.387)$$

即第二季度三家公司占有市场的销售份额分别为31.9%、29.4%和38.7%。

设π_1、π_2、π_3为马尔可夫链处于状态1、2、3的稳态概率，由于P是一个标准概率矩阵，因此有

$$
\begin{cases}
0.70\,\pi_1 + 0.10\,\pi_2 + 0.005\,\pi_3 = \pi_1 \\
0.10\,\pi_1 + 0.80\,\pi_2 + 0.005\,\pi_3 = \pi_2 \\
\pi_1 + \pi_2 + \pi_3 = 1
\end{cases}
$$

解得$\pi = (\pi_1, \pi_2, \pi_3) = (0.1765, 0.2353, 0.5882)$，故甲、乙、丙三家公司最终将分别占有17.7%、23.5%和58.8%的市场销售份额。

八、贝叶斯法

在实际工作中，决策者通常根据自然状态发生的概率来做决策，但很难获得完全可靠的情报，因为那些概率大多数是通过资料的积累、经验的分析做出的先验概率分布，往往与实际情况存在误差。为了提高决策的质量，有必要再作调查或试验，进一步收集各种自然状态的补充信息，对先验分布进行修正，然后用修正后的概率分布来决策。这类问题的解决，就要应用到条件概率和贝叶斯定理，也就是所谓的贝叶斯决策方法（Bayesian Decision Theory）。

1. 水果糖问题的例子

为了加深对贝叶斯决策的理解，我们看一个水果糖问题的例子。如图4-6所示，两个一模一样的碗，在一号碗里，有30颗水果糖和10颗巧克力糖；在二号碗里，水果糖和巧克力糖各有20颗。现在随机选择一个碗，从中摸出一颗糖，发现是水果糖。请问这颗水果糖来自一号碗的概率有多大？

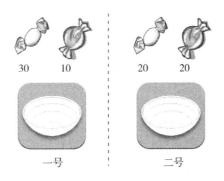

图4-6 水果糖问题

我们假定，H_1表示一号碗，H_2表示二号碗。由于这两个碗是一样的，所以$P(H_1) = P(H_2)$，也就是说，在取出水果糖之前，这两个碗被选中的概率相同。因此，$P(H_1) = 0.5$，我们把这个概率就叫做"先验概率"，即没有做实验之前，来自一号碗的概率是0.5。再假定，E表示水果糖，所以问题就变成了在已知E的情况下，来自一号碗的概率有多大，即求$P(H_1 \mid E)$。我们把这个概率叫做"后验概率"，即在E事件发生之后，对$P(H_1)$的修正。

根据条件概率公式，得到

$$P(H_1 \mid E) = P(H_1) \frac{P(E \mid H_1)}{P(E)}$$

已知，$P(H_1)$ 等于 0.5，$P(E \mid H_1)$ 为一号碗中取出水果糖的概率，等于 0.75，那么求出 $P(E)$ 就可以得到答案。根据全概率公式：

$$P(E) = P(E \mid H_1)P(H_1) + P(E \mid H_2)P(H_2)$$

所以，

$$P(E) = 0.75 \times 0.5 + 0.5 \times 0.5 = 0.625$$

将数字代入原方程，得到

$$P(H_1 \mid E) = 0.5 \times \frac{0.75}{0.625} = 0.6$$

这表明，来自一号碗的概率是 0.6。也就是说，取出水果糖之后，H_1 事件的可能性得到了增强。

2. 贝叶斯方法的基本特点

自从 20 世纪 50~60 年代贝叶斯学派形成后，关于贝叶斯分析的研究久盛不衰。20 世纪 80 年代后，贝叶斯网络就成功地应用于专家系统，成为表示不确定性专家知识和推理的一种重要的方法。贝叶斯决策属于风险型决策，决策者虽不能控制客观因素的变化，但却可掌握其变化的可能状况及各状况的分布概率，并利用期望值即未来可能出现的平均状况作为决策准则。由于决策者对客观因素变化状况的描述不确定，所以在决策时会给决策者带来风险。但是完全确定的情况在现实中几乎不存在，贝叶斯决策不是使决策问题完全无风险，而是通过其他途径增加信息量使决策中的风险减小。由此可以看出，贝叶斯决策是一种比较实际可行的方法。

利用贝叶斯所提出的概率理论，我们可以考察决策的敏感性。贝叶斯提出了先验概率和后验概率的概念：可以根据新的信息对先验概率加以修改从而得出后验概率。因此，贝叶斯理论被用于将新信息结合到分析当中。

根据贝叶斯方法，已知道：

（1）状态先验概率：

$P(w_i)$，$i = 1, 2, \cdots, c$

（2）类条件概率密度：

$P(x \mid w_i)$，$i = 1, 2, \cdots, c$

利用贝叶斯公式

$$P(x \mid w_i) = \frac{P(x \mid w_i)P(w_i)}{\sum (x \mid w_i)p(w_i)}$$

得到状态的后验概率 $P(x \mid w_i)$。

3. 贝叶斯方法示例

某房地产公司打算聘请一个咨询公司来调查市场情况。这项调查的花费为 5000 元。该公司是否应选择这一方式呢？这样做将导致改变公司对市场情况预测的先验概率。该公司查阅了咨询公司的历史业绩记录。其结果如表 4 - 13 所示。该表显示当市场实际增长时，70% 的报告预见到了这一增长，同时 20% 的报告预见的是市场将保持稳定，而 10% 的报告则预测的是市场将衰退。

表 4 - 13　初始预测表

实际市场结果	先验概率	增长	稳定	衰退
增长	0.6	0.7	0.2	0.1
稳定	0.3	0.2	0.6	0.2
衰退	0.1	0.1	0.2	0.7

贝叶斯定理就是利用这些信息来修正有关的先验概率。假设有 r 个互斥事件 W_i（i = 1，2，…，r），其先验概率为 P（W_i）。进一步假设有事件 F_k，在事件 W_i 发生的前提下事件 F_k 发生的概率为 P（F_k/W_i）。那么如果我们知道 F_K 已发生，事件 W_i 发生的概率即为

$$P(W_j/F^k) = \frac{P(W_j) \times P(F^k/W_j)}{\sum \{P(W_i) \times P(F^k/W_i)\}}.$$

如果有 i 个互斥事件 W_j（i = 1，2，…，r），仅当其中一个事件发生后，事件 F 才能发生，则在事件 F 已知时，事件 W_j 发生的概率为

$$P(W_j/F) = \frac{P(W_j) \times P(F/W_j)}{\sum \{P(W_i) \times P(F/W_i)\}}.$$

其中，P（W_i）= 事件 W_i 的先验概率；P（F_K/W_j）= W_j 发生，事件 F_k 的条件概率；P（W_j/F_k）= F_k 发生，事件 W_j 的后验概率。在本例中，各结果的先验概率为 W_1——增长→P（W_1）= 0.6；W_2——稳定→P（W_2）= 0.3；W_3——增长→P（W_3）= 0.1。如果 F_r 是指一个调查，该调查表明市场实际增长，从表 4 - 13 中我们可以知道当预测报告预计市场将增长时，其结果为 0.7 的可能增长，0.2 的可能不变，0.1 的可能衰退。因此，P（F_r/W_1）= 0.7；P（F_r/W_2）= 0.2；P（F_r/W_3）= 0.7。利用贝叶斯公式，在预测报告预计市场增长条件下，市场实际出现增长的概率为

$$P(W_j/F_K) = \frac{P(W_1)P(F_r/W_1)}{P(W_1)P(F_r/W_1) + P(W_2)P(F_r/W_2) + P(W_3)P(F_r/W_3)}$$
$$= \frac{0.6 \times 0.7}{(0.6 \times 0.7) + (0.2 \times 0.3) + (0.1 \times 0.1)}$$
$$= 0.854$$

市场报告改变了各结果的概率，贝叶斯概率如表 4 - 14 所示。

表 4 - 14　修正后的预测表

实际市场结果	增长	稳定	衰退
增长	0.85	0.38	0.32
稳定	0.12	0.56	0.32
衰退	0.02	0.06	0.37

这样就可画出一个新的决策树。对其求解是从期望收益来推算最初的目标。底层的方案枝是原来的决策树。但是只有在获得预计市场增长、不变或衰退的报告的概率已知后，才可对其求解。获得一个预计市场增长的报告的概率就是在各种市场情况下得出市场增长预测报告的概率乘以各种市场情况出现的概率。因此，获得一个预测市场增长报告的概率为

$P = (0.7)(0.6) + (0.2)(0.3) + (0.1)(0.1) = 0.49$

相类似，获得一个预测市场不变的报告的概率为 0.32，而获得一个预测市场衰退的报告的概率为 0.19。现在将这些值代入到决策树中，咨询公司报告的预期收益是：

$Ep = (0.49)(219.6) + (0.32)(168.0) + (0.19)(141.1) = 1881$

因为获得该报告需花费 5000 元，故净收益为 13817 元，这少于没有报告时的收益，因此该公司无法从咨询报告中获得益处。利用贝叶斯方法分析所制定的决策树如图 4-7 所示。

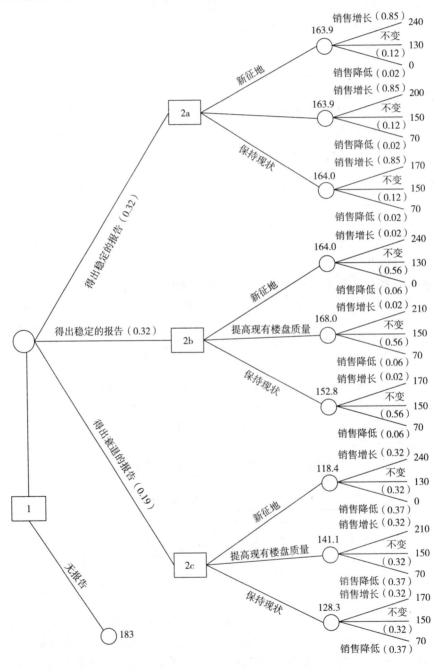

图 4-7 贝叶斯方法分析决策树

第四节　风险决策策略

在当今高度竞争的环境中，任何企业和组织要想成功，都需要有效管理风险。风险管理者更要注重风险管理，将其作为提高企业绩效的重要途径。风险决策在应对各方面的挑战时，企业需要采取有效的风险决策的战略和技术，以便使风险决策过程的每个关键环节实现流程的自动化并控制成本。风险决策的方法主要有控制型和财务型两类。

一、控制型风险管理方法

控制型风险管理技术的实质是在风险分析的基础上，针对企业所存在的风险因素采取控制技术以降低损失频率和减轻损失程度，重点在于改变引起意外事故和扩大损失的各种条件。主要表现为：在事故发生前，降低事故发生的频率；在事故发生时，将损失减少到最低限度。控制型风险管理技术的具体方法主要有规避、预防、分散和抑制风险。

1. 规避风险

风险规避就是避险，是指为了免除风险的威胁，采取试图使损失发生概率等于零的风险决策策略，也就是放弃或者停止与该风险相关的业务活动以减轻损失。规避风险是通过避免受未来可能发生事件的影响而消除风险。规避风险的办法有通过公司政策、限制性制度和标准，阻止高风险的经营活动、交易行为、财务损失和资产风险的发生。

（1）通过重新定义目标，调整战略及政策，或重新分配资源，停止某些特殊的经营活动。在确定业务发展和市场扩张目标时，避免追逐"偏离战略"的机会。

（2）审查投资方案，避免采取导致低回报、偏离战略，以及承担不可接受的高风险的行动。

（3）通过撤出现有市场或区域，或者通过出售、清算、剥离某个产品组合或业务，规避风险。

（4）规避风险是指设法避开损失发生的可能性，即从根本上消除特定的风险单位和中途放弃某些既存的风险单位，采取主动放弃或改变该项活动的方式。如考虑到游泳有溺水的危险，就不去游泳。

避免风险的方法一般当某特定风险所致损失频率和损失幅度相当高或处理风险的成本大于其产生的效益时采用。极端的情况下，企业或个人不从事任何活动，能够把风险全部规避。

避免是一种最彻底、最简单的方法，但也是消极的方法，因为并不是所有的风险都可以回避或应该进行回避。如人身意外伤害，无论如何小心翼翼，这类风险总是无法彻底消除。再如，因害怕出车祸就拒绝乘车，车祸这类风险虽可由此而完全避免，但将给日常生活带来极大的不便，实际上是不可行的。

2. 预防风险

预防风险是指在风险事故发生前为了消除或减少可能引起损失的各种因素而采取的处理风险的具体措施。目的在于通过消除或减少风险因素而降低损失发生频率。如兴修水利、建造防护林。预防风险涉及一个现时成本与潜在损失比较的问题：若潜在损失远大于采取预防措施所支出的成本，就应采用预防风险手段。以兴修堤坝为例，虽然施工成本很高，但与洪水泛滥造成的巨大灾害相比，就显得微不足道。

3. 分散风险

降低风险是企业在权衡成本效益之后，准备采取适当的控制措施改变不利后果发生的概率，从而减低风险或减轻损失，将风险控制在风险承受度之内的策略。不同的实际情况适用不同的风险降低方法。常用的一种形式是风险分散，即通过分散的形式来降低风险，比如在多种股票而非单一股票上投资。

降低风险可以采取多种形式，包括采用套期。套期是交易商建立证券、商品或货币对冲持仓，从而抵消所面临的风险。企业还可以采用其他许多方法降低风险敞口，包括市场研究、地区及产品线的多样化、筛选和监控客户、外包、给产品定价时分配风险酬金、存货或股权计入生产量中，以及推行已制定的程序，以将经营风险降至最低。但这种策略在很大程度上取决于套期成本、企业承受风险及潜在损失的能力。为进行套期开展的交易活动，不应出于交易可能被误解为投机行为的担忧而放弃。但是，不同的套期工具对于各个公司及环境来说，成本效益可能不同，是否合适也另当别论。降低风险是利用政策或措施将风险降低到可接受的水平。方法有：①将金融资产、实物资产或信息资产分散放置在不同地方，以降低遭受灾难性损失的风险。②借助内部流程或行动，将不良事件发生的可能性降低到可接受的程度，以控制风险。③通过给计划提供支持性的证明文件并授权合适的人做决策，应对偶发事件。必要时，可定期对计划进行检查，边检查边执行。④分担风险。将风险转移给资金雄厚的独立机构。

分散风险是指增加同类风险单位的数目来提高未来损失的可预测性，以达到降低风险发生可能性的目的。分散风险是通过兼并、扩张、联营，集合许多原来各自独立的风险单位，增加风险单位数目，以达到提高预期损失预测的精确性而降低风险的目的。

在几百年前海上航运刚刚起步的时候，人们就想到了风险分散和转移这个办法，把船只可能经受的巨大风险分散掉。现在企业可以有很多办法来化解这些风险，总结起来能够帮助企业把风险分散转移的办法可以有三个：第一是套期保值，第二是转包，第三是投保。

（1）套期保值。企业领导人员需要有这样一种心态，就是要把企业的资源利用到极致。时间也是企业的资源，要巧妙地利用时间这种资源，一种办法就是套期保值。

专栏 4－4

中石油和中石化现在成为中国的焦点，因为全球石油涨价，影响了人们日常的生活。随着经济水平的提高，我国人民的出行方式发生了改变，汽车私人保有量越来越高，油价的上涨对整个社会的影响比以前要大得多。

这个时候人们对涨价的中石油和中石化这些主体产生了疑义。中石油和中石化在石油价格上涨过程中没有很科学地给全国人民一个回复，所以有人呼吁征收特产资源占用税，打破加油站经营权的垄断等。由于中石油和中石化的政策垄断，国际原油跌了，中石油和中石化的价格还没有跌，这说明企业还没有与国际接轨，在石油价格上涨的时候没有做好套期保值的工作，防止价格波动给企业带来风险。因此，国际原油价格下跌之后我国的石油大企业只有自己消受价格波动带来的风险，而且还把这种风险一部分间接转移到消费者身上，让消费者来承担后果。

点评：国家这些石油公司没有很好地利用套期保值帮助企业分散风险，结果只能由企业和消费者来承担后果。如果企业当初懂得国际市场上的套期保值原理，企业面临的价格风险会更小一些。

（2）转包。分散转移的方式还可以通过转包来分散转移。

专栏 4 - 5　　　　　　　用友集团的餐饮转包

看一家企业内部控制做得好不好，判别一家企业的领导班子和领导人有没有水平，可以先看看公司的食堂管得怎么样。很多企业的食堂管理都很差，从上面的领导到下面的职工都对食堂有很多意见。食堂的员工服务水平差，饭菜做得难吃，问题一大堆。也有的企业食堂做得很好，管理得很有水平，因为企业把食堂转包给外面的餐饮企业。为了挣到更多的钱，管理好自己的企业，承接食堂服务的餐饮公司对员工的服务做了更强制的要求，大家的服务意识更为强烈。

用友集团就采取了转包的方法，把食堂工作进行招标，引进两个餐饮公司相互竞争，为了争夺更多的人员就餐，双方在做菜质量和服务上都开始进行比较，饭菜价格也一个劲儿地降低。实行低价物美的策略是竞争的唯一办法，最后一家做不下去离开了，企业又招进一家餐饮公司与留下的一家竞争。用友利用这种循环竞争保证了提供给单位员工满意的餐饮服务，而且节约了公司的成本支出。

点评：这家公司就很好地利用了转包的方法把企业一直苦恼的问题解决了，既让外来的公司分担了企业的风险，又减轻了企业的负担。

（3）投保。在风险发生的时候，总幻想着有一个人帮我们一把，减少企业的损失。事实上真的有这样的人，那就是保险公司。但是保险公司不可能帮企业承担所有的风险，尤其在中国的保险行业还没有发展到西方国家那样的成熟程度，在理赔和投保过程中都存在着很多问题，往往投保之后企业去找保险公司，却得不到预期的结果。

专栏 4 - 6　　　　　　　专家的赊销战略

在南京一个美国投资的企业里面做内部控制测试评价的时候，有一个美国专家来讲保理业务，企业怎样对应收账款做保理，简单说，比如企业给他 2000 万元，他保证企业 2 亿元的应收账款回收，保理范围在 2 亿元以内。

这么划算的事情，企业一听马上同意投保。签协议之后美国专家提出了很多要求，第一是要求企业有赊销战略，为什么能够赊到北京，不赊到南京，为什么赊到上海，不赊到广州，如果企业没有赊销战略保险公司就不负责任。于是董事会赶快学习赊销战略。第二个是企业要有客户信用和信用额度，如果没有，保险公司也不负责理赔。然后保险公司跟企业一起去做，例如，对企业的1258个客户做信用调查和分析，做信用档案，跟企业的人员一起跑各地客户，通过当地的公安部门、工商部门和税务部门，查证公司信用，这样就可以对公司的信用情况进行科学防范。

公司的赊销额度和账期不是老总一句话就可以改变的，赊销额度加大，账期的延长都需要财务部和审计部门通过严格的会计程序进行更改，这样可以降低销售的舞弊行为和发生坏账的可能性。保险公司帮助企业做这些规范性的工作对企业来说是很好的事情，这才叫真正的保险公司，帮助企业解决问题，与企业共同成长。中国的保险公司就要学习这种与企业合作成长的精神。

点评：国外的保险行业发展的时间比中国长很多，各种保险制度也很完善，像这个案例中的保险公司不但帮助企业分担了风险，还帮助企业完善了内部控制制度，提高了企业的运行效率。

4. 抑制风险

抑制风险是指在损失发生时或损失发生之后为降低损失频率或（和）减小损失程度而采取的各项措施。可分为防损和减损。

（1）防损：降低损失事故发生的可能性。如定期对飞机进行安全检查，可以防止或减少飞机机械事故的发生，从而降低了飞机坠毁的频率。

（2）减损：在损失发生时减少损失的严重程度。如热感或者烟感的喷淋系统。一些风险控制措施能够同时影响到损失频率和损失程度，如汽车安全带，安全带显然会降低人在汽车事故中的伤害程度，从而降低了损失程度，但是否降低或增加了损失频率是说不清楚的。

二、财务型风险管理方法

财务型风险管理技术是以提供基金的方式，降低发生损失的成本。财务型风险管理技术主要包括以下方法。

1. 保留风险

保留风险包括风险接受、风险吸收和风险容忍。采取风险保留的策略，或者是因为这是比较经济的策略，或者是因为没有其他备选方案（比如规避、降低或转移）。采用保留风险时，管理层需考虑所有的方案，即如果没有其他备选方案，管理层需确定已对所有可能的消除、降低或转移方法进行分析来决定保留风险。此外，商业环境从来不是一成不变的，因此，企业在短期内可能出现新的备选方法，比如保险合同、外包或开发其他市场。通过定期风险复核，控制风险情景并清楚何时应做出决策，这是非常重要的。要确保不会与备选措施失之交臂，需进行积极的风险管理。而且，如果已经特意做出了保留风险的决策，那么管理层应对付诸实施的影响及风险发生的可能性十分清楚，并接受风险，维持现有的风险水平。

自留风险是指对风险的自我承担，即企业或单位自我承受风险损害后果的方法。自留风险有主动自留（理性自留风险）和被动自留（非理性自留风险）之分。通常在风险所致损失频率和幅度低、损失在短期内可以预测以及最大损失不影响企业或单位财务稳定时采用自留风险的方法。自留风险会因风险单位数量的限制或自我承受能力的限制，而无法实现其处理风险的功效。

自留风险的途径有小额损失纳入生产经营成本，损失发生时用企业的收益补偿；针对发生的频率和强度都大的风险建立意外损失基金，损失发生时用它补偿。带来的问题是挤占了企业的资金，降低了资金使用的效率；对于较大的企业，建立专业自保公司。

2. 转移风险

转移风险是指通过合理措施，如通过采取出售、转让、保险等方法，在危险发生前，把自己面临的风险全部或部分转移给另一方。转移有非保险转移和保险转移。非保险转移，是通过外部资金来支付可能发生的损失，转移财务负担；保险转移，是指通过购买保险将可能发生的损失转移给保险人承担，以确定的支出换取不确定的损失。通过转移风险而得到保障，是应用范围最广、最有效的风险管理手段。主要的转移风险方式有：①购买保险：通过向保险公司交付保费的方法将风险转移给保险公司；②合同转移：业主通过工程承包合同将建设期间的风险转移给承包商；③套期保值：农民通过签订玉米的远期合约来转移玉米价格风险；生产石油的公司与使用石油的公司签订远期石油合约来降低石油价格风险。

专栏 4-7   **益民进出口公司套期保值交易**

益民进出口公司是中国某省一家大型外贸企业，拥有员工近万人，资产总额近 10 亿元。该企业管理人员素质较高，拥有硕士、博士 30 余人。2003 年益民公司发生下列涉外购销活动，财务部李伟刚博士成功地运作了外汇套期保值业务。具体资料汇集如下。

2003 年 4 月 1 日益民公司从美国某公司进口材料二批价值 50 万美元，付款期 60 天，当日汇率 USDl：RMB 8.3（中间价），为规避该笔美元应付账款面临的外汇风险，同日与银行签订一份 60 天后买进 50 万美元的远期外汇合约，60 天远期合约卖出汇率 USDl：RMB 8.4。

采用转移风险的目的是将风险转移给另一家企业、公司或机构。合同及财务协议是转移风险的主要方式。转移风险并不会降低其可能的严重程度，只是从一方移除后转移给另外一方。

转移风险时，管理层应考虑各方的目标、转移的能力、存在风险的情景以及成本效益。其中一种转移风险的方式是购买保险，具体来说就是企业通过向非关联的第三方付款，让其代为承担风险。接受被转移风险的一方，通常要收取保费。问题是，所支付的保费是否低于风险发生时吸收风险的财务影响的可能成本。即使企业相信其转移了风险，但通常并不能完全不受影响。比如，如果将某一工程项目的风险转移给承包人，而承包人未能管理风险，导致项目推迟交付，即使承包人可能因推迟交付而面临处罚，但是项目推迟已是在所难免。

总之，风险策略是风险管理总体程序中至关重要的一部分。应参照以前的活动制定风险对策。由于情况是不断发生变化的，必须紧跟风险识别和评估，立即实施应对策略。应仔细分析四种风险决策策略，即风险规避、风险降低、风险转移和风险保留，一旦为一种特殊风险确定了风险决策类型，则必须制定具体措施，以落实这一应对策略。一般来说，风险不可能被完全消除。因此，如果能将风险降低至可接受的范围，且风险决策措施的成本未超过收益，那么，可在保留风险的同时，执行风险降低策略。

专栏4-8   **跨国矿业公司的风险决策策略**

一家跨国矿业公司正在考虑在一个国家开采稀有矿产资源，该国政府过去曾迅速取得对外国资产的控制权并开征赋税，从而确保了政府能获取所有的收益。该矿业公司管理层能够采用的风险决策策略如下。

（1）风险规避——若希望消除风险，企业可考虑不在该国进行投资。

（2）风险降低——在降低这项计划的风险上，企业可能采取以下措施：①邀请该国政府成为风险企业的共有人；②通过政治游说来影响该国政府的政策；③尽可能地将风险企业的资产保留在该国境外；④通过小额增量的方式进行投资。

（3）风险转移——这包括：①为资产投保；②将风险企业设立为具有自身资金来源的独立公司；③邀请其他矿业开采者的参与和投资；④尽快将稀有矿产的所有权出售给第三方，从而由该第三方承担风险。

（4）风险保留——是指风险发生时，由公司承担风险造成的损失。

【章末案例】   **沃尔玛遭遇"最牛工会"**

2014年3月5日，沃尔玛湖南常德店突然宣布闭店，并公布了给135名员工的安置方案。在安置方案中，要么实行买断补偿，要么被分流安置到附近城市的店工作。对两种安置方案都不满意的员工从次日起就占据了沃尔玛，晚上集体睡在超市中。工会主席黄兴国不再是一般概念中负责发油、组织拔河的角色，他成了员工的总代表，他们的工会也被称为"最牛工会"。该分店工会方面认为，沃尔玛常德分店属"非法关店"，要求资方支付原拟定补偿标准两倍的赔偿。而沃尔玛方面则认为，此次关店不属"经济性裁员"，不能接受工会提出的经济赔偿诉求。员工方与店方几次谈判无果后，2014年3月21日，派出所带着120急救车进行强行清场，员工被两人一组地架出工作场地。清场过程中，甚至有两名员工被警察带走，其中一名女员工声称怀孕而被提前放回，另一名男员工则被行政拘留了5天。《行政处罚决定书》显示，拘留的原因是"伙同他人在沃尔玛超市强行占据卖场"。黄兴国一直疑惑的是，为什么资方还没有回到谈判桌上，仲裁也还没有开始，政府就出动力量帮助资方清场了？

一、"做一回真正的工会主席"

沃尔玛常德店的员工抗议是由黄兴国领导的，他表示："我们的目的很简单：让沃尔玛明白他们犯了错误，并迫使他们为自己的错误付出代价。"沃尔玛则坚称，关闭常德店的做法符合相关法律法规。黄兴国说："直到门店关闭的那一刻，我从未想过离开沃尔玛，而是希望一直留在公司。我没想到为工人争取权益会是如此之难。"

《湘声报》报道，2009 年，38 岁的黄兴国应聘成功，成为沃尔玛常德店的一名收银员，月薪只有 790 元，是店里工资最低的，但他相信自己的能力，会在沃尔玛有一番作为。4 年后，黄兴国任行政部经理兼工会主席。店工会委员易赛斌说，任上的黄兴国做了很多不属于工作范围的事，他对沃尔玛投入了很多精力和心血。然而 5 年后的 2014 年，常德店因效益不好，面临关闭。2014 年 2 月 21 日，黄兴国得知常德店将于 2014 年 3 月 19 日关闭。他被告知如果接受分流安排，将从常德店的行政经理兼工会主席平调到长沙或益阳沃尔玛店的平级主管，待遇不变，可能还有晋升机会。权衡之下，黄兴国最终接受了分流安排。

但店内员工一直没有通过官方渠道收到消息。就在公司张贴《停业公告》的前一天，黄兴国改变了主意。"我看到资方太强势，员工们太弱势了。"黄兴国告诉《南方周末》记者。甚至有一位主管不愿被约谈（安置方案），被副总指认出来，三个人"追着他谈"，平时很坚强的他跑到家电区，突然情绪失控，哇哇大哭起来。于是，黄决心做一回"真正的工会主席"。2014 年 3 月 4 日下午 5 点，他在电话里向店方表示，公司突然宣布关店，没有提前一个月告知，侵犯了工会的事先知情权。工会委员会拟定了 15 项诉求、制定了工会会员委托书，向劳动监察、信访局和派出所送出了维权说明。他们还向常德市总工会发出了求助信。第二天，街边的横幅上，出现了员工们的口号与诉求。这样的行动将黄兴国和工会委员们推到了风口浪尖。

工会一方组织起了精干的力量，有人对外，负责媒体、政府；有人对内，负责稳定军心；有人负责宣传，在微博、博客实时更新他们维权的进展。常德的沃尔玛员工们还关注着马鞍山、盐城，这些都是传出关店消息的地方。"如果我们成功，那么后面关闭的店也都将参照我们的标准，"常德沃尔玛工会帅副主席说，"这更是沃尔玛花大力气也要坚持的原因。"常德沃尔玛的工会委员们只是害怕像之前的无锡关店事件一样，被资方一拖再拖，最后员工全都没了耐力，被迫接受。3 个月来，数十名员工自发分成 3 班，24 小时守在门店外，阻止资方转移物资。他们担心，在关于遣散补偿的争议结果还没出来之前，店里的资产如果被转移，他们将失去一大谈判砝码。

常德店的员工们在工会组织下开始了抵抗。市总工会也传来了消息——作为基层工会的"娘家人"，市总工会支持基层工会依法合规地维权，但是不要"扩大化、政治化"。如今，沃尔玛常德店维权行动的影响并不只限于国内。2014 年 3 月 24 日和 28 日，总部在瑞士的国际工会（UNI）以及美国劳联—产联（AFL－CIO）还分别发布声明，支持沃尔玛常德店及马鞍山店工人们的诉求。马鞍山店也是在上月关闭。

二、沃尔玛的安置方案

中国是沃尔玛重要的增长市场，但这家位于美国阿肯色州本顿维尔（Bentonville）的零售商在这里面临多重障碍，包括屡次因食品安全受罚和与当地对手的激烈竞争等。有关部门2014年1月认为沃尔玛存在违法行为，称该零售商出售的驴肉其实是狐狸肉。沃尔玛召回了相关肉产品，称已加强检测和食品安全检查力度。

沃尔玛1996年在中国开设首批门店，目前拥有大约400家门店，但一直难以取得令人满意的投资回报，沃尔玛承认在过去两年里在匆忙扩张的过程中出现失误。沃尔玛2013年曾在中国关闭了14家门店，是主流超市中关店数量最多的。沃尔玛方面也曾公开表示，2014年拟在中国再关闭20多家业绩不良的门店。3月4日，沃尔玛重庆南滨店正式停止营业，这是沃尔玛进入重庆近10年来关闭的首家门店。3月5日，沃尔玛江苏盐城店贴出告示称：沃尔玛超市将于3月19日停业。这是沃尔玛自去年11月以来，4个月内在江苏关闭的第3家店。此前，沃尔玛淮安店和连云港店相继关门歇业。传言江苏徐州等地的门店也将陆续关闭。

2014年3月5日，沃尔玛（湖南）百货有限公司常德水星楼分店负责人向全体员工宣布，因该店经营效益不佳，决定于3月19日关店，同时为员工提供了转岗安置和领取相关经济补偿终止劳动合同两种安置方案。分流安置是让员工们前往其他门店工作，不过离常德最近的一个门店，也在近百公里外的益阳。大多普通员工家在本地，升高的生活成本使这个选项变得不现实。另一个选择是买断补偿，支付N+1（N为工作年限）个月的工资，数额也尚存分歧。对于安置方案，沃尔玛常德水星楼分店工会和部分员工提出了质疑，认为店方未履行提前30天通知全体员工或工会的法定义务，事先也未就安置方案和员工或工会进行沟通，系违法解除劳动合同。他们要求沃尔玛对将要失去工作的工人提高一倍补偿金，并向调任其他城市的门店的员工提供房租及其他补贴。沃尔玛常德店的140多个工人已被提供益阳市的岗位，从常德搭乘巴士到那里需要3小时。"工人们凭这点低工资是无法在其他地方生存的，"沃尔玛常德店的工会主席黄兴国表示，"沃尔玛的提议是一张空头支票。我们的家在常德。在益阳租一个新家需要更多钱。"

三、劳资三项分歧

2014年3月7日下午，店工会和沃尔玛资方在常德市总工会进行了首次劳资沟通，超市所在的武陵区政府、区信访局、区商务局等相关政府部门悉数到场。在历经7次沟通会后，诉求从最初的十五项减到十四项，谈到最后的三项分歧，劳资双方始终无法达成完全和解。员工们最在意的，还是企业单方面做出了一切决定，"完全不尊重我们，我们就是要争这一口气"，前沃尔玛员工周志刚说。"现在沃尔玛常德店经营都停止了，我们作为员工可以理解公司的难处，愿意与公司协商解决此事。但是，公司提出每人支付3000元作为诉讼成本，员工们感觉没有受到尊重。"黄兴国说。

员工们几乎都能记起自己进店的准确日期，以及沃尔玛的口号——"尊重个人、服务顾客、追求卓越"。一名女员工说："但我觉得第一条它现在就已经完全违背了。"2014年3月20日，工会代表仍在坚持的77名员工就三项尚存的分歧向店方发出了谈判邀约函。员工的三项要求分别是，将目前的经济赔偿金翻番；如果分流到其他店，子女转学、租房等生活成本的增加由资方负担；按工资集体协商加薪比例，补发折算的2014年截留工资。

但此时的沃尔玛已经不愿再出现在谈判桌上，并按照自己的节奏进行闭店。市总工会一位参加了多次沟通会的人员透露，如果要通过谈判改动沃尔玛的闭店安置补偿措施，可能要到美国总部获取权限，而且将影响到之后所有的门店闭店政策，成本可能增加很大。沃尔玛区域公共关系总监李呈舫在接受《南方周末》记者采访时说："有分歧有争执很正常，如果没办法的话，那么劳动仲裁、法院判决也好，我们都是接受的。"他表示，在中国其他门店关闭的情况基本顺利，所以形成了惯例。常德店工会则主张，沃尔玛是"经济性裁员"，且违法解雇，应按相关法规支付两倍赔偿金。但是，分店关闭是否属于"经济性裁员"，成为争议焦点。

应劳方与店工会的委托，曾参与劳动合同法起草的中国人民大学劳动关系研究所所长常凯以法律顾问身份介入了这起集体争议的协调和处理。常凯认为，即便对法条的理解尚存争议，具体的数字是一倍还是两倍双方都可以坐下来谈，但是店方的闭店程序违反了劳动合同法，无视职工和工会的存在，应负其责。而且，店方在没有任何理由说明的情况下，明确拒绝了店工会提出的集体协商谈判邀约，而且还断然拒绝了常德市总工会关于邀请常德沃尔玛劳资双方到市总工会举行集体协商谈判的建议。这违背了工会法。

常德有关部门多次组织协调会，但劳资双方未能协商达成一致。2014年4月25日，沃尔玛常德水星楼分店69名员工和分店工会分别向常德市劳动人事争议和仲裁委员会提起劳动争议仲裁申请。5月26日、27日，常德市劳动人事争议仲裁委员会对两起争议案件进行开庭审理。黄兴国在庭审中提出三点诉求：要求确认资方的安置方案无效；要求确认资方的决定违反集体合同，需承担赔偿责任；要求资方就闭店安置与工会进行协商。劳资双方在两天的庭审中均同意进行庭外调解。沃尔玛表示，将与有关部门配合，并且一直在想办法达成对劳资双方均有利的协议。沃尔玛发言人称，公司会继续通过合理合法的方式寻求和解。

【本章小结】

风险决策是指在确定了决策的主体经营活动中存在的风险，并分析出风险概率且在其风险影响程度的基础上，根据风险性质和决策主体对风险的承受能力而制订的回避、承受、降低或者分担风险等相应防范计划。风险决策的定性方法有经验判断法、专家咨询法、危机决策法；定量方法有期望损益法、效用期望值法、线性规划法、盈亏平衡法、不确定型风险决策法、决策树法、马尔可夫链、贝叶斯法等。风险管理方法有控制型和财务型两种。控制型风险管理方法有规避风险、预防风险、分散风险、抑制风险等；财务型风险管理方法有保留风险和转移风险。

【问题思考】

1. 某市拟建预制构件厂，现有3个方案可供选择：一次投资建大厂，需投资300万元；一次投资建小厂，需投资160万元；先建小厂，3年后如果产品销路好，则再扩建，需投资140万元。工厂的使用年限按10年计算。3个方案在前3年和后7年销路好、销路差的概率和损益值如下：前3年销路好的概率为0.7，销路差的概率为0.3；若销路好时，建大厂的损益值为100万元，建小厂的损益值为40万元；若销路差时，建大厂的损益值为−20万元，建小厂的损益值为10万元；若前3年销路好，则后7年销路好的概率为0.9，销路差的概率为0.1；若前3年销路差，则后7年的销路一定差。试做出决策。

2. 假设某银行有5000万美元的资金来源，这些资金可用作贷款（X_1）和二级储备即短期债券（X_2），贷款收益率为12%，短期证券收益率为8%，存款成本忽略不计。再假设银行管理短期资产的流动性标准为投资资产的25%，即短期证券与总贷款的比例至少为25%。用线性规划法，求解银行的最佳资产组合。

3. 某公司最近两年销售资料：2012年，销售额3100万元，销售价格1000元/台，总成本2640万元；2013年，销售额3500万元，销售价格1000元/台，总成本2880万元。求：（1）固定成本和变动成本；

（2）盈亏平衡产量；

（3）求2012年和2013年的安全系数；

（4）目标利润为1000万元时的产量。

4. 某工程项目按合同应在3个月内完工，其施工费用与工程完工期有关。假定天气是影响能否按期完工的决定因素，如果天气好，工程能按时完工，获利5万元；如果天气不好，不能按时完工，施工单位将被罚款1万元；若不施工就要付出窝工费2000元。根据过去的经验，在计划实施工期天气好的可能性为30%。为了更好地掌握天气情况，可以申请气象中心进行天气预报，并提供同一时期天气预报资料，但需要支付资料费800元。从提供的资料中可知，气象中心对好天气预报准确性为80%，对坏天气预报准确性为90%。请问如何进行决策。

5. 某市场上只有A、B、C和D4种鲜奶公司。鲜奶公司A改变了广告方式，经调查发现购买A种鲜奶及另外三种鲜奶B、C、D的顾客每两个月的平均转换率为A→A（95%）B（2%）C（2%）D（1%），B→A（30%）B（60%）C（6%）D（4%），C→A（20%）B（10%）C（7%）D（0%），D→A（20%）B（20%）C（10%）D（50%）。假设目前购买A、B、C、D 4种鲜奶的顾客的分布为（25%，30%，35%，10%），求半年后A、B、C、D4种鲜奶的市场份额。

第五章　风险监控

☆ 了解风险监控的含义和活动内容。

☆ 理解风险监控的依据、目标和过程。

☆ 掌握风险监控技术的应用。

☆ 掌握风险监控工具的应用。

☆ 学会直方图的应用。

☆ 学会鱼刺图的应用。

☆ 学会帕累托图的应用。

【章首案例】　　　　　　　CME 风险监控及启示

目前，国内各交易所对投资者持有的多空头寸同时收取保证金，从控制风险的角度而言，只需按照多空头寸所需保证金较高的一边进行收取，就能很好地控制风险，以后可以逐步过渡到按净额进行保证金的收取，降低投资者的资金占用。在 100 多年的实践中，芝加哥商品交易所（Chicago Mercantile Exchange，CME）集团已经建立了一套完善的风险监控及保障体系。作为跨市场金融监管集团的成员，CME 集团市场监管小组和相关证券、期货交易所及其他自律监管组织保持密切沟通，共享监管信息。在风险监控方面，CME 集团的风险控制制度及每日风险监控措施对我国期货市场具有一定的借鉴意义。

一、CME 主要风险控制制度

在风险控制制度方面，CME 集团建立了每日无负债结算制度、保证金制度、涨跌停板制度、授权相关委员会在特殊情况下采取紧急措施的制度、风险管理信息共享制度、限仓制度、大户报告制度。以下主要分析限仓制度和大户报告制度之外的其他风险控制制度。

1. 每日无负债结算制度

第一，建立了交易所对清算会员结算、清算会员对客户结算的二元风险管理制度。第二，交易所定期核查清算会员的最低净资本金和财务报告，要求清算会员购买商业交易所股份，交易所与清算会员是风险控制的利益共同体。第三，每个交易日完成两次全面结算。在每个结算周期，对所有新的交易进行读取、结算、调整为市场价值，对所有未平仓头寸的抵押物进行重新估值，确保 CME 集团清算所持有足够的抵押物。在价格极端波动时，CME 集团清算所有权对未平仓头寸进行额外的盯市计算，并要求会员立即完成交收业务的支付。CME 集团清算所的盯市结算系统能够及时通知市场参与者追加保证金，不允许跨期积累损失。

2. 实施多层次的保证金制度

CME 集团的保证金分为履约保证金（包括初始保证金、维持保证金、跨期保证金），超额履约保证金和交叉保证金。跨期保证金是指对同时持有多头和空头头寸的客户收取保证金的一种优惠方式。如果一个账户同时有同一商品、相同或不同期货（期权）合约的多头和空头头寸，则对相应的多头和空头头寸收取跨期保证金。首先，分别按多头和空头头寸单独计算初始保证金，然后，按保证金中较高的一边进行收取，从而减少了投资者的保证金占用。在保证金的收取方式上，CME 集团对清算会员的公司自营业务按净额方式收取保证金，对客户账户的保证金采取不同的计算方式。对 CME 集团交易所的产品实施总额保证金制度，而为了保持 CBOT 业务的连续性，对 CBOT 交易所的产品实施净额保证金制度。CME 集团可冲抵保证金的抵押物种类较多，包括选定的外国货币、符合资格的外国政府借款、美国国库券或政府票据、符合资格的美国政府代理证券、符合资格的以房地产抵押做担保的证券、指定银行发行的信用证、标准普尔 500 指数成分股、CME 推出的滋息产品。

3. 涨跌停板制度

CME 集团对上市品种的每日涨跌幅采取了以下几种方式：

（1）规定每日的涨跌幅度。CBOT 上市的大豆期货第一、二、三日涨跌停分别为 70 美分/蒲式耳、105 美分/蒲式耳和 160 美分/蒲式耳，玉米期货在第一、二、三日涨跌停分别为 30 美分/蒲式耳、45 美分/蒲式耳和 70 美分/蒲式耳，其他类似商品包括活牛、乳制品和木材等。

（2）按照结算价规定最大涨跌比例。CME 集团上市的毛棕榈油期货规定最大涨跌停板为前一结算价的 10%。

（3）没有明确规定涨跌幅度。在 NYMEX 上市的可可、咖啡，在 COMEX 上市的黄金、白银。此外，交易所也可以根据情况适当调整涨跌幅度。

4. 授权相关委员会在特殊情况下采取紧急措施的制度

（1）授权业务行为委员会对违规行为等采取紧急措施。CME 集团董事会下设有业务行为委员会，对涉及行为操守、交易实务、业务实务、交易道德和操控市场或危害交易所诚信的其他行为对会员具有管辖权。由业务行为委员会判定是否出现紧急状况，并决定是否采取紧急措施，并详细列明了可能构成紧急状况的情形和可以采取的措施。

（2）授权结算公司风险委员会对可能出现的结算风险等采取紧急措施。CME 集团董事会下设有结算公司风险委员会，由结算公司风险委员会判定是否出现紧急状况，并决定是否采取紧急措施，并详细列明了可能构成紧急状况的情形和可以采取的措施。

5. 风险管理信息共享制度

CME 集团建立了市场监管部、清算所、审计部门、全球控制中心等部门风险管理信息的共享制度。市场监察部门实行一个自下而上的风险监控程序，收集大量的个体交易账户、关联账户，以及相应的清算公司的信息，对异常交易行为进行监控。清算部门实行一个组织严密的自上而下的风险监控程序，首先，估计公司层面的风险水平，进一步追溯到投资者账户；其次，再追溯到某一类的交易账户。审计部门则通过运行一套尖端的金融监察程序，确保所有的会员公司都满足资本充足率要求。全球监控中心则通过风险管理监控系统对日内的电子交易实时监控。与风险管理相关部门的高级总监每周会召开一次风险管理例会，共享风险管理信息。

二、CME 每日风险监控措施

为保证公开、透明、高效的市场环境，CME 集团由法律及监管部门组成市场监管小组负责对市场进行一线监管。有一个超过 250 人的团队每天用各种高端的计算机程序及工具对市场实行每天 24 小时、每周 6 天的全天候监控。每日的风险监控措施主要包括盈亏分析、风险概况分析、交易量大的投资者账户分析、快速预警、信用控制等。

1. 盈亏分析

风险管理小组可每日取得投资者、非会员客户及清算会员自营业务的头寸资料，所有资料皆为高度保密。经由这些资料，可以发现同一交易主体可能在不同清算会员处所拥有的汇总头寸信息。结合现货与相关衍生品市场定期公布的资料，使 CME 集团可以快速发现和应对可能给结算体系及清算会员带来不利影响的市场状况。

风险分析人员随时都可以获取实时的价格和实时的头寸进行盈亏分析。盈亏的不间断监控主要在于估算大量头寸的变化或市场运动所造成的账户潜在损失。一个基本的风险管理原则就是关注头寸变化较大的清算会员的盈亏信息。

盈亏分析主要聚焦于大额头寸的变化、交易损失、信息变更，主要关注的参数有前一交易日收盘时的头寸、当前头寸、清算头寸、与交易等价的资金、与电子交易等价的资金、与头寸转换等价的资金、与更新（放弃）交易等价的资金等。

风险管理人员对每个观测期内期权保证金的显著变化或不期望的变化进行分析和报告，并且能够自上而下地从公司、账户、产品、合约、头寸、交易类型等进行逐级追溯风险源，可以对投资者账户的盈亏进行分析，也可以分析假设市场朝某一方向运动将对公司造成的损失。被列入重点关注目录的公司需要进行实时监控，异常的盈亏被认为是大的市场潜在风险的先行指标。盈亏的可接受程度取决于调整后的净资本、结算经验、交易的类型等因素。

2. 风险概况分析

清算所工作人员能够在日内和日后用标准组合风险分析系统（SPAN）对保证金的变化和会员公司保证金的亏损进行分析，而且能够根据产品类型、交易类型、交易状态等的不同计算相应的保证金。该系统与清算所的财务和运营部门以及清算会员相连，能及时发出追加保证金的指令。

清算所的日间价格波动监控行为贯穿了交易的整个过程，每个交易日进行多次试算，在价格波动剧烈时，试算次数尤为频繁。一旦持仓头寸面临市场价格的不利波动，将会受到特别关注。CME 集团每日模拟多种市场情景对清算会员持仓头寸进行压力测试，并根据清算会员的履约保证金缴纳情况和调整后的净资本情况，评估履约保证金是否足额，净资本要求是否需要调整，是否需要收取超额保证金，也可能要求清算会员提供关于客户账户情况的更多信息，甚至采取减仓或移仓措施。

3. 大户分析

通过盈亏、保证金要求、占比等多种方式进行大户的筛选，对大户进行每日多次盯市，分析大户在合约上的持仓比重。

4. 快速报警措施

为实现市场监管，CME集团建立了内幕交易检测等监控子系统，CME集团市场监管小组和相关证券、期货交易所及其他自律监管组织保持密切沟通，共享监管信息。风险监控系统能够对全球交易活动进行监控并快速预警，允许用户查询当前及近三年的信息。风险监控页面能够快速地跟踪每一分钟的所有头寸记录，历史跟踪系统能够设定账户触发报警的频率，风险分析人员能够对所有主力合约跟踪其头寸与交易量的当前状况，风险分析人员还能够对历史交易账户的交易做进一步的分析。

能够根据每日账户交易信息生成两种例外分析报告：当某一交易账户的头寸额达到设定的头寸限制时会触发例外报告的绝对值报警，或者当某一账户的头寸超过其50日的移动平均头寸时会触发移动平均报警。这些例外报告同时监控绝对头寸规模和交易量规模。

5. 信用控制

CME集团的全球信用控制系统为全球交易提供了一个高水平的支撑。CME集团的清算平台以及Calypso为OTC市场的交易提供了高水平的支撑。CME集团对所有会员的期货、期权等头寸的透支交易设置了相应的信用控制指标，一旦会员的透支额度达到预先设置的阈值标准，即会发出预警。其他监控包括：①对开盘价进行报单监控。如果通过非善意报单或者虚假报单，进而取得市场优势，或者引诱其他投资者下单，将被处罚。②大宗交易的报告制度。如果不报告或者延迟报告，可能被处罚。③对非法洗钱的监控。把钱从一个账户转移到另一个自己的账户，通常以避税为主要目的，也可能将黑钱洗白；把钱从一个账户转移到另一个人控制的账户，通常可能涉嫌违法。④对交易违规行为的监控。包括阻止客户订单、与自己的客户成交、透露客户信息、洗售交易、约定交易等交易违规行为的监控。

三、对我国期市的启示

1. 借鉴每日风险监控措施的优点，提高风险监控水平

（1）借鉴CME集团预警信息的流程化经验。CME集团在主预警页面上，生成简要的预警信息。实时监控人员可方便地判断预警信息的重要性，通过链接查看完整的预警信息和预警界面，对预警信息做出进一步的处理。

（2）开发格式化报告自动生成功能，降低重复劳动。CME集团的风险监控系统具有一定的格式化报告自动生成功能。国内交易所的日报、周报、月报等报告既有格式化的信息，又有一些非格式化的信息，可考虑定制一个模板，格式化信息由系统自动提取，非格式化信息由监控分析人员在模块内填写，采用半自动化的形式生产相应的报告。

（3）开发异常交易的模式识别和预警功能。投资者的违法、违规等异常交易行为，通常表现为其交易行为偏离其过去一贯的交易行为，可通过与过去一段时间相比，交易或价格出现异常来进行识别。CME集团对异常交易的预警通常采取跟过去20天、30天甚至50天的交易数据相比较。在异常交易的模式识别和预警方面，我国期市可借鉴CME集团的一些经验。

（4）加强对异常盈亏的监控和研究。CME集团把异常盈亏的分析作为一个日常性工作，持有大额头寸投资者的异常盈亏意味着较大的风险，投资者账户持续的盈利或亏损可能隐藏着潜在的利益转移或者违法行为。

2. 借鉴结算制度和保证金制度安排，提高投资者资金利用效率

（1）扩大抵押品范围，为投资者提供履约保证金的融资服务。CME 集团的履约保证金并非仅限于现金，CME 集团接受的抵押品范围很广，对于非现金形式的履约保证金，CME 集团在对其价值进行评估之后折抵充当保证金，实质上是为这些担保物提供了融资服务。

（2）将双边收取保证金改为按照多空头寸所需保证金较高的一边进行收取。CME 集团对清算会员的公司自营业务按净额方式收取保证金，对 CBOT 交易所的产品实施净额保证金制度。目前，国内各交易所对投资者持有的多空头寸同时收取保证金，从控制风险的角度而言，只需按照多空头寸所需保证金较高的一边进行收取，就能很好地控制风险，以后可以逐步过渡到按净额进行保证金的收取，降低投资者的资金占用。

资料来源：黄佐，王帅 . CME 风险监控及启示［N］. 期货日报，2013 - 06 - 24（004）.

对主要风险的识别、评定、决策，绝不是一个单一的、一次性的过程。经正规的集体讨论或其他程序识别的一系列风险所在的环境，将随着这些已识别风险性质的改变而迅速出现变化。某些环境条件改变后，可能使风险变成更严重的威胁。企业则需要设立一项机制，对已识别的风险进行监察。由于风险具有复杂性、变动性、突发性、超前性等特点，风险监控应该围绕风险的基本问题，制定科学的风险监控标准，采用系统的管理方法，建立有效的风险预警系统，做好应急计划，实施高效的风险监控。有效的风险监控工作可以指出风险处理活动有无不正常之处，哪些风险正在成为实际问题，掌握了这些情况，管理部门就有充裕的时间采取纠正措施。同时，建立一套管理指标体系，使之能以明确易懂的形式提供准确、及时而关系密切的风险信息，是进行风险监控的关键所在。

第一节　风险监控概述

一、风险监控的含义和活动内容

1. 风险监控的含义

风险监控（Risk Monitoring and Control）就是通过对风险规划、识别、分析、应对全过程的监控和控制，从而保证风险管理能达到预期目标的活动过程。因为风险是随着内部外部环境的变化而变化的，它们在决策主体经营活动的推进过程中可能会增大或者衰退乃至消失，也可能由于环境的变化又生成新的风险。

监控风险实际上就是监控情况的变化，其目的是核对风险管理策略和措施的实际效果是否与预见的相同；寻找机会改善和细化风险控制计划，获取反馈信息，以便将来的决策更符合实际。在风险监控过程中，及时发现那些新出现的，以及预先制定的策略或措施不见效或性质随着时间的推延而发生变化的风险，然后及时反馈，并根据对生产活动的影响程度，重新进行风险识别、风险评定、风险决策，同时还应对每一风险事件制定成败标准和判据。

风险监控包括两个层面的工作：第一是跟踪已识别风险的发展变化情况，包括在整个

项目周期内，风险产生的条件和导致的后果变化，衡量风险减缓计划需求。第二是根据风险的变化情况及时调整风险决策计划，并对已发生的风险及其产生的遗留风险和新增风险及时识别、分析，并采取适当的应对措施。对于已发生过和已解决的风险也应及时从风险监控列表调整出去。

专栏 5 – 1　　　　　　　　　　　　　**扁鹊三兄弟**

很多时候我们都会引用"扁鹊三兄弟"的故事来诠释风险监控之于风险管理。魏文王问名医扁鹊说："你们家兄弟三人，都精于医术，到底哪一位医术最好呢？"扁鹊回答说："大哥最好，二哥次之，我最差。"文王再问："那么为什么你最出名呢？"扁鹊答说："我大哥治病，是治病于病情发作之前。由于一般人不知道他事先能铲除病因，所以他的名气无法传出去，只有我们家里的人才知道。我二哥治病，是治病于病情刚刚发作之时。一般人以为他只能治轻微的小病，所以他只在我们的村子里才小有名气。而我扁鹊治病，是治病于病情严重之时。一般人看见的都是我在经脉上穿针管来放血、在皮肤上敷药等大手术，所以他们以为我的医术最高明，因此名气响遍全国。"这个故事寓意深刻，正所谓事后监控不如事中监控，事中控制不如事前监控。

---

2. 风险监控的活动内容

风险监控的活动内容就是监控设想风险的事件和情况，是已经发生、仍然存在还是已经消失，定期报告风险状态；检查风险决策策略是否有效，监控机制是否正常运行；并不断识别新的风险，及时发出风险预警信号并制定必要的对策，措施控制风险事件，降低其可能造成的损失。

二、风险监控的依据和目标

1. 风险监控的依据

风险监控主要依据有如下几个方面：①风险管理计划；②风险决策计划；③实际风险发展变化情况；④可用于风险控制的资源。

2. 风险监控的目标

风险监控的目标是：①努力及早识别风险；②努力避免风险事件的发生；③积极消除风险事件的消极后果；④充分吸取风险管理中的经验与教训。

三、风险监控过程

准确的监控程序是风险管理中至关重要的一部分。企业可能已执行了为识别较重大风险而精心设立的程序。但是仍然必须定期对风险的当前状况进行监察，必要时对已识别的风险做出变更。例如，超市管理层为集团连锁店的营运风险建立了一套监察流程，所涉及的方面包括：①遵循客户服务标准，如排队付款时间、处理各项购买所需时间、大批采购交货的及时性等；②员工诚信，例如，对员工姓名进行存在性检查，从员工以前的雇主处取得员工的雇用记录；③财政健全，例如，将实际盘存的产品数量与电脑中的存货总数调节一致、现金流入流出的日常交易产生的现金余额；④遵循政府要求采用的安全及防火措施。风险监控是按照一定步骤和流程进行的，风险监控的具体步骤如图 5 - 1 所示。

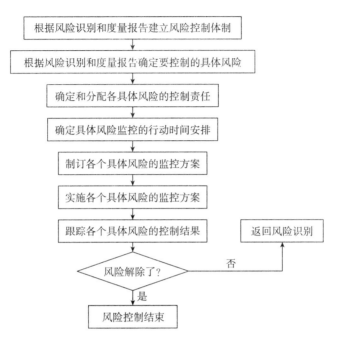

图 5 - 1 风险监控的步骤

第二节 风险监控技术和工具

一、风险监控技术

1. 审核检查法

审核多在进展到一定阶段时，以会议形式进行，审核的内容包括有关文件、实施计划、必要的试验等。审核结束后，要把发现的问题及时交代给原来负责的人员，让他们马上采取行动，予以解决，问题解决后要签字验收。

检查一般以完成的工作成果为研究对象，例如审查某个工程，则包括项目的设计文件、实施计划、试验计划、试验结果、正在施工的工程、运到现场的材料、设备等。检查结束后，要把发现的问题及时地向负责该工作的人员反馈，使他们能马上采取行动，予以解决。问题解决后要签字验收。

2. 监控单

监控单，是影响重大的风险清单，或在实施过程中需要给予特别关注的关键风险区清单。监控单可以仅列出已识别出来的风险，也可以列出更多内容：风险在监控单中已停留的时间、风险处理活动、各项风险处理活动的计划完成日期和实际完成日期、有关问题的解释等。如果某项风险因风险处理无进展而长时间停留在监控单之中，则说明可能需要对该风险或其处理方法进行重新评估。

3. 风险报告

风险报告是用来向决策者和项目组织成员传达的，关于已辨识问题的整个风险状况和风险处理活动效果的报告。

4. 费用偏差分析法

费用偏差分析法，这是一种测量项目预算实施情况的方法。该法将实际上已完成的项目工作同计划的项目工作进行比较，确定项目在费用支出和时间进度方面是否符合原定计划要求。费用偏差的公式为费用偏差 = 已完工作预算付费（BCWP）－ 实际付费（ACWP），其中：BCWP = 实际完成的工作量×预算价格。若费用偏差大于 0，表示项目未超支。进度偏差的公式为进度偏差 = 已完工作预算付费（BCWP）－ 计划工作的预算费用（BCWS），其中，BCWS = 计划完成的工作量×预算价格。若进度偏差大于 0，表示项目进度提前。

二、风险监控工具

1. 鱼骨图

（1）鱼骨图的结构。鱼骨图（Cause & Effect，Fishbone Diagram），又称鱼刺图、因果分析图，是指表示特性与原因关系的图。鱼骨图是由日本管理大师石川馨发明出来的，故又名石川图。鱼骨图是一种发现问题"根本原因"的方法，其结构由特性、要因和枝干三部分组成。特性指的是期望对其改善或进行控制的某些项目属性，如进度、费用等；要因是对特性具有影响的主要因素，一般是导致特性异常的几个主要来源。枝干是因果分析图中的联系环节：把全部要因同特性联系起来的是主干，把个别要因同主干联系起来的是大枝；把逐层细分的因素同各个要因联系起来的是中枝、小枝和细枝。如图 5 - 2 所示。

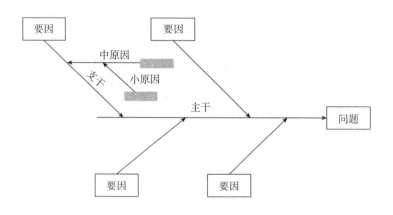

图 5 - 2　鱼骨图的结构

（2）鱼骨图的分析过程。问题的特性总是受到一些因素的影响，我们通过头脑风暴法找出这些因素，并将它们与特性值一起，按相互关联性整理而成的层次分明、条理清楚，并标出重要因素的图形就叫特性要因图。因其形状如鱼骨，所以又叫鱼骨图，它是一种透过现象看本质的分析方法。同时，鱼骨图也用在生产中，用来形象地表示生产车间的流程。鱼骨图的基本原理是，如果一个项目发生了风险，除非及时采取应对措施，否则它将再次发生风险。通过学习，吸取过去的教训，起到防患于未然的作用。鱼骨图一般可由以下三阶段来完成：①确定风险原因；②确定防范项目风险的对策措施；③实施管理行为。

（3）鱼骨图的类型。鱼骨图有三种类型：①整理问题型鱼骨图。各要素与特性值间不存在原因关系，而是结构构成关系。②原因型鱼骨图。鱼头在右，特性值通常以"为什么……"来写。③对策型鱼骨图。鱼头在左，特性值通常以"如何提高/改善……"来写。

（4）鱼骨图的应用。孙华丽、周战杰、薛耀锋（2011）基于鱼骨图分析法，建立了包括能力和脆弱性指标的公共安全评价指标体系。并采用主成分分析法对我国 31 个省市的公共安全风险进行测度，找出了影响公共安全水平的重要因子，计算出各省市公共安全风险的综合评价值，得到不同省市的风险排序。结果表明，我国各地区公共安全的风险水平差异较大且公共安全资源和保障因子是影响公共安全抗风险水平的最重要因子，加大基础设施投资，特别是社会保障类基础设施建设投资，可较好地改善公共安全抗风险状况。顾立一（2013）以食品安全风险管理理论为基础，结合食品行业初级农产品种植管理GAP（良好农业规范）和加工企业 GMP（良好操作规范）、HACCP（危害分析和关键控制点）以及 ISO22000（食品安全管理体系）的要求，利用定性分析与定量分析相结合、理论研究与实证研究相结合的方法，到原料产地和甜红椒粉加工企业进行实地考察，研究甜红椒国产化项目从农田种植管理到企业加工整个过程的风险识别、分析、评价和监控。对于风险的分析，利用鱼骨图，从人、机、物、法、环五个方面展开，为农产品加工的食品安全风险管理提供了可资借鉴的模式和经验。刘善洋等（2012）针对通用装备保障转型项目中风险的复杂性问题，以通用装备保障转型项目进程为准绳，以鱼骨图的理论为分析方法，对项目各个阶段的风险进行系统的识别和分析，明确各个阶段的风险类型，并采用层次分析法对风险进行评估，依此提出相对应的风险控制对策和建议，尽可能地降低风险对通用装备保障转型项目的潜在威胁，提高对风险控制的能力。朱小丽、李宇宏、陈彦斌（2011）运用鱼骨图分析法对舟山市船舶出口贸易的政策因素、金融因素、市场因素、企业因素及其他因素进行了详细剖析，旨在为舟山市船舶出口企业有效识别、评价风险，采取适当措施积极防范风险打下基础，从而促进舟山市船舶出口企业的良性发展。郝崑（2013）分析了电力变压器的危险性，包括人身伤害和设备故障等，并运用鱼骨图分析了油浸式电力变压器的火灾爆炸危险性，为变压器的风险管理和控制提供参考。刘亚昆、李欣蓬（2013）运用鱼骨图方法构建了国际水电工程 EPC 项目的初始风险清单，为国内建筑企业进行该类项目风险管理提供了借鉴。张瑶（2011）运用鱼骨图对企业逆向物流外包进行风险识别，并提出相应的风险控制对策。

2. 帕累托图

（1）帕累托法则。

帕累托图（Pareto Chart），又称比例图分析法、排列图、主次图，是由意大利经济学家和社会学家帕累托发现的，其结构由两个纵坐标、一个横坐标、几个直方柱和一条折线组成。其中，左纵坐标表示频数；右纵坐标表示频率（用百分比表示）；横坐标表示各影响因素，按其影响程度的大小从左到右依次排列；折线表示各影响因素大小的累计百分数，由左向右逐步上升，此线称为帕累托曲线。如图 5－3 所示。它是将出现的质量问题和质量改进项目按照重要程度依次排列而采用的一种图表。可以用来分析质量问题，确定产生质量问题的主要因素。

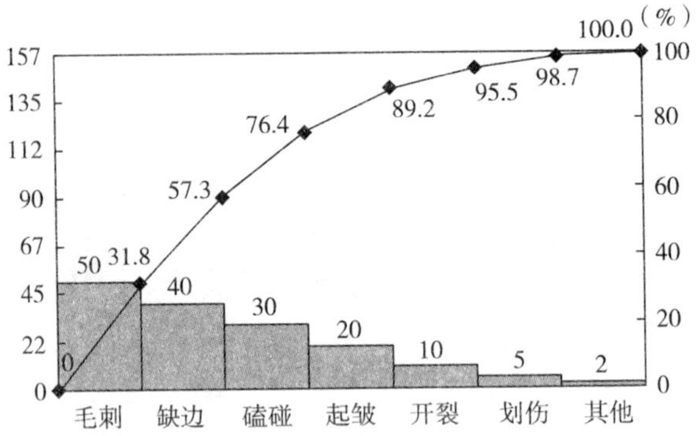

图 5－3　帕累托图

从概念上说，帕累托图与帕累托法则一脉相承，该法则认为相对来说数量较少的原因往往造成绝大多数的问题或缺陷。因此又称 80/20 法则：80% 的问题仅来源于 20% 的主要原因，以有限的人力和时间来有效地解决问题。帕累托法则是指在任何大系统中，约 80% 的结果是由该系统中约 20% 的变量产生的。例如，在企业中，通常 80% 的利润来自于 20% 的项目或重要客户；经济学家认为，20% 的人掌握着 80% 的财富；心理学家认为，20% 的人身上集中了 80% 的智慧等。具体到时间管理领域是指大约 20% 的重要项目能带来整个工作成果的 80%，并且在很多情况下，工作的头 20% 时间会带来所有效益的 80%。帕累托法则对我们的启示是：大智有所不虑，大巧有所不为。工作中应避免将时间花在琐碎的多数问题上，因为就算你花了 80% 的时间，你也只能取得 20% 的成效，出色地完成无关紧要的工作是最浪费时间的。帕累托法则最初只限定于经济学领域，后来被推广到社会生活的各个领域，且深为人们所认同。

帕累托图一般将影响因素分为三类：A 类因素，导致了 75% ~80% 的问题的影响因素，大约占总因素的 20%，称之为主要因素或关键因素；B 类因素，导致了 15% ~20% 的问题的影响因素，大约占总因素的 20%，称之为次要因素；其余的因素为 C 类因素，称之为一般因素，即所谓的“80/20”法则，ABC 分析法。利用帕累托图可以为 80% 的问题找出关键的影响因素，使得人们对一些重大风险的控制变得直观易于理解。帕累托的学术发展历程如图 5－4 所示。

（2）帕累托最优。帕累托最优（Pareto Optimality），也称为帕累托效率、帕累托改善，是博弈论中的重要概念，并且在经济学、工程学和社会科学中有着广泛的应用。

帕累托最优是指资源分配的一种理想状态，假定固有的一群人和可分配的资源，从一种分配状态到另一种状态的变化中，在没有使任何人境况变坏的前提下，使得至少一个人变得更好，这就是帕累托改进或帕累托最优化。帕累托最优的状态就是不可能再有更过的帕累托改进的余地；换句话说，帕累托改进是达到帕累托最优的路径和方法。帕累托最优是公平与效率的"理想王国"。帕累托改进是指一种变化，在没有使任何人境况变坏的前提下，使得至少一个人变得更好。一方面，帕累托最优是指没有进行帕累托改进的余地的状态；另一方面，帕累托改进是达到帕累托最优的路径和方法。

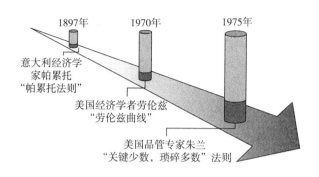

图 5 - 4 帕累托的发展

帕累托最优的条件包括：第一，交换最优。即使再交易，个人也不能从中得到更大的利益。此时对任意两个消费者，任意两种商品的边际替代率是相同的，且两个消费者的效用同时得到最大化。第二，生产最优。这个经济体必须在自己的生产可能性边界上。此时对任意两个生产不同产品的生产者，需要投入的两种生产要素的边际技术替代率是相同的，且两个消费者的产量同时得到最大化。第三，产品混合最优。经济体产出产品的组合必须反映消费者的偏好。此时任意两种商品之间的边际替代率必须与任何生产者在这两种商品之间的边际产品转换率相同。帕累托最优是以提出这个概念的意大利经济学家维弗雷多·帕累托的名字命名的，维弗雷多·帕累托在他关于经济效率和收入分配的研究中使用了这个概念。

如果一个经济体不是帕累托最优，则存在一些人可以在不使其他人的境况变坏的情况下使自己的境况变好的情形。普遍认为这样低效的产出的情况是需要避免的，因此帕累托最优是评价一个经济体和政治方针的非常重要的标准。另外，著名的帕累托法则（或 80/20 法则），则是由约瑟夫·朱兰（Joseph M. Juran）根据维弗雷多·帕累托本人当年对意大利 20% 的人口拥有 80% 的财产的观察而推论出来的。

（3）帕累托最优的应用。叶秀东等（2012）以帕累托最优为出发点，探索了高速铁路建设项目的风险控制路径，将风险分配给各参与方，实现风险分担的帕累托最优。认为通过风险转移、风险分散、风险自留等风险控制手段，将投资风险在公共部门与私营部门之间进行合理分配是做好高速铁路建设项目投资风险控制工作的关键。陈馨（2013）通过对港口企业投资过程中所面临的环境风险、信用风险和市场风险的分析，揭示在港口企业投资过程中，公共部门和私营部门通过帕累托改进达到风险共担帕累托最优状态的风险控制机理，进而提出理顺风险转移渠道、加强信息沟通及实现充分市场竞争的对策建议。刘军（2003）使用委托—代理理论建立了一种保险产品设计模型，分别就信息对称和存在道德风险情况探讨了保险产品的特征和性质。在信息对称条件下，最优的保险产品可以实现保险人与被保险人之间的帕累托（Pareto）最优风险分担，并讨论了该情形下某些保险产品的形式。在非对称信息条件下，由于道德风险的存在，最优的保险产品不能达到帕累托最优的风险分担，探讨了该情形下具有激励机制与功能的保险产品的特征与性质。张相贤（2010）运用极值理论建立了静态和动态的风险度量模型。静态模型运用广义帕累托分布拟合收益率序列的尾部分布。动态模型首先运用 AR（1） – GARCH（1，1）模型对收益率序列进行拟合，然后用广义帕累托分布对新息分布的尾部建模。采用上证综指和标准普尔 500 指数的对数收益率为样本，对静态和动态模型进行了比较研究。研究结果表明：对于 VaR 的度量，在置信水平较低时（如小于 99%），静态风险度量模型更准确，在置信水平较高时，动态模型更好；对于 ES 的度量，动态模型具有通用性和优越性。王怡等（2013）提出了绿色供应链企业间知识共享战略联盟模式，从帕累托有效协同视角构建了知识共享战略联盟动态合作博弈模型。结果表明：知识共享战略联盟可以提高企业加入联盟的积极性，有效激励联盟内的企业合作进行技术创新，降低联盟运行的风险。最后，从激励监督机制、知识共享的渠道和途径、内外风险三方面提出了构建知识共享战略联盟的对策建议。杨巍巍（2013）以帕累托最优为出发点，探索了会计信息的提供对项目投资方案顺利完工、运营、取得预期收益的影响，进而实现风险分担的帕累托最优。谭德俊等（2010）在推导出广义帕累托分布的条件矩的基础上，研究了基于操作风险损失的广义帕累托分布的参数估计问题。并且基于我国商业银行 1994～2008 年的操作风险损失数据对经济资本配置进行了算例分析。

3. 直方图

（1）直方图的含义。直方图（Histogram）又称柱状图、质量分布图，是一种横道图，它利用直方形的高度和宽度表示损失特性值随时间或风险因素变化而变化的分布图形。每一栏代表一个风险因素的一个特征或属性。每个栏高度代表该种特征或属性出现的相对频率、频数或损失金额。这种工具通过各栏的状况和高度来确定风险问题的根源。如图 5 –5 所示。

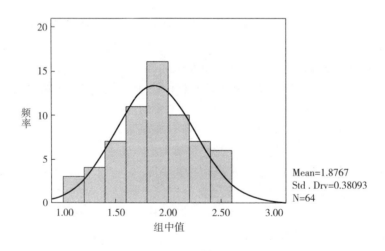

图 5 –5　直方图

利用直方图可以比较直观地看出产品质量特性的分布状态，对于数据的分布状况一目了然，便于判断其总体质量分布情况。在制作直方图时首先要对数据进行分组，因此如何合理分组是其中的关键问题。按组距相等的原则进行的两个关键数位是分组数和组距。直方图是一种几何形图表，它是根据从生产过程中收集来的质量数据分布情况，判断生产过程是否稳定，预测生产过程的质量。具体来说，作直方图的目的有判断一批已加工完毕的产品，验证工序的稳定性，为计算工序能力搜集有关数据。直方图将数据根据差异进行分类，特点是明察秋毫地掌握差异。

（2）直方图的应用。

黄崇福、白海玲（2000）提出了模糊直方图的概念及其性质，给出了一种用信息分配手段去构造模糊直方图的方法，以实例说明了模糊直方图方法在自然灾害风险分析中的应用。李小利等（2013）采用基于灰度直方图的加权模板匹配法实现摄像机的标定。首先，以一个游标卡尺作为目标采集图像，此采集图像作为后续分析的同时用于模板的多处提取；提取的每个模板都将用于后续的模板匹配来提取目标区域（Region of Interest，ROI）；匹配所获得的所有目标区域二值化后并旋转 90 度，以提取其水平方向的灰度直方图；所获得灰度直方图经过优化获得单一峰值后用于获取测量精度；最终标定出的测量精度是由所获得的所有测量精度值进行可信区间的加权平均决定的。武东等（2007）基于稳定分布和正态分布、稳定分布的 PARCH 模型，并通过股票指数收益率的稳定化 PP 图和直方图发现其具有高峰厚尾特征。最后，通过上证指数的 VaR 计算，得到在金融风险度量中基于稳定分布的 PARCH 模型比基于正态分布的 PARCH 模型更加有效。

三、风险监控的措施

风险监控是一个连续的活动过程，应该对组织整个流程中所有可能发生的各种风险进行监控和控制。

1. 建立风险预警系统

风险预警管理，是指对组织管理过程中有可能出现的风险，超前或预先采取防范的管理方式，一旦在监控过程中发现有发生风险的征兆，及时发出预警信号，并采取校正行动，以最大限度地控制不良后果发生。

2. 制订应对风险的应急计划

应急计划是指为控制实施过程中可能出现或突然发生的特定情况做好的事先准备。计划应包括对突发风险的描述，对完成计划的人、财、物等方面约束条件的掌握，对风险发生的可能性和风险影响估计，所要采取的适当反应等方面。应急计划中应明确启动风险应急行动的触发方式有四种：①定期进行；②以具体某一时间为行动信号；③以实际值与预先确定的定量目标之间的差距为行动信号；④以预先设定阈值为行动信号。

3. 确定合理的风险监控时机

应兼顾既要避险又要经济可行的原则。最好的规避策略付出的代价太大，不采取措施，风险损失太大。

4. 建立较为完善的监督检查机制，进行动态管理

企业的各级领导、业务部门要经常到项目中进行检查与指导，并加强与业主的沟通，听取业主的意见，及时把各种新的法律法规、内外形势变化、企业和业主的要求等传达到项目监理人员当中，并在检查中及时发现项目监理机构的不足，企业管理者应针对项目存

在的风险隐患及时加以处理，使其消失于萌芽状态，避免风险事故的发生。

【章末案例】　　　　　　　　　　　**舞王俱乐部的火灾**

　　2008 年 9 月 20 日 23 时许，深圳市龙岗区龙岗街道龙东社区舞王俱乐部发生特大火灾。这是一场本来可以避免的责任事故。火灾发生于舞王俱乐部 3 楼的表演场所，是由舞台上燃放焰火点燃电线造成的。当时，舞王俱乐部内有数百人正在喝酒、看歌舞表演。火灾发生后，观众慌不择路、夺路而逃，在一长约 10 米的过道上相互拥挤、踩踏，酿成一幕人间惨剧。舞王俱乐部于 2007 年 9 月 8 日开业，无营业执照，无文化经营许可证，消防验收不合格，属于无牌无照擅自经营。舞王俱乐部的窗户采用隔音材料，最外面一层是钢化玻璃，里面是隔板，最后一层是厚达 10 厘米的隔音泡沫。墙体也大量使用这种隔音泡沫或者消音板，天花吊顶用的都是塑胶材料，不能阻燃防火。还有，舞王俱乐部本来还有一处楼梯，但后来被改装成电梯，减少了消防安全通道。从硬件设施上看，舞王俱乐部根本不符合消防安全要求。

　　此次火灾的死者主要死于一氧化碳和氰化物中毒，是俱乐部屋顶的装修材料聚氨酯隔音棉燃烧产生的毒气。这次火灾的受火面积有 100 多平方米，桌子都没有烧，其他地方也没有烧。这场没有特别大明火、受火面积仅 100 多平方米的火灾之所以导致 43 人死亡，关键是因为排烟不畅。俱乐部安装了排烟系统，但是因为线路只有一条，没有安装双线路，所以排烟系统没有发挥作用。加上自动喷淋系统有问题，所以导致火势没有及时得到控制。消防通道的确存在堵塞和较窄的问题，但是原来的建筑有 3 条消防通道，分别在建筑的两侧。当时只有熟悉内部构造的员工和常客从安全出口逃出来，大量人员都在惊恐和混乱中或随人群，或只知道来时的路，向大门拥去。

　　一、危险源识别

　　危险源如表 5 - 1 所示。

表 5 - 1　危险源识别

项次	危险源描述	可能导致的后果
①	演员表演施放烟火	天花板着火断电
②	屋顶采用了大量吸音海绵装修	海绵燃烧后生成大量的有毒气体
③	排烟系统没安装双路线	排烟不畅
④	自动喷淋系统出问题	火势没有被及时控制
⑤	10 米长的狭窄过道	发生火灾后人员不能及时撤离
⑥	消防通道堵塞	发生火灾后人员不能及时撤离
⑦	只有极少数员工知道安全出口的位置	大部分人员未能及时逃出

　　二、风险评定

　　风险评定的相关量化指标和分级标准如表 5 - 2 至表 5 - 6 所示。

表5-2 可能性分级表

1——极不可能	近十年内国内外俱乐部未发生
2——不太可能	近十年内国内外俱乐部偶尔发生
3——可能性很小	国内俱乐部每年偶尔发生
4——相对可能	本俱乐部每年偶尔发生
5——特别频繁	本俱乐部每年发生多次

表5-3 严重度分级表

1——可忽略的	人员：没有受伤
	俱乐部营业状况：极少的职员失误，没有导致直接损失
	设备：没有损失或极少的故障，没有导致直接损失
	媒体关注：没有引起媒体关注
	公众信心：没有影响到公众信心
2——轻微的	人员：急救受伤，没有残疾，但造成工作延误
	俱乐部营业状况
	设备：设备轻微损坏
	媒体关注：引起俱乐部所在地媒体关注
	公众信心：可能会降低，但公众觉得情况可以接受
3——严重的	人员：人员受伤，需要住院养护，造成直接损失，没有人员残疾
	俱乐部营业状况：安全度显著降低
	设备：设备中度损坏，但经过维护可以继续使用，造成直接损失
	媒体关注：媒体要将发生的事件公开，引起当地管理部门的关注
	公众信心：公开的媒体报告导致公众信心显著降低
4——特别严重的	人员：造成人员残疾和严重受伤
	俱乐部营业状况：安全度大幅度降低，造成俱乐部秩序混乱，带来直接损失，应急程序启动
	设备：主要设备损坏，需要长时间的维修才能投入使用
	媒体关注：媒体报道引起民航局关注
	公众信心：公众对俱乐部的安全性产成怀疑，相当数量的公众不再到俱乐部消费
5——灾难性的	人员：造成人员死亡或顾客受伤，公众生命受威胁
	俱乐部营业状况：安全度严重降低，造成俱乐部关闭数小时，给俱乐部带来严重的直接损失
	设备：设备严重损坏，不能继续使用
	媒体运行：媒体关注引起公众对俱乐部的问责
	公众信心：公众表现出对俱乐部的强烈抵制

表5-4 可能性与风险度分级

发生的可能性	风险严重度				
	可忽略的：1	轻微的：2	严重的：3	特别严重的：4	灾难性的：5
5——特别频繁	5	10	15	20	25
4——相对可能	4	8	12	16	20
3——可能性很小	3	6	9	12	15
2——不太可能	2	4	6	8	10
1——极不可能	1	2	3	4	5

注：风险度（Risk）＝可能性（Likelihood）×严重度（Severity）。

表 5 - 5　风险级别

风险度	措施
1~4	低风险，在考虑风险的各种因素后，俱乐部正常运行
5~9	中等风险，俱乐部可以继续运行，但必须采取风险控制措施
≥10	高风险，不可以接受。俱乐部采取对应的控制措施，直至风险降低后才能恢复运行

表 5 - 6　危险源安全评价与分析

危险源编号	可能性	严重性	风险度	可接受程度
①	4	3	12	不可接受
②	4	3	12	不可接受
③	3	4	12	不可接受
④	3	3	9	风险缓解后可接受
⑤	3	4	12	不可接受
⑥	2	4	8	风险缓解后可接受
⑦	3	4	12	不可接受

三、选择风险控制方案

风险控制方案如表 5 - 7 所示。

表 5 - 7　风险控制方案

危险源	①演员表演施放烟火
控制措施	在进行表演前，确定表演的安全性，使用合格的道具
剩余风险	可能性：4 严重度：3 风险度：4×3=12 风险是否是可接受的：不可接受
控制措施	使用合格道具，并制订应急方案
剩余风险	可能性：2 严重度：2 风险度：2×2=4
风险是否是可接受的	可接受
衍生风险	无
危险源	②屋顶采用了大量吸音海绵装修
控制措施	减少屋顶吸音海绵的使用量
剩余风险	可能性：4 严重度：3 风险度：4×3=12
风险是否是可接受的	不可接受

续表

控制措施	屋顶不使用海绵进行装修
剩余风险	可能性：2 严重度：3 风险度：$2 \times 3 = 6$
风险是否是可接受的	可接受
衍生风险	使用了其他的易燃材料替代了海绵
控制措施	俱乐部的装修应符合防火标准，不使用易燃材料
剩余风险	可能性：2 严重度：2 风险度：$2 \times 2 = 4$
风险是否是可接受的	可接受
危险源	③排烟系统没安装双路线
控制措施	安装双线路排烟系统
剩余风险	可能性：3 严重度：4 风险度：$3 \times 4 = 12$
风险是否是可接受的	不可接受
控制措施	安装双路线排烟系统，并在每天营业前对其进行检查
剩余风险	可能性：1 严重度：4 风险度：$1 \times 4 = 4$
风险是否是可接受的	可接受
衍生风险	无
危险源	④自动喷淋系统出问题
控制措施	每天营业前对自动喷淋系统进行检查
剩余风险	可能性：2 严重度：2 风险度：$2 \times 2 = 4$
风险是否是可接受的	可接受
衍生风险	无
危险源	⑤10米长的狭窄过道
控制措施	扩宽走廊，使其宽度达到防火间距的要求
剩余风险	可能性：3 严重度：4 风险度：$3 \times 4 = 12$
风险是否是可接受的	不可接受
控制措施	扩宽走廊，同时在走廊安装应急指示灯

剩余风险	可能性：2 严重度：2 风险度：2×2＝4
风险是否是可接受的	可接受
衍生风险	无
危险源	⑥消防通道堵塞
控制措施	疏通消防通道，不在通道上堆放杂物
剩余风险	可能性：2 严重度：2 风险度：2×2＝4
风险是否是可接受的	可接受
衍生风险	无
危险源	⑦只有极少数员工知道安全出口的位置
控制措施	对员工进行安全培训，让他们知道安全通道的位置
剩余风险	可能性：3 严重度：4 风险度：3×4＝12
风险是否是可接受的	不可接受
控制措施	对员工进行安全培训，让他们知道安全通道的位置，同时在每一个房间都贴一张安全通道的指示图
剩余风险	可能性：2 严重度：2 风险度：2×2＝4
风险是否是可接受的	可接受
衍生风险	无

四、实施风险监控

按照要求制订实施计划：

（1）对于危险源①，采取的风险控制措施为在进行表演前，确定表演的安全性，使用合格的道具，并制订应急方案。如表 5-8 所示。

表 5-8　危险源①的风险控制措施

活动	开始时间	预定结束时间	负责人
1. 练习表演内容，确定安全性	表演开始前三个星期	表演开始前两个星期	表演部经理
2. 制定应急措施	表演开始前 21 天	表演开始前 21 天	表演部经理
3. 上报需要采购的道具	表演开始前 21 天	表演开始前 21 天	表演部经理
4. 批准采购	表演开始前 14 天	表演开始前 14 天	总经理
5. 按要求采购材料	表演开始前 14 天	表演开始前 7 天	采购部经理

（2）对于危险源②，采取的风险控制措施为俱乐部的装修应符合防火标准，不使用海绵等易燃材料。如表5－9所示。

表5－9　危险源②的风险控制措施

活动	开始时间	预定结束时间	负责人
1. 检测装修材料是否符合防火标准	装修开始前70天	装修开始前60天	行政经理
2. 上报需要采购的装修材料	装修开始前60天	装修开始前50天	行政经理
3. 批准采购	装修开始前50天	装修开始前45天	总经理
4. 按要求采购材料	装修开始前45天	装修开始前35天	采购部经理

（3）对于危险源③，采取的风险控制措施为安装双路线排烟系统，并在每天营业前对其进行检查。如表5－10所示。

表5－10　危险源③的风险控制措施

活动	开始时间	预定结束时间	负责人
1. 上报安装双路线排烟系统需要采购的材料	施工开始前60天	施工开始前50天	行政经理
2. 批准采购	施工开始前50天	施工开始前45天	总经理
3. 按要求采购材料	施工开始前45天	施工开始前35天	采购部经理
4. 与施工方签订合同	施工开始前45天	施工开始前35天	总经理
5. 每天营业前对排烟系统进行检查	营业前两小时	营业前一小时	设备维修部经理

（4）对于危险源④，采取的风险控制措施为每天营业前对自动喷淋系统进行检查。如表5－11所示。

表5－11　危险源④的风险控制措施

活动	开始时间	预定结束时间	负责人
每天营业前对排烟系统进行检查	营业前两小时	营业前一小时	设备维修部经理

（5）对于危险源⑤，采取的风险控制措施为扩宽走廊，使其宽度达到防火间距的要求，同时在走廊安装应急指示灯。如表5－12所示。

表5－12　危险源⑤的风险控制措施

活动	开始时间	预定结束时间	负责人
1. 上报所需扩宽的走廊宽度及安装应急灯所用材料	施工开始前60天	施工开始前50天	行政经理
2. 批准采购	施工开始前50天	施工开始前50天	总经理
3. 按要求采购材料	施工开始前45天	施工开始前35天	采购部经理
4. 与施工方签订合同	施工开始前45天	施工开始前35天	总经理

（6）对于危险源⑥，采取的风险控制措施为疏通消防通道，不在通道上堆放杂物。如表5-13所示。

表5-13　危险源⑥的风险控制措施

活动	开始时间	预定结束时间	负责人
清理消防通道上所堆积的杂物	营业前三天	营业前一天	行政经理

（7）对于危险源⑦，采取的风险控制措施为对员工进行安全培训，让他们知道安全通道的位置，同时在每一个房间都贴一张安全通道的指示图。如表5-14所示。

表5-14　危险源⑦的风险控制措施

活动	开始时间	预定结束时间	负责人
1. 制订员工安全培训计划	培训开始前60天	培训开始前50天	安全监管部经理
2. 审批培训计划	培训开始前50天	培训开始前50天	总经理
3. 对员工进行安全培训	员工上岗前15天	员工上岗前5天	安全监管部经理
4. 粘贴安全通道指示图	培训前45天	培训开始前35天	安全监管部经理

五、持续监控

（1）俱乐部的安全监管部每个月组织其成员对俱乐部设备的维护工作及记录进行检查，逐项核对各级管理者与员工是否履行其职责。

（2）对于检查中发现的问题，在每个季度的安全总结会上提出。同时提出改进措施，明确各方的职责，使其更加有效地实施。

（3）俱乐部所在地的消防部门每个季度组合人员，对俱乐部进行消防安全抽样检查，对于检查中出现的问题，俱乐部应及时进行改进。

（4）俱乐部安监部每半年进行一次消防安全的全面检查，重点检查每个月中出现的安全问题，看其是否进行了整改。

（5）在每年末的安全工作总结会上，总结本年度出现的问题及改进的效果，同时提出下一年度的安全计划。

六、教训与启示

《突发事件应对法》第二十四条规定："公共交通工具、公共场所和其他人员密集场所的经营单位或者管理单位应当制定具体应急预案，为交通工具和有关场所配备报警装置和必要的应急救援设备、设施，注明其使用方法，并显著标明安全撤离的通道、路线，保证安全通道、出口的畅通。有关单位应当定期检测、维护其报警装置和应急救援设备、设施，使其处于良好状态，确保正常使用。"公众聚集场所安全是我国公共安全的一大"软肋"。从洛阳东都商厦火灾到吉林中百商厦火灾直至深圳舞王俱乐部的火灾都说明了这点。我们必须按照上述要求，居安思危，常备不懈，做好公众聚集场所突发事件的预防与准备工作。

深圳舞王俱乐部发生的特大火灾导致群死群伤，令人触目惊心。该俱乐部作为公众聚集场所，缺少最起码的消防设施，建筑、装修隐患重重，无牌无照，擅自经营一年多。在有关地方势力的保护下，这些公共场所的隐患问题无人敢问，出事是必然的，不出事是偶然的。所以，突发事件的预防并非一个简单的观念转变问题。有时，它会涉及方方面面的利益协调，有赖于政府出台一系列的公共政策。还有，在这场惨剧中，我们看到了我国社会公众公共安全意识的薄弱和自救逃生技能的欠缺。火灾发生后，舞王俱乐部内的公众在狭长的过道上相互拥挤、踩踏，伤亡惨重。相比之下，世界贸易组织大楼遭受恐怖袭击失火后，公众有序撤离，女士优先，有条不紊，值得学习。所以，政府应急管理部门应加强对社会公众的公共安全教育，防止在紧急状态下次生灾难的发生。作为社会公众，我们在公共聚集场所也必须加强安全防范意识，如注意观察周围环境特点，查看逃生、疏散路线等。

　　资料来源：作者根据多方资料整理而成。

【本章小结】

　　风险监控就是通过对风险规划、识别、分析、应对全过程的监控和控制，从而保证风险管理能达到预期目标的活动过程。其目的是：核对风险管理策略和措施的实际效果是否与预见的相同；寻找机会改善和细化风险规避计划。风险监控技术包括审核检查法、监控单、风险报告和费用偏差分析法等；风险监控工具有直方图、鱼刺图和帕累托图等。

【问题思考】

1. 什么是风险监控？主要有哪些监控活动内容？
2. 风险监控的依据和目标是什么？
3. 风险监控有哪些步骤？
4. 风险监控技术有哪些？
5. 风险监控工具有哪些？
6. 请根据以下数据在 Excel 上绘制帕累托图。

序号	项目	件数	累计件数	累计百分比（%）
1	缺陷1	458	458	0
2	缺陷2	297	755	46
3	缺陷3	80	835	76
4	缺陷4	55	890	84
5	缺陷5	38	928	90
6	缺陷6	37	965	93
7	缺陷7	28	993	97
				100

　　7. 统计某机种某次退返品的不良项目包括外观丝印不良：16；不通电：92；无报警信号：210；不计数：78；马达异音：320；摇机时有声音：48；信号不能切换：5；扬声器噪声：5；马达倒转：4；地脚难拧：3。试作一张排列图，并分析主次原因。

第六章 战略风险

【学习要点】

☆ 了解战略与企业战略。

☆ 理解战略管理的层次、过程。

☆ 了解战略风险的含义与分类。

☆ 认识战略环境的不确定性。

☆ 了解战略风险管理的步骤、战略风险管理策略。

☆ 掌握 PEST 分析法、五力模型、SWOT 分析、价值链分析。

☆ 理解差距分析、差距分析的层次。

☆ 理解安索夫矩阵。

☆ 掌握总成本领先、差异化和集中化战略的含义。

【章首案例】 <center>与时间竞赛的福记</center>

夜深了，灯光稀落，北京朝阳区小武基仓库一片寂静。突然，一阵急促的脚步声，伴随着铁棍触地的声响划过黑暗。在福记公司仓库门前，一拨"全副武装"、由30多人组成的队伍停了下来。"你们要干什么!?"一位仓库看守人员站了出来。"给我上!"在一阵嘶叫中，铁棍、木棍迎面而来，不消一刻，仓库被"洗劫一空"。这是2009年7月14日晚11点，在夜色笼罩中发生的悲惨一幕。蹊跷的是，据当事人透露，洗劫者竟然是知名送餐业巨头、在香港上市的福记公司"聘用"的打手；铁棍挥向的则是福记旗下高铁公司、被欠薪一年、闻讯连夜守卫仓库的17位高管——自己人打自己人。三个月后，福记宣布清盘。"铁棍"又挥向了对福记向来称赞有加的投资者们。一连串问号油然而生，揭开福记的画皮，却不乏意外与讽刺。

一、魏东与福记

福记公司，一直以一种朝阳形象呈现在众人面前，其掌舵人魏东、姚娟夫妇，更被视为10年来最出色的创业明星。然而，昔日的朝阳其实早已日薄西山，暮色垂危。有人评价魏东是一个唯战略论的人，抱负很大，这点既能成就他，也能毁了他。可惜，魏东自己可能从未意识到抱负的危险。

1998年，29岁的魏东辞去南通税务局的干部工作，从银行贷款，东凑西借了200万元，开了一家中餐馆，开始了他的传奇。2000年1月，魏东与他的哥哥魏明从银行贷款，收购了已关门两年的大型餐饮企业"苏州好世界中餐馆"，并更名为"福记"。后来，有不少人称赞魏东名字起得好，一听就是几百年的大店！在以后的发展中，苏州福记大获全胜。魏东乘胜追击，又在上海浦东开了两家餐馆。

如今，如果要用一个字来概括魏东初期的成功，那就是"快"。福记抓住了长三角餐饮业的膨胀期，迎合了市场需求。但是，魏东仍然不满足。2002年8月，福记进入送餐行业，一套"福记垂直化模式"惊艳亮相。魏东将送餐流程自上到下，分为中央采购、开封及用料分配、清洗、切割、腌泡、半加工产品，以及由中餐馆、送餐、方便食品组成的营销终端。在今天，这套模式仍是整个送餐业顶礼膜拜的流程化"教科书"。在采购环节，实行中央集权，与上游大宗采购对接，获取高折扣价格，并谋求货款较长账期；在加工环节，实行机械化操作，不仅确保安全性与标准化，更节省大量人力成本；更关键的是，可以在任何地点、任何时间对整套流程进行复制。

难怪，风投者考察福记后都惊呼"上帝"。他们发现，福记一个终端点只有30~50人，却可实现日送2万份的工作量，且人力成本不到收入的5%，一般情况下可是30%以上！在这个模式崇拜的年代里，魏东的头脑首先征服了英特尔、西门子等大客户，接着又轻松征服资本市场。2004年1月，法国里昂证券旗下基金向福记注资700万美元；2004年12月，福记登陆香港联交所，发行价3.1港元，融资3亿多港元。福记一夜成名，达到这一辉煌，魏东只用了五年。

二、超速的魏字头列车

有时，成功太快、太顺，便可使人神不知鬼不觉地"飘飘然"。福记上市后，成功地吸引了摩根大通、瑞银等机构投资者入股。然而久而久之，有人发觉魏东渐渐外露。魏东对一个朋友说，他有了第一个1000万时，就不看报表了，只看战略，战略决定一切。后来，魏东去清华大学EMBA学习，自我感觉甚好。他说自己看见的，不再只是"象腿"或"象鼻"，而是整只"大象"。他将福记的目标定位为"中国最大的餐饮企业"，一定要与国际竞争。

2005年，香港股市前景乐观，福记股价表现颇为惊艳。此时，魏东已与投行打得一片火热。他渐渐觉得，资本市场可以化腐朽为神奇，也许，可以借助资本市场的力量，实现他更大的抱负。终于，魏东内心的冲动促使其变得"狂野"起来。他告诉投行需要20亿~30亿元，建立源头采购及加工中心、地区物流枢纽、大量的品牌中餐馆、大量的便利店……魏东意欲将福记从送餐、中餐业务终端，上溯到中游食品冷链系统、上游原料加工业务。

毫无疑问，这是一个"福记帝国"的抱负，关键障碍正是钱。于是，摩根大通恰当地出现了，向魏东推荐了可转换债券这一"化腐朽为神奇"的利器。所谓可转换债券（CB），即设定一个换股价，当股价超过换股价时，公司就可以向债权人发行新股代替现金还债，貌似"白拿"。很明显，这是一个"时间机器"，发债人需要赶在CB到期日之前，促成其股价越过换股价。一般而论，发行可转换债券，需建立在公司业绩实质增长和牛市基础上。然而，牛市有了，实质性增长也貌似没有问题——魏东坚信自己的战略。

2005年10月，魏东通过摩根大通发行6.2亿港元CB，换股价定在还算温柔的10.25港元，2010年到期。未料魏东好运相随，股价很快越过换股价，不到一年全部换股成功。魏东尝到甜头，胆量再度膨胀。2006年11月，魏东通过瑞银订立了10亿港元零息CB，换股价已高达17.18港元，2009年11月到期；这意味着，福记要在3年内促成股价足够久地维持">17.18港元"，否则，将身背10亿港元负债——这就是魏东的"时间竞赛"。令人忧虑的是，从未有过一个主营送餐的企业能够在短短几年内盘活上十亿元现金流。

三、时间竞赛与致命悖论

在一个恢宏战略抱负的鼓动下，魏东又一次大规模的"时间竞赛"启动了。魏东首先完善并扩大送餐产业链。他计划设立4个原材料采购中心，2个区域调度和处理中心、7个当地调度和加工处理中心，势力扩张至整个长三角地区，每日送餐可达140万份。接着，魏东将福记业务开花结果。逐渐，福记形成五大子公司，包括澳特莱集团，全产业链食品加工公司；多鲜乐集团，生鲜超市公司；先驰达集团，食品采购物流公司；味鲜达集团，多元送餐公司；福记中餐，餐饮公司。最后，魏东"大手笔"多了起来。2007年6月，福记在广西北海投资6.5亿元，建设调味品基地；紧接着，福记又以8亿元价格收购金汉斯餐厅，进军低端主题餐厅市场。

表面上看，魏东正在大杀四方。然而事实上，此时的福记已经深陷战略泥淖不能自拔。在福记2008年一季度财报中显示，福记之前年度税后盈利4.26亿元，产生现金5.23亿元，但在那刚过去的一年，魏东有账可查的投资就达到15亿元！

这形成一个悖论。为应对可转换债券，魏东必须投钱，往大里做，而魏东投了钱，其主营业务又难以在要求时间内产生足够的资金回流。魏东的投资雪球滚得越大，其崩溃的可能性也就越大——尴尬的是，只有当"时间竞赛"启动，才能发现这一致命错误。

四、画皮制造

当潘多拉魔盒无法关上，福记以往的"快""大抱负"就变成了虚伪并极具欺骗性的"画皮"，"帝国制造"也就变为"画皮制造"。于是，福记的崩溃开始了，起点并不在长三角地区，而是北京。早在2007年3月，魏东就从铁道部拿到了动车组餐饮服务资格（福记高铁项目），这被认为是福记上市几年来拿到的最大的"肥差"。也正是在这段时间，福记股价跃升至29.20港元，换股启动，赢取"时间竞赛"的胜利只有一步之遥。

魏东的激进也终于达到最顶峰。与铁道部合资方式尚未确定，魏东便将高铁项目列入试运行，投入大量人力财力，仅动车组人员就多达800多人。而且在急进匆忙之中，与这些员工的劳动合同也未签订。起初，魏东试图与铁道部在北京成立合资公司，尽最大可能获取利益。但强势的铁道部明显被这位"野心家"吓住了，索性搁置谈判。更糟糕、更致命的是，2007年10月，将上一笔可转换债券资金耗光的魏东，又通过花旗订立了15亿元人民币零息CB，换股价竟然高达32.83港元，2010年10月到期。这几乎让人难以理解。须知，福记股价达到29.20港元后，一路下跌，换股也有暂停，而这笔CB与上一笔只有一年间隔，两年还20多亿港元，福记何以承受？只有一个答案：魏东疯狂了。然而更加恐怖的现实突如其来：这笔要命的可转换债券刚一订立，金融危机就爆发了。

福记股价一泻千里，不断跌破25、20、15、10港元等关口，距离">17.18""32.83"的救命股价越来越远，这意味着，已经把资金几乎耗尽的魏东将输掉"时间竞赛"，"福记帝国"变得虚虚渺渺，20多亿港元负债则变得异常真切。所谓山雨欲来风满楼，但福记的"画皮"却几乎是在没有任何征兆下被捅破了！危机到来之前，只有当事人最清楚明哲保身的时机。2007年底，福记CEO姚伟达辞职，公司副总裁魏民也离开团队——一切不言而喻。

然而在公司外部，魏东仍在刻意营造莺歌燕舞的盛世画面。福记不断向投资者说明，其前期投资正在转为产能，利润将极大提高，又或是以奥运会为噱头，烘托公司前景。但是，"狡猾"的投行仍然看出破绽。2008年7月，福记一名独董退出，9月，财务总监竟然也辞职出走……摩根大通首先忍不住了，2008年9月底，其疯狂减持，终于间接将福记送上"断头台"，股价短时间重挫60%，到2008年11月仅为2.3港元。清算日到了。

五、最后的挣扎

更多"丑闻"渐渐暴露，越来越多的人知道福记"悬"了。多鲜乐超市巨亏，关门潮此起彼伏；福记多处战略规划搁置，仅有灵渠、无锡项目转为产能；新修建的上海总部大楼完全闲置，据传拖欠了9000万元装修款；上海总部开始用发票开工资……而魏东的高傲终于付出代价，几乎所有中层决定带走客户资源，转投他处。在福记高铁，已经没有任何业务的800多名员工，被要求在北京、长春等地待命，工资停发，只是在2009年春节发放了1500元"过节费"。这激起"民愤"，员工告上法庭，而魏东打算给每名员工发3000元就"一拍两散"。

2008年12月，福记宣布出于节约行政和出版成本，不再发布季度财报，对外掩盖一切真相。随后一年，福记股价竟然又涨到了7.6港元。2009年4月和8月，福记分两次出售金汉斯餐厅业务，分别套现2.67亿港元和3.3亿港元，福记并未说明其财务紧张状况。2009年7月，福记停牌，不明真相的投资者就此套牢。2009年7月、8月和9月，福记连续三次拖延公布年报，财务总监再次出走。

此时，福记两笔可转换债券仍面临总额近20亿港元的债务缺口。2009年10月，福记终于宣布清盘。据内部人士透露，福记虽拥有30多亿元的固定资产，但流动资金只剩几百万元——这个本该提前公布的数据，也可一窥魏东的疯狂。回顾前路，众人唏嘘。魏东，那位意气风发的创业明星，几年前面对媒体的只言片语依然回荡："成功的企业一定是每一个方面都想清楚了才能取得成功，而失败的企业很多时候则是因为某一个很小的方面没想清楚。"成与败，竟皆言中！

资料来源：作者根据相关资料整理而成。

德鲁克认为，对发展战略已不是"是否需要"重视，而是"如何重视"及"重视程度"的问题。企业战略在此被提升到前所未有的高度。战略风险是影响整个企业的发展方向、企业文化、信息和生存能力或企业效益的因素。战略风险因素也是对企业发展战略目标、资源、竞争力或核心竞争力、企业效益产生重要影响的因素。战略风险就是整体的、致命的、巨大的、方向性、根本性的风险。在战略风险上失误可能导致公司整体的失败或者灭亡。

第一节　战略与战略管理

战略并不是"空的东西"，也不是"虚无"，而是直接左右企业能否持续发展和持续盈利最重要的决策参照系。战略管理则是依据企业的战略规划，对企业的战略实施加以监督、分析与控制，特别是对企业的资源配置与事业方向加以约束，最终促使企业顺利达成企业目标的过程管理。

一、战略与企业战略

1. 战略的含义

战略（Strategy）一词最早是军事方面的概念。战略的特征是发现智谋的纲领。在西方，"Strategy"一词源于希腊语"Strategos"，意为军事将领、地方行政长官。后来演变成军事术语，指军事将领指挥军队作战的谋略。在中国，战略一词历史久远，"战"指战争，"略"指"谋略"。春秋时期孙武的《孙子兵法》被认为是中国最早对战略进行全局筹划的著作。20 世纪 60 年代，战略思想开始运用于商业领域，并与达尔文"物竞天择"的生物进化思想共同成为战略管理学科的两大思想源流。在现代，"战略"一词被引申至政治和经济领域，其含义演变为泛指统领性的、全局性的、左右胜败的谋略、方案和对策。

2. 企业战略

战略管理（Strategy Management）的鼻祖伊戈尔·安索夫（Ansoff，1965）在第一本企业战略著作《公司战略》中，明确宣称了自己的战略管理主张，他认为，战略管理目的是"发展一系列有实用价值的理论和程序，使经理人能用来经营……商业公司可以凭借这些实用的方法来做出战略决策"。这既是安索夫创立战略管理这门理论体系的追求，也是他个人作为一位企业战略研究者给自己确立的使命。历史证明，他做到了，而且得到世界范围的广泛认同。后来，安索夫（1976）在《从战略规划到战略管理》一书中最早提出了"企业战略管理"这一概念。他认为：企业的战略管理是指将企业的日常业务决策同长期计划决策相结合而形成的一系列经营管理业务。

美国学者斯坦纳（Steiner G. A.，1982）在《企业政策与战略》一书中研究管理学发展史时指出，战略管理是确定企业使命，根据企业外部环境和内部条件认定企业组织目标，保证目标的正确落实并使企业使命最终得以实现的一个动态过程。这个观点与安索夫对战略管理概念的理解是一致的，即战略管理是以企业战略为对象和目标所进行的特定领域和功能的管理。在《战略规划》一书中，斯坦纳（1979）强调一个组织顶层的管理者所从事的是战略管理，其他的一切管理都是经营管理。战略管理为经营管理提供了指导方向和范围。

关于企业战略的定义，最具有代表性的是美国管理学大师亨利·明茨伯格（Mintzberg，1998）提出的 5P 模型：①从企业未来发展的角度来看，战略表现为一种计划（Plan）；②从企业过去发展历程的角度来看，战略表现为一种模式（Pattern）；③从产业层次来看，战略表现为一种定位（Position）；④从企业层次来看，战略则表现为一种观念（Perspective）；⑤从竞争上看，战略表现为企业采用的一种计谋（Ploy）。这是关于企业战略比较全面的看法。明茨伯格（1994）还在《战略历程：纵览战略管理学派》一书中，把战略管理的众多学派划分为 10 个流派，它们分别是设计学派（Design School）、计划学派（Planning School）、定位学派（Positioning School）、企业家学派（Entrepreneurial School）、认识学派（Cognitive School）、学习学派（Learning School）、权力学派（Power School）、文化学派（Cultural School）、环境学派（Environmental School）、结构学派（Configuration School）。

二、战略管理的层次

1. 公司层战略

公司层战略又称总体战略，是企业最高层次的战略，是企业整体的战略总纲。在存在多个经营单位或多种经营业务的情况下，企业总体战略主要是指集团母公司或者公司总部的战略。总体战略的目标是确定企业未来一段时间的总体发展方向，协调企业下属的各个业务单位和职能部门之间的关系，合理配置企业资源，培育企业核心能力，实现企业总体目标。它主要强调两个方面的问题：一是"应该做什么业务"，即从公司全局出发，根据外部环境的变化及企业的内部条件，确定企业的使命与任务、产品与市场领域；二是"怎样管理这些业务"，即在企业不同的战略事业单位之间如何分配资源以及采取何种成长方向等，以实现公司整体的战略意图。

2. 业务层战略

业务层战略又称经营单位战略。现代大型企业一般都同时从事多种经营业务，或者生产多种不同的产品，有若干个相对独立的产品或市场部门，这些部门即事业部或战略经营单位。由于各个业务部门的产品或服务不同，所面对的外部环境（特别是市场环境）也不相同，企业能够对各项业务提供的资源支持也不同，因此，各部门在参与经营过程中所采取的战略也不尽相同，各经营单位有必要制定指导本部门产品或服务经营活动的战略，即业务层战略。业务层战略是企业战略业务单元在公司战略的指导下，经营管理某一特定的战略业务单元的战略计划，具体指导和管理经营单位的重大决策和行动方案，是企业的一种局部战略，也是公司战略的子战略，它处于战略结构体系中的第二层次。业务层战略着眼于企业中某一具体业务单元的市场和竞争状况，相对于总体战略有一定的独立性，同时又是企业战略体系的组成部分。业务层战略主要回答在确定的经营业务领域内，企业如何展开经营活动；在一个具体的、可识别的市场上，企业如何构建持续优势等问题。其侧重点在于以下几个方面：贯彻使命、业务发展的机会和威胁分析、业务发展的内在条件分析、业务发展的总体目标和要求等。对于只经营一种业务的小企业，或者不从事多元化经营的大型组织，业务层战略与公司战略是一回事。所涉及的决策问题是在既定的产品与市场领域，在什么样的基础上来开展业务，以取得顾客认可的经营优势。

3. 职能层战略

职能层战略是为贯彻、实施和支持公司战略与业务战略而在企业特定的职能管理领域制定的战略。职能战略主要回答某职能的相关部门如何卓有成效地开展工作的问题，重点是提高企业资源的利用效率，使企业资源的利用效率最大化。其内容比业务战略更为详细、具体，其作用是使总体战略与业务战略的内容得到具体落实，并使各项职能之间协调一致，通常包括营销战略、人事战略、财务战略、生产战略、研发战略等方面。公司层战略倾向于总体价值取向，以抽象概念为基础，主要由企业高层管理者制定；业务层战略主要就本业务部门的某一具体业务进行战略规划，主要由业务部门领导层负责；职能层战略主要涉及具体执行和操作问题。

公司层战略、业务层战略与职能层战略一起构成了企业战略体系。在企业内部，企业战略管理各个层次之间是相互联系、相互配合的。企业每一层次的战略都为下一层次战略提供方向，并构成下一层次的战略环境；每层战略又为上一级战略目标的实现提供保障和支持。所以，企业要实现其总体战略目标，必须将三个层次的战略有效地结合起来。战略层次与管理层次对应关系如图6-1所示。

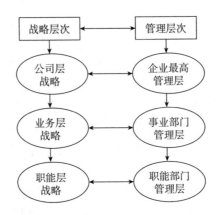

图6-1　战略层次与管理层次对应关系

三、战略管理的过程与关键要素

1. 战略管理的过程

企业战略风险的管理是通过建立有效的信念与边界等管理控制系统及实施完善的内部控制来实现的。管理层通过正式的信念系统和边界系统排除那些与企业战略不相符合并可能带来风险的机遇。内部控制则提供了保护资产的安全，以及防范和发现错误与舞弊的制衡机制。有效的风险管理能释放企业的资源和资金储备，并将稀缺的资源投入与战略相一致并增进企业价值的活动中。战略管理包括战略分析、战略选择、战略实施和战略控制四个过程，如图6-2所示。

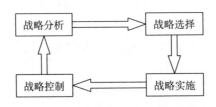

图6-2　战略管理过程

（1）战略分析。通过资料的收集和整理分析组织的内外环境，包括组织诊断和环境分析两个部分。

（2）战略选择。确定企业任务，认定企业的外部机会与威胁，认定企业内部优势与弱点，建立长期目标，制定供选择战略，以及选择特定的实施战略；

（3）战略实施。树立年度目标、制定政策、激励员工和配置资源，以便使制定的战略得以贯彻执行。

（4）战略控制。重新审视外部与内部因素；度量业绩；采取纠偏措施。

2．战略的关键要素

（1）愿景。愿景是推动企业以一种显著方式超越目前环境行动的能力。愿景可能涉及在竞争激烈的市场环境中的创新战略。例如，在过去的 20 年当中，照相机从简单的相机演化为带有视频录制功能而且体积只有口袋大小的数码相机，这一演化愿景将为未来 10 年的战略决策指引方向。

（2）可持续性。要保证企业具有旺盛的生命力，关键是要有一个长期且可持续的战略。如果数码相机市场只能持续几个月的时间，那么数码相机的技术进步和产品创新就没有意义。

（3）有效传递战略的流程。有了战略之后，重要的是将达成的战略传递到企业的各个方面，以求得到落实执行。因此，一套可以传递高层管理人员达成的战略的流程至关重要。

（4）竞争优势。企业只有具备超越现有或潜在竞争对手的可持续竞争优势时，才能够赢得市场。

（5）能利用企业与环境之间的联系。战略必须能利用企业与环境之间的联系，如与供应商、客户、竞争对手或政府之间的联系。这些联系可能是有契约的关系和正式的联系，也可能是模糊的和非正式的联系。这就如同一部数码相机具有兼容性，能够与大多数计算机相关产品连接，进行图片输入或输出一样。

四、企业战略的发展途径

在企业战略的发展途径这个问题上存在诸多观点。由于企业战略这门学科的广度和复杂性，使得许多学者对企业战略的内容、流程和本质都有着不同的看法。但是，我们可以将形成企业战略的方法归结为两类：理性方法和应急方法。理性方法是指企业先制定目标，然后设计战略来实现这些目标；战略规划在前，实施在后；相反，在应急方法下，战略的最终目标并不明确，战略的所有要素随着战略的开展而不断形成，它更侧重于战略的管理流程。

1．理性方法

理性方法是一种具有机械性的线性模型。在这个模型中，战略的概念和执行都是具体的连续过程。①进行企业评估。这一步评估企业的战略状况，包括目前的经营状况，并评估它在未来的发展趋势，以及企业的内部资源和生产能力，例如目前的人员配置、产品质量和财务状况等。②确定使命和目标。管理层需要制定代表企业长远利益的明确使命，指导企业发展。使命确定以后，必须调整企业的经营目标以支持使命的实现。③进行差距分析。这一步预测未来，将预期业绩与管理层确定的战略目标相比较，如果预期业绩低于既定目标，就需要调整战略。④进行战略选择。在这个阶段，管理层应该有不同的经营选择，例如新产品或者新市场，这样他们就可以评估哪一个战略最适合公司，最能够实现既定目标。⑤执行所选择的战略。管理层需要在公司、业务单位和职能层面上执行所选择的战略。为了执行战略，企业有可能需要改变组织结构、政策和程序。企业战略形成的理性方法的步骤如图 6-3 所示。

2．应急方法

应急战略的最终目标并不明确，其构成要素是在战略的执行过程中逐渐形成的。应急方法主义者认为，管理者不能以抽象的、超脱的方式来观察和分析企业组织，因此无法预先制定战略。这种方法认为，理性主义者将战略分割为制定阶段和执行阶段是有问题的。战略的制定应该是让发生了的事情更有意义，是预计未来会发生什么事情的基础。应急方法的战略变化过程通常是零散的、直观的。有效的战略是逐步形成的，并且具有时效性。

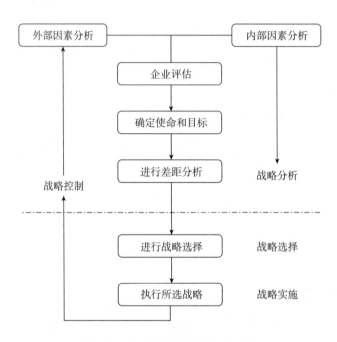

图 6-3　企业战略形成的理性方法

五、企业战略的检验

虽然关于企业战略有着各种不同的解释，但是能够达成普遍共识的是：良好的战略应该能够传递公司的发展目标。然而，如果目标不合理则会带来某些缺陷：如果目标太简单，那么任何一成不变的战略都能够取得成功；如果目标本身太模糊，那么它至多只是一些表面化的生存或成长目标。战略检验包括应用相关性检验和学术严谨性检验两个层面。

1. 应用相关性检验

应用相关性检验，是指考虑战略是否与企业及其运营的现状相关。主要有：①价值增值检验。良好的战略能够在市场中为企业带来价值增值。价值增值可以表现为盈利能力的提高，也可以表现为可预期的长期收益，其可以用市场占有率、创新能力和员工满意度等长期指标来衡量。②竞争优势检验。良好的战略能够为企业带来可持续的竞争优势。某些组织（例如慈善机构或政府组织）在竞争的范畴上被误解，它们表面上似乎并没有在市场中参与竞争，但事实上，这些组织也在竞争资源。慈善机构之间会为获得新的基金和政府支持而相互竞争，政府部门之间也会为获得更多的政府资金而相互竞争。③一致性检验。良好的战略应该与企业每时每刻所处的环境相一致。这说明战略应该能够以一个适当的速度与不断变化的环境相适应，这个速度不能太快，也不能太慢，并且有能力在适应环境变化的过程中有效地使用企业资源。

2. 学术严谨性检验

学术严谨性检验，是指从学术的角度严谨地检验战略的原创性、思维的逻辑性和方法的科学性。包括：①原创性检验。优秀的战略在于其原创性。但是，在实践中要特别注意把握创新的程度，因为过度的创新可能会偏离主题，甚至会形成荒唐的、不合逻辑的想法。②目标性检验。即考察所提战略是否试图达到企业所设定的目标。尽管很难定义目标，但是，目标性检验还是合理的、可行的。对目标的定义可能包括企业领导人及其利益相关人的雄心或欲望。③灵活性检验。良好的战略应该具有一定的灵活性，以使企业能够根据竞争状况、经济状况、管理人员与员工，以及其他重要因素的发展变化情况进行调整，以适应不断变化的环境。战略不应该不顾环境和资源的可能变化而将企业锁定在未来。④逻辑一致性检验。战略建议应以可信和可靠的事实为基础，以清晰且合乎逻辑的方式表达。⑤风险和资源检验。战略所含风险和所需资源应该与企业总体目标相一致，并且可以验证。对于企业整体来说，风险水平和所需资源是合理的、可以接受的。这里所说的资源不仅仅包括货币，还包括所需要的人员和技能。

专栏 6-1 **王麻子剪刀**

1985 年，王麻子剪刀被国家内贸部认定为"中华老字号"企业，"生意最红火时一个月可以卖 7 万把菜刀、40 万把剪子"，产品一度远销港澳及东南亚地区。2001 年，挣扎于混乱中的王麻子剪刀厂被迫停产，王麻子的战略不清晰，目标不明确，最终造成企业的破产。北京王麻子由鼎盛时期的每月生产 7 万把，到破产时全年还不到 10 万把，到底是何种因素使然？在王麻子品牌依然响亮的光环中，品牌拥有者竟然宣布破产还债，其深层的问题何在？

1. 品牌维护乏术

在品牌继承这一点上，北京王麻子刀剪厂也犯下了不可原谅的错误。在 2002 年 4 月 4 日北京市工商局公布的重新认定的 173 件北京市著名商标中，老字号王麻子令人惊愕地不见了。在得知王麻子因没有申报而未能入选的消息后，厂长白锡乾竟感到非常震惊地说："什么时候申报的？我一点消息都不知道……"

2. 缺乏品牌创新

1959 年北京市人民政府正式命名成立王麻子刀剪厂后，产品一度曾远销港澳及东南亚各国。但随着市场经济的到来，品牌缺乏创新意识，坐吃老本，显露出新产品开发速度过慢，难以跟上市场步伐的弊端，日趋衰退。

3. 机制老化陈旧

作为一家老牌国有企业，王麻子在继承老字号深厚文化遗产的同时，也背上了沉重的机制包袱。有关资料显示，1997 年，该厂在岗职工 697 人，退休职工却已达 500 多人。企业机制、管理方式、产品开发及外部环境等几方面的不足与制约，导致王麻子处境日趋艰难。2001 年，王麻子经历了停产、改制等过程，但销售情况依然非常不景气并降到了新中国成立后的最低点，平均每月仅销售 1 万把菜刀，十几万把剪刀，总销售额仅仅是 1500 万元，亏损达 200 多万元。

4. 品牌延伸失误

1995 年，王麻子剪刀厂与北京市文教器材厂等毫不相干的十几个厂合并成立王麻子工贸集团公司，并重新注册了王麻子商标，应视作王麻子品牌延伸和盲目扩张的一大败笔。王麻子的品牌联想在于剪刀产品，而合并后的王麻子新老商标紊乱，市场上王麻子产品混乱无章，造成品牌资产的严重分流和破坏，削弱了消费者对王麻子品牌的忠诚维系，直接导致产品滞销，仅合并当年就亏损 100 多万元。此后王麻子便一蹶不振，平均每年损失近 300 万元。1999 年，王麻子工贸集团中的王麻子剪刀厂及另外三家厂子又被合并划归为北京昌平区的区属企业，因为王麻子工贸集团注册在先，真正王麻子的传人竟只能重新注册"栎昌王麻子"商标。这一通分分合合，使王麻子内部不仅乱作一团，品牌更是支离破碎，王麻子便这样一直挣扎于混乱之中，亏损也流年渐长。

5. 品牌传播乏力

由于经营不善，近几年来，王麻子的品牌宣传少得可怜，总共投入也不过是区区几万元。单纯仰仗百年品牌积淀的福祉，无济于王麻子扩大品牌的影响和知名度，仅凭一些老人的口碑传播，知名度已降低。如文中提到的商标认定，王麻子主要失职于品牌的维护，但从其后效看，同样对王麻子的品牌传播造成挈肘之过。

北京王麻子剪刀厂已宣布破产，但王麻子三个字作为品牌或商标本身并未倒下，而是由"国企"重又变回到"民营"。王麻子事件，不仅仅是对中国老字号品牌经营的一声断喝，也应为处于新兴成长中的本土品牌带来沉重的思考。

第二节　战略风险管理

一、战略风险的含义与分类

1. 战略风险的含义

对战略风险（Strategic Risk）概念的定义目前学术界尚存在着分歧，但基本上都没有脱离战略风险字面的基本含义。风险的基本定义是损失的不确定性，战略风险就可理解为企业整体损失的不确定性。

2. 战略风险的分类

罗伯特·西蒙将战略风险的来源和构成分成四个部分：①运营风险；②资产损失风险；③竞争风险；④商誉风险。当企业出现严重的产品或流程失误时，运营风险就转变为战略风险；如果是对实施战略有重要影响的财务价值、知识产权或者是资产的自然条件发生退化，资产损伤就变成一种战略风险；产品或服务的特性受损伤的竞争环境的变化，竞争风险就会变成战略风险。品牌风险是上述三个方面的综合结果，当整个企业失去重要关系方的信心而使价值减少时，就产生了品牌风险。

国资委将战略风险分为七类：①行业风险，表现为利润变薄、研发/资本开支成本上升、产能过剩、产品大量普及、政府管制放松、供应商实力增加、经济周期的巨大波动等；②技术风险，表现为技术更新换代、专利过期、流程过时等；③品牌风险，表现为品牌变质、品牌崩溃等；④竞争对手风险，表现为出现全球性的竞争对手、逐步获得市场份额的竞争者、独一无二的竞争者等；⑤客户风险，表现为客户偏好的改变、客户实力增强、过度依赖少数客户等；⑥项目风险，表现为研发失败、IT 项目失败、业务拓展失败、并购失败等；⑦发展停滞风险，表现为销量保持不变或下降、销量上升但价格下降、产品难以推陈出新等。

专栏 6 - 2　　　　　　　　　**摩根士丹利的风险预防**

就风险而言，事先能够预防，远比风险发生后再去解决它，更节省成本、降低风险。所以，为自己构筑一道"防火墙"或者是让自己穿上一件"避弹衣"，就是应对风险的上上之策。

2001 年 9 月 11 日，美国世贸中心双子大厦遭受了谁也无法预料的恐怖袭击。在突如其来的灾难与毁灭发生前，约有 350 家企业在世贸大厦中工作。事故发生一年后，有 200 家企业由于重要信息系统的破坏，关键数据的丢失而永远关闭、消失了。而与此形成鲜明对比的是在世贸大厦租有 25 层的金融界巨头摩根士丹利公司，在事发几个小时后，该公司宣布：全球营业部可以在第二天照常工作。这都是因为该公司建立的数据备份和远程容灾系统，不仅像一般公司那样在内部进行数据备份，而且在数英里外的新泽西州也保留着公司数据的完整备份。远程容灾系统在灾难发生时很好地完成交托的任务，通过异地备份，使得摩根士丹利公司即使在世贸的总部遭遇毁灭的第二天也能照常工作，因为其赖以生存的数据得以保存下来，没有随他们 20 多层的办公场所那般化为灰烬。

二、战略环境的不确定性

"战略风险管理"（Strategic Risk Management）一词首次出现于 1992 年 Miller Kent D. 发表于《国际商业研究杂志》的论文《国际商业中的综合风险管理架构》。Miller 指出了企业对于战略环境不确定性的五种一般反应：规避（Being avoidance）、控制（Control）、合作（Cooperation）、模仿（Imitation）及适应（Flexibility）。

1. 规避

不确定性规避发生于当管理者认为与给定产品或市场相关联的风险是不可接受的时期。对于一个公司来说，如果已经运作于一个高度不确定性的市场环境中，不确定性规避则表现为剥离一部分特殊的资产，以适应这个市场的需要。对于还未进入不确定性市场环境的公司来说，不确定性规避则表现为推迟进入市场，直至不确定性降低至可以接受的水平。

2. 控制

公司也可能通过控制关键性的意外环境变化来降低不确定性。控制战略的具体措施包括政治活动（如对法律、规章、贸易限制等进行游说），获取市场力量，以及采取战略行动，威胁竞争对手进入更易预测的行为模式。

3. 合作

合作反应与控制反应不同。因为他们为了降低战略环境的不确定性，介入了多边合作而不是单边控制。运用合作手段来进行不确定性管理，是企业相互依赖程度逐渐提升和企业协调组织治理权不断下降的结果。合作战略包括与供应商或客户的长期合约、志愿性竞争限制条件、联盟或合资、特许经营、技术使用协定、参与行业公会。

4. 模仿

公司亦可通过模仿竞争对手的战略来应对不确定性。这种方法最终可能导致行业内各竞争对手实现协调一致。但是，这一协调的基础与控制或合作战略下的协调有着明显区别，在此情况下，没有直接的控制或合作机制。而且，竞争对手的模仿行为很容易被行业领袖预测到，因为竞争者的模仿与行业领袖的战略行动只是存在一个时间差而已。模仿战略（亦称为"行业领袖行动追随战略"）一般包括价格模仿战略和产品模仿战略。对产品和流程技术进行模仿，对一些行业来说可能是比较可行的低成本战略。但是，在应付竞争对手的不确定的潜在技术优势时，这一战略就不那么灵验了。

5. 适应

面对不确定性环境的战略反应是提高组织适应性。不同于控制与合作战略——它们旨在提高组织对外部不确定性环境的预测能力，适应性战略反应旨在提高组织的内在反应能力。而对于外部因素的预测能力则保持不变。战略管理文献中关于适应性战略引用最多的例子就是产品多元化和地域市场多元化。多元化战略通过同时采用多条产品线或进入多个不同市场，以此来规避风险，与此同时，市场回报较之单独开发最为相关的产品或市场也要有所减少。

三、战略风险管理的步骤

（1）风险识别与评定。包括风险发生的严重性、可能性、时间性、不同时间的可能性等。

（2）风险测绘。制作战略风险图。

（3）风险定量。采取通用的量度标准，如经济资本风险、市场价值风险等。

（4）风险机会识别。公司是否能够将风险转变为机会。

（5）风险降低行动方案规划。由风险管理团队负责。

（6）资本调整决策。从资本配置与资本结构两个方面着手。

专栏 6-3 　　　　　　　　**起死回生的壳牌石油公司**

标准石油公司、壳牌公司和皇家荷兰公司在石油界三足鼎立的局势形成的时候，壳牌公司的实力还比皇家荷兰要强大得多。壳牌石油公司拥有自己的船队、自己的市场和自己的资本。但是后来，壳牌石油公司遇到困境。当荷兰属地婆罗洲产油的消息传到伦敦时，塞缪尔立即把外甥麦克派遣到婆罗洲。于是，婆罗洲的石油就由塞缪尔的石油公司掌握，而苏门答腊则由达特汀的皇家荷兰石油公司掌握。这两家公司的根据地都是英属印尼的石油。

但是，麦克在汇报考察结果时，却犯了一个致命的错误。这个不够老练的年轻人，没有经过仔细调查，就冒冒失失地出高价钱，把东印度公司声称"有油矿"的婆罗洲巴厘巴极的采矿权买了下来。塞缪尔由于相信了麦克没有根据的调查报告，而将对巴库油田的依赖重心转移到巴厘巴极。这样一来，他终于受到无情的打击。壳牌石油公司在东婆罗洲开采的石油全都超重，而重油很难销售出去。因为重油所占比例过大，即使经过精炼，也无法变成灯油。塞缪尔将少量的原油蒸发成轻油之后，还得混合从巴库油田进口的灯油才能出售。这一重大的决策错误，使塞缪尔追悔莫及，而又无计可施，无力挽回命运的巨澜。壳牌石油公司面临着倒闭的危险。

1899 年，怀有侵略东方、支配欧洲野心的德国皇帝威廉二世，强行从土耳其手中夺取了巴格达铁路的建设权。美国和西班牙又发生了美西战争。这些战争都给塞缪尔的重油提供了销路。壳牌石油公司的起死回生是极为侥幸的，人们都说塞缪尔是吉人自有天相。然而，塞缪尔的又一次冒险成功，真是天意保佑他吗？也不尽然，如果塞缪尔不是锁定和化解风险，果断地改变策略，又千方百计、多方面地做工作，在军方打开销路，这次危机是很难化解的。

四、战略风险管理策略

为了减少战略风险发生的概率，降低其损失程度并有效地对风险加以利用，依据风险的性质和战略风险的管理目标，主要有以下几种战略风险管理策略。

1. 战略风险回避策略

回避战略风险是以放弃或拒绝承担风险作为控制方法来回避损失的可能性。回避战略风险是最消极的风险决策策略，通过回避战略风险源，进而避免战略风险可能性。风险回避的使用有其局限性，在回避风险的同时，也失去了市场机会。

2. 战略风险减弱策略

减弱策略即通过减少战略风险发生的机会或削弱损失的严重性以控制战略风险损失。战略风险回避策略和战略风险减弱策略的区别在于，战略风险减弱策略不消除战略风险发生的可能性，而战略风险回避策略则使战略风险发生的损失可能性为零。

3. 战略风险转移策略

战略风险转移是指企业以付出一定的经济成本（如保险费、盈利机会、担保费和利息等），采取某种方式（如参加保险、信用担保、租赁经营、套期交易、票据贴现等）将风险损失转嫁给他人承担，以避免战略管理过程中出现的风险给企业带来灾难性损失。转移战略风险的基本方式包括保险转移与非保险转移。与战略风险回避和减弱策略不同的是，战略风险的非保险转移不是通过回避抛弃的方式中止与存在的战略风险的联系，而是将存在的战略风险的后果转移到其他地方。

4. 战略风险自留策略

如果企业有足够的战略资源承受该风险损失时，可以采取风险自担和风险自保自行消化风险损失。战略风险自留策略与战略风险减弱策略的不同之处在于，战略风险自留策略是在战略风险发生之后处理其风险，而战略风险减弱策略是在风险发生前采取措施，以改变风险事件发生的概率和影响程度。风险自担就是直接将损失摊入成本或费用，或冲减利润。风险自保就是企业预留一笔风险金或随着生产经营的进行，有计划地计提风险基金，如呆账损失、大修理基金等，这适用于损失较小的风险。

企业因承受风险能力不同以及面临战略风险的差异，依据上述战略风险管理策略而选用合适的战略风险管理技术，主要有四种：多元化风险管理、各种形式的合约、金融衍生工具、实物期权。在选择战略风险管理技术时，一般是将好几种战略风险管理技术组合起来以确保收益/成本下的边际利益最大化。

专栏 6 - 4　　　　　　　中国海洋石油公司的战略风险管理

古语云："千里之堤，溃于蚁穴"，"亡羊补牢，未为晚也"。可见堵塞漏洞、控制风险的重要性。投资决策风险、储量风险、运营风险、金融风险、海外风险……对于具有特殊的高风险、高成本、高科技三个属性的海洋石油工业来说，控制风险的重要性不言而喻。"未雨绸缪"，"防患于未然"。中国海油建立了全方位的风险防范体系。然而，过分强调风险，又可能会失去发展机遇。如何平衡风险、效益、效率这三者之间的关系？中国海油的可贵之处就在于实现了效益、效率和风险三者之间的动态平衡。

一、公司背景

中国海洋石油总公司是国务院国有资产监督管理委员会直属的特大型国有企业，是中国最大的海上油气生产商。公司成立于 1982 年，总部设在北京。自成立以来，中国海油保持了良好的发展态势，由一家单纯从事油气开采的上游公司发展成为主业突出、产业链完整的国际能源公司。

2013 年，公司海外业务已遍及 40 多个国家和地区，海外资产比重达到 40%，海外收入比重达到 30%，海外员工本地化率达到 82%，跨国指数正在向国际一流公司迈进。自 2007 年入围《财富》杂志世界 500 强以来，中国海油排名不断攀升，从 469 位升至 2013 年的 93 位。公司继续享有标普和穆迪授予的 AA - 和 Aa3 级国家主权级资信评级，为国内企业最高评级。

中国海洋石油总公司成立于 1982 年，是中国三大石油公司之一，是中国最大的海上油气生产商。目前已经形成了油气勘探开发、专业技术服务、化工化肥炼化、天然气及发电、金融服务、综合服务与新能源等良性互动的产业板块；经营范围实现了从上游到中下游、从国内到国外、从浅水到深水的三大跨越；品牌价值和影响力大幅提升，综合竞争实力不断增强，逐渐树立起精干高效的国际石油公司形象。资信评级继续保持国内企业中最高级，A +/稳定和 A1/稳定。2008 年，中国海油被罗兰·贝格国际管理咨询公司和《环球企业家》杂志联合评为"最具全球竞争力中国公司"。

二、案例背景

2004 年，中国海油新一届领导班子提出建设国际一流能源公司的战略目标。为实现这一战略目标、加强集团管控能力，必须通过优化内控流程，健全符合企业特点的、

基于效益、效率与风险平衡的管理制度体系，实现经营效益、管理效率和风险控制三者平衡，保证企业的可持续发展。

中国海油在"走出去"的过程中，无时无刻不面对着纷繁复杂的国际环境。从国际趋势看，对内部控制体系和风险管理重要性的认识越来越得到普遍的认同，相关法律法规的数量越来越多，体系结构日趋严密，国际资本市场的监管要求愈加严格。随着中国海油主业资产在境内外上市，直接面临着美国萨班斯·奥克斯利法案和国务院国资委《中央企业全面风险管理指引》等内外部法律法规的监督和约束。

海洋石油工业具有特殊的高风险、高成本、高科技三个属性。中国海油按来源不同将风险分为内部风险和外部风险；按性质不同分为战略、运营、财务和法律四大类风险和40种子类风险。其中，重大的风险有投资决策风险、储量风险、运营风险、金融风险和海外风险等。在追求企业经营效益和管理效率的同时，要想缩小与世界先进管理水平的差距，既要在风险和危机来临之际采取有效措施，更要在风险和危机来临之前做好风险防控。

三、内涵和主要做法

中国海油瞄准国际一流能源公司的风险管理体系和内部控制体系建设水平，培育以效益、效率和风险平衡理念为核心的风险管理文化，健全全面风险管理体系，实现全员参与、全过程控制、全方位监督；以风险管理信息系统与加入风险管理功能的ERP系统为技术平台，通过搭建效益、效率和风险平衡的管理机制，建立覆盖项目建设和运营管理各个业务环节的、纵横结合的内控制度体系，强化勘探评价、建设项目、采办环节、金融业务、海外业务等重点领域的风险管理，保障企业高效、高速、可持续发展。主要做法包括以下几种。

（1）培育全员风险管理文化。风险管理是一项为企业创造价值的、全员参与的管理活动。效益、效率和风险平衡的核心理念是中国海油经营管理的基本原则。中国海油积极倡导以效益、效率和风险平衡为核心的，以双赢文化、执行力文化、HSE（健康安全环保）文化和"红线"文化为主要内涵的风险管理文化。通过持续宣传、培训、研讨，宣传风险管理文化，全员普及风险管理知识，举办各种层次的培训和资格认证累计上万人次，使风险管理理念和风险管理原则深入人心。

（2）构建全面风险管理体系。自2003年11月起，中国海油开始启动内控体系优化和全面风险管理体系构建与实施工作。国务院国资委的《中央企业全面风险管理指引》出台后，随即成立风险管理办公室。风险管理办公室负责风险管理的日常工作，并向管理层及风险管理领导小组负责。各所属单位管理层就风险管理工作向董事会负责。各业务单元是风险控制的主要责任者，发挥前台的作用；风险管理办公室是负责组织风险管理和内控建设的推动者，发挥中台的作用；审计、纪检、监察、派出专职监事等是风险防范的促进者，发挥后台的作用。通过建立前、中、后台职责清晰的风险管理组织体系，有效地保障风险管理工作的开展，实现全员参与、全过程控制、全方位监督。

（3）建立动态平衡管理机制，完善权责分明、相互制衡的决策机制。中国海油的决策由党组、管理委员会（简称管委会）和管委会下设的投资与预算审查委员会（简称投委会）分别履行职责。新一届领导班子上任后，遵循效益、效率和风险平衡的理念，完善并修订《党组议事规则（2004）》《管理委员会议事规则（2004）》和《投资项目管理规定（2007）》。中国海油党组实行民主集中制和票决制，管委会实行票决制。建立前、中、后台的纵深防范机制。建立决策、执行、监督既相互分离又相互制约的前、中、后台的纵深防范机制。坚持"采办集中管理、技术与商务分离、决策与操作分离、监督与运作分离，以及公平、公正和诚实信用"的原则，修订采办管理、供应商管理、招评标管理、进出口四大采办管理制度，规定采办方式，清晰界定各级采办组织职责，合理划分采办权限，明确各环节采办的流程，实施阳光采购。持续改进动态平衡的投资管理机制。所有投资项目都按照"先论证，后决策"的程序执行。在审批过程中坚持"经济效益第一、科学民主决策、按程序办事和责任人制度"四项基本原则，确保"只投资主业"的理念得以贯彻落实，避免重大投资决策失误。

（4）构建风险管理信息平台。中国海油的风险管理信息平台包括风险管理信息系统和加入了风险控制功能的业务信息管理系统，覆盖不同业务层面、不同业务领域，将风险管理与业务管控有机结合。该平台主要功能包括：一是集中统一管理风险、内控、流程及制度体系，涵盖风险管理基本流程和内部控制及评价的各个环节；二是在已有ERP（企业资源计划）等业务信息系统的流程中增加风险控制点，将风险管理融于业务信息系统中；三是根据风险预警指标，实时获取业务运营中的数据，通过分析对比，及时预警，为管理决策提供技术支持。

（5）量化油气地质勘探评价。建立勘探风险评价标准。中国海油建立完整的圈闭、区带、盆地的量化评价标准体系，以降低勘探风险。在细化和补充勘探目标风险评价参数及其评价标准基础上，引进生烃强度、圈闭落实难易、盆地类型、储层面分比等新概念，建立勘探区带和勘探盆地的风险评价参数及量化标准。设计23套中国近海勘探风险评价模板和57项评价参数。建立开发勘探风险评价系统和勘探投资组合系统。中国海油"三位一体、相互支撑"的勘探风险评价系统由地质风险评价、非地质风险评价、钻探前后参数对比三大模块组成。风险分析包括研究影响风险的主要条件或因素、各项条件或因素中包含的主要要素、各项要素的量化评分标准和权重值。

（6）强化建设项目风险管理。构建建设项目风险管理体系。中国海油根据《风险管理政策指引》，结合建设项目的实际情况，制定并实施《建设项目风险管理体系建设方案》。该体系由建设项目的基础支持体系建设、风险管理流程、预警指标体系和应急与危机管理四个部分构成。优化建设项目风险管理流程。建设项目组以建设项目风险管理信息系统为工具，优化建设项目风险管理流程，提高项目管理效率，有效防范和规避项目建设过程中的风险。建设项目风险管理流程中融入项目九大管理，尤其注重加强进度、质量、费用和安全的"四大控制"。

（7）完善采办风险管理。中国海油采办费用已占每年投资额的90%以上，通过建立风险管理和效益、效率相平衡的采办管理体系，实施"阳光采办"，进行快捷网上招标，加强供应商管理，降低采办成本，提高采办效率和采办质量。延伸长期战略联盟协议的深度与广度。针对采办成本风险和舞弊风险，中国海油加大集中采办实施力度。通过考察、分析、优选，形成核心设备和材料的供应商短名单，并与其建立长期战略合作关系。转变供应商管理模式。建立供应商评估体系，使供应商管理由"准入制"向"门槛制"转变。细分供应商的准入级别，不断完善一、二级供应商动态进出机制。优化对供应商资格预审、资格复审程序。执行供应商投标保证金和履约保证金制度。持续优化采办审批流程。通过优化流程缩短审批环节，建立起风险管控与效益、效率相平衡的采办管理体系，提高采办效率。

（8）加强金融风险管理。实施稳健的金融业务经营政策。中国海油金融板块的发展定位是服务主业，为主业发展降低财务费用。坚持"安全性和流动性第一、收益第二"的原则，实施稳健的经营政策，以确保平稳的经营收益。

构建金融风险预警指标体系。建立金融风险监测与预警指标体系，采用科学的预警方法和模型，监测金融运行过程，达到金融风险防范与控制的目的。

（9）强化海外业务风险管理，健全海外业务发展的组织机构。根据海外业务发展，设立并购领导委员会和国际事务部。并购委员会是公司并购行动决策的最高机构，由董事长、CEO、总裁、CFO、总法律顾问和负责海外工作的副总裁组成，董事长任主任委员。国际事务部是海外并购业务的具体执行单位，负责协调、支持和组织实施项目的预可行性研究、可行性研究、商务谈判和尽职调查等工作。

同时，确立清晰的海外业务发展战略，加强海外集中管理和作业监督，执行统一HSE管理体系，设立海外风险"防火墙"。中国海油在投资公司主体之下，在百慕大等税务自由港设立众多的壳公司，把参与的境外项目或油气资产股权置于这些壳公司的项目下，为母公司设立防火墙，实现税务筹划的目标。

（10）强化员工执行力风险管理。从全球调查来看，20%风险来自于客观环境，而80%来自于人为因素，人为因素的关键是人的执行力。中国海油把"以人为本，科学发展，构建和谐企业"作为强化员工执行力的出发点，通过教育引导、制度规范、监督管理、严肃惩戒、文化熏陶"五环相扣"的工作模式，筑牢思想、制度、纪律、监督"四道防线"，把强制性的党纪国法和企业制度规范转化为员工自觉的执行理念，着力打造高素质的员工队伍。

四、实施效果

中国海油通过实施基于效益、效率和风险平衡的风险管理，风险管理能力成熟度已经向自觉、系统和专业化的方向发展。现已建立了"事事都有制度覆盖、人人都受程序约束"的全方位、全流程、全覆盖的全面风险管理体系，实现了"四个转变"：一是制度建设从"见空植树"向"规划植树"的转变，确保了制度体系建设的有序推进和全面覆盖；二是从风险管理和内部控制"两张皮"向全面风险管理体系转变，促进了将风险管理理念有机融入内控制度体系，使优化后的管理制度能够保障企业经营管理的需要；三是从强化管事逐渐过渡到强化管制度转变，保证了制度有效执行；四是促使各单位从"一把手的权力大于制度"向"一把手的权力小于制度"的转变，最大限

风险管理：理论与实务

度地防范管理层人为错误所造成的风险，充分体现了制度的权威性。

经过5年来的发展，再造了3个中国海油，在跨越式发展中实现了没有重大投资决策失误、没有发生重大安全事故、没有发现重大违法违纪和舞弊案件等目标。

资料来源：王远枝. 基于效益、效率和风险平衡的大型石油公司风险管理［N］. 中国企业报，2010 － 06 － 11（003）.

第三节　战略风险管理工具

一、战略风险分析工具

1. 宏观环境分析：PEST 分析法

一般宏观环境包括那些围绕在企业周围的因素。以宏观环境会对企业产生什么影响作为出发点来考虑问题是非常重要的。企业必须适应周围的环境，即达到利益相关者的期望、让客户对产品及服务满意、有能力遵循所在社会的法律和道德准则的要求、成为对员工具有吸引力的公司等。宏观环境分析中的关键要素包括政治和法律因素（Political Factors）、经济因素（Economical Factors）、社会和文化因素（Social Factors）、技术因素（Technological Factors）。这四个因素的英文第一个字母组合起来是 PEST，所以宏观环境分析也被称为 PEST 分析。可用这种方法客观地分析企业所处的外部环境，强调对企业组织产生影响的关键因素，并识别企业组织所面临的机会及威胁。如图 6 － 4、表 6 － 1 所示。

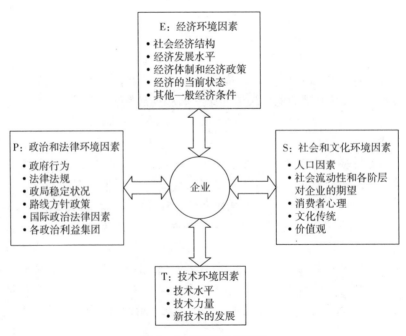

图 6 - 4　PEST 分析工具

· 168 ·

表6-1 PEST分析内容

	分析因素	具体内容
P	政治环境分析	1. 企业所在国家和地区的政局稳定状况 2. 政府行为对企业的影响 3. 执政党所持的态度和推行的基本政策，以及政策的连续性和稳定性 4. 各政治利益集团对企业活动产生的影响
	法律环境分析	1. 法律规范，特别是和企业经营密切相关的经济法律法规 2. 国家司法机关和执法机关 3. 企业的法律意识 4. 国际法所规定的国际法律环境和目标国的国内法律环境
E	社会经济结构	产业结构、分配结构、交换结构、消费结构、技术结构
	经济发展水平	国内生产总值GDP、人均GDP、经济增长速度
	经济体制	国家与企业、企业与企业、企业与经济部门之间的关系
	宏观经济政策	综合性的全国发展战略和产业政策、国民收入分配政策、价格政策、物资流通政策等
	当前经济状况	税收水平、通货膨胀率、贸易差额和汇率、失业率、利率、信贷投放，以及政府补助等
	其他一般经济条件	工资水平、供应商及竞争对手的价格变化，以及政府政策
S	技术环境对战略所产生的影响	1. 基本技术的进步使企业能对市场及客户进行更有效的分析 2. 新技术的出现使社会和新兴行业对本行业产品和服务的需求增加，从而使企业可以扩大经营范围或开辟新的市场 3. 技术进步可创造竞争优势 4. 技术进步可导致现有产品被淘汰，或大大缩短产品的生命周期 5. 新技术的发展使企业可更多关注环境保护、企业的社会责任及可持续成长等问题
T	人口因素	企业所在地居民的地理分布及密度、年龄、教育水平、国籍等
	社会流动性	社会流动性主要涉及社会的分层情况、各阶层之间的差异以及人们是否可在各阶层之间转换、人口内部各群体的规模、财富及其构成的变化和不同区域（城市、郊区及农村地区）的人口分布等
	消费心理	企业应有不同的产品类型以满足不同顾客的需求
	生活方式变化	生活方式变化主要包括当前及新兴的生活方式与时尚
	文化传统	文化传统是一个国家或地区在较长历史时期内形成的一种社会习惯，它是影响经济活动的一个重要因素
	价值观	是指社会公众评价各种行为的观念标准。不同的国家和地区人们的价值观各有差异

专栏6-5 **并购中的风险因素识别**

一、案例背景

甲公司为从事石油化工及投资的大型企业。甲公司下属子公司乙公司于2007年在中国香港成功发行股票并上市。2010年9月乙公司购入总部位于英国的丙公司4.2%的股份。经过与丙公司的接触，乙公司认为，全面收购丙公司符合其长远发展目标。

丙公司在尼日利亚的全资子公司是其营业收入和净利润的主要来源，经营石油开采、管道运输、加工、销售等石油化工相关的业务，拥有的油气储量占尼日利亚已探明油气储量的五分之一。此外，丙公司于2009年初在伊拉克以15亿英镑的价格购买了新的油田，目前正在进行深入勘探。

对于丙公司购买的伊拉克油田，很多股东对该油田储量的预测并不乐观，导致丙公司的股票价格自2009年开始一直低于每股15英镑。

2011年4月7日，乙公司认为收购丙公司的时机已经成熟。因而向丙公司的股东发出收购邀约，拟以每股18英镑的价格收购丙公司其他股东持有的全部股份，该收购价格比报价前20个交易日丙公司的平均收盘价格高出25%。

在乙公司发布邀约收购丙公司消息的当天，丙公司股票价格大幅上涨，报收于每股19英镑。并且，英国政府相关监管部门表示，将密切关注乙公司收购丙公司事宜。

二、风险因素分析

（1）乙公司做出收购丙公司决策时应该考虑的政治环境因素有：①尼日利亚的政局稳定情况；②判断尼日利亚政府对自然资源（石油）的保护情况；③英国政府相关监管部门表示要密切关注乙公司收购丙公司事宜，可能会受到政府干预，导致收购失败。

（2）乙公司收购丙公司应当特别考虑"当前经济环境因素"。"当前经济环境因素"包括税收水平、通货膨胀率、贸易差额和汇率、失业率、利率、信贷投放及政府补助。乙公司收购丙公司应该特别考虑汇率因素，丙公司购买的伊拉克油田储量不乐观，其股价一直低于15英镑，但乙公司要约收购丙公司时其股价大幅度提高，达到19英镑，会导致收购成本过高，乙公司的成本也会因此被拉升。

2. 行业分析：波特的五力模型

哈佛大学教授迈克尔·波特提出了最具影响力的战略分析模型——五力模型（Michael Porter's Five Forces Model），用以确定企业在行业中的竞争优势和行业可能达到的最终资本回报率。如图6－5所示，这五种力量分别是：①行业新进入者的威胁；②供应商的议价能力；③购买商的议价能力；④替代产品的威胁；⑤同业竞争者的竞争强度。波特认为，这五种竞争驱动力决定了企业的最终盈利能力。

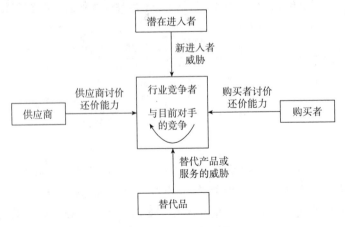

图6－5　波特的五力模型

专栏 6-6　　　　　　　　中国钢铁工业的波特五力模型分析

一、供应商的议价能力

钢铁的主要原材料是铁矿石和焦炭。①铁矿石方面。由于我国铁矿石对外依存度高达65%，同时国外铁矿石生产企业产业集中度远远高于国内钢铁企业，铁矿石产能增速比钢铁产能增速慢，导致国内钢铁企业对铁矿石的议价能力较弱。而且国际金融资本的介入加剧了铁矿石价格的波动，进一步削弱了国内钢企对铁矿石的议价能力。但是，2010年前后，随着国内外铁矿石产能的增加，铁矿石市场正在从供不应求向供大于求过渡，加之钢铁需求增速放缓，钢铁企业对铁矿石的议价能力正在逐渐提升。②焦炭方面。2012年以前，我国煤炭资源供不应求，而且煤炭企业产业集中度高于钢铁生产企业，钢企对焦炭基本上没有议价权。2012年以后，随着新增产能的释放和进口量的增加，以及国内经济增速放缓导致能源消耗增速下降，煤炭产品开始供大于求，使钢厂对煤炭产品的议价能力有所提升。总体来讲，我国钢铁企业对原材料的议价能力整体上较弱，但有逐渐上升的趋势，却不明显。

二、购买者的议价能力

从我国重点钢企主要钢材产品的营销模式看，钢厂直供给终端客户的钢材占比不高，其中，建筑用钢为25%，薄板带为33%，管材为36%，普通板带为40%，棒材为50%，钢材的流通主要由钢贸商来承担。从直供渠道来看，钢厂直供给终端用户的钢材产品分为低端产品和中高端产品，钢厂对低端产品的议价能力较高端产品要弱许多，中高端产品的定价权基本掌握在钢厂手中。部分情况下，钢企会对区别对待个别重要的终端用户，但总体上对直供的产品有较强议价能力。从其他渠道来看，我国钢贸商以中小型企业为主，相比之下行业集中度较钢企更低，加上贸易商在融资和采购渠道上依赖于钢企，使钢企在客观上对钢材产品有较大的定价权，尤其是在钢材供不应求时期。2010年后，钢材供大于求矛盾的进一步凸显，钢价整体下行，钢贸企业不愿意做代理、屯库存，而更愿意从市场上购买钢材，因为这样操作风险更小、价格更低。结果造成钢企库存压力加大，议价能力有所下降。总体来讲，钢材产品的定价权依然由钢企掌握，但目前正在逐渐往下游转移，且趋势比较明显，从宝钢、沙钢出厂价风向标作用的减弱可见一斑。如图6-6所示。

三、新进入者的威胁

钢铁行业具有高投入、长周期、大规模、长流程、专业化的特点，因而进入壁垒和退出壁垒都很高。同时现有钢铁市场的分销渠道已基本被现有企业掌握，面对激烈的竞争，新进入者很难开辟新的分销渠道。产业政策方面，国家严格限制钢铁行业产能扩张。国内大型国有企业新上项目受到国家严格监管，产能扩张有限。但对地方企业而言，很多新上项目直接由地方发改委批准，按理说属违规操作。2012年，工信部原材料钢铁处处长张德琛曾表示："现有钢铁业产能中有一多半并未经国家核准，部分企业长期生存于灰色地带，游离在国家正常监管之外。"此外，国家对外资的审批相当

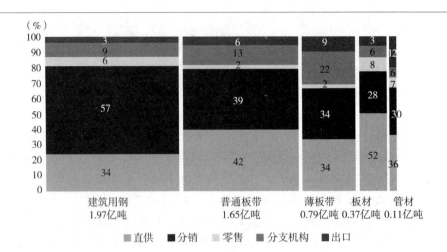

图6-6 2012年重点钢企主要钢材产品营销模式

资料来源：Mysteel网站。

严格，外资企业很难进入中国钢铁行业，即便进入也不能控股。总的来讲，在当前需求增长放缓、产能严重过剩、钢铁企业赢利普遍欠佳的情况下，除国内一些有实力的钢企对细分品种和边远地区的市场有投资意向外，几乎没有新的投资者愿意再投资钢铁行业（兼并、收购除外）。

四、钢铁替代品的威胁

替代品是指那些与客户产品具有相同功能的或类似功能的产品。由于钢铁的应用范围非常广泛，同时还是可再生的资源，性能价格比相对其他材料也具有较大的优势，因此钢铁替代性竞争的压力相对而言比较小。从目前材料科学发展状况看，在可预见的将来，钢铁仍是人类社会的最主要的材料。从价格性能比看，钢铁最为经济；从生产规模看，钢的供给能力最强，没有一种材料能够全面替代钢。尽管如此，钢铁产品在应用中还存在着一定的局限性，主要体现在钢铁行业对环境的重度污染、易锈蚀、密度大等。从应用的角度看，可能部分替代钢铁的材料主要有铝合金、塑料和新型纤维等，这些材料具有密度低、强度高、耐腐蚀、绝热性能好等优点。

表6-2 钢铁替代品分析

替代材料	优点	缺点	替代领域
铝合金	密度低、耐腐蚀、高强度、轻便、美观	价格较高	建筑装饰、饮料包装、汽车零配件、五金装饰等
新型纤维	密度低、耐腐蚀、绝热、绝缘、吸音、高强度	价格较高、不易回收	建筑材料、输送管道、钢丝等
塑料	密度低、耐腐蚀、绝热、绝缘、价格低廉	不易分解、污染环境	建筑材料、输送管道、汽车配件、家电配件、金属制品等

资料来源：Mysteel网站。

五、行业内现有企业的竞争

2012 年，我国粗钢产能超过 1000 万吨的企业有 17 家，钢材产能超过 1000 万吨的企业有 14 家，如图 6-7 所示，同时我国钢铁行业的集中度仍较低，如图 6-8 所示，存在大量的中小型钢铁企业。从规模上看，钢铁行业具有典型的规模经济特征，规模较大的企业在现有市场的竞争中往往占据一定的优势。从所有制形式来看，国有企业规模大、产品结构丰富，技术水平高，市场占有率高，在市场竞争中处于有利地位；民营企业不但面临行业节能减排、淘汰落后产能的压力，还要在激烈的市场环境中求生存，整体面临的竞争更为激烈。从经营效益来看，民营企业因机制灵活、成本控制能力强、企业负担小，整体上效益比国有企业好。从产品来看，大型企业追求规模化，主要生产需求大、技术难度高、利润高的产品，中小型企业更多瞄准需求不大的细分市场。从区域来看，华东和华北的钢铁企业数量多竞争激烈，而西南、西北地区钢铁企业数量较少且原燃料资源丰富，整体上后者的盈利状况要好于前者。总体上讲，我国钢铁企业之间存在严重的无序竞争、同质竞争、低价竞争，国有企业和民营企业互不相让，此外政府在这个过程中扮演很特殊的角色，导致市场被严重扭曲，淘汰机制失灵。

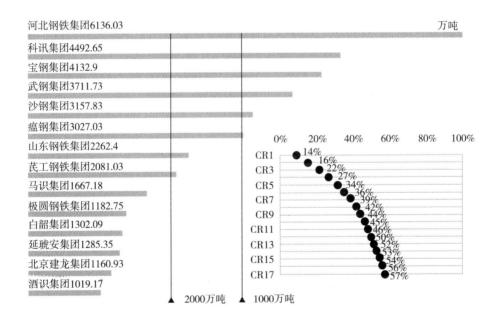

图 6-7　2012 年国内钢材产量超过 1000 万吨的钢企及行业集中度

资料来源：Mysteel 网站。

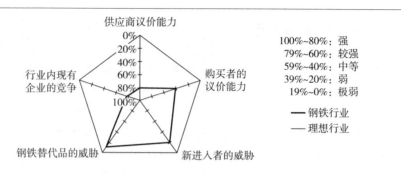

图 6-8　国内钢铁行业竞争态势分析

资料来源：Mysteel 网站。

六、结论

综上所述，我国钢铁行业整体面临的竞争比较激烈（见图 6-8），进而导致利润水平处于低位。波特五力模型带给我们的启示是，要通过增强对原材料的议价能力和避免行业内恶性竞争来提高钢铁行业的竞争力。具体途径如下：加快钢铁行业的兼并重组，提高行业集中度，形成规模效应；淘汰落后产能，控制新增产能；利用期货套期保值，平抑原材料价格波动；开发高附加值产品，抢占高端市场；中低端产品实现差异化，避免过度同质化竞争。波特五力模型假设企业之间只有竞争关系没有合作关系，还假设行业规模和容量是固定的，这与钢铁行业实际情况并不完全相符，但总体来讲该模型对理解和分析行业竞争结构是有一定参考意义的。

资料来源：根据 Mysteel 钢联（http：//www. mysteel. cn）网上文章整理。

3. 波特价值链分析模型

由美国哈佛商学院著名战略学家迈克尔·波特提出的"价值链分析法"，把企业内外价值增加的活动分为基本活动和支持性活动，基本活动涉及企业生产、销售、进料后勤、发货后勤、售后服务。支持性活动涉及人事、财务、计划、研究与开发、采购等，基本活动和支持性活动构成了企业的价值链。价值链列示了总价值并且包括价值活动和利润。价值活动是企业所从事的物质上和技术上的界限分明的各项活动，这些活动是企业创造对买方有价值的产品的基石。利润是总价值与从事各种价值活动的总成本之差。如图 6-9 所示。

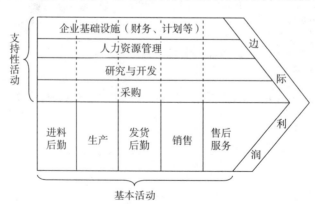

图 6-9　价值链分析模型

专栏 6 – 7　　　　　　　　　　苹果公司的价值链

根据苹果 2013 年初发布的数据显示，iOS 平台上的应用程序商店自 2008 年上线以来的下载量已突破 400 亿次。其应用程序商店现向全球 iPhone、iPad 和 iPod touch 用户提供应用程序 77.5 万个，应用程序商店活跃用户账户超过 5 亿个，仅 2012 年 12 月的下载量就达到 20 亿次。据市场研究公司 Asymco 分析师霍拉斯·德迪乌（Horace Dediu）近日发布的 2011 年第四季度的手机行业报告显示，从 2010 年第二季度至 2011 年第四季度，以出货量计算，苹果在全球手机市场的份额从 3% 上升至 8.7%。不过以利润计算，苹果的市场份额从 39% 上升至 75%。

虽然 iPhone、iPod 及 iPad 是苹果公司的产品，但苹果公司本身并没有零部件制造及组装等工厂。苹果公司的性质更多的是所谓的"产业链整合企业"。苹果设计好一款产品，然后从世界各地网罗零部件厂商以及组装厂商进行生产。苹果专注设计与品牌，并不参与产品的生产与组装等过程。可以说，苹果公司的员工基本不会接触到苹果手机的零部件。苹果将全部精力都投入到了整个产品链中的设计和品牌两个关键环节。

苹果产品的利润从用户那里首先流向苹果，然后才一波一波分配给供应链下游企业。尽管中国企业承担了苹果供应链上最繁重的一环，但分得的利润却最少。据公开资料显示，在苹果 17 个生产工厂中，有 14 个工厂位于中国境内。在整个产业链中，苹果获取了利润的最大部分。以 iPhone4 为例，中国公司在产业链条上所占的份额都非常小，而且多是在芯片铸造（台积电）和组装（鸿海精密、富士康）等环节，仅占 iPhone4 总成本 187.51 美元中的 6.54 美元，更是不到零售价的 1%。而组装环节几乎可以说是利润最少的部分。除此之外，处于苹果公司供应链上的大多数公司芯片制造商、电池供应商等，很多都依靠中国工厂廉价的生产成本来获取竞争优势。

美国雪城大学（Syracuse University）教授 Jason Dedrick 说，iPhone 和 iPad 所创造的利润绝大部分都被苹果公司和经销商拿走了，制造商只分得了极小的一部分。他说，许多消费者并不知道苹果在全球的供应采购链是如何分布的，许多人都以为中国是苹果产品的主要制造商，实际情况并非如此，中国只是苹果生产链条上一个极小环节而已。目前苹果公司在中国生产一部 iPhone 或 iPad 支付给中方的劳动报酬仅 10 美元，甚至更少。iPhone 和 iPad 身价增长最多的部分如工业设计、软件开发和主要芯片模组的研发生产都是在美国完成的，中国代工厂只是完成了附加值最小的组装调试部分而已，在价值链上简直微不足道。这可以在一定程度上解释为什么苹果在华代工厂提供给员工的待遇如此之低。

美国加州大学艾尔文分校（University of California, Irvine）三位研究人员 Greg Linden、Kenneth L. Kraemer 以及 Jason Dedrick 在 2007 年的时候曾经做了一项研究，他们将不同国家的业者在苹果 iPod 的生产价值链中所扮演的角色以及其所创造的附加价值，进行了巨细靡遗的拆解分析。在零售价 299 美元、总共有 451 个零件的 iPod（30G）当中，最贵的零组件是日商 Toshiba 所制造的硬盘 73 美元，其次依序是显示模块 20 美元、影像/多媒体处理芯片 8 美元、控制芯片 5 美元，在中国大陆所进行的组装则只价值 4 美元。

三位作者估计，在 iPod 299 美元的零售价当中，美国厂商拿走了 163 美元（包括苹果的 80 美元、通路商的 75 美元、其他美国国内零组件供货商 8 美元）；日本厂商拿走 26 美元（主要是 Toshiba）；韩国厂商的获利则不到 1 美元。作者并未进一步细分 iPod 其他将近 110 块美元的价值，其创造的分配何去何从（因为研究方法上的限制），但是我们可以合理推断，剩下的部分主要是在中国生产制造。

4. SWOT 分析法

SWOT 分析，也称 TOWS 分析法、道斯矩阵、态势分析法，20 世纪 80 年代初由美国旧金山大学的管理学教授韦里克提出，经常被用于企业战略制定、竞争对手分析等场合。SWOT 是一种分析方法，用来确定企业本身的竞争优势（Strength）、竞争劣势（Weakness）、机会（Opportunity）和威胁（Threat），从而将公司的战略与公司内部资源、外部环境有机结合。因此，清楚地确定公司的资源优势和缺陷，了解公司所面临的机会和挑战，对于制定公司未来的发展战略有着至关重要的意义。科尔尼咨询公司（A. T. Kearney）对邮政业的 SWOT 分析非常典型。如表 6 - 3 所示。

表 6 - 3　科尔尼咨询公司的邮政业 SWOT 战略分析

内部能力 / 外部因素	优势（Strength）	劣势（Weakness）
	·作为国家机关，拥有公众的信任 ·顾客对邮政服务的高度亲近感与信任感 ·拥有全国范围的物流网（几万家邮政局） ·具有众多的人力资源 ·具有创造邮政/金融 synergy 的可能性	·上门取件相关人力及车辆不足 ·市场及物流专家不足 ·组织、预算、费用等方面的灵活性不足 ·包裹破损的可能性很大 ·追踪查询服务不够完善
机会（Opportunities）	SO	WO
·随着电子商务的普及，对寄件需求增加（年平均增加 38%） ·能够确保应对市场开放的事业自由度 ·物流及 IT 等关键技术的飞跃性的发展	·以邮政网络为基础，积极进入宅送市场 ·进入 shopping mall 配送市场 ·ePOST 活性化 ·开发灵活运用关键技术的多样化的邮政服务	·构成邮寄包裹专门组织 ·过实物与信息的统一化进行实时的追踪（Track & Trace）及物流控制（Command & Control） ·将增值服务及一般服务差别化的价格体系的制定及服务内容的再整理
风险（Threats）	ST	WT
·通信技术发展后，对邮政的需求可能减少 ·现有宅送企业的设备投资及代理增多 ·WTO 邮政服务市场开放的压力 ·国外宅送企业进入国内市场	·灵活运用范围宽广的邮政物流网络，树立积极的市场战略 ·通过与全球性的物流企业进行战略联盟 ·提高国外邮件的收益性及服务 ·为了确保企业顾客，树立积极的市场战略	·根据服务的特性，对包裹详情单与包裹运送网分别运营 ·对已经确定的邮政物流运营提高效率（BPR），由此提高市场竞争力

SWOT 分析步骤包括：①确认当前的战略是什么？②利用波特五力分析或 PEST 分析，确认企业外部环境的变化；③根据企业资源组合情况，确认企业的关键能力和关键限制；④按照通用矩阵或类似的方式打分评价。把识别出的所有优势分成两组，分的时候以两个原则为基础：它们是与行业中潜在的机会有关，还是与潜在的威胁有关。用同样的办法把所有的劣势分成两组，一组与机会有关，另一组与威胁有关。⑤将结果在 SWOT 分析图上定位（见图 6－10），或者用 SWOT 分析表（见表 6－4），将刚才的优势和劣势按机会和威胁分别填入表格中。

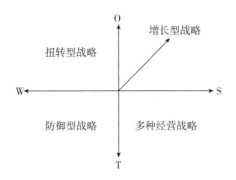

图 6－10　SWOT 战略分析图

表 6－4　SWOT 战略分析表

	内部因素		
外部因素	2. 利用	3. 改进	机会
	4. 监视	1. 消除	威胁
	优势	劣势	

二、战略选择工具

（一）差距分析

在战略制定、战略选择之前，需要进行差距分析。差距分析是比较一个企业的最终目标与预期业绩之间的差距，并确定可以填补差距的方法。以下首先在业务层面进行差距分析，然后再做企业层面的差距分析。一个完整的差距分析应该就规划期制定的目标与企业不改变经营战略的预期结果进行比较。

1. 外部环境和经营战略差距

（1）宏观环境与经营战略差距。在确定可能存在的差距之前，首先要做的是列示出影响行业未来增长率的趋势及影响趋势发展的重要因素，然后再评价企业现在的战略是否符合趋势。表 6－5 是拥有高增长率的企业战略实例。从中可以看到，该企业的战略不符合整个正在下滑的宏观经济。此外，由于人口增长将放缓，这将导致市场规模增长缓慢，不利于战略目标的实现。

表 6 - 5　宏观环境与经营战略差距

要素	关键性趋势	战略一致性
经济	预计缓慢增长	不一致
社会和文化	教育质量的提高以及大众对工作的态度	一致
人口统计	预计缓慢增长	不一致

（2）行业环境与经营战略差距。表 6 - 6 列出了企业的行业环境与经营战略之间的差距，考察了行业环境的要素以及给出了每个要素的水平，并且指出现在的经营战略与这些要素一致或不一致的原因。在这个例子中，企业的战略目标是实现高增长。我们认为行业的增长带来更多的新进入者的威胁，这与企业的战略目标一致。另外，由于原材料的独特性，供应商议价能力高，企业议价能力低，这有可能导致企业增加产品成本，而企业的经营战略并没有考虑到这一点，从而导致不一致。这种分析通常表明企业的经营战略和行业环境的诸多要素是不一致的，这意味着企业需要考虑如何把握这些要素从而缩小差距。这就要求企业调整自己的职能战略，如果行业环境不能改变，企业甚至要调整经营战略。

表 6 - 6　行业环境与经营战略差距

行业环境	强度	具体要求	战略一致性
新进入者的威胁	高	整个行业的高增长	一致
行业对手	一般	高增长，不同的细分目标	一致/不一致
供应商议价能力	高	差异化产品	不一致
替代品	低	小量的替代品	一致

（3）行业竞争对手与经营战略差距。不同于宏观环境和行业环境的差距分析，企业的另一种差距分析是考察企业自身与行业竞争对手之间的差距。这种方法使用了四个变量，即财务表现、市场地位、技术性能和服务质量。从表 6 - 7 可以看出，竞争对手 X 企业的市场份额是 27%，拥有突出的财务业绩，但是服务质量有所下降。另外，Y 企业虽然是主要竞争对手中市场份额最小的一家企业，但是它拥有先进的技术并且在不断提高服务质量，它将会成为企业未来强劲的对手。

表 6 - 7　行业竞争对手与经营战略差距

竞争对手	财务表现	市场地位	技术性能	服务质量
W 企业	满意	15%	一般	好
X 企业	非常满意	27%	一般	下降
Y 企业	满意	8%	优越	改善中但仍然较低
Z 企业	低于平均水平	14%	下降	好

2. 内部环境和经营战略差距

在企业内部，经营战略需要符合企业的能力，通过比较其业绩表现和主要利益相关者的期望，以确定在内部环境要素与当前战略之间是否存在差距。

（1）能力与经营战略差距。表6-8是用来评估企业能力和经营战略之间的差距。在此差距分析中第一步要做的是列出所有有利于主要经营活动的重要能力，它包括本书第三章提到的为企业带来竞争优势的战略能力。第二步要做的是，评估企业在每个战略能力上的竞争地位，以确定企业是否已经拥有其所必需的能力。把企业的各项能力与其竞争对手进行比较对衡量企业的相对表现很有帮助。典型的结果是，部分能力优于竞争对手，但其他部分却低于平均水平，这时就会出现差距。

表6-8　能力与经营战略差距（示例）

能力	等级——相对于多数竞争对手的优势水平
有形资源：	
实物资源：	
财务资源：	
无形资源：	
商标：	
信誉：	
客户口碑：	
文化：	
价值观：	
变动管理：	
学习：	
过程和系统：	
财务信息：	
控制信息：	
经营信息：	
激励系统：	

（2）企业业绩与经营战略差距。评估内部环境与经营战略之间的差距的另一个方面是确定企业业绩与经营战略之间的差距。首先，要确定在第一章中讨论的企业战略的关键要素。然后，企业依照设定的目标记录当前的业绩表现。正面差距给企业提供了利用优势的机会，或者在该处撤出部分资源以弥补其他方面的负面差距。

（3）主要利益相关者与经营战略差距。在确定差距时，企业述需要考虑内部环境中的另一个要素，即主要利益相关者的预期。企业很少关注经营战略与主要利益相关者预期之间的差距，然而做此差距分析是非常必要的，因为主要利益相关者的预期很可能会影响企业未来的战略决策。然而，要量化他们的预期并非易事，通常掺杂着许多主观的判断，通过分析以及衡量这些预期，有利于了解利益相关者是如何看待企业战略和未来业绩的。对照预期值得到企业的相对业绩是确认差距的重要方面，因为主要利益相关者是对照自己的预期来评价企业的业绩表现。

3. 企业层面的差距分析

如果企业是一个经营多种业务的大企业，如何进行差距分析？战略的主要层面是业务层面。管理层需要对企业内的每项业务进行上述分析。然而，在企业层面上，还需要进行以下分析：企业（总体）战略与企业的能力差距分析以及企业（总体）战略与企业业绩差距的分析。后者与按照业务战略的分析方法得出企业业绩的差距类似。不同的是这里不需要进行企业行业分析，因为在企业内部的每个业务层面已经分析过了。企业层面的差距分析方法和业务层面的差距分析方法是类似的。表6-9就是一个企业层面差距分析的简单例子。

表6-9 企业层面的差距分析方法

企业战略	企业能力	是否存在差距？
打入中国市场，实施多元化战略	企业在中国仅经营零售业	存在差距
企业战略	企业业绩	是否存在差距？
利润以每年10%的速度增长	在过去三年内，利润平均每年增加7%	存在差距

(二) 公司层战略的选择

完成差距分析，就清晰了企业为完成当前战略目标还应该着重关注的问题。管理层制定战略，应尽量缩小战略与目标的差距。战略制定是企业在战略分析的基础上选择适宜战略的过程。战略制定是战略管理的关键环节，直接影响到战略的实施和控制。战略制定要从企业使命和目标出发，分析和评价各种战略的优势和劣势以及成本和收益，选择最符合企业实际并能实现企业目标的战略。以下是企业在制定战略时需要关注的问题：①企业计划扩充规模吗？②企业计划生产什么样的产品和服务？③企业的目标服务对象和目标市场是什么？④企业赢得市场地位的一般战略是什么？⑤企业计划在未来行业中如何定位？企业战略的构成如表6-10所示。

表6-10 企业战略的构成

企业战略			
企业战略	公司层战略	扩张型战略	密集型战略	市场渗透
				市场开发
				产品开发
			一体化战略	纵向一体化战略
				横向一体化战略
			多元化战略	相关多元化战略
				不相关多元化战略
			战略联盟	
		稳定型战略	暂停战略、无变战略、维持利润战略	
		收缩型战略	扭转战略、剥离战略和清算战略	
	业务层战略		总成本领先战略	
		差异化战略	产品质量差异化战略、产品性能差异化战略、销售服务差异化战略、品牌差异化战略	
			集中战略	
	职能层战略		研发战略、营销战略、生产战略、人力资源战略	

公司层战略主要考虑的问题是企业业务是应当扩张、收缩还是维持不变。相应地，企业总体战略可以划分为三种类型：扩张型战略、稳定型战略和收缩型战略。

1. 扩张型战略

扩张型战略是以发展壮大企业为基本导向，致力于使企业在产销规模、资产、利润或新产品开发等某一方面或某几方面获得增长的战略。扩张型战略是最为普遍采用的企业战略。扩张型战略主要包括三种基本类型：密集型战略、多元化战略和一体化战略。

第一，密集型战略，也称为加强型成长战略，是指企业充分利用现有产品或服务的潜力，强化现有产品或服务竞争地位的战略。密集型成长战略主要包括三种类型：市场渗透战略、市场开发战略和产品开发战略。战略管理之父安索夫博士于 1975 年提出安索夫矩阵（Ansoff Matrix）对密集型战略做了很好的说明。安索夫矩阵以产品和市场作为两大基本面向，区别出四种产品/市场组合和相对应的营销策略，是应用最广泛的营销分析工具之一。安索夫矩阵是以 2X2 的矩阵代表企业企图使收入或获利成长的四种选择，其主要的逻辑是企业可以选择四种不同的成长性策略来达成增加收入的目标。如图 6 - 11 所示。

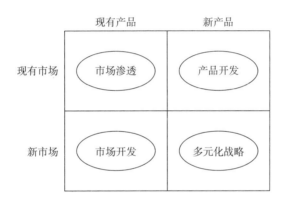

图 6 - 11 安索夫矩阵

（1）市场渗透——现有产品和市场。市场渗透战略的基础是增加现有产品或服务的市场份额或增长正在现有市场中经营的业务。它的目标是通过各种方法来增加产品的使用频率。例如，改进罐头的配方、吸引竞争对手的顾客和新用户购买产品。增长方法有以下几种：①扩大市场份额，这个方法特别适用于整体正在成长的市场。企业可以通过提供折扣或增加广告来增加在现有市场中的销售额，改进销售和分销方式来提高其所提供的服务水平，改进产品或包装来提高和加强其对消费者的吸引力并降低成本。②开发小众市场，目标是在行业中的一系列目标小众市场中获得增长，从而扩大总的市场份额。如果与竞争对手相比企业的规模较小，那么这种方法尤为适用。③保持市场份额，特别是当市场发生衰退时，保持市场份额具有重要意义。

（2）产品开发——新产品和现有市场。产品开发战略是通过改进或改变产品或服务以增加产品销售量的战略。产品开发战略有利于企业利用现有产品的声誉和商标，吸引用户购买新产品。另外，产品开发战略是对现有产品进行改进，对现有市场较为了解，产品开发的针对性较强，因而较易取得成功。可采用多种方法来达成这个战略。例如，提供不同尺寸和不同颜色的产品，将产品分装在罐头和瓶子中。开发新产品可能会极具风险，特别是当新产品投放到新市场中时。这一点也会导致该战略实施起来有难度。尽管该战略明显带有风险，但是企业仍然有以下合理的原因采用该战略：①充分利用企业对市场的了解；②保持相对于竞争对手的领先地位；③从现有产品组合的不足中寻求新的机会；④使企业能继续在现有市场中保持安全的地位。

（3）市场开发——现有产品和新市场。市场开发战略是指将现有产品或服务打入新市场的战略。市场的战略成本和风险也相对较低。实施市场开发战略的主要途径包括开辟其他区域市场和细分市场。采用市场开发战略可能有几个原因：①企业发现，现有产品生产过程的性质导致难以转而生产全新的产品，因此他们希望能开发其他市场。②市场开发往往与产品开发结合在一起，例如，将工业用的地板或地毯清洁设备做得更小、更轻，这样可以将其引入到民用市场。③现有市场或细分市场已经饱和，这可能会导致竞争对手去寻找新的市场。

第二，多元化战略——新产品和新市场。多元化成长指企业进入与现有产品和市场不同的领域。企业从擅长的领域退出可能需要进行激烈的思想斗争。但是安索夫认为："在任何经营环境中，没有一家企业可以认为自身能够不受产品过时和需求枯竭的影响。"这个观点得到了许多人的认同。由于战略变化是如此迅速，企业必须持续地调查市场环境以寻找多元化的机会。采用多元化战略有下列三大原因：①在现有产品或市场中持续经营并不能达到目标。这一点可通过差距分析来予以证明。当前行业令人不满，原因可能是产品衰退而导致回报率低，或同一领域中的技术创新机会很少，或行业缺少灵活性。例如，企业不可避免地依赖单个顾客或单条生产线。②企业以前由于在现有产品或市场中成功经营而保留下来的资金超过了其在现有产品或市场中的财务扩张所需要的资金，企业是喜欢将多余的资金投入业务以外的领域还是寻找多元化机会，取决于可取得的相对回报率和管理层的偏好。③与在现有产品或市场中的扩张相比，多元化战略意味着更高的利润。广义上，多元化有两种——相关多元化和非相关多元化。

（1）相关多元化也称同心多元化，是指企业以现有业务为基础进入相关产业的战略。采用相关多元化战略，有利于企业利用原有产业的产品知识、制造能力和营销技能优势来获取融合优势，即两种业务同时经营的盈利能力大于各自经营不同业务时的盈利能力之和。相关多元化的相关性可以是产品、生产技术、管理技能、营销技能，以及用户等方面的类似。当企业在产业内具有较强的竞争优势而该产业成长性或吸引力逐渐下降时，比较适宜采用同心多元化战略。

（2）非相关多元化也称离心多元化，是指企业进入与当前产业不相关的产业的战略。如果企业当前产业缺乏吸引力，而企业也不具备较强的能力和技能转向相关产品或服务，较为现实的选择就是采用非相关多元化战略。采用非相关多元化战略的主要目标不是利用产品、技术营销等方面的共同性，而是从财务上考虑平衡现金流或者获取新的利润增长点。

第三，一体化战略。一体化战略是指企业对具有优势和增长潜力的产品或业务，沿其经营链条的纵向或横向扩大业务的深度和广度，扩大经营规模，实现企业成长。一体化战略按照业务拓展的方向可以分为纵向一体化和横向一体化。

（1）纵向一体化战略。纵向一体化战略是指企业沿着产品或业务链向前或向后，延伸和扩展企业现有业务的战略。从理论上分析，企业采用纵向一体化战略有利于节约与上、下游企业在市场上进行购买或销售的交易成本，控制稀缺资源，保证关键投入的质量或者获得新客户。不过，企业一体化也会增加企业的内部管理成本，企业规模并不是越大越好。纵向一体化战略可以分为前向一体化战略和后向一体化战略。前向一体化战略是指获得分销商或零售商的所有权或加强对他们的控制权的战略。前向一体化战略通过控制销售过程和渠道，有利于企业控制和掌握市场，增强对消费者需求变化的敏感性，提高企业产品的市场适应性和竞争力。后向一体化战略是指获得供应商的所有权或加强对其控制权。后向一体化有利于企业有效控制关键原材料等投入的成本、质量及供应可靠性，确保企业生产经营活动稳步进行。后向一体化战略在汽车、钢铁等行业采取得较多。

（2）横向一体化战略。横向一体化战略是指企业收购、兼并或联合竞争企业的战略。企业用横向一体化战略的主要目的是减少竞争压力、实现规模经济和增强自身实力以获取竞争优势。横向一体化战略主要通过以下几种途径实现：①购买，即一家实力占据优势的企业收购与之相竞争的另一家企业；②合并，即两家相互竞争而实力和规模较为接近的企业合并为一个新的企业；③联合，即两个或两个以上相互竞争的企业在某一个业务领域进行联合投资、开发和经营。

2. 稳定型战略

又称为防御型战略、维持型战略。即企业在战略方向上没有重大改变，在业务领域、市场地位和产销规模等方面基本保持现有状况，以安全经营为宗旨的战略。稳定型战略有利于降低企业实施新战略的经营风险，减少资源重新配置的成本，为企业创造一个加强内部管理和调整生产经营秩序的修整期，并有助于防止企业过快发展。应用较为广泛的稳定型战略主要有如下三种：暂停战略、无变战略和维持利润战略。

暂停战略，是指在一段时期内降低成长速度、巩固现有资源的临时战略。暂停战略主要适用于在未来不确定性产业中迅速成长的企业，目的是避免出现继续实施原有战略导致企业管理失控和资源紧张的局面。

无变战略，是指不实行任何新举动的战略。无变战略适用于外部环境没有任何重大变化、本身具有合理盈利和稳定市场地位的企业。

维持利润战略，是指为了维持目前的利润水平而牺牲企业未来成长的战略。很多情况下，当企业面临不利的外部环境时，管理人员会采用减少投资，削减一些可控费用（如研发费用、广告费和维修费）等方式维持现有利润水平。维持利润战略只是一种渡过困境的临时战略，对企业持久竞争优势会产生不利影响。

总体来说，稳定型战略较适宜在短期内运用，长期实施则存在较大风险。这些风险主要包括：①稳定型战略的成功实施要求战略期内外部环境不发生重大变化，竞争格局和市场需求都基本保持稳定；②稳定型战略的长期实施容易导致企业缺乏应对挑战和风险的能力。

3. 收缩型战略

也称为撤退型战略，是指企业因经营状况恶化而采取的缩小生产规模或取消某些业务的战略。采取收缩型战略一般是因为企业的部分产品或所有产品处于竞争劣势，以至于销售额下降、出现亏损等，从而采取的收缩或撤退措施，用以抵御外部环境压力，保存企业实力，等待有利时机。收缩型战略的目标侧重于改善企业的现金流量，因此，一般都采用严格控制各项费用等方式渡过危机。收缩型战略也是一种带有过渡性质的临时战略。按照实现收缩目标的途径，可将收缩型战略划分为三种类型：扭转战略、剥离战略和清算战略。

（1）扭转战略，是指企业采取缩小产销规模、削减成本费用、重组等方式来扭转销售和盈利下降趋势的战略。实施扭转战略，对企业进行"瘦身"，有利于企业整合资源，改进内部工作效率，加强独特竞争能力，是一种"以退为进"的战略。

（2）剥离战略，是指企业出售或停止经营下属经营单位（如部分企业或子企业）的战略。实施剥离战略的目的是使企业摆脱那些缺乏竞争优势、失去吸引力、不盈利、占用过多资金或与企业其他活动不相适应的业务，以此来优化资源配置，使企业将精力集中于优势领域。在某些情况下，企业也通过实施剥离战略，为战略性收购或投资筹集资金。剥离战略适用于以下一些情形：①企业已经采取了扭转战略而未见成效；②某下属经营单位维持现有竞争地位所需投入的资源超出了企业现有能力；③某下属经营单位经营失败，从而影响了整个企业的业绩；④企业急需资金；⑤该业务在管理、市场、客户、价值观等方面与企业其他业务难以融合。

但是，退出壁垒可能导致企业难以从产品市场中退出或需要付出代价才能从市场中退出：①成本方面的壁垒包括遣散费、租约及其他合同的解约罚金以及资产难以出售。②市场方面的考虑可能会使企业推迟退出市场的时间。企业可能亏本销售某种产品以吸引顾客购买其他产品，这样做可能会提高企业的市场覆盖率。③由于企业已经在某个项目上花了钱，管理者可能未能适当地运用沉没成本理念。④心理方面。管理者不愿意承认失败，而且想避免退出市场产生的尴尬。

（3）清算战略，是指将企业的全部资产出售，从而停止经营的战略。清算战略是承认经营失败的战略，通常是在实行其他战略全部不成功时的被迫选择。尽管所有管理者都不希望进行清算，但及时清算可能是比继续经营导致巨额亏损更有利的选择。清算能够有序地将企业资产最大限度地变现，并且股东能够主动参与决策，因而较破产更为有利。

（三）业务层战略的选择

业务层战略也称竞争战略，是指在给定的一个业务或行业内，企业用于区分自己与竞争对手业务的方式，或者说是企业在特定市场环境中如何营造、获得竞争优势的途径或方法。企业在市场竞争中获得竞争优势的途径虽然很多，但有三种最基本的一般战略。一般战略的思想源于波特（1980）。波特认为，竞争位置是企业在产业中的相对位置会决定企业的获利能力是高出还是低于产业的平均水平。即使在产业结构不佳，平均获利水平差的产业中，竞争位置较好的企业，仍能获得较高的投资回报。每个企业都会有许多优点或缺点，任何的优点或缺点都会对相对成本优势和相对差异化产生作用。成本优势和差异化都是企业比竞争对手更擅长应用五种竞争力的结果。将这两种基本的竞争优势与企业相应的活动相结合，就可导出可让企业获得较好竞争位置的三种一般性战略：总成本领先战略、差异化战略及专一化战略。如图 6 - 12 所示。

		竞优势的基础	
		低成本	差异化
竞争范围	整体产业	成本领先	差异化
	细分市场	集中成本领先	集中差异化

图 6 - 12　竞争战略示意图

（1）总成本领先战略（Overall Cost Leadership）要求企业必须建立起高效、规模化的生产设施，全力以赴地降低成本，严格控制成本、管理费用，以及研发、服务、推销、广告等方面的成本费用。为了达到这些目标，企业需要在管理方面对成本给予高度的重视，确实总成本低于竞争对手。

（2）差异化战略（Differentiation）是将公司提供的产品或服务差异化，树立起一些全产业范围中具有独特性的东西。实现差异化战略可以有许多方式，如设计名牌形象，保持技术、性能特点、顾客服务、商业网络及其他方面的独特性等。最理想的状况是公司在几个方面都具有差异化的特点。但这一战略与提高市场份额的目标不可兼顾，在建立公司的差异化战略的活动中总是伴随着很高的成本代价，有时即便全产业范围的顾客都了解公司的独特优点，也并不是所有顾客都将愿意或有能力支付公司要求的高价格。

（3）专一化战略（Focus）是主攻某个特殊的顾客群、某产品线的一个细分区段或某一地区市场。低成本与差异化战略都是要在全产业范围内实现其目标，专一化战略的前提思想是：公司业务的专一化能够以较高的效率、更好的效果为某一狭窄的战略对象服务，从而超过在较广阔范围内竞争的对手。公司或者通过满足特殊对象的需要而实现了差异化，或者在为这一对象服务时实现了低成本，或者二者兼得。这样的公司可以使其盈利的潜力超过产业的平均水平。

（四）职能层战略的选择

战略方案的第三层次是职能战略。这部分内容侧重于企业内部特定职能部门的运营效率，如生产、财务、营销、研究与开发以及人力资源开发等。职能战略在更细的层面上运行，从各部门的战略实施层面上考虑，以实现总体和业务层的战略目标。

【章末案例】　　胶片双雄的冰火两重天：柯达与富士的战略选择

柯达与富士，黄色与绿色，胶片时代的一对老冤家，曾经主宰全球影像市场，伴随着数代人的成长。进入数码时代后，两家传统霸主同样遭受过冲击，但眼下的命运却截然相反，一家欢喜一家愁。2012 年 1 月 19 日，柯达公司在纽约依据《破产法》第 11 章申请破产保护。对于成立 131 年的影像巨头柯达来说，辉煌的历史终于走到尽头。柯达股价在过去的一年累积下跌了 88%，目前仅为 0.55 美元，市值不到 1.5 亿美元。同一个月，富士胶片在拉斯维加斯召开的消费电子展（CES）上发布了重量级单电相机 X-Pro 1，并正考虑投资陷入财务丑闻的传统光学公司奥林巴斯，借此扩大光学业务。目前富士市值将近 120 亿美元，全年营收接近 500 亿美元。同样是传统胶片厂商，同样遭受数字影像冲击，为何柯达和富士走出了两条完全相反的轨迹，呈现出冰火两重天的命运？

一、数字先驱者

柯达是胶片时代毫无争议的霸主，但同样也可以说，"成也胶片，败也胶片"。胶片带给柯达辉煌的历史、无限的荣光、巨额的利润，导致他们迟迟不愿走出这个安乐窝，对数码影像反应迟钝以至于被市场所抛弃。1975 年，柯达实验室研发出了全球首台数码相机，1991 年推出基于尼康技术的首款数码单反 DCS 100，几年后又推出首款傻瓜数码相机（Point and Shot）。可以说，柯达是数码影像的发明者。

如果柯达不那么沉迷于胶片带来的巨大利润，而利用自己的领先技术，大力开发数码相机业务，或许如今的市场仍然是柯达独大的局面。但结果却正好相反，数码相机的发明者却最终被市场所抛弃。当时的柯达高层对数码影像技术存在两方面的顾虑：一方面，担心数码影像会蚕食胶片市场，冲击公司的巨额利润；另一方面，认为打印照片是人们保存记忆的首选手段，对照片冲印市场恋恋不舍，对数字化时代准备不足。

2000~2003 年，柯达胶片利润下滑了 70%。直到这个时候，柯达才意识到数码已经是大势所趋，当年柯达宣布停止投资胶片业务，开始寻找转型之路，更在 2007 年为表决心炸掉胶片大楼。2007 年 10 月 6 日清晨，超过 1000 人涌入 Kodak Park，等待 Kodak Building 65 以及 Building 69 的定时爆破。2007 年 10 月 6 日 7 点 48 分，这两座对近代胶片技术产生过深远影响的建筑，终于轰然倒下。Kodak Building 65 以及 Building69 曾经是 Kodak 最重要的胶片技术开发中心，前来参观爆破的 1000 余人，绝大多数都是曾经在这个建筑中工作过的员工，有些名字，从父辈起便在这两间建筑中出现。"热敏打印就是在那里开发的。"曾经在 Building 65 工作长达 15 年的 Stan Stephenson 说道，"Building 65 还曾经被用来开发早期的数码产品。""时代在前进。"这已经是 Kodak 今年拆除的第 5 座建筑，其余三座分别为 Building 9、Building 23 以及 Building 50。但这个标志性举动并未给柯达带来市值改变。

虽然柯达在数字传感器技术方面曾占据领先地位，但他们却始终未能将创新转化为实际商机。柯达的数码相机也曾在美国占据一定市场份额，但由于技术更新缓慢，价格缺乏吸引力，在佳能、尼康、索尼等日本厂商的围剿下，销量持续下滑。而在传感器技术方面，柯达的研发进展也非常缓慢。虽然柯达 CCD 色彩成像技术上仍有优势，但始终未能有效解决高感问题，此外价格也居高不下，目前只有莱卡等少数厂商还在使用柯达的CCD。数码单反已经普遍采用 CMOS 传感器，而 CCD 市场也被索尼、富士等厂商占据。

曾打造全球首款数码相机的柯达在 2005 年不得不宣布放弃数码单反，随后又在 2006 年将数码相机转让给新加坡 Flextronics，彻底退出了数码相机市场。2011 年 11 月，柯达更将 CCD 传感器部门出售给了私募公司 Platium Equity。数码技术的创造者柯达却被数码时代所率先抛弃。

二、富士做医疗

而在胶片时代始终被柯达压着一头的富士在数字化道路上的发展则要坚决得多。虽然直到 1997 年才推出首台民用数码相机，但自从 1999 年研发出 Super CCD 技术后，富士就一直在大力发展自己的数码业务。2002 年，柯达产品数字化比例只有 25%，而富士已经达到了 60%。

与柯达一样，富士的胶片业务也受到了数码影像的明显冲击。但富士并未留恋昔日的荣光，而是进行了大规模的业务转型。2004 年开始，富士大规模收缩胶片业务，进行全球大规模裁员。胶片不再是富士的核心业务，为了拓展数码相机市场，他们大力研发 Super CCD 技术，将相机制造从日本仙台转移到中国苏州，以降低成本。富士的CCD 具有独到的技术优势，而且也是日本乃至全球少数几家完整掌握数码相机技术的厂商（富士、索尼、佳能、适马）之一。富士还通过收购进军利润丰厚的医疗市场，目前他们的医疗业务包括了药品研发、放射器械、医疗光学仪器，甚至还进入了化妆品市场。从 2008 年开始，富士决定将医疗作为未来业务重心，影像业务所占比重降至三成以下。

三、破产非末日

或许是柯达在胶片时代过于成功，他们的转型之路颇有些"船大难掉头"的感觉。在数码已经明显大势所趋的情况下，柯达仍然不愿放弃冲印连锁市场。2002年，柯达中国冲印店数量高达8000多家。虽然柯达后期曾采取措施重组这些店铺，但也耗费了宝贵的大量资金。除了数字影像方面毫无起色之外，早在2003年，柯达就开始在商业印刷和医疗影像方面进行了扩展和收购，但却收效甚微。2005年，曾在惠普领导打印机部门的彭安东（Antonio Perez）出任柯达CEO。彭安东希望将自己在惠普的打印机成功轨迹延续到柯达，最近数年柯达一直在大力发展打印机技术。但随着打印机从喷墨转向激光，缺乏技术优势的柯达始终未能占据市场。此外，柯达顽固地相信，消费者拍摄完照片后会选择打印保存，因此一直看好照片打印和终端市场。但随着互联网进入社交时代，用户更习惯以数字形式保存照片，并通过网络进行分享。柯达错误预判了市场发展方向，再次错过转型机会。

申请破产保护并不意味着柯达的末日，通用汽车等美国知名公司都曾经申请破产保护，在重组之后又再次上市。根据柯达提交的破产文件，他们已经从花旗集团获得了9.5亿美元资金，并委任FTI咨询公司对破产进行重组。在提交破产之前，柯达向苹果、HTC、三星等公司提出专利诉讼，认为这些公司侵犯了柯达数码成像技术专利。虽然这些诉讼未能挽救柯达破产的命运，但却显示了柯达最有价值的资产。外界认为，虽然柯达市值不到1.5亿美元，但作为数码影像先驱，柯达的专利至少价值30亿美元。2011年8月，柯达宣布逐步出售1100项数码技术专利，但却因为破产危机而无法获得合适的报价。鉴于柯达依据第11章申请破产保护，法庭可能会对柯达的专利技术进行拍卖，这更有利于售出高价，去年微软、苹果、谷歌争抢北电网络专利就是最好的例子，最后成交价是起拍价的数倍。

此外，破产之后柯达还可以摆脱沉重的员工福利负担，轻装上阵进行重组。未来柯达可能会分拆成数个部门：传统影像可能会成为一个独立子公司，从事胶片等小众业务；打印机业务会成为柯达的主要部门。

四、富士惜柯达

2012年1月的CES，新浪科技在拉斯维加斯参加了富士产品发布会，并参观了富士展位。富士美国总经理凯斯·贝克（Kayce Baker）在接受专访时表示，富士对柯达的状况感到非常遗憾，希望柯达能够继续坚持下去。她表示，作为胶片时代的竞争对手，两家公司都遭受了从胶片到数码的冲击，但富士进行了更为坚决的转型，也选择了明确的业务转型道路。目前医疗业务已经成为富士的现金牛，在雄厚的财力支持下，富士才能继续投入研发数码相机业务。

柯达申请破产保护，也不是胶片的终结。虽然胶片已经不再是主流，但在电影领域还存在较大需求，有需求就有市场。柯达、富士、伊尔福等企业仍在继续生产，未来的胶片可能会成为价格昂贵的小众精品（Boutique）市场。百年辉煌，终有尽日。一个占据百年技术领先的巨无霸企业，因为无法适应市场潮流和技术更新，而在十年内迅速衰败乃至破产。

资料来源：作者根据相关资料整理而成。

【本章小结】

企业战略风险的管理是通过建立有效的信念与边界等管理控制系统及实施完善的内部控制来实现的。公司层战略、业务层战略与职能层战略一起构成了企业战略体系。战略管理包括战略分析、战略选择、战略实施和战略控制四个过程。形成企业战略的方法有两类：理性方法和应急方法。战略检验包括应用相关性检验和学术严谨性检验两个层面。

西蒙将战略风险的来源和构成分成四个部分：①运营风险；②资产损失风险；③竞争风险；④商誉风险。为了减少战略风险发生的概率，降低其损失程度并有效地对风险加以利用，依据风险的性质和战略风险的管理目标，主要有战略风险规避策略、减弱策略、转移策略和自留策略。战略风险分析工具主要有宏观环境分析的 PEST 分析法、行业分析的波特五力模型、内外部环境结合的 SWOT 分析。战略选择首先要进行差距分析。公司层的战略主要有扩张型、稳定型和收缩型；业务层的战略主要有总成本领先战略、差异化战略和专一化战略；职能层战略包括研发战略、营销战略、生产战略、人力资源战略等。

【问题思考】

1. 学者们是如何界定企业战略的？
2. 企业战略分为哪几个层次？
3. 如何理解战略风险？有哪几类？
4. 如何理解战略环境的不确定性？
5. 简述 PEST 分析法。
6. 什么是差距分析？有哪些差距分析？
7. 如何理解安索夫矩阵？
8. 什么是总成本领先战略、差异化战略和专一化战略？

第七章　财务风险

【章首案例】　　　　**顺驰之殇：一匹资金链断裂的黑马**

2006 年 9 月 5 日对于孙宏斌来说是一个不寻常的日子，作为顺驰公司的创始人，这一天他以 12.8 亿元的价格出让顺驰 55% 的股权，失去了对顺驰的绝对控制权。签约仪式上他对香港路劲基建公司董事长单伟豹先生说，你买了一个便宜货。12.8 亿在孙宏斌看来太便宜了，顺驰当年在北京大兴的一块地就花了 9.05 亿元，而到他出让股份的时候，顺驰已经在全国有土地储备 740 万平方米，市值超过 150 亿元。而随后发生的事更让孙宏斌高兴不起来，2007 年 1 月 26 日，路劲再次与孙宏斌达成协议，继续注资 9 亿元，拿下顺驰 94.7% 的股权，孙宏斌只持有顺驰 5.3% 的股权，已彻底沦落为小股东。

一、孙宏斌与顺驰的发家史

1988 年，孙宏斌于清华大学硕士毕业后加入联想，很快被柳传志委以重任，主持企业发展部工作，负责联想集团除北京以外的全国各地的业务发展，一年多的时间，孙宏斌在全国建立了 18 家分公司，工作卓有成效，有"联想少将"之称。1990 年孙宏斌被北京海淀警方以"挪用公款"为由逮捕（2003 年改判无罪）。1994 年出狱后，孙宏斌怀揣从柳传志处借得的 50 万元到天津创办顺驰房地产销售代理公司。1995 年初，顺驰与联想一起投资开发香榭里小区。2000 年，顺驰击败众多对手，以 1.72 亿元的价格一举拿下天津的两个热门地块，轰动津门。从 2000 年到 2003 年，顺驰在天津相继开了 60 家连锁店，几乎覆盖了整个天津市场，还办起了中国第一个基于互联网的房产服务网。顺驰在房产推荐及客户资源的开发上，遥遥领先于同行。到 2002 年底，快速成长中的顺驰在天津累计开发了 30 个项目，建筑面积达数百万平方米，占到天津全市房产总开发量的 20%。2003 年 7 月，孙宏斌在中城房网的一次论坛上当面挑战万科的王石："我们的中长期战略是要做全国第一，也就是要超过在座诸位，包括王总。"从 2003 年 9 月到 2004 年 8 月间，顺驰旋风般地跑马全国，共购进 10 多块土地，建筑面积将近 1000 万平方米，得到"天价制造者"的雅号。2003 年，顺驰实现销售额 45 亿元。

二、天不佑顺驰

如果仅仅从战略本身而言，孙宏斌无疑是一个天才。他一眼看穿了房地产行业的暴涨特质，然后以最快的速度和最科学紧凑的策略获得了最大的成功。2004 年，顺驰宣称实现了 120 亿元的销售额——实际上完成了 92 亿元。广东富力集团董事长李思廉在一次论坛中说："如果孙宏斌今年真能做到 100 亿元的销售额，那正是万科和我公司销售额的总和，的确算得上是地产企业里的第一了。"孙宏斌日后说，如果"老天"再给顺驰一年时间，就足以消化掉所有的财务风险，实现全国战略的"完胜"。

可惜，"老天"偏不给这一年时间。就当顺驰在各地疯狂"吃"地的同时，全国的房地产市场已呈现出过热现象。中国社会科学院的一份年度报告称，从宏观层面看，2004 年由于全国房地产市场，尤其是东部沿海主要城市房地产市场不断升温，房价不断上涨，造成大量普通居民买不起房，直接影响了城镇居民家庭住房条件的改善，同时也影响到金融安全和社会稳定，民怨已渐成沸腾之势，上涨过快的房价成为千夫所指。并且，房地产过热，直接拉动生产资料价格的大幅上扬，宏观经济面临新的全面过热。毫无疑问，有"天价制造者"之称的顺驰是房价上涨过快的重要助推者之一。正是在这种判断之下，对房地产的调控已势在必行。2004 年 3 月到 5 月之间，国家推出了一系列严厉的调控措施，包括控制货币发行量和贷款规模；严格土地管理，坚决制止乱占耕地；认真清理和整顿在建和新建的项目；在全国范围内开展节约资源的活动。中央一系列文件和举措如一道道"金牌"接踵而出：2004 年 3 月 25 日，推出再贷款浮息制度；4 月 25 日，央行提高银行存款准备金率 0.5 个百分点；4 月 27 日，央行电话通知暂停突击放款；4 月 29 日，国务院办公厅颁发"严格土地管理"的紧急通知；4 月 30 日，温家宝总理发表"推进银行改革是整个金融改革当务之急"的讲话；5 月 1 日，银监会宣布"进一步加强贷款风险管理"的 7 项措施。与此同时，国内各大报刊纷纷发表言论，对房地产业的过热进行反思甚至出现情绪化的猛烈声讨……

这一连串"急急如律令"般的政策出台和舆论营造，不仅改变了投资者的收益预期、消费者购房的价格预期，而且改变了政府对房地产业发展的支持理念和支持方式，从而直接导致了购买力的迅速下降，楼市成交量的急速萎缩。房地产业的冬天突然降临了。在所有受到冲击的开发商中，正阔步急奔在扩张道路上的顺驰无疑是受创最大的一家。从 2004 年 5 月开始，顺驰在北京、苏州等地的银行出现了惜贷，放款速度迅速减慢。2004 年 5 月 3 日，顺驰召开领导团队会议，紧急下令停止拿地。2004 年 8 月 7 日，海南博鳌举办全国房地产论坛，王石点名评论顺驰："这种黑马其实是一种破坏行业竞争规则的害群之马。"2004 年 11 月，顺驰的香港上市计划搁浅。2005 年 10 月，顺驰与美国投资银行摩根的私募谈判流产。顺驰进行大规模的人员调整，裁员 20%。2006 年初，媒体曝光，顺驰拖欠的土地费用加上银行贷款余额，总数估计高达 46 亿元。2006 年 9 月 5 日，顺驰与香港路劲基建公司签署了股权转让协议。孙宏斌以 12.8 亿元的代价，出让了 55% 的股权，基本失去了对顺驰的控制权。2007 年 1 月 26 日，路劲基建宣布收购孙宏斌手中的剩余股权，总持股增至 94.7%。

三、财务风险

企业扩张不可避免地会碰到融资问题，根据顺驰的战略目标不可能不进行股权融资，而其一直认为上市融资对公司的现金流影响不大。直到 2004 年当感觉到资金紧张时，顺驰才做出香港上市的打算，最后没能成行，最重要的原因也是港交所对顺驰的财务状况不满意，这是战略实施错误的后遗症。随后进行的与摩根士丹利的"对赌"协议也在最后一分钟告吹，同样是因为摩根士丹利认为顺驰近期根本无法达到理想的利润水平。顺驰在天津的成功有很大程度上是因为他们采用的另一种融资模式：在具体项目上引进股权投资者，就是在某一个单个项目上引入合作伙伴投资，共享利润，这些合作伙伴多为天津当地企业或政府，据说顺驰在合作伙伴上拿到的钱比银行贷款还多。但是这种方式在进行全国扩张时可以使用吗？合作伙伴对他们的高价拿地行为可以完全接受吗？新合作伙伴的开发是否需要更多的时间？

顺驰没有评估大规模扩张所面临的财务风险，没做好准备就贸然行动，当出现财务困境时，却发现此时无人肯雪中送炭。香港路劲基建正是看准了这一点，提出了苛刻的条件，急等救命钱的顺驰还能有什么选择？哪还管得了低价不低价？一个视现金流为第一要素的企业家，最终还是败在了现金的断流上。就这个意义而言，顺驰和孙宏斌的败局是一次没有技术含量的失败。在一个正处于蓬勃上升通道中的行业里——房地产业尽管遭遇宏观调控的寒流，但长期而言仍然是一个上升中的行业——孙宏斌居然将企业的成长做得如此的刚性，实在是一个很让人遗憾的事实。管理咨询专家认为，顺驰的资金链之所以会断裂，是因为缺乏防范财务风险的意识。顺驰的营业回款只有 40 亿，但是从 2003 年底起，顺驰在华北、华东等地开始资金总额高达 70 亿的"圈地运动"。而且，一个新项目还没有获得收入，就不断地开发另外的新项目。顺驰的负债率高达 70%，比香港四大地产公司平均的 20% 高出很多。据郎咸平教授的分析，房地产企业要做好风险管理，必须保证负债率为 20%、现金资产比为 5%，这是最稳定、最健康的指标，而且还要有其他产业互补，才能避免行业风险。

资料来源：根据多方资料整理。

一个企业所面临的最显而易见的财务风险就是市场风险。主要的市场风险是由金融市场价格变化而产生的，如汇率风险、利率风险、商品价格风险和股票价格风险。其他相关的重要财务风险还包括信用风险和流动性风险等。

第一节　财务风险

一、财务风险的含义

财务风险（Financial Risk）是指企业在各项财务活动中由于各种难以预料和无法控制的因素，使企业在一定时期、一定范围内所获取的最终财务成果与预期的经营目标发生偏差，从而形成使企业蒙受经济损失的可能性。企业的财务活动贯穿于生产经营的整个过程中，筹措资金、长短期投资、分配利润等都可能产生风险。

二、财务风险的基本类型

根据风险的来源可以将财务风险划分为筹资风险、投资风险、经营风险、存货管理风险和流动性风险。

1. 筹资风险

筹资风险指的是由于资金供需市场、宏观经济环境的变化，企业筹集资金给财务成果带来的不确定性。筹资风险主要包括利率风险、再融资风险、财务杠杆效应、汇率风险、购买力风险等。利率风险是指由于金融市场金融资产的波动而导致筹资成本的变动；再融资风险是指由于金融市场上金融工具品种、融资方式的变动，导致企业再次融资产生不确定性，或企业本身筹资结构的不合理导致再融资产生困难；财务杠杆效应是指由于企业使用杠杆融资给利益相关者的利益带来不确定性；汇率风险是指由于汇率变动引起的企业外汇业务成果的不确定性；购买力风险是指由于币值的变动给筹资带来的影响。

2. 投资风险

投资风险指企业投入一定资金后，因市场需求变化而影响最终收益与预期收益偏离的风险。企业对外投资主要有直接投资和证券投资两种形式。在我国，根据《公司法》的规定，股东拥有企业股权的25%以上应该视为直接投资。证券投资主要有股票投资和债券投资两种形式。股票投资是风险共担、利益共享的投资形式；债券投资与被投资企业的财务活动没有直接关系，只是定期收取固定的利息，所面临的是被投资者无力偿还债务的风险。投资风险主要包括利率风险、再投资风险、汇率风险、通货膨胀风险、金融衍生工具风险、道德风险、违约风险等。

3. 经营风险

经营风险又称营业风险，是指在企业的生产经营过程中，供、产、销各个环节不确定性因素的影响所导致企业资金运动的迟滞，产生企业价值的变动。经营风险主要包括采购风险、生产风险、存货变现风险、应收账款变现风险等。采购风险是指由于原材料市场供应商的变动而产生的供应不足的可能，以及由于信用条件与付款方式的变动而导致实际付款期限与平均付款期的偏离。生产风险是指由于信息、能源、技术及人员的变动而导致生产工艺流程的变化，以及由于库存不足所导致的停工待料或销售迟滞的可能。存货变现风险是指由于产品市场变动而导致产品销售受阻的可能。应收账款变现风险是指由于赊销业务过多导致应收账款管理成本增大的可能性，以及由于赊销政策的改变导致实际回收期与预期回收的偏离等。

4. 存货管理风险

企业保持一定量的存货对其进行正常生产来说是至关重要的，但如何确定最优库存量是一个比较棘手的问题，存货太多会导致产品积压，占用企业资金，风险较高；存货太少又可能导致原料供应不及时，影响企业的正常生产，严重时可能造成对客户的违约，影响企业的信誉。

5. 流动性风险

流动性风险是指企业资产不能正常和确定性地转移现金或企业债务，以及付现责任不能正常履行的可能性。从这个意义上来说,可以把企业的流动性风险从企业的变现能力和偿付能力两方面分析与评价。由于企业支付能力和偿债能力发生的问题,称为现金不足及现金不能清偿风险。由于企业资产不能确定性地转移为现金而发生的问题则称为变现力风险。

三、企业财务风险的成因

企业财务风险产生的原因很多,既有企业外部的原因,也有企业自身的原因,而且不同的财务风险形成的具体原因也不尽相同。企业产生财务风险既有外部原因,也有内部原因。

1. 外部原因

企业经营的外部环境是形成企业财务风险的外部原因,主要包括宏观经济环境和政策的影响、行业背景。

(1)企业财务管理宏观环境的复杂性。企业财务管理的宏观环境复杂多变,而企业管理系统不能适应复杂多变的宏观环境。财务管理的宏观环境包括经济环境、法律环境、市场环境、社会文化环境、资源环境等因素。如果宏观经济运行良好,企业总体盈利水平会提高,财务状况趋好,财务风险降低;如果宏观经济运行不容乐观,企业投资和经营会受到影响,盈利下降,可能面临财务风险。

(2)行业背景。行业背景是连接宏观经济分析和公司分析的桥梁,也是分析企业财务状况的重要环节。行业本身在国民经济中所处的地位,以及行业所处的生命周期的不同发展阶段,使得行业的投资价值不一样,投资风险也不一样。

2. 内部原因

(1)资本结构不合理。当企业资金中的自有资金和借入资金比例不恰当时,就会造成企业资本结构的不合理,从而引发财务风险。如果举债规模过大,会加重企业支付利息的负担,企业的偿债能力会受到影响,容易产生财务风险。如果企业不举债,或者举债比例很小,导致企业运营资金不足,则会影响企业的盈利能力。

(2)投资决策不合理。投资决策对企业未来的发展起至关重要的作用,正确的投资决策可以降低企业风险,增加企业盈利;错误的投资决策可能会给企业带来灾难性的损失。错误的投资决策往往没有充分认识到投资的风险,同时对企业自身承受风险的能力预估有误。

(3)财务管理制度不完善。企业的财务管理的内容涵盖了企业基本活动的各个方面,总体来说包括筹资、投资和营运资本管理。财务管理制度应该是对财务管理内容的进一步细化,包括制定财务决策,制定预算和标准,记录实际数据,对比标准与实际,评价与考核等各个环节。如果财务管理制度不能覆盖企业的所有部门,所有操作环节,很容易造成财务的漏洞,给企业带来财务风险。

(4)财务人员风险意识淡薄。在实际工作中,企业财务人员若缺乏风险意识,对财务风险的客观性认识不足,忽视了对企业财务风险的预测和预警,将会导致企业在突发事件发生时应变能力不足,容易带来财务风险。

(5)收益分配政策不科学。股利分配政策对企业未来的发展有重大影响,分配方法的选择会影响企业的声誉,影响投资者对企业未来发展的判断,进而影响投资者的投资决策。如果对企业利润的分配脱离企业实际情况，缺乏合理的控制制度，必将影响企业的财务结构，从而可能形成财务风险。

四、化解财务风险的主要措施

财务风险是企业在财务管理过程中必须面对的一个现实问题，财务风险是客观存在的，企业管理者对财务风险只能采取有效措施来降低风险，而不可能完全消除风险。

1. 化解筹资风险的措施

当企业的经营业务发生资金不足的困难时，可以采取发行股票、发行债券或银行借款等方式来筹集所需资本。

2. 化解投资风险的措施

从风险防范的角度来看，投资风险主要应该通过控制投资期限、投资品种来降低。一般来说，投资期越长，风险就越大，因此企业应该尽量选择短期投资。而在进行证券投资的时候，应该采取分散投资的策略，选择若干种股票组成投资组合，通过组合中风险的相互抵消来降低风险。在对股票投资进行风险分析中，可以采用 β 系数的分析方法或资本资产定价模型来确定不同证券组合的风险。β 系数小于 1，说明它的风险小于整个市场的平均风险，因而是风险较小的投资对象。

3. 化解汇率风险的措施

（1）选择恰当合同货币。在有关对外贸易和借贷等经济交易中，选择何种货币作为计价货币直接关系到交易主体是否将承担汇率风险。为了避免汇率风险，企业应该争取使用本国货币作为合同货币，在出品、资本输出时使用硬通货，而在进口、资本输入时使用软通货。同时在合同中加列保值条款等措施。

（2）通过在金融市场进行保值操作。其主要方法有现汇交易、期货交易、期汇交易、期权交易、借款与投资、利率－货币互换、外币票据贴现等。

（3）对于经济主体在资产负债表会计处理过程中产生的折算风险，一般是实行资产负债表保值来化解。这种方法要求在资产负债表上以各种功能货币表示的受险资产与受险负债的数额相等，从而使其折算风险头寸为零，只有这样，汇率变动才不致带来折算上的损失。

（4）经营多样化。即在国际范围内分散其销售、生产地及原材料来源地，通过国际经营的多样化，当汇率出现变化时，管理部门可以通过比较不同地区生产、销售和成本的变化趋利避害，增加在汇率变化有利的分支机构的生产，而减少汇率变化不利的分支机构的生产。

（5）财务多样化。即在多个金融市场以多种货币寻求资金的来源和资金去向，实行筹资多样化和投资多样化，这样在有的外币贬值、有的外币升值的情况下，公司就可以使绝大部分的外汇风险相互抵消，从而达到防范风险的目的。

4. 化解流动性风险的措施

企业的流动性较强的资产主要包括现金、存货、应收账款等项目。防范流动性风险的目的是在保持资产流动性的前提下，实现利益的最大化。因此应该确定最优的现金持有量、最佳的库存量，以及加快应收账款的回收等。我们都很清楚持有现金有一个时间成本的问题，手中持有现金过多，显然会由于较高的资金占用而失去其他的获利机会，而持有现金太少，又会面临资金不能满足流动性需要的风险。因此企业应该确定一个最优的现金持有量，从而在防范流动性风险的前提下实现利益的最大化。

5. 化解经营风险的措施

在其他因素不变的情况下，市场对企业产品的需求越稳定，企业未来的经营收益就越确定，经营风险也就越小。因此企业在确定生产何种产品时，应先对产品市场做好调研，要生产适销对路的产品，销售价格是产品销售收入的决定因素之一，销售价格越稳定，销售收入就越稳定，企业未来的经营收益就越稳定，经营风险也就越小。

专栏 7—1　　　　　　　　　**中钢集团的财务风险**

关于中钢集团潜在的财务风险，审计署在内部通报时，用四个字来形容——"触目惊心"。除了山西民企山西中宇钢铁有限公司占用中钢 40 亿元资金难以追回外，截至 2011 年第一季度，河北纵横的欠款仍高达近 60 亿元。这意味着，中钢被其合作伙伴占用的资金高达百亿元。而这些只是中钢问题的"冰山一角"，审计署披露的中钢财务、投资、管理问题，仅为中钢内部问题的一部分，披露的资金数额也比较保守。随着问题的进一步披露，"中钢模式"的神话或将终结。这家 2003 年总资产不到 100 亿元的钢铁贸易央企，2010 年的总资产已膨胀至超过 1800 亿元。中钢曾将自身的扩张模式命名为"中钢模式"，并引以为豪。

一、山西中宇的 40 亿元资金黑洞

作为中国中钢集团经营危机多米诺骨牌的"第一张牌"，民营企业山西中宇钢铁有限公司对中钢近 40 亿元的债务解决方案令人心寒。

根据中钢与另一家民营钢企山西立恒钢铁股份有限公司达成的托管协议，立恒钢铁将以削债方式托管山西中宇，山西中宇所欠中钢 40 亿元债务削减为约 10 亿元；山西立恒托管山西中宇后，先支付给中钢 1 亿元，剩下的 9 亿元根据山西中宇的经营情况，每月偿还 1 亿元。这意味着，30 亿国资将人为流失，或将永远沉睡在中钢财务报表的"应收账款"里。中钢这 40 亿资金黑洞，很大程度上系"人祸"造成。

起初，中钢通过预付款，将自己与山西中宇绑在了一起，算计着用最低的成本来控制一家钢铁生产厂，随着山西中宇陷入困境，中钢也被拖入了财务黑洞。中钢原本有机会将中宇的债务控制在 20 亿元。2008 年，山西中宇对中钢的违规占款被媒体曝光，彼时，正在南非出差的黄天文及其他中钢管理人员首先想到的不是止亏，而是找一块遮羞布，遮住山西中宇这块伤疤。中钢想到的办法，是找一家钢厂代持山西中宇的股权。中钢首先想到的代持对象是其另一家民营合作伙伴，但在内部讨论时，部分管理者认为，山西中宇是一家民营企业，再找一家民营企业代持"不靠谱"，国企比民营企业更"可靠"。后来，中钢选定了有央企背景的河北国丰钢铁作为代持对象。国丰钢铁并不愿介入此事，中钢只好找国丰钢铁旗下的国贸公司帮忙。但短短两年，国丰贸易公司不但没有止住山西中宇的血，反而将债务规模翻倍至 40 亿元。

二、河北纵横垫资百亿元

渤海之滨的沧州黄骅港，是河北省数十家钢铁企业争相布局的沿海基地。中钢沧州分公司和河北纵横沧州基地，就在一条公路的两边。中钢与河北纵横的合作主要集中在沧州纵横项目。沧州纵横总投资160亿元，而中钢正是主要实际出资人。2007年初开始筹建的该基地，由中钢负责原料采购、进货运输、工程总承包及钢材销售。所需资金，主要由中钢"垫付"。河北纵横对中钢的占款，已到了"关乎中钢存亡的程度""一度非常恶劣，令人胆战心惊"。2007年至2010年间，中钢为沧州纵横累计垫资、预付款项超过100亿元，随着部分资金回笼，截至2010年，占款减至70亿元。

中钢与纵横的关系，原来仅是原料和钢材贸易关系，为何最终转变为"占款"？知情人士解释称，由于河北纵横欠中钢原辅料、钢材预付款无法偿还，双方由债务关系转至融资贸易关系。而随着双方关系的转变，中钢自身的风险也越来越大。中钢之所以不断增加对沧州纵横的垫资额度，是因为中钢决策层看好沧州的地理位置，认为"其他钢铁企业花巨资将产能转移到沿海，而中钢只需要不到别人一半的资金，就可以控制一个沿海钢厂，并大大增加中钢的业务额"。

三、众多质疑

中钢在黄骅港还进行了"融通仓"业务。"融通仓"是一种物流和金融集成式的模式，其物流服务可代理银行监管流动资产，金融服务则为企业提供融资及其他配套服务，主要目的是解决企业运营中现金流的资金缺口。"融通仓"业务曾在中钢内部引发争议，因为该项业务风险很高，一旦投资失败，后果不堪设想。

扩大销售额，是中钢近几年发展的主旋律。不光是中钢，"十一五"期间，我国央企业务规模的扩张程度、对资源的占有速度，为国资改革史上最盛时期，国资委在内部称之为"铺摊子"时代。但中钢"纵横模式"这种"铺摊子"的经营模式风险极大。作为实际出资人，中钢虽然全程包销了合作钢厂除生产以外的所有环节，但中钢对合作钢厂的内部财务、生产成本等，并没有绝对的管控权，甚至缺乏话语权。2007年，一位独立董事最早在中钢董事会上质疑了"纵横模式"。原因是，该独董认为，山西中宇与河北纵横等钢厂的产品全部由中钢包销，但中钢对山西中宇的钢材包销业务却出现亏损。后来，这位独立董事逐渐发现，山西中宇与河北纵横存在很多中钢不可控制的因素，甚至诸多可疑交易，例如，该抵销的内部利润没有抵销、该计入的损益没有计入、虚增销售收入等，甚至在2009年，原本资不抵债的山西中宇在中钢账面上居然还存在少量盈利。

有管理人士曾向中钢决策层提出，"纵横模式"一旦操作不当，将给中钢带来灭顶之灾。中钢内部对"纵横模式"的反对在2009年较为明显。当时，河北纵横对中钢的占款达到高峰，但同时，中钢对河北纵横的产品包销却出现亏损。2009年上半年，中钢数位董事会成员向国资委指证，河北纵横以正常生产、产品畅销的假象继续拉中钢向沧州纵横项目输血，并请求国资委停止中钢的包销业务，将款项尽快追回。实际上，山西中宇的前车之鉴，加上河北纵横更大规模的占款，使得国资委在2008年下半年就决定通过人事任免来挽救中钢。但遗憾的是，直到2010年初，国资委才开始施压中钢减少与河北纵横的资金往来数额，而此时，山西中宇的资金黑洞已由20亿元扩大至40亿元，河北纵横的占款也由40亿元增至近100亿元。

四、上市梦断

而随着中钢积蓄已久的管理混乱、财务造假等问题浮出水面，中钢的上市计划也将被无限期延迟。2008年初，中钢启动整体上市，并专门成立负责上市工作的"长江项目办公室"。2008年3月20日，中钢设立上市平台中钢股份有限公司。但由于山西中宇40亿元资金黑洞事件在2008年曝光，中钢上市计划被迫推延。

2009年12月，中钢重新申请上市工作，并于2010年8月通过上市环评。然而，由于中钢内部各项财务问题被有关部门发现，中钢上市计划再度遭到证监会否决。中钢的财务问题，除了合作伙伴的巨额占款，据审计署5月20日的披露，中钢还存在虚增巨额销售收入、金融和贸易业务亏损、项目投资违规违法等问题。一位中钢独立董事曾经直言，像中钢这样财务混乱、造假严重的公司如果能够上市，"实在是对不住资本市场，也对不住自己的良心。山西中宇与河北纵横的占款问题一日不解决，中钢就一日别想上市"。

2010年5月20日，审计署通报了中钢集团2007～2009年度财务收支审计结果。审计署披露的中钢集团的问题包括，中钢集团被合作伙伴占用资金88.07亿元，其下属公司虚增销售收入19.82亿元。中钢集团海外业务平台中钢国际违规发放奖金73.46万元、虚列支出转移资金17.68万元、利用假发票报账8万元、销售钢材亏损233.9万元，并以佣金形式调节关联公司利润2.17亿元等。此外，中钢集团违规投资天津房地产项目，并违规招标。中钢国际3个境外投资项目未遵守相关规定，并违规从事期货交易导致184.68万元难以收回，以及炒股浮亏数千万元。

虚增销售收入在资本市场是很恶劣的行为，中钢从一开始就存在这样的行为。2008年下半年，中钢聘请的上市审计会计事务所普华永道主动退出审计工作。普华永道认为，无论用何种方式审计，中钢都距上市要求甚远。

资料来源：作者根据多方资料整理而成。

第二节 财务风险管理技术

财务风险管理技术包括现金流量分析法、敏感性分析、蒙特卡罗法和资产财务状况分析法。

一、现金流量分析法

1. 净现值法

净现值（Net Present Value，NPV）是一项投资所产生的未来现金流的折现值与项目投资成本之间的差值。净现值法是评价投资方案的一种方法。该方法利用净现金效益量的总现值与净现金投资量算出净现值，然后根据净现值的大小来评价投资方案。净现值为正值，投资方案是可以接受的；净现值是负值，投资方案就是不可接受的。净现值越大，投资方案越好。净现值法是一种比较科学也比较简便的投资方案评价方法。净现值的计算公式如下：

$$NPV = \sum_{k=1}^{n} \frac{NCF_k}{(1+r)^r}$$

其中，NCF_k 为第 k 期的净现金流量，净现值为正，则该方案是可以接受的；或

$$NPV = \sum I_t / (1+R) - \sum O_t / (1+R),$$

其中，NPV 为净现值，R 为贴现率，I_t 为现金流入量，O_t 为现金流出量，n 为项目寿命周期。

一个投资项目的净现值等于一个项目整个生命周期内预期未来每年净现金流的现值减去项目初始投资支出。判断一个项目是否可行，就要看它的净现值是不是大于 0，净现值大于 0，意味着项目能够取得收益，它的净收益是正的，也就是说项目的净收益大于净支出，这个项目应该入选。

例如，B 公司正考虑一项新设备投资项目，该项目初始投资为 40000 元，每年的税后现金流如表 7-1 所示。假设该公司要求的收益率为 13%。

表 7-1 项目投资现金流量表

初始投资	第 1 年	第 2 年	第 3 年	第 4 年	第 5 年
40000 元	10000 元	12000 元	15000 元	10000 元	7000 元

NPV = 10000/1.13 + 12000/1.132 + 15000/1.133 + 10000/1.134 + 7000/1.135 - 40000
= 1428 < 0

由于净现值小于零，所以项目不可行。

2. 内部收益率法

内部收益率法（Internal Rate of Return，IRR）也称为内部报酬率，是净现值（NPV = 0）等于零的收益率（或称为贴现率）；按此贴现率计算的现金流出现值与现金流入现值相等。内部收益率最高的方案是最优方案。

某企业计划投资一个项目，一次性投入 100 万元，预计项目的使用年限为 5 年，每年的收益情况如图 7-1 所示。假定基准收益率为 12%，试对该项目经济效果评价。

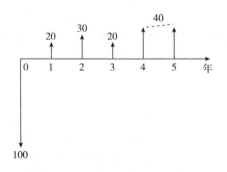

图 7-1 现金流量图（万元）

·198·

解：根据内部收益率的计算公式可得

$NPV = -100 + 20(1+i)^{-1} + 30(1+i)^{-2} + 20(1+i)^{-3} + 40(1+i)^{-4} + 40(1+i)^{-5} = 0$

求解这个高次方程较为困难，可通过线形插值法求得项目的内部收益率 i。

设 $i_1 = 10\%$，$i_2 = 15\%$，分别计算其净现值如下：

$NPV(10\%) = -100 + 20(1+10\%)^{-1} + 30(1+10\%)^{-2} + 20(1+10\%)^{-3} + 40(1+10\%)^{-4} + 40(1+10\%)^{-5} = 10.16$（万元）

$NPV(15\%) = -100 + 20(1+15\%)^{-1} + 30(1+15\%)^{-2} + 20(1+15\%)^{-3} + 40(1+15\%)^{-4} + 40(1+15\%)^{-5} = -4.02$（万元）

再由公式得

$$i = i_1 \frac{|NPV(i_1)|}{|NPV(i_1)| + |NPV(i_2)|}(i_2 - i_1)$$

$$i = 10\% + (15\% - 10\%)\frac{10.16}{10.16 + 4.02} = 13.5\%$$

因为 $i > i_0 = 12\%$，所以该项目在经济效果上是可以接受的。

二、敏感性分析

敏感性分析，就是通过计算相应数据，定量地反映技术方案经济效果评价指标随不确定因素变化而变化的敏感程度。例如，净现值是评价技术方案经济效果的常用指标，如果原材料涨价从而经营成本上升，将导致净现值减小。净现值是否会随原材料价波动而大幅震荡？抑或是小幅波动？影响技术方案经济效果的因素有多个，其中有的，可能一点小变化就能引起经济效果指标的大变化，也有的可能恰恰相反。前者就是所谓的"敏感性因素"。

1. 敏感性分析的步骤

现结合例题，理解敏感性分析的五个步骤：某技术方案，内部收益率为 17.72%，基准收益率为 12%。考虑项目实施中有些因素具有不确定性，试对固定资产投资、经营成本、销售收入作上升和下降各 10% 的单因素变化对内部收益率影响的敏感性分析。

第一步，确定敏感性分析指标。对项目的经济效果进行评价要使用具体指标，本例用的是内部收益率。敏感性分析指标，就是敏感性分析的对象。一般来说，项目评价用什么指标，敏感性分析就用什么指标。

第二步，选择不确定性因素，及其变动幅度。影响项目经济效果的因素很多，不一定所有因素都要研究。要根据项目特点有所选择。比如，项目原料需要进口并且价格受国际市场影响大的，需要把原料价格作为不确定因素加以分析，并且要根据经验和信息确定其最有可能在多大范围内波动。本例选择了固定资产投资、经营成本、销售收入三个因素，并且确定其均在 ±10% 范围内变化，看内部收益率会怎样。

第三步，计算分析不确定因素的变动对分析指标的影响程度，通常采用逐项替代法。也就是，先固定其他因素不变，只让其中一个不确定因素改变一定幅度，计算出敏感性分析指标改变多少。然后再换一个，逐项替代。结果如表 7-2 所示。

表 7 - 2　不确定因素的变动结果

序号		基本方案	投资		经营成本		销售收入	
			+ 10%	- 10%	+ 10%	- 10%	+ 10%	- 10%
1	内部收益率（%）	17.72	16.19	19.47	14.47	20.73	22.35	12.47
2	较基本方案增减（%）	—	- 1.53	1.75	- 3.25	3.01	4.63	- 5.25

第四步，寻找敏感因素。经过逐项替代法计算之后，要对计算结果进行观察分析。可以借助于图表。通过图表观察分析，要找出最敏感的因素。如表 7 - 2，同样是 ± 10% 的变化，对内部收益率的影响大小却不一样，- 5.25 ~ 4.63；再看表 7 - 2，"销售收入"线斜率绝对值最大，"销售收入"是最敏感因素。

第五步，对敏感因素进行分析、采取措施，提高抵抗风险的能力。既然销售收入是最敏感因素，那就意味着一旦销售收入有所下降，将对内部收益率有严重影响，从表 7 - 2 看，销售收入降低 10%，内部收益率已经降到 12.47%，已经快要接近基准收益率，一旦内部收益率低于基准收益率，项目就要被否定。所以要积极采取措施，抵抗风险。

2. 单因素敏感性分析示例

某投资方案预计总投资为 1200 万元，年产量为 10 万台，产品价格为 35 元/台，年经营成本为 120 万元，方案经济寿命期为 10 年，届时设备残值为 80 万元，基准贴现率为 10%。试就投资额、产品价格及方案寿命期进行敏感性分析。

解：以净现值作为经济评价指标，基准方案的净现值为

NPV0 = - 1200 + （10 × 35 - 120）（P/A，10%，10）+ 80（P/F，10%，10）= 243.96（万元）

取投资额、价格、寿命期在基准值上变化 ± 10%、± 15%、± 20%，其结果如表 7 - 3 所示。

表 7 - 3　敏感性分析表

变动率 NPV 参数	- 20%	- 15%	- 10%	0	10%	15%	20%
投资额	483.96	423.9	363.96	243.96	123.96	63.96	3.96
价格	- 186.12	- 78.6	28.92	243.96	459	566.52	647.0
寿命期	64.37	112.5	158.5	243.96	321.8	358.11	392.7

敏感性分析如图 7 - 2 所示。从图中可以看出，价格是敏感性因素，投资额次之，寿命期最不敏感。

3. 双因素敏感性分析示例

以上分析中，总是假定其他因素不变，只有一个不确定因素发生变化，这属于单因素敏感性分析。实际上，现实中也常常遇到多种不确定因素同时发生变化，这种情况下会出现很多种组合。现以上例为背景，考虑两种因素，假定投资额与产品价格是关键因素，对这两个因素进行双参数敏感性分析。

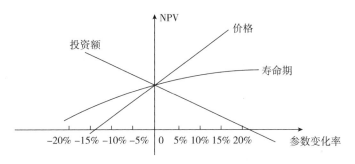

图 7－2　单因素敏感性分析图

解：设 X 表示投资额变化的百分比，Y 表示产品价格变化的百分比，则净现值可表示为

NPV＝－1200（1＋X）＋［35×（1＋Y）×10－120］（P/A，10％，10）＋80（P/F，10％，10）＝243.96－1200X＋2150.4Y

敏感性分析如图 7－3 所示。由图 7－3 可以看出，在 X、Y 变化时，$S_{NPV}>0$：$S_{NPV}<0≈9.2$：0.8。这表明：当投资额、产品价格变化时，方案盈利的概率为 92％。

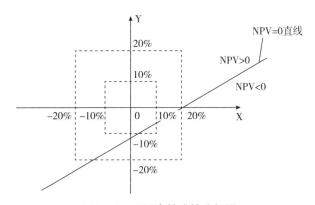

图 7－3　双因素敏感性分析图

三、蒙特卡罗法

20 世纪 40 年代，由于电子计算机的出现，利用电子计算机可以实现大量的随机抽样的试验，使得用随机试验方法解决实际问题才有了可能。其中作为当时的代表性工作便是在第二次世界大战期间，为解决原子弹研制工作中裂变物质的中子随机扩散的问题，美国数学家冯·诺伊曼（Von Neumann）和乌拉姆（Ulam）等提出蒙特卡罗模拟方法。由于当时工作是保密的，就给这种方法起了一个代号叫蒙特卡罗，即摩纳哥的一个赌城的名字。用赌城的名字作为随机模拟的名称，既反映了该方法的部分内涵，又易记忆，因而很快就得到人们的普遍接受。蒙特卡罗方法又称计算机随机模拟方法。它是以概率统计理论为基础的一种方法。

1. 蒙特卡罗法的基本原理

假定函数 Y＝f（X_1，X_2，…，X_n），其中变量 X_1，X_2，…，X_n 的概率分布已知，但在实际问题中，f（X_1，X_2，…，X_n）往往是一个复杂的函数关系式，难以用解析法直接求解输出变量 Y 的概率分布及数字特征（期望值、标准差等）。

蒙特卡罗法利用一个随机数发生器通过直接或间接抽样取出每一组随机变量的值 $(x_{1i}, x_{2i}, \cdots, x_{ni})$，然后根据函数关系式确定函数 $(X_1, X_2, \cdots, X_n)$ 的值；反复独立抽样（模拟）多次，便可得到函数 Y 的一批抽样数据，当模拟次数足够多时，根据抽样数据 $y_1, y_2, \cdots, y_n$，便可给出与实际情况相近的函数 $y_i = f(x_{1i}, x_{2i}, \cdots, x_{ni})$ 的概率分布及其数字特征。

2. 蒙特卡罗模拟法的局限性和优势

当在项目评价中输入的随机变量个数多于三个，每个输入变量可能出现三个以上以至无限多种状态时（如连续随机变量），就不能用理论计算法进行风险分析，这时就必须采用蒙特卡罗模拟技术。其优点是：要求的数学基础非常简单；有现成的软件可以使用，计算机会自动完成绝大部分工作，得到输出变量的概率分布；分布结果的精确性可以通过模拟次数的增加而提高。其局限性表现为：是一种近似计算技术；模拟的输入变量只是对其真实参数和分布的估计。

3. 蒙特卡罗模拟的程序

蒙特卡罗法是一种随机模拟数学方法，该方法用来分析评估风险发生可能性、风险的成因、风险造成的损失或带来的机会等变量在未来变化的概率分布。蒙特卡罗模拟的程序如图 7-4 所示。

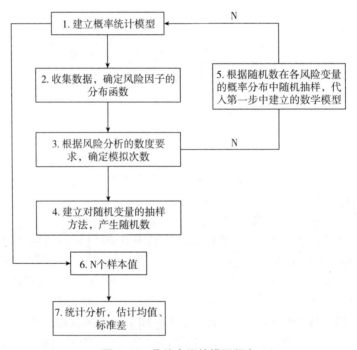

图 7-4　蒙特卡罗的模拟程序

（1）量化风险。将需要分析评估的风险进行量化，明确其度量单位，得到风险变量，并收集历史相关数据。

（2）根据对历史数据的分析，借鉴常用建模方法，建立能描述该风险变量在未来变化的概率模型。建立概率模型的方法很多，例如差分和微分方程方法、插值和拟合方法等。这些方法大致分为两类：一类是对风险变量之间的关系及其未来的情况做出假设，直接描述该风险变量在未来的分布类型（如正态分布），并确定其分布参数；另一类是对风险变量的变化过程作出假设，描述该风险变量在未来的分布类型。

（3）计算概率分布初步结果。利用随机数字发生器，将生成的随机数字代入上述概率模型，生成风险变量的概率分布初步结果。

（4）修正完善概率模型。通过对生成的概率分布初步结果进行分析，用实验数据验证模型的正确性，并在实践中不断修正和完善模型。

（5）利用该模型分析评估风险情况。

如某投资项目每年所得盈利额 A 由投资额 P、劳动生产率 L 和原料及能源价格 Q 三个因素。其公式为

$$A = aP + bL^2 + cQ^{\frac{1}{2}} + d。$$

根据历史数据，预测未来。如图 7 – 5 所示。

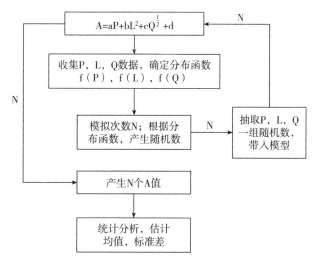

图 7 – 5 蒙特卡罗模型建立

专栏 7 – 2   **Crystal Ball 软件简介**

    Crystal Ball 软件是由美国 Decisioneering 公司开发的、为 Excel 电子表格提供的功能强大的加载宏。它充分利用微软视窗环境，提供了含有易学易用的图形包的高级模拟技术的独特组合。该软件包主要有计算机仿真模拟功能、时间序列数据生成预测和 OptQuest 功能，使其可以在运行结果中自动搜索仿真模型的最优解。

    Crystal Ball 软件的使用步骤：①定义随机的输入单元格。加载 Crystal Ball 到 Excel 中，并且建立一个工作表，将投资预测的相关变量输入电子表格中。②定义随机单元格的概率分布。利用软件的 Define Assumption 功能为相应变量设定概率分布，利用 Define Decision 定义决策变量。③定义预测的输出单元格。利用 Define Forecast 功能定义输出变量的单元格。④设定运行参数，在 Run Preference 功能中定义模拟次数、敏感度分析等参数。⑤运行仿真。点击 Run 进行模拟运算，分析模拟结果。

四、资产财务状况分析法

按照企业的资产负债表及损益表、财产目录等的财务资料，风险管理人员经过实际的调查研究，对企业财务状况进行分析，发现其潜在风险。

财务表格分析法是通过对企业的资产负债表、损益表、营业报告书及其他有关资料进行分析，从而识别和发现企业现有的财产、责任等面临的风险。

资产财务状况分析法，即按照企业的资产负债表、利润表和现金流量表等财务报表所提供的财务资料风险管理人员经过实际的调查研究，对企业财务状况进行分析，发现其潜在风险。包括资产本身可能遭受的风险，因遭受风险引起的生产中断所致的损失以及其他连带人身和财务损失。

1. 财务报表趋势分析

根据企业连续数期的损益表和资产负债表的各个项目进行比较，求出金额和百分比增减变动的方向和幅度，以揭示当期财务状况和经营状况增减变化的性质和趋向。

2. 财务报表的比率分析

把财务报表的某些项目同其他项目进行比较，主要包括以下几种比率分析。如表 7-4 所示。

表 7-4　财务报表的比率分析

序号	比率	定义	公式
1	销售利润率	反映一个企业销售收入的获利水平	$销售利润率 = \dfrac{利润总额}{产品销售收入} \times 100\%$
2	总资产报酬率	用于衡量企业运用全部资产获利的能力	$总资产报酬率 = \dfrac{利润总额 + 利息支出}{平均资产总额} \times 100\%$ $平均资产总额 = \dfrac{期初资产总额 + 期末资产总额}{2}$
3	资本保值增值率	反映投资人投入企业的资本的完整性和保全性	$资本保值增值率 = \dfrac{期末所有者权益总额}{期初所有者权益总额} \times 100\%$
4	资产负债率	反映企业负债的资产保证程度，用于衡量企业负债水平的高低情况	$资产负债率 = \dfrac{负债总额}{资产总额} \times 100\%$
5	流动比率	衡量企业在某一时点偿付到期债务的能力	$流动比率 = \dfrac{流动资产}{流动负债} \times 100\%$
6	速动比率	衡量企业在某一时点动用随时可以变现资产立即偿付到期债务的能力	$速动比率 = \dfrac{速动资产}{流动负债} \times 100\%$
7	应收账款周转率	衡量企业应收账款的周转速度	$应收账款周转率 = \dfrac{赊销净额}{平均应收账款余额} \times 100\%$ 其中，赊销净额 = 销售收入 − 销售折扣

续表

序号	比率	定义	公式
8	存货周转率	衡量企业在一定时期内存货资产的周转次数，是反映企业购、产、销平衡的效率的一种尺度	存货周转率 $= \dfrac{\text{产品销售成本}}{\text{平均存货成本}} \times 100\%$ 其中：平均存货成本 $= \dfrac{\text{期初存货成本} + \text{期末存货成本}}{2}$
9	市场占有率	反映企业规模经济实力，表明企业在行业和国民经济中的位置和作用	市场占有率 $= \dfrac{\text{企业销售收入}}{\text{行业销售收入}} \times 100\%$
10	流动资产周转率	反映企业流动资产周转的速度，即企业营运能力	流动资产周转率 $= \dfrac{\text{产品销售收入}}{\text{流动资金平均余额}} \times 100\%$

【章末案例】 万福生科造假链条：一粒金稻谷的霉变

2013 年 11 月 23 日，深交所一纸重拿轻放的处分决定，让因半年报造假的万福生科（300268. SZ）董事长龚永福长吁了一口气。据 2013 年 5 月 10 日，证监会在官方网站上公布的对万福生科涉嫌欺诈发行上市和上市后信息披露违规等事项的调查结果显示，2008 ~ 2010 年，公司分别虚增销售收入约 12000 万元、15000 万元、19000 万元，虚增营业利润约 2851 万元、3857 万元、4590 万元；2011 年的年报和 2012 年的半年报，公司分别虚增销售收入 28000 万元、16500 万元，虚增营业利润 6635 万元、3435 万元。而公司四年来实际净利润仅有 2000 万元左右。由此可见其财务造假之触目惊心。我们不禁想知道如此触目惊心的财务造假背后的推手到底是什么？

一、龚永福

1956 年出生的龚永福，初中毕业后参军，曾在对越自卫反击战中落下八级伤残，1980 年退伍后，回到老家湖南常德桃源县粮食局下属桃源国家粮食储备库陬市粮库工作。20 世纪 90 年代后，适逢粮食体制改革，国家鼓励粮食系统走出去设立粮食销售门店，当时桃源县粮食局在常德市、广州三元里等地设立两家门店，龚永福依托其人脉，谋得这两家门店的租赁经营权。当时国家储备粮库中有大量陈粮和陈化粮需要处理，龚在经营门店的同时，从桃源国家粮储库中低价买了很多陈粮和陈化粮，转手倒卖至广东等地的三资企业和高校食堂，挖得第一桶金。当时从事陈粮、陈化粮处理的都不是一般人，除资金外还需有过硬的关系，才能大量购买。龚于 2003 年与妻子杨荣华一起设立桃源湘鲁万福（万福生科前身），此后陬市粮库在处理陈粮、陈化粮时，龚依托其人脉关系，仅 2004 年一次，就以 400 元/吨左右的低价，购得 2000 多吨粮食。

真正让龚永福完成原始积累的，是 2004 年对毛家桥粮库的低价收购。毛家桥粮库是国家粮食储备库陬市粮库的一部分，龚当年挤走另一个出价 1000 多万元的竞争者，以 380 万元整体收购毛家桥粮库。毛家桥粮库是国有资产，价值至少在 1000 万元以上，龚收购后，花了 50 万元进行整修，后来评估时估值达到 1500 万元。毛家桥粮库三面环水，一面临路，交通便利，占地 45 亩，有 8 栋仓库，储粮能力超过 2 万吨，这也成为龚永福发家的真正资本。

万福生科成立于 2003 年，主营大米淀粉糖类、大米蛋白粉类、米糠油类、食用米等四大系列十四种产品，并于 2011 年 9 月 27 日在深圳证券交易所创业板上市。万福生科尽管已经上市，但其高管与湖南资本圈内人士几近绝缘，其发家历史、经营现状、财务数据等亦是扑朔迷离。"万福生科？它要不是造假被曝光，还真不知道它已经上市"，长沙一家老牌上市公司的董秘如是说。常德地处洞庭湖区鱼米之乡，当地比万福生科规模大的同行企业不在少数。此外，万福生科大米产品在公司报表中的高地位与其市场布点的空白形成巨大反差。公司调整后的 2012 年中报显示，公司普米、优质米分别营收 4210 万元、1120 万元，占总营收比例高达 64.63%。然而，这两个占公司营收比重高达 2/3、号称市场主要在常德本地和广东的产品，在距郧市仅 10 多公里的常德沃尔玛、大润发、家润多、新一佳等大型超市中却找不到一粒。

二、造假

"作为一名扔掉铁饭碗自主创业的民营企业创始人，我可以自豪地告诉大家，公司的业绩是真实的"，2012 年 7 月 31 日，万福生科董事长龚永福在深交所互动易交流平台信誉旦旦地说。仅仅三个月后，2012 年 10 月，万福生科发布更正公告，承认"业绩不是真实的"：以 2012 年半年报为例，该公司虚增营业收入 1.88 亿元、虚增营业成本 1.46 亿元、虚增利润 4023 万元，以及未披露公司上半年停产。2013 年 3 月 2 日，万福生科发布了《关于重大事项披露及股票复牌的公告》，承认其 2008～2011 年存在财务数据虚假记载情形，累计虚增收入 7.4 亿元左右，虚增营业利润 1.8 亿元左右，虚增净利润 1.6 亿元左右。其中，2011 年度公司虚构营业收入 2.8 亿元，虚增营业利润 6541.36 万元，虚增归属于上市公司股东的净利润 5912.69 万元，分别占公司已披露 2011 年财务报告中三项财务数据金额的 50.63%、110.67% 和 98.11%。经对上述虚增数据进行调整后，公司 2011 年营业收入、营业利润和归属于注册香港公司上市公司股东的净利润数额分别为 2.73 亿元、−630.51 万元和 114.17 万元，与公司先前披露的相关财务数据存在重大差异。

1. 虚增客户和供应商

通常虚假销售均为企业方与关联方联合作案，但在万福生科的案例中，下游客户并非其关联关系人。万福生科的巧妙之处在于，公司通过非关联的第三方进行自买自卖等手段，精心安排设计并绕开了关联方链条。从表面上看，这些交易的合同、发票均不存在任何问题。万福生科虚增的个人账户达 300 余个，涉及县乡镇数十个。万福生科以采购的名义，将公司自有资金作为预付款支付给农户和粮食经纪人。这些预付款只有少数用在真实发生的交易，多数资金汇入了由万福生科自己控制的银行账户，即虚拟的供应商账户。采购环节的造假在财务报表反映为，万福生科的预付款大幅增加。随后，万福生科将公司自有资金打入上述控制人的个人银行账户确认为收购预付款，并将其控制账户内的采购预付款以现金支取方转入公司账户中。从 2008 年到 2012 年上半年，万福生科所披露的 10 家主要客户中，有 6 家存在或涉嫌虚假交易、虚增销售收入等行为。傻牛食品厂是向万福生科采购麦芽糖浆的主要客户之一。但实际上，傻牛食品厂已经停产达数年之久。

2. 虚增产品收入

万福生科收入造假集中在麦芽糊精、葡萄糖粉、麦芽糖浆等所谓稻米精深加工产品上，以配合该公司在资本市场包装和炒作"稻米精深加工和循环经济模式"。在万福生科十多种产品中，收入造假最离谱的是麦芽糊精。在公司 2012 年中报中，该产品的销售收入达到 1124 万元，这意味着，麦芽糊精收入虚增超过 100 倍。同样荒诞造假的是万福生科另一品种的淀粉糖产品——葡萄糖粉。半年报显示上半年葡萄糖粉卖了 1400 万元人民币，而确切数字为 43 万元，虚增 30 多倍。万福生科曾经高调宣称卖得最好的淀粉糖产品——麦芽糖浆，2012 年上半年销售高达 1.22 亿元人民币。而公司的更正公告称，麦芽糖浆的真实收入在 2000 万元左右，万福生科在麦芽糖浆收入上虚增了 5 倍。蛋白粉是万福生科另一项稻米精深加工产品，半年报显示该产品收入为 2754 万元人民币，根据查账底稿显示，实际收入仅为 352 万元，虚增了将近 7 倍。大米加工生意是龚永福和万福生科赖以起家的老本行。但其大米销售收入也存在严重造假行为。万福生科上半年的优质米销售收入为 5112 万元，但根据其发布的年中报更正数据，实际仅为 1120 万元，虚增了将近 4 倍。从万福生科发布的年中报更正数据也可看出，此前造假的年中报显示上半年营业收入为 2.7 亿元，更正后此项数据仅为 8217 万元人民币，收入总额虚增 1.8 亿元。上述产品的毛利率也严重造假。从万福生科中报更正数据可以看出，葡萄糖粉、麦芽糖浆、蛋白粉的实际毛利率为 5.75%、10.88%、14.07%，而此前造假中报的毛利率高达 22.08%、21.84%、25.99%。

表 7-5 万福生科和金健米业盈利指标对照表

公司名称	年度	2008 年	2009 年	2010 年	2011 年	2012 年
万福生科	销售毛利率（%）	22.78	24.66	23.93	21.21	14.41
	销售净利率（%）	11.24	12.08	12.81	10.89	-1.15
	净资产收益率（%）	36.23	24.81	25.84	8.99	-0.68
金健米业	销售毛利率（%）	11.82	16.53	15.89	10.62	13.49
	销售净利率（%）	-16.97	0.44	0.53	-4.96	0.47
	净资产收益率（%）	-35.65	0.69	1.02	-13.75	1.06

资料来源：刘娇，龚凤兰（2013）。

3. 虚构合同

万福生科在"销售合同"一节中披露了与华源粮油经营部签订的两份合同：2011 年 6 月 5 日，公司与东莞樟木头华源粮油经营部签订《采购合同》（合同编号：201106014）；2011 年 7 月 3 日，公司与东莞樟木头华源粮油经营部签订《采购合同》（合同编号：201107006）；与傻牛食品厂也有三份合同被一同披露：2011 年 6 月 4 日，公司与湖南省傻牛食品厂签订《采购合同》（合同编号：201106010）；2011 年 7 月 2 日，公司与湖南省傻牛食品厂签订《采购合同》（合同编号：201107003）；2011 年 9 月 1 日，公司与湖南省傻牛食品厂签订《采购合同》（合同编号：201109011）。编制假合同目的，是让虚假业务看起来真实合理。"外行人以为客户收入可以随意编造，其实并不容易"，一位熟悉上市公司造假的财务专家说。伪造客户收入的工作相对烦琐，需要私刻客户假公章、编造销售假合同、虚开销售发票、编制银行单据、假出库单等一系列造假工序的配合，才能让虚增销售收入看起来合理。“要让虚增的销售额没有破绽，甚至要到税务部门为假收入纳税”。

4. 虚增资产

万福生科选择了虚增在建工程和预付账款来虚增资产，它的募集资金建设项目正在建设中，这样做不至于引人注目。以前大多数公司的手段是虚增应收账款、虚增存货。而随着监管部门对这两项核查的收紧，导致企业开始采用新的手段，如虚增在建工程，便是当下比较新的一种虚增手段。在建工程没有转为固定资产，其在报表中显示的是账面价值，而这个账面价值则难以测算，企业操作的空间很大。按照会计的相互影响作用，在建工程的增加一般会引起银行存款或者现金的减少、预付账款的减少、应付账款的增加。万福生科的高明之处，在于选择了将虚拟资产装入“预付账款”，以及非流动资产中的“在建工程”。因为万福生科刚上市，有大量募投项目，在建工程项目放大不至于引人注意。根据其2012年中期财务更正公告，截至2012年6月底，万福生科在建工程虚增8036万元，预付款项虚增4469万元。仅仅2012年上半年，万福生科在建工程项目账面余额从8675万元增至1.8亿元，增加了9323万元。

从主板市场上的银广夏财务造假案，到中小板市场上的绿大地事件，再到创业板市场上的万福生科财务造假案，可以说，财务造假的案例在证券市场是屡见不鲜。这一个个弥天大谎带来的却是人们对证券市场的无尽失望，有人甚至认为这只是证券市场上的冰山一角，没有被揭露出来的财务造假，估计也不在少数。虚假的会计信息，严重地扭曲了股票的真实价值，妨碍了证券市场的有效性，不利于资源的优化配置，极大挫伤了投资者的信心。

资料来源：作者根据多方资料整理而成。

【本章小结】

一个企业所面临的最显而易见的财务风险就是市场风险。主要的市场风险是由金融市场价格变化而产生的，如汇率风险、利率风险、商品价格风险和股票价格风险。根据风险的来源可以将财务风险划分为筹资风险、投资风险、经营风险、存货管理风险和流动性风险。企业财务风险产生的原因很多，既有企业外部的原因，也有企业自身的原因，而且不同的财务风险形成的具体原因也不尽相同。企业产生财务风险既有外部原因，也有内部原因。财务风险管理技术包括现金流量分析法、敏感性分析、蒙特卡罗法和资产财务状况分析法。

【问题思考】

1. 蒙特卡罗方法的基本思想是什么？

2. 用蒙特卡罗模型解决实际问题的基本步骤是什么？

3. 某厂生产和销售一种产品，单价为15元，单位变动成本为12元，全月固定成本100000元，每月销售40000件。由于某些原因其产品单价将降至13.5元；同时每月还将增加广告费20000元。请计算：①该产品此时的盈亏平衡点；②增加多少件产品才能使利润比原来增加5%？

4. 某方案的净现值及概率如下，试计算：①方案净现值的期望值；②投资方案净现值的标准差。

净现值（万元）	23.5	26.2	32.4	38.7	42	46.8
概率	0.1	0.2	0.3	0.2	0.1	0.1

5. 某电视机投资项目，设计年生产能力为 10 万台，产品售价为 1800 元/台，固定成本为 1050 万元，单位产品变动成本为 1590 元，试求项目的盈亏平衡产量。

6. 某项目总投资为 450 万元，年经营成本为 36 万元，年销售收入为 98 万元，寿命期为 10 年，基准收益率为 13%。①找出敏感性因素；②试就①中找出的最敏感的两个因素进行敏感面分析。

7. 用 NPV 法和 IRR 法评价多方案时，为什么有时所得的结论是一致的，而有时却是矛盾的？

8. 某企业开发出的某种新产品寿命期为 5 年，已知研制费 1 万元，购置设备 8 万元，5 年后设备残值为 1 万元，需流动资金 7 万元，新产品的年销售收入 8.5 万元，经营成本 4 万元，标准收益率为 12%，分别用 NPV 法和 IRR 法分析新产品开发的可行性。

9. 有两个技术引进方案，方案 A 投资 15 万元，年收入 10 万元，年经营成本 6 万元，寿命期 10 年，残值 5 万元；方案 B 投资 10 万元，年收入 8 万元，年经营成本 5 万元，寿命期 10 年，无残值，设标准收益率为 10%，试用适当的方法比较方案的优劣。

第八章　政治风险

【章首案例】　　　　　　　　　**海外并购中的政治风险**

——由北汽竞购欧宝公司失利引发的思考

　　"有钱有什么了不起"？在砸下 63 亿元人民币竞购欧宝后不到一个月，北汽集团便毫无悬念地被踢出局。据悉，2009 年 5 月底，在接受欧宝最终收购报价的截止时间前，欧宝的控股公司通用汽车共收到三家竞购者对其旗下欧宝部门的最终收购要约，其中包括加拿大零部件制造商麦格纳国际、比利时 RHJ 国际投资公司以及中国的北汽集团。三位候选买家的最终收购方案各有千秋，但来自中国的北汽集团开出的条件最为优厚：以 6.6 亿欧元收购欧宝 51% 股份，留给通用的欧宝股份达到 49%，为三家中最多；同时宣称只要26.4 亿欧元的财政资助就可以重振欧宝，在三家要求的政府保证金中是最少的；德国境内所有欧宝工厂有望继续运营，强制裁员也不在计划范围内。"货比三家"，其实相对其他两大竞争对手，北汽集团迎娶欧宝的"聘礼"更为丰厚，但2009 年 5 月 31 日麦格纳集团与美国通用草签了收购协议。

　　一、背景链接

　　2009 年 2 月 27 日美国通用汽车公司表示，计划将其全资子公司欧宝最多 50% 的股份出售给外部投资者，以换取欧洲国家政府的 33 亿欧元救援资金。

　　4 月 23 日德国和美国媒体披露，意大利汽车制造商菲亚特打算收购欧宝的大部分业务。

　　5 月 21 日通用欧洲业务部门证实，已收到 3 家公司的竞购欧宝的要约，分别是菲亚特、麦格纳和 RHJ。

　　5 月 27 日通用欧洲监事会与德国方面达成一致，将欧宝从通用母公司中分离出去。分离后，欧宝将保留原来在德国的所有工厂、权利与技术专利。

5月29日菲亚特退出了收购欧宝的谈判。同日，德国财长施泰因布吕克向外界表示，德国政府已经选择麦格纳作为欧宝最终的买家。

5月31日麦格纳集团与美国通用草签了收购协议。

6月3日德国政府表示，尽管通用与麦格纳已就收购欧宝达成初步协议，但其他竞购方并未出局。

6月23日通用就欧宝的收购细则与麦格纳继续进行会谈，通用坚持保留欧宝股份的赎回权利。

7月2日北汽集团递交了一份非约束性报价方案，竞购通用汽车旗下欧宝的股权。

7月20日美国通用汽车表示，在7月20日傍晚竞标最后期限到来之前接到三份竞购欧宝的正式投标书，分别来自麦格纳、RHJ和北汽控股。

7月23日，美国通用汽车公司和德国政府均证实，已经不再考虑中国北汽集团竞购欧宝公司的方案，但并未说明具体原因；7月24日，北汽集团董事长徐和谊公开回应，收购欧宝失利之事主要是因为未能和通用汽车在知识产权转让方面达成一致意见，但北汽集团仍将寻求和通用汽车、新欧宝合作的机会。

二、竞购风险分析

从竞标方案来看，北汽集团的报价高于其他两家竞争者，承诺的裁员人数也明显低于其他两家，并且要求德国政府提供的担保也是最低的，为什么有如此大优势的北汽集团要约却仍以失败而告终？对于北汽集团并购失败的原因，虽然众口不一，但一个不容忽视的事实是，在并购前，北汽集团未进行充分有效的风险管理，忽视了在海外并购中的一个非常重要的风险——政治风险。从整个事件的发展过程来看，北汽集团在2009年5月20日才接到德国商业银行邀请其参与美国通用公司委托德国商业银行举办的德国欧宝股权转让的示意性竞标，2009年7月2日就递交了竞购方案，在如此仓促的时间里，北汽集团根本就没有足够的时间对该项并购活动过程中可能遇到的风险进行识别和评估，根本没有想到会遇到如此大的政治阻力，导致并购以失败黯然收场。

（1）忽视了政府部门的影响。据《华尔街日报》报道，德国官员向美国通用代表重申，德国政府更倾向于麦格纳提出的要约，他们认为这会保护本地的工厂和工作职位。从竞购方案来看，在裁员方面，北汽集团承诺计划裁员约7600人，麦格纳计划裁员11000人，RHJ打算裁员约9900名，无疑北汽集团的裁员人数是最少的。但在关闭德国工厂这个关键问题上，北汽集团的方案却远远不如其他两家竞标对手。北汽集团仅仅承诺保留德国工厂两年，两年之后德国工厂是留还是关则有很大的不确定性，而麦格纳则明确表示不会关闭德国工厂，RHJ只提出要缩减德国工厂的产量。很明显，德国工厂的存在与否与德国的就业率密切相关，这无疑是政府最为关心和最为关注的事，北汽集团恰恰在这个关键点上没有做好。

（2）忽视了工会组织的影响。工会组织作为企业员工合法权益的维护机构，在一定程度上会对并购行为的结果造成影响。北汽集团在并购前没有与当地的工会组织进行有效的沟通，以消除他们对中国企业的误解和歧视，结果遭到了欧宝工人组织的强烈反对，他们的理由是北汽集团并购的目的只是为了获得欧宝公司的先进技术和品牌，并不是真正想发展壮大欧宝公司，并且他们认为北汽集团没有全球汽车生产的经验和国际化管理能力，没有能力带领欧宝走向更辉煌的未来。

（3）忽视了自己国有企业的身份。尽管北汽集团收购欧宝纯粹是出于企业经济价值的考虑，是为了获取欧宝公司的先进技术和知名品牌，是完全商业化、市场化的选择，但德国政府和美国政府却给这项交易注入很浓的政治色彩，认为这是中国政府指使自己的国有企业来进行海外扩张。中国国有企业大规模的海外并购活动使他们感到不安和恐慌，认为自己的地位受到了威胁，担心他们的核心技术被中国掌握，担心他们的资源被中国占有，担心他们的命运掌握在中国的手里。种种顾虑和担心使得我国国有企业要想并购海外的企业，必须要过海外政府这一关。据德国《图片报》报道，德国工业界委托专家小组提交的内部报告中，警告德国政府不要把欧宝公司卖给北汽集团，说北汽集团属于中国政府，把欧宝卖给北汽集团虽然在短期内可以使德国政府节省 2 亿欧元，但从长远看来，欧宝将会危险地受制于中国，中国要的只是欧宝的现代汽车技术。这份宣传中国"威胁"论的内部报告无疑使本就困难重重的海外并购变得更是难上加难了。

（4）要求取得 51% 的股权。由案例中的"美国通用汽车公司表示，计划将其全资子公司欧宝公司最多 50% 的股份出售给外部投资者"看出，美国通用公司最关注的是自己对欧宝公司能否享有最大的控制权，只要他仍是最大的股东，对其他条件的要求就不会太苛刻。北汽集团的并购方案提出，出资 6.6 亿欧元取得欧宝公司 51% 的股权，享有绝对的控制权，留给美国通用公司的是 49% 的股权；而在麦格纳的竞购方案中，只要求麦格纳和俄罗斯联邦储蓄银行共同持股 55%，二者分别持股 27.5%，美国通用汽车和欧宝员工分别持股 35% 和 10%，这样美国通用公司就仍然是第一大股东，实际控制权仍掌握在美国手里。仅从控制权来说，不难看出美国通用公司比较倾向于麦格纳的方案。

三、基于风险管理的竞购启示

海外并购是我国企业快速占领国外市场，共享海外技术和资源、降低交易成本并实现规模经济效益和优势互补的有效且快捷的一种重要手段。随着经济全球化的快速发展以及我国政府鼓励国内企业"走出去"政策的大力实施，我国企业纷纷选择海外并购作为打开国外市场的"敲门砖"。据相关数据显示，我国企业海外并购的交易额已由 2002 年的 10.47 亿美元上升到 2010 年的 2360 亿美元，但收购规模迅速扩张的背后却是令人担忧的高失败率。相关研究表明，近几年来我国企业海外并购案例中至少有 70% 是失败的，且经济损失也较大，华为竞购摩托罗拉业务、中海油并购尤尼克、中铝收购力拓、上汽集团并购双龙、TCL 收购法国汤姆逊公司等，这些并购业务均以失败收场。在失败的跨国并购中，风险管理是企业立于不败之地的关键因素之一。在并购活动之前，企业风险管理部门应对并购活动过程中可能遇到的风险进行识别和评估，并采取相应的防范措施将其降低到企业可接受的水平。以下针对上文识别出的政治风险，对我国企业和政府提出以下防范措施。

（1）熟悉东道国的政治环境。对东道国政治环境的了解是进行风险管理的第一步，也是最为重要的一步。只有全面了解了东道国的政治环境和其中的潜在风险，才能提前采取措施来防范这些风险。第一，东道国与我国的外交关系。与东道国的外交关系直接影响着东道国对我国企业海外并购所持的态度。如果两国在经济上是合作伙伴与互利共赢关系，东道国就会对我国企业到其境内投资持欢迎态度；如果两国在经济上是竞争甚至是敌对关系，出于担心我国的发展会威胁到自己的考虑，东道国便有可能对我国企业的投资行为百般阻挠和刁难。在本案例中，美国政府和德国政府与加拿大政府的外交关系明显要好于我国，而且对美国政府来说，加拿大政府对它不会构成威胁，因此美国政府和德国政府都会比较倾向于加拿大麦格纳公司。第二，东道国的政策。这里主要应该关注东道国对海外并购活动是否有政策上的限制。为了保障本国经济的发展以及国家安全，有些国家对于外资常常采取戒备的态度，如规定本国资源类企业不能被外国的国有企业收购，即使允许收购的，也要经过严格的审查和审批等。第三，东道国的国民态度。东道国国民对外企的态度也是我们不容忽视的政治风险因素之一。如果东道国的国民对外企抱有敌视态度或偏见，他是不可能同意这项并购交易的。在本案例中，欧宝工会组织的态度恰好说明了这点。如果不重视这点，即使刚开始的并购能成功，接下来的整合也会遇到较大的阻力。

（2）鼓励民营企业参与海外并购。我国国有企业在海外的收购行为经常会被其他国家政府冠以政治色彩，将并购交易上升到政治层面予以考虑。但我国民营企业却能很好地规避这个问题。同时，民营企业参与海外并购还可以解决我国外汇储备过高的难题。不过目前我国部分民营企业面临着规模小、融资困难、经验不足等困难，这就需要我国政府在政策上给予鼓励和支持。例如，可适当放宽对外汇的管制，简化审批制度，优化海外管理制度等；在融资方面，政府可以给愿意为民营企业贷款的金融机构以一定的优惠，可以设立财政专项基金等；在经验方面，政府可以设立海外并购的管理机构以及相应的咨询机构，帮助民营企业解决在并购过程中遇到的难题等。

（3）消除海外对我国的政治偏见，尊重并理解东道国国民的民族感情。第一，要在海外政府和人民面前树立我国企业的良好形象。可通过为海外提供优质的服务以及物美价廉的产品；多参加海外的公益活动；通过各种宣传手段，如报纸、杂志等，向海外介绍自己、宣传自己，使海外能真正了解我国，消除对我国的误解等。第二，通过多种渠道、采取多种方式与东道国政府和人民进行沟通，使之充分了解我国企业海外并购的动机，消除误解和偏见。第三，对于东道国国民的民族感情，要给予充分的尊重和理解，这样才能获得他们的支持和理解，才能实现企业的目标。

（4）建立友好的外交关系。我国要想实现经济的快速发展和政治的稳定，就要与其他各国建立友好的外交关系，减少政治上和经济利益上的冲突。友好的外交关系，能够得到东道国政府的支持与合作，这样我国企业的合法举动才不会受到限制，才能使并购活动顺利进行。

资料来源：作者根据多方资料整理而成。

几乎所有在本地或海外投资的企业都面临这样或那样的政治风险。对于寻求地域扩张的企业，海外市场的政治环境对于造成威胁和提供机会来说非常关键。一般而言，企业面临的政治风险也包括在单一国家投资。不过，情况正在改变。尽管企业希望在单一国家扩张，但其经营活动仍可能涉及多个国家，这对于企业实现自己订立的业绩目标可能具有重要影响。另外，对商业运营环境产生影响的政治因素，会因当前政府政策的改变而改变。

第一节　政治风险

一、政治风险概述

1. 政治风险的定义

政治风险（Political Risk），也称为国家风险，主要是指东道国政治、法律及各种社会不确定因素给跨国公司经营活动带来的风险。政府的不作为或直接干预也可能对企业产生政治风险。政府的不作为是指政府未能发出企业要求的许可证，或者政府未能实施当地法律。直接干预包括不履行合同、货币不可兑换、不利的税法、关税壁垒、没收资产或限制将利润带回母国。政治风险也指企业因一国政府或人民的举动而遭受损失的风险。企业目标与东道国的国民愿望之间如存在冲突，则会产生政治风险。显然，政治风险是全球性企业面临的一个特殊问题，因为它们在全球各地都有经营业务，所以要同时面对来自不同国家的政治风险。政府既对发展和增长持鼓励态度，同时又不想受跨国企业的剥削。极端的情况是，发生战争或企业被没收时，企业可能会损失它们的资产。最可能出现的问题是，从东道国将现金汇回本国的相关规定出现变化。在国家风险中，政治因素所引起的风险处于关键地位。

通常，政治风险主要具有以下特点：①使该国经营环境急剧变化，具有不连续性；②难以预测经营环境的变化，具有很大的不确定性；③整个社会中的各种政治力量的权力与权威关系极为复杂；④由于上述原因，使跨国公司的利润或其他目标的实现受到显著影响。

2. 政治风险的种类

从政治风险的种类来看，主要包括：①征收风险。这是指东道国政府对外资企业实行征用、没收或国有化的风险。东道国中央、地方政府不公开宣布直接征用企业的有形财产，而是以种种措施阻碍外国投资者有效控制、使用和处置本企业的财产，使得外国投资者的股东权利受到限制等而构成事实上的征用行为。②汇兑限制风险。也称转移风险，指在跨国经济往来中所获得的收益由于东道国政府的外汇管制或歧视性行为而无法汇回投资国从而给外国投资者造成的损失。③战争和内乱风险。这类风险指东道国发生革命、战争和内乱，致使外商及其财产蒙受重大损失，直至无法继续经营。④政府违约风险。指东道国政府非法解除与投资项目相关的协议或者非法违反或不履行与投资者签订的合同项下的义务。⑤延迟支付风险。它是由于东道国政府停止支付或延期支付，致使外商无法按时、足额收回到期债券本息和投资利润带来的风险。

政治风险也可分为两大类：①宏观政治风险对一国之内的所有企业都有潜在影响。恐怖活动、内战或军事政变等剧烈变化的事件都可能对企业产生威胁。例如，某国近年来发生的街头抗议暴动事件对其观光与进出口相关产业等造成重大的经济损失。政府强占企业资产而不予赔偿也会产生宏观政治风险。但是，就某一国来说，更为常见的宏观政治风险是不利的经济环境产生的潜在威胁，它使企业无法确定其未来投资计划或已启动的项目是否安全，令企业担心经营业绩。不利的经济威胁包括经济出现衰退、对多类产品的总需求下降。类似地，通货膨胀率或税率的提高，除了会导致犯罪、劳资冲突或突如其来的国家衰退外，还可能对所有企业产生不利影响。②微观政治风险仅对特定企业、行业或投资类型产生影响。此类风险可能包括设立新的监管机构或对本国内的特殊企业征税。另外，当地业务合作伙伴如果被政府发现有不当行为，也会对本企业产生不利的影响。

专栏 8-1   **微观政治风险 VS 宏观政治风险**

测量政治风险首先要区分微观政治风险和宏观政治风险。微观政治风险是指东道国的一个行业、企业或项目所特有的风险。例如，自20世纪70年代以来，烟草行业在全球遭遇了越来越多的反对，尤以美国最甚。越来越多的迹象表明，烟草可能被列为毒品，烟草公司可能连续被诉讼。这是由于美国及其他地区的社会及政治环境的改变造成的。相反，对于那些希望在伊拉克开展业务的机构，现在的伊拉克就代表了宏观政治风险，这一风险会使这些机构面临资产损失或人员伤亡的威胁。

---

3. 政治风险的来源

政治风险的来源包括政府推行有关外汇管制、进口配额和关税、当地投资人的最低持股比例和组织结构等的规定。还包括歧视性措施，比如，对外国企业征收额外税收、在当地银行借款受到限制及没收资产等。①外汇管制的规定。通常欠发达国家制定的外汇管制规定更为严格。例如，外币供应实行定量配给，从而限制东道国的企业从外间购买商品和禁止其向外国股东支付股利，这些企业继而可能会陷入资金被冻结的局面。②进口配额和关税。规定进口配额可以限制在东道国内的子公司从其控股公司购买以投放到国内市场上销售的商品数量。子公司可以从控股公司进口商品，但是价格比国内生产的产品要高得多。有些时候东道国会要求征收额外税收，即对外国企业按高于本地企业的税率征税，目的是为本地企业提供优势条件。甚至有可能故意征收超高税率，使得外国企业难以盈利。例如，某国近年来不断提高石油和木材的出口关税，导致该木材及加工业的外国投资企业遭受重大的损失。③组织结构及要求最低持股比例。凭借要求所有投资必须采取与东道国公司联营的方式，东道国政府可决定组织结构。最低持股比例是指外资公司的部分股权必须由当地投资人持有。④限制向东道国的银行借款。限制甚至包括禁止外资企业向东道国的银行和发展基金按最低利率借款。某些国家仅向本国的企业提供获取外币的渠道，以迫使外资企业将外币带入本国。⑤没收资产。出于国家利益的考虑，东道国可能会没收外国财产。国际法认为，这是主权国的权力，但主权国要按照公平的市场价格迅速地以可自由兑换的货币进行赔偿。问题常常出现在"迅速"和"公平"这两个词所代表的准确含义、货币的选择，以及如果对主权国提出的赔偿不满，企业可以采取哪些措施等方面。

二、政治风险管理

1. 政治风险管理的必要

政治风险管理能向企业提供一种积极并且有系统的和有规律的方法，可以对由不同政治环境决定的不同地区市场上的备选投资机会进行评估。政治风险管理还能提供另外一种投资回报的分析工具。此外，政治风险管理支持在不同选择间作出合理决策，制定具体的风险缓解措施来降低投资风险。

建立完善的政治风险管理系统要做出很多方面的努力，如为企业希望渗透进去的市场培养专业人才、清楚地了解计划进行投资的某国的历史及社会环境、形成对政治风险来源的了解及培养政治风险管理能力。

政治风险分析常常遭到这样的批评：这种风险分析通常是在项目启动后才完成的。政治风险的预防远比其演化成危机后更容易处理。对某些事件的处理依赖损失控制策略的企业，为了控制损失和保护股东价值，必须聘请有经验的管理顾问、法律顾问或以前的外交人员。但是，聘请这些人员的支出可能换不来期望的结果，原因是政治决策一经做出则很难收回，否则将损害政府的可信度和公众信心。此外，不存在可使政治风险最小化的标准技术。因此，进行海外投资前，管理层在项目的最初阶段就必须把时间和精力直接放在政治风险评估上。

2. 选择适当的应对政治风险的方法

（1）与东道国政府建立稳固的关系是首选方法，但是有时候不一定能做到。例如，为东道国经济发展做出贡献。比如承担一些对东道国经济发展有关键作用而该国自己又无法完成的项目，为东道国增加就业机会，向东道国政府和企业提供人才培训、提供技术等。又例如，外资企业在原料、零部件的采购上适当以当地企业为优先。虽然这样可能增加采购成本，但其在客观上促进了东道国相关产业的发展，增进了就业，从而有利于增加政府和工商界对外资企业的好感。同时将相关行业与外资企业的利益绑在一起，提高了风险抵抗能力。

（2）如果东道国政府鼓励当地私营企业参与经营，特别是参与经营后能缓解风险或促进风险转移，那么应对当地项目进行投资或与当地企业签订合同。这有助于将东道国企业的利益与外资企业紧密联系在一起，利益共享、风险共担，使东道国政府在采取不利于外资企业的措施的时候，能够有所顾虑。

（3）要妥善地管理政治风险，可对企业的部分所有权向当地公民转让的日期进行设定。转让过程应包含较长的期间，这样，当地主管部门才能认识到可从允许外国进行成功的投资中获得实际利益。

（4）如果东道国政府已经清晰、明确地表达了政府对企业拟做出的投资类型的支持，则可以进行项目投资。表达政府支持的任何声明，会暗示政府希望从支持此类投资中获得好处。这将有利于潜在的投资者确定各项计划与该国的计划或目标是否相符及相符程度。

（5）还有一种方法是为政治风险"投保"。例如，某国出口信用保险公司推出的境外投资保险产品，其可承保部分政治风险。该项境外投资保险将投保人限定为有进出口经营权的该国法人。另外，该国境外投资企业还可以通过国际上其他的保险机构投保政治风险，如美国的"海外私人投资公司"、"北美保险公司"、英国的"出口信贷保证部"等。此外，企业也可签订"套期合同"以保护自己免受利率及汇率波动的影响。这些金融工具可用于降低因未来价格变动而产生的损失。

（6）企业还可通过与职工建立良好关系的方式来创建友好的投资环境。外国企业的管理者常常被视为不具同情心，且不重视职工，这可能造成可怕的后果。保护企业资产的最佳途径之一是培养忠诚的职工。与职工相比，管理层可能更容易替换。

（7）管理层还可在劳动合同中套用仲裁机构的辞令，用以解决劳资纠纷，从而使政治风险最小化。企业可加强现场安全保护，免受恐怖袭击。

（8）经营环境发生改变后，无论再做什么努力，一般都太迟了。应与当地大使馆和商会保持联系。集体意见比个别企业更强大有力，即使这家企业与政府部门建立了稳固的关系。

此外，在进行投资前，企业应与当地政府或其他部门就权利、责任、资金汇回和东道国的权益投资等方面达成一致。这样能解决预期可能出现的问题，并防止以后产生误会。该政策的最大问题是，如果东道国是欠发达国家，那么政府更迭问题可能比较严重。因此，与前一届政府的协议可能不会得到新政府的认可。即使东道国政权没有发生更迭，特许协议的条款一般也会变更，原因是，吸引一个企业到某个国家进行投资所需的条款和条件与留住一家企业所需的条款和条件是不同的。协议应包括资本的转移、转账汇款、产品的转让、进入当地资本市场的权利、转移定价、税收及社会和经济义务。有时如果投资的跨国企业比双方在投资初期预测的情况好，政府可能想从中分一杯羹。

3. 持续管理政治风险

持续管理政治风险可以从生产战略、市场控制、全球性生产和采购，以及融资决策上来进行。①生产战略是指实现向当地公司外包合同与丧失控制之间的平衡，及在东道国直接生产与从东道国之外进口之间的平衡。利用当地的原材料和劳动力，这符合东道国的利益，也为企业的成功创造了条件。但是，当地人会从企业的成功经营中学到相关知识，并能够独立地继续经营下去。因此，企业亦要控制专利和程序，使专利在全球范围内都得到保护。②市场控制。对于市场的控制，企业应尽量依靠版权、专利和商标保住市场，这样可以防止政府干涉。③全球性生产和采购。如果企业的产品全部在一国生产，而该国的汇率上升，那么该企业的产品将越发难以出口到其他国家，企业的未来现金流及现值将会下降。但是，如果企业已在全球范围内设立了工厂，且零部件也是在全球范围内采购的，则不可能出现其开展经营的所有国家的货币同时进行调整的情况。因此，尽管企业的部分生产地的进口减少，但是不可能所有地区的进口都减少。而且，如果企业已安排在全球进行原材料的采购，那么，若其本国货币升值，则企业进口成本将会降低，从而弥补销量下降的损失。④融资决策。融资决策也会影响政治风险的管理。如果选对了融资地区则可降低政治风险。企业可就实际情况选择本地融资或全球融资。第一，本地融资。随着对东道国投资的增长，可以在东道国进行后续融资，以维持当地人士在经营成功的企业享有利益，政府对企业的任何干涉也可能损害当地人士的利益。而且，提供资金的常常是比较富有的当地人，他们握有重要的权力。因此，没收企业资产的可能性较小。但是，这种融资的成本可能比较高，而且许多政府会对跨国企业从当地货币及资本市场借款进行限制。第二，全球融资。跨国企业还可以选择根据若干国家的制度在全球进行融资。如果东道国政府干涉公司经营，导致公司因无法偿还负债而违约，则可能引起多国的不满，因此，采用这种方法可减少资产被没收的威胁。但是，如从国外借款，应考虑其中伴随的新风险。例如，可能导致外汇和税收风险。如果企业在全球范围内借款，则必须注意外汇风险。如果是以不同货币借款的，那么不可能出现所有货币同时升值的情况，因此，可以降低风险。外币借款仅在以下情况下才能被证实是正确的方法，即该外币借款的外币收益足以偿还借款和利息。

第二节　政治风险的评估

关于政治风险评估分析方法的研究已经开展了多年，虽然不存在能够使政治风险最小化的标准技术，但是，管理良好的企业往往会采用一些管理工具，来帮助自己认识给定商业机会的风险。不同类型的风险，应采用不同的方法计量。对政治风险评估方法的分类有许多种，有侧重于定性和定量分析的评估法，也有侧重于宏观和微观的评估法。

一、宏观评估法

政治风险宏观评估法的代表有丹·哈恩德尔（Dan Haendel）、杰罗尔德·维斯特（Gerald T. West）以及罗伯特·米都（Robert G. Meadow）的政治制度稳定指数，霍华德·约翰逊（Howard C. Johnson，1965）的失衡发展与国家实力模型（Uneven - Development and National Power Model），哈罗德·克鲁德森（Harold Knudsen，1974）的国家征收倾向模型（The National Propensity to Expropriate Model）等。

1. 政治制度稳定指数

政治制度稳定指数由丹·哈恩德尔、杰罗尔德·维斯特以及罗伯特·米都提出，旨在为政治风险提供一个定量分析框架。它由三个分指数组成：国家的社会经济特征指数、社会冲突指数和政府干预指数，其中社会冲突指数有三个分量：社会不安定指数、国内暴乱指数和统治危机指数。这些指数分别根据各类共 15 项指标测定，如图 8 - 1 所示。

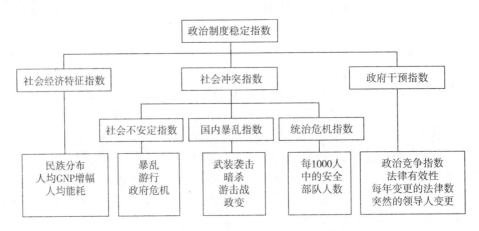

图 8 - 1　政治制度稳定指数

资料来源：Dan Haendel，Gerald T. West & Robert G. Meadow West：Overseas investment and political risk.

计算时可从年鉴、政府文件和政治资料等出版物中获得。与其他方法相比，政治制度稳定性指数方法的优点是利用客观数据而不是主观判定资料作为衡量风险的指标，包含的因素也较全面。主要缺点是没在政治制度稳定性指数与各个风险变量之间建立联系，因而不能说明制度的稳定性或不稳定性与跨国经营或投资风险的关系。也就是没有指出衡量了政治制度风险之后应该做什么以及投资决策者如何利用所评估的结论。

2. 失衡发展与国家实力模型

此模型由霍华德·约翰逊提出。其基本前提是，政治风险（没收）是该国失衡发展与该国实力相互作用的结果。决定一个国家失衡发展的因素来自五个方面：政治发展、社会成就、技术进步、资源丰度和国内秩序。失衡发展来自它们相互之间进步程度的差异性和非持续性。而国家实力表现为该国经济、军事与外交关系的结合。这一模型将世界各国依其实力与平衡发展状况分为四类：失衡强大国家、平衡强大国家、失衡弱小国家和平衡弱小国家。四类国家中，发生没收的概率最低的为平衡强大国家和平衡弱小国家，而失衡弱小国家存在中度没收概率，失衡强大国家没收的相对概率最高。在此模型中，与政治不稳定相当的变量因素是非均衡发展。

3. 国家征收倾向模型

此模型由哈罗德·克鲁德森拉丁美洲国家样本统计分析资料提出。其含义是：一个国家的挫折水平和大量外国投资的相互作用能解释该国没收倾向。而一国的挫折水平形成于该国的抱负水平、福利水平和期望水平，这些水平假定为代表一国生态结构。当一个国家的福利或经济预期低于抱负水平时，该国的挫折水平就高，若此时有大量的外国投资涌入，那么这些外国投资就可能成为国家挫折的替罪羊而遭没收。在此模型中，与政治不稳定相当的变量因素是国家的挫折水平。

失衡发展与国家实力模型和国家征收倾向模型两种模型虽容易理解，但比较主观、片面及缺乏可操作性，失衡发展与国家实力模型只是一种理论推导，不便于判断失衡发展的程度。国家征收倾向模型的统计资料来源于拉美，不具全面性。

4. 政治风险指数

美国 BERI 公司定期在《经营环境风险资料》上公布世界各国的政治风险指数，动态考察不同国家经营环境的现状以及未来 5 年后和 10 年后的情况。它先选定一套能够灵活加权的关键因素，再由专长于政治科学而不是商务的常设专家组对评估国家多项因素以国际企业的角度评分，汇总各因素的评分即得该国政治风险指数。予以评估的因素有 3 类 10 项，如表 8 - 1 所示。

表 8 - 1　政治风险指数

	各项因素
第一类因素： 政治风险内因	A. 政治派系和这些派系的权利
	B. 语言、民族与宗教群体及其权利
	C. 维持权力所诉诸的限制性措施
	D. 思想意识形态，包括民族主义、腐败妥协
	E. 社会状况，如人口密度、分配制度等
	F. 可产生极左政府的势力的组织与力量状况
第二类因素： 政治风险外因	A. 对主要敌对国家的依赖性、重要性
	B. 取悦政治力量的负面影响
第三类因素： 政治风险征兆	A. 示威、罢工和街头暴力在内的社会冲突
	B. 政治暗杀和游击战争所显示的不稳定性

评分采用百分制，70 分以上为低风险，表示政治变化不会严重影响企业，也不会出现重大社会政治动乱；55～69 分为中度风险，表明已发生对企业严重不利的政治变化，某些动乱将要发生；40～54 分为高风险，表明已存在或在不久的将来发生严重影响企业的政治发展态势，正周期性地出现重大社会政治动乱；39 分以下为极度风险，表明政治条件严重限制企业经营，财产损失可能出现，已不能接受为投资的国家。

另外，美国纽约国际报告集团制定的国家风险国际指南（ICRG）也较为实用。该指标体系每月公布一次，其构成因素及各自权重如下所示，ICRC = 0.5 × 政治指标 + 0.25 × 金融指标 + 0.25 × 经济综合指数。其中：政治指标包括领导权、法律、社会秩序传统、官僚化程度等 13 个指标。金融指标包括外汇管制、停止偿付、融资条件、政府撕毁合同五个指标。经济综合指数包括物价上涨、偿付外债比率、国际清偿力等六个指标。

不论政治风险指数还是国家国际指标，都采用定量的方式，方便实用。虽然结果由于评估人的观点和立场不同不宜照搬，但风险指数的设置却具有参考意义，经修改便可自成体系。

5. 政治风险评估总框架

政治风险评估总框架由杰夫雷·西蒙（Jeffrey D. Simon）提出，他从东道国和跨国公司自身情况出发，将政治风险归纳为 8 大类 50 余种（见表 8 - 2）。该评估方法的多维分类更加明确了政治风险的概念，有助于跨国企业认识风险事件及其可能带来的冲击，故能将风险分析更好地融入投资决策分析当中。

表 8 - 2　政治风险评估总框架

	宏观		微观	
	社会方面	政府方面	社会方面	政府方面
国内	革命	国有化或征用	选择性罢工	选择性当地化
	内战、暴乱	政体巨变	选择性恐怖主义	合资经营压力
	民族与宗教	官僚政治	选择性抵抗	差别税收
	舆论导向等	外汇管制等	国别企业抵制	违约等
国外	跨国游击战争	核战争	国际行动集团	两国外交关系紧张
	国际恐怖主义	边界冲突	外国跨国公司竞争	双边、多边贸易协定
	世界舆论	联盟变化	国际企业抑制	外国政府干预等
	撤资舆论	高外债偿还比率等	选择性国际恐怖主义	—

资料来源：Jeffrey D. Simon：A theoretical perspective on political risk.

二、微观评估法

政治风险的微观评估法有 Raymond Vernon（1971）的渐逝协议因素模型（Obsolescing Bargain Factor），Wenlee Ting（1985）的"渐逝需求模型"和 Richard D. Robinson（1989）的"产品政治敏感性测定"（The Product Sensitivity Assessment）等。

1. 渐逝协议因素模型

Raymond Vernon（1971）提出了渐逝协议因素模型，假设两个参与者——国家和外国公司互相竞争着，都为了掌握经济和政治上的控制权。Vernon 的著作《Sovereignty at bay: The Multinational Spread of U. S. Enterprises》是一本经典的研究政治风险理论的著作。但是，在政策制定者与经济参与者间的双边垄断的平衡自那时起已转变为在多级政策制定者和国际间多数市场间的平衡。Vernon 从处于国际政治环境中的美国企业间的谈判地位出发研究了不稳定性。首先，跨国公司与东道因在管理和技术体系中在讨价还价上有一个合作关系，但随着时间推移，在讨价还价地位上出现了权力的倾移。当科技和管理技术渗透到了被投资国的环境时，投资周期缩短了。这时谈判时的权力离这些公司远去了，这使这些公司开始承担政治风险。当前多数风险模型参照了"渐逝协议因素模型"。如图 8 – 2 所示。

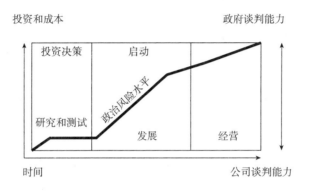

图 8 – 2 双边垄断条件下的讨价还价能力

资料来源：Vernon（1971），Sovereignty at bay。

2. 丁氏渐逝需求模型

丁氏（Wenlee Ting）的"渐逝需求模型"的基本命题是：在经济民族主义竞争迅速上升、粗暴的社会政治风险不断下降的条件下，外国投资项目的政治风险与该项目对东道国（新兴工业化国家）的"看中价值"呈反向关系。此模型考虑了渐逝协议现象以及非工业化国家发展工业经济趋势。这种趋势是：当越来越多的国家加速工业化并致力于经济发展时，对没收和国有化这类暴力风险将逐渐变得罕见。而这里的"看中价值"表现为该项目为东道国所需要的程度，动态地看，它随技术领先程度的降低和其他国际企业竞争的加强而逐渐下降。决定投资项目看重价值的主要因素如表 8 – 3 所示。

表 8 – 3 决定投资项目看重价值的主要因素

序号	影响主要因素	看中价值的大小关系
1	投资项目所属产业	对当地经济贡献大的产业，看中价值越大
2	该产业中当地企业的数量	数量越多，竞争越激烈，看中价值就越低
3	该产业中当地企业市场份额	份额越大，外资项目看中价值就越低
4	该投资项目占有当地市场份额	成正比例
5	国民经济计划中该产业优先发展地位	地位越高，外资项目可能受到抑制，价值低
6	该项目的创新与技术领先的程度	程度越大，受鼓励的可能性大，价值也会高

序号	影响主要因素	看中价值的大小关系
7	项目在出口中的作用	项目出口能力强，越受当地欢迎
8	同产业中外国企业的数量	数量越多，看中价值越低
9	获得非跨国公司技术的容易程度	有利于东道国技术获得，看中价值越大
10	本公司的形象	越好越受欢迎
11	符合东道国进入管理制度	符合程度高，越受东道国欢迎

资料来源：Wenlee Ting: Multinational Risk Assessment and Management.

表 8 - 3 中，第 1~7 项因素的相互作用决定着投资项目的"看中价值"随时间推进而下降的状况，而第 8~11 项因素则间接影响同一时间"看中价值"的大小。如果公司在项目实施中，正面因素作用加强，则该项目的看中价值上升，反之则下降。

3. 产品政治敏感性测定

产品政治敏感性测定方法是理查德·罗宾森提出来的，该方法的主要含义是：不同的产品具有不同的政治敏感性，政治敏感性取决于该产品在东道国国民经济中的地位和影响。政治敏感性的大小与该产品面临的政治风险成正比，即政治敏感性低的产品投资政治风险小，得到东道国关注的可能性也小；反之，则政治风险大。当然，即使产品的政治敏感性大，其面临的政治风险也大，但如与东道国经济发展政策同向，也可得到东道国的政治鼓励而减轻政治风险。影响产品政治敏感性的因素共有 12 项，根据东道国的情况分别给予打分，对绝对否定者给 10 分，绝对肯定者给 0 分，对介于两者之间的情况分别给予相应的分数。最后累计 12 项因素总分，分数最低者表示该产品政治敏感性最强，分数最高者则表示政治敏感性最弱。

该方法简单实用，可根据产品特点，并在对东道国调查的基础上，对各项因素进行评分。然而，该方法也有其不足的一面，比如对每项因素的权重都是一样的，这样难免对结果产生影响，在外汇十分短缺的情况下，如果产品行销将明显减少东道国的外汇，则该产品政治敏感性的分数可能远远超过 10，甚至达到 20 或者更多。所以，在对该方法进行使用时，权重应该区别对待，对不同的国家，每一项因素权重应有不同。另外，还需根据东道国不同时期情况，还可以适当增加相应因素，使最终结果更具有使用性。丁氏渐逝需求模型和产品政治敏感性测定都是针对外资投资项目产品及相关产业的评价，只要有利于东道国的经济发展和人民生活水平的提高，都能受到东道国不同程度的鼓励，就可相应减少所面临的政治风险。比较而言，丁氏模型更为全面，且具有动态评估效果，符合新兴发展中国家的基本评估情况。但从量化角度来看，产品政治敏感性评估显得更为方便，但权重的等量分配无疑也是它的一个很大的局限。如表 8 - 4 所示。

表 8 - 4 产品政治敏感性评价因素

序号	产品评价因素	评分	备注
1	产品供应是否要政府慎重讨论而决定		
2	是否有其他产业依赖本产品		建筑、机械等
3	是否社会和经济上的基本需要品		药品、食品业

序号	产品评价因素	评分	备注
4	对于农业生产是否很重要		
5	是否影响东道国国防力量		
6	是否必须利用当地资源才能有效生产经营		如石油开采等
7	近期内当地是否会出现与本产品竞争的产业		
8	是否与大众宣传媒介有关		如电视、收音机等
9	产品是否是劳务形态		
10	设计或使用，是否基于若干法律上的需要		
11	对使用者是否存在潜在危险		
12	产品的行销是否会减少东道国的外汇		
总分			

三、政治风险评估预测法

为了解决政治风险评估框架中存在的定性评估的主观性和对政治风险新动向的反映这两个问题，学者孙岩（2008）在其硕士论文中采用德尔菲法，提出了"政治风险评估预测法"来对以往的评估方法进行修正。

1. 预测模型

该预测法对一国的政治风险从两个一级层面、四个二级层面共八个因素来考虑，如表8-5所示。

表8-5　评估要素表

一级层面	二级层面	界面
宏观	东道国	社会面 R_1：东道国不针对本行业或本企业的社会性活动
		政府面 R_2：东道国政府不针对本行业或本企业的政策产生的影响
	国际	社会面 R_3：来自国际社会不针对本行业或本企业的行动
		政府面 R_4：来自非东道国政府不针对本行业或本企业的政策影响
微观	东道国	社会面 R_5：东道国内发生的针对本企业的行动
		政府面 R_6：东道国政府政策对本企业的影响
	国际	社会面 R_7：来自国际社会针对本企业的行动
		政府面 R_8：来自非东道国政府的政策针对本企业的影响

该预测法同时考虑了宏观和微观、当前政治风险和传统政治风险的表现形式，如图8-3、图8-4所示。

专家对于一国政治风险某一层面进行预测和评价要包括两个方面，该层面发生政治风险的可能性（用P来表示）；一旦该层面发生政治风险，对企业的影响程度（用I来表示）。如表8-5所示，某一层面的政治风险是其发生可能性与影响共同作用的结果。专家根据自己所在领域的专业知识和客观真实的统计数据，如该国发生政治危机次数，军事进攻次数，政变次数，反全球化示威游行次数，每千人警察数（政府作用力方面）等，对该该层面的政治风险发生的可能性以及影响程度进行评分和评级。发生可能性 P 采用概率描述。对影响程度 I 以级别来划分为"极高""高""中""低""极低"五个层级。为了最终的量化计算，还需建立影响程度的评价层级与数值的转换关系，如表 8-6 所示。

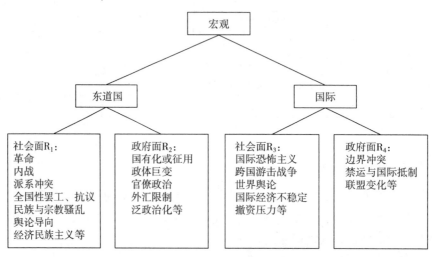

图 8-3　政治风险评估预测法宏观层面

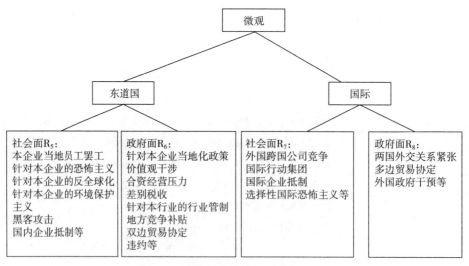

图 8-4　政治风险评估预测法微观层面

表 8-6　影响程度的评价层级与数值的转换关系

评价	极高	高	中	低	极低
数值	1	0.8	0.6	0.4	0

当每个专家逐一对该国不同层面的八个界面的政治风险评价完毕，企业将所有专家的评价结果收集整理，进行下一步的分析计算。通过式（8 – 1）计算出某国该层面政治风险的风险度。八个因素的风险度都计算出来后，该企业根据风险度的大小来判断应该对哪一层面、哪一因素的政治风险重点加以防范。

风险度：$R = \sum_{i=1}^{n} P_i I_i$ （n 为专家数目）　　　　　　　　　　　　　　（8 – 1）

2. 操作示例

假设某企业在进行跨国经营的准备阶段邀请 3 位专家（实际操作时专家数在 15 位左右），对其投资经营的东道国进行政治风险的评估预测。经过几轮的专家测评后，企业拿到的数据如表 8 – 7 所示。

表 8 – 7　专家预测数据

评估层面			专家 I		专家 II		专家 III	
			P_1	I_1	P_2	I_2	P_3	I_3
宏观	东道国	社会面 R_1	0.5	高	0.5	中	0.7	高
		政府面 R_2	0.4	中	0.3	极高	0.4	中
	国际	社会面 R_3	0.6	低	0.7	极低	0.7	中
		政府面 R_4	0.2	中	0.2	高	0.2	极高
微观	东道国	社会面 R_5	0.6	高	0.8	低	0.7	低
		政府面 R_6	0.3	中	0.4	极低	0.3	低
	国际	社会面 R_7	0.1	低	0.3	中	0.3	中
		政府面 R_8	0.2	高	0.2	极高	0.1	极高

由表 8 – 7 我们可以算出：

$R_1 = 0.5 \times 0.8 + 0.5 \times 0.6 + 0.7 \times 0.8 = 1.26$，$R_2 = 0.4 \times 0.6 + 0.3 \times 1 + 0.4 \times 0.6$ $= 0.78$

以此类推 $R_3 = 0.66$，$R_4 = 0.48$，$R_5 = 1.08$，$R_6 = 0.3$，$R_7 = 0.4$，$R_8 = 0.46$。

根据以上结果可知该企业应该对 R1 和 R5 加以重点防范，做好全面的预案。对于该国的国内舆论导向、经济民族主义、宗教骚乱等宏观社会层面的问题，以及罢工、环境保护主义运动、反全球化运动等微观的社会层面的问题重点予以研究预防。另外，R2 和 R3 也应加以重视，这两方面涉及的问题有官僚政治、泛政治化、国际恐怖主义和世界舆论等。

第三节　政治风险防范

1979 年 8 月，国务院提出"出国办企业"，从而拉开了中国企业对外直接投资的序幕。党的十六大报告指出："实施'走出去'战略是对外开放新阶段的重大举措"，并进一步明确要求，要"通过市场和政策引导，发展具有国际竞争力的大公司大企业集团"，

"鼓励和支持有比较优势的各种所有制企业对外投资，带动商品和劳务出口，形成一批有实力的跨国企业和著名品牌"。中国企业"走出去"在面对国外政治风险的时候，要减小甚至消除政治风险，所采取的防范措施主要包括三个方面，即从企业自身防范、政府层次的配套措施和国际层面的预防。

一、企业自身的防范措施

第一，在"走出去"前做好充分的政治风险的评估工作。"内向型"的企业自然不用太在乎其他国家的政治、经济、文化和历史，但对于"走出去"的企业就另当别论了。而由于这些年对人文社会科学的轻视，中国对他国的政治、经济、文化与历史的研究又恰恰是目前极为不利的。所以加强对投资目的国政治背景的研究很有必要，在项目实施前，应分析判定目标国的总体政治形势，据此筛选相对适宜的东道国。

第二，建立有效的监控、预警政治因素变动的机制。监控社会政治因素的变动是一个连续不断的过程，即使出现突变，也是各种矛盾长期积累的结果。因此，建立一个监控和预警系统，跟踪东道国及相关国家的政治形势变化是很有必要的。有效的监控系统能够使跨国公司在政治风险到来之前赢得时间，在机遇到来时，采取果断措施规避风险。同时应该做好政府间的协调工作，这在预防或是发生政治风险后都是一个保障。

第三，购买关于防御政治风险的保险。几乎所有发达国家有旨在保护本国企业在海外投资安全的保险机构。海外投资保险是指跨国公司以购买投资保险和担保的形式，将政治风险转嫁给保险公司。在美国，承担投资保险和担保的是海外私人投资公司（OPIC）。它承担的政治风险有四种：①货币不可兑换；②没收；③战争、革命、暴乱和内战；④政治暴力事件。中国在政策性出口信用保险与海外投资保证方面的承保机构是中国出口信用保险公司。购买保险是中国企业"走出去"降低政治风险更为经济的一种选择。

第四，注重与当地融合和本土化。中国企业在"走出去"的过程中，往往没有注意到当地的经济民生发展，较少雇用当地员工，导致企业经营和当地发展不一致。如果中国跨国企业能加强与东道国各界利益上的融合，那么产生政治风险的可能性就会降低。

二、政府层面的防范措施

第一，在"走出去"的进程中，中国政府对中国企业、公民在海外的经营状况和安全问题不但给予了高度关注，而且都在不断地进步探索中。在机构设置方面，外交部专门设立了"涉外安全事务司"，专门处理涉及中国公民海外安全方面的问题。政府相关部门根据我国外交政策方针及对外发展战略，对各国投资环境进行了细致的分析，同时把有关信息向国内企业进行了通报并提供及时的有针对性的指导。

虽然中国还没有专门的政治风险评估机构，但是有政府背景的中国出口信用保险公司在这方面做了很重要的工作，发布了我国首部《国家风险分析报告》，"标志着我国国家风险分析体系的正式建立，为我国境外投资企业进行风险的识别、评估提供了科学的参考依据"。

第二，鼓励民营企业"走出去"。迄今为止，国有或国有控股企业是中国海外投资的绝对主导力量。这种特定的投资主体结构不仅在海外投资中存在颇为严重的国有资产流失问题，而且效率问题和遭遇到的政治风险更突出。近来中国学者普遍主张鼓励民营企业先

"走出去"，改变目前国有企业主导海外投资的局面，甚至有著名经济学家主张对外投资应以私营企业为主。

除了以上理由外，还需要考量的是以国有企业为主的投资结构会增加海外投资的政治风险水平。因为一些国家会认为中国国有企业并非完全基于市场行为而进行经营，其往往体现了政府意志，从而对我国企业"走出去"横加干涉，更为严重的方法是禁止投资贸易，因而改善这种投资主体结构，推动民营、私营企业"走出去"，从事海外投资有助于缓解或避免发生某些政治风险。

第三，在建立政府保障企业投资安全的体系中，健全立法保障内容。我国现有领事保护的相关法律依据主要有两方面：一是与外国签订的领事条约和参加的国际公约；二是国内法，包括国籍法、继承法、《中国公民出入境管理法》、海商法等。但这种领事保护本身是有限度的，因为使领馆在驻在国没有行政权力，更无司法权力，也不能干涉他国司法主权。因此，推动领事保护法制化，可以让更多在外企业遵循依法办事的原则，对企业在东道国合法经营和依法受保护至关重要。

三、国际层面的预防措施

第一，要利用有关防范及处置海外投资政治风险的国际法制。战后国际社会在建立防范及处置海外投资政治风险的国际法制的成果主要有三个方面：①根据 ICSID 公约建立的投资争端解决机制；②根据 MIGA 公约建立的政治风险保险机制；③根据 WTO 协定建立的贸易争端解决机制。在当今国际社会处于无政府状态并且强权政治若隐若现的情况下，国际法对处于发展中国家的中国维护合法权益总体上是有利的。加入和合理运用以上国际条约，对于中国企业在世界范围内防范政治风险也是可取的，运用好这些国际条约，可以尽可能地把企业运营中碰到的问题归于纯粹的经济上来，摒除过多的政治因素的影响。

第二，通过国家间协商或者政治领导人会议解决争端。两国或者多国间出现企业经济纠纷，或是因为一些政治因素导致企业经营困难的情况下，展开国家间领导人或者多国领导人会议交流沟通是另一种实际且效益更大的国际间防御政治风险的举措。通常情况下，当两国关系良好或者国家领导人之间关系良好，在发生政治因素影响企业经营的事件时，是比较容易解决问题的。在一些非洲或者亚洲国家，中国企业在投资过程中经常会采取先通过政府协商或者政府接触来获取经营上的优势，而在发生经济问题时，也会采取政府间沟通来解决。比如，中俄在石油运输线路上的争议和中澳能源争端过程中，两国就是通过国家领导人协商来解决争端的。

【章末案例】   中海油收购尤尼科

在如何防范国外政治风险领域，中国海洋石油总公司收购美国尤尼科石油公司事件具有典型的意义。中国海洋石油总公司（CNOOC，以下简称中海油）是中国最大的国家石油公司之一，是中国最大的海上油气生产商。自成立以来，中海油保持了良好的发展态势，由一家单纯从事油气开采的上游公司，发展成为主业突出、产业链完整的综合型能源集团，形成了上游（石油勘探、开发、生产及销售）、中下游（天然气及发电、化工、炼化、化肥）、专业技术服务（油田服务、海油工程、综合服务）、金融服务以及新能源等产业板块。

尤尼科石油公司（Unocal Corporation，以下简称尤尼科）是一家以原油和天然气勘探开发为主的公司，总部设在美国加州，距今已有115年的历史，员工数量为6600人左右。经过100多年的发展，尤尼科目前业务包括北美和国际原油及天然气开采、物探、天然气及管网建设、贸易、采矿及房地产等业务。其中原油及天然气开采业务是尤尼科的主营业务。截至2004年底，公司总收入为82.04亿美元，净利润为12.08亿美元，公司总资产达131亿美元，在美国油气巨头中排名第九。

2005年1月7日，尤尼科挂牌出售，中海油计划出价130亿美元全现金购买。3月初中海油开始与尤尼科高层接触，并向尤尼科提交了"无约束力报价"。尤尼科当时的市值还不到百亿美元。但很快，随着国际原油价格飙升，尤尼科股价迅速上涨，中海油内部对这一收购看法出现分歧。在中海油意见还没有统一之时，美国第二大石油公司雪佛龙4月宣布以160亿美元加股票的形式收购尤尼科，收购计划包括25%的现金（44亿美元）、75%的股票交换，以及接收尤尼科16亿美元的债务。6月10日，美国联邦贸易委员会批准雪佛龙的收购计划。6月17日，美国联邦众议员查德·庞勃（Richard Pombo）和邓肯·亨特（Duncan Hunter）致函布什总统，要求以国家安全为由全面审议中海油收购尤尼科的计划。中海油收购难度加大。7月20日，尤尼科董事会决定接受雪佛龙公司加价之后的报价，并推荐给股东大会。2005年8月2日，中海油宣布撤回收购尤尼科的报价。至此，这场长达8个月之久、中国迄今为止涉及金额最多、规模最大的海外收购，以中海油的主动退出而告终。

中海油收购尤尼科失利，主要是对海外政治风险估计不足。具体来说，有以下几点：

（1）目标企业所在国的政治障碍是竞购失败的最主要原因在中海油提出收购案时，东道国美国的政治反应尤为强烈。收购交易宣布后，在美国出现了前所未有的政治上的反对声音，甚至要取消或更改美国外国投资委员会多年来行之有效的程序。中国经济的崛起和壮大，使视中国为强大竞争对手的美方感到无比担心和恐惧。尤其是这笔收购涉及国家经济安全的能源行业，触动了美国人最敏感的能源神经，也很自然被贴上中国实施能源走出去战略的标签，这些都导致美国一些公众和政府机构的警惕。美国能源部长、财政部长先后表示美国政府出于国家安全考虑，要严格审查这起收购案。接着美国参众两院通过了能源法案新增条款，要求政府在120天内对中国的能源状况进行研究，研究报告出台21天后，才能够批准中海油对尤尼科的收购。这一法案的通过基本排除了中海油竞购成功的可能。由此可见，目标企业所在国国内的政治和政策障碍，是这次中海油公司并购美国尤尼科公司失败的最主要原因。

（2）制度环境差异。中美两国的政治制度与经济体制存在根本差异，两国公司之间的收购活动不可避免地伴随有政治风险，收购过程也更加艰难。另外，中海油国有企业的身份使其收购目的令人生疑：到底是接受母公司的财政支持，完成中国石油的战略任务；还是以上市公司的身份，完全市场化地参与收购。美方始终认为这起收购是国家行为，所以采取政治手段横加干涉，使得中海油最终迫于强大的政治压力退出收购。

（3）国企背景被泛政治化。中国政府与国有企业之间不透明的关系则是竞购失败的一个不可忽略的原因。中海油对尤尼科的竞购引起了华盛顿的激烈反应。中海油是一家香港上市公司，70%的股份归未上市的母公司所有，母公司的全部股份则为一个中央政府机构所有。这个机构就是国务院国有资产监督管理委员会（简称国资委），它是中国政府认定的"战略"行业中的约190家主要企业的控股股东。这种关系足以让许多人相信，中国海洋石油公司不过是中国政府的一个部门。此外，中海油严重依赖国有母公司提供的补贴，这不可避免地令人质疑其独立性。由于中国政府和企业的关系复杂而含糊不清，因而使外国政界和竞购对手有了合理原因来强烈反对中国国有企业收购外国公司。

【本章小结】

政治风险（Political Risk），也称为国家风险，主要是指东道国政治、法律及各种社会不确定因素给跨国公司经营活动带来的风险。从政治风险的种类来看，主要包括：征收风险、汇兑限制风险、战争和内乱风险、政府违约风险、延迟支付风险。政治风险宏观评估法的代表有丹·哈恩德尔、杰罗尔德·维斯特以及罗伯特·米都的政治制度稳定指数，霍华德·约翰逊的失衡发展与国家实力模型，哈罗德·克鲁德森的国家征收倾向模型等。政治风险的微观评估法有渐逝协议因素模型、"渐近需求模型"和"产品政治敏感性测定"等。

【问题思考】

1. 什么是政治风险？有哪几类？
2. 政治风险有哪些来源？
3. 政治风险有哪些宏观评估方法？
4. 政治风险有哪些微观评估方法？
5. 政治风险评估如何预测？
6. 如何防范政治风险？

第九章 市场风险

【学习要点】

☆ 了解市场风险的种类。

☆ 学会市场风险的计量方式。

☆ 掌握缺口分析的应用。

☆ 掌握久期分析的应用。

☆ 领会外汇敞口分析的应用。

☆ 学会敏感性分析的应用。

☆ 理解在险价值法。

☆ 认识事后检验法。

☆ 认识压力测试法。

【章首案例】　　变种的 Accumulator：中信泰富的外汇交易噩梦

据中信泰富 2008 年 10 月 20 日发布的公告称，公司为降低西澳洲铁矿项目面对的货币风险，签订的若干杠杆式外汇买卖合约实亏 8.07 亿港元，浮亏 147 亿港元，已确认的累计亏损总计 155.07 亿港元。10 月 21 日，中信泰富的股价暴跌 55%，10 月 29 日，由于澳元的进一步贬值，该合约亏损已接近 200 亿港元；12 月 5 日，中信泰富股份收于 5.80 港元，在一个多月内市值缩水超过 210 亿港元。这家颇具声誉的公司在两个交易日中市值蒸发掉了三分之二，成了在全球金融危机中首批中箭落马的中国企业。

一、中信泰富公司

中信泰富有限公司是一家香港证券市场久负盛名的老版蓝筹公司，是北京中国国际信托投资公司的全资附属公司，是大型国企中信集团在香港的 6 家上市公司之一。其前身为由香港叱咤风云的"炒股大王"香植球于 1985 年创立的泰富发展有限公司。1991 年，泰富增加于港龙航空的权益至 46%，并购入国泰航空 12.5% 权益，易名为中信泰富有限公司，并加快脚步增加其于航空业务之投资，同时使其投资组合更趋多元化。同年，购入澳门电讯 20% 权益，以及投资于香港最大型的贸易及汽车分销商大昌行。1996 年底，中信泰富已成为拥有多元化业务的综合企业，当时，有 19% 的公司盈利来自于基础建设，5% 来自发电业务，27% 来自航空业务，17% 来自电讯业务，10% 来自贸易分销及消费信用，16% 来自物业，只有 1% 盈利来自工业制造。

二、西澳铁矿项目

这起导致中信泰富外汇交易噩梦的外汇杠杆交易直接原因是澳元的走高而引起的。中信泰富在澳大利亚有一个名为 SINO - IRON 的铁矿项目，该项目是西澳最大的磁铁矿项目。这个项目总投资约 42 亿美元，很多设备和投入都必须以澳元来支付。中信泰富直至2010 年对澳元的需求都很大。整个投资项目的资本开支，除当时的 16 亿澳元之外，在项目进行的 25 年期内，还将在全面营运的每年度投入至少 10 亿澳元，为了减低项目面对的货币风险，因此签订若干杠杆式外汇买卖合约。

三、外汇杠杆合约 Accumulator

外汇杠杆合约被普遍认为投机性很强，属于高风险产品。此次导致中信泰富巨额亏损所投资的杠杆外汇合约 Accumulator。Accumulator（累股证）的全名是 Knock Out Discount Accumulator（KODA），一般由欧美私人银行出售给高资产客户，因其在牛市中放大收益，熊市中放大损失的杠杆效应，被香港投行界以谐音戏谑为 "I kill you later"（我迟些杀你）。累股证其实是一个期权产品，发行商锁定股价的上下限，并规定在一个时期内（通常为一年）以低于目前股价水平为客户提供股票。

银行向客户提供较现价低 5% ~ 10% 的行使价，当股价升过现价 3% ~ 5% 时，合约就自行终止。当股价跌破行使价时，投资者必须按合约继续按行使价买入股份，但有些银行会要求投资人要双倍甚至三倍地吸纳股份。这样的产品在牛市来说，无疑是 "天上掉下的馅饼"。在股市高峰时，不少股票特别是中资股单日暴涨的不在少数，这对于 KODA 投资者来说，就像 "捡钱" 一样，合约也经常在签约后数天甚至是当日自动终止，投资者超短线收益 20% 的例子不胜枚举。据统计，2007 年，在香港的私人银行中，有超过七成的以 KODA 形式购买股票。私人银行的资金占香港散户资金一半以上，客户人数不多，但是全额庞大，而且多采用杠杆借贷。不过，当市场越走越高，行使价也越来越高，尝到甜头的富人们开始加大筹码，他们似乎不知道风险也在悄悄倍增。在 2008 年 11 月以后，港股节节败退，不少 KODA 挂钩的热门中资股出现三成、四成甚至五成的跌幅，KODA 投资者们也只有照单全收，如果合约要求双倍吸纳，那么连续几个月的跌势对于这些富人来说真是不堪回首。

四、变种的 Accumulator

此次中信泰富购买的累计目标可赎回远期合约，其英文原名是 Accumulated target knock - out forward contracts。这种合约，与 Accumulator 不同之处在于其对赌博的目标，不是股份，而是汇价；从促销对象上来看，Accumulator 会集中售予个人投资者，而变种的外汇 Accumulator，则主要以上市公司及中小企为对象。这种产品的原理可近似看作中信泰富向对手方购买一个澳元兑美元的看涨期权以及卖出两个看跌期权，行权价格都是0.87。当澳元汇率高于 0.87 美元时，中信泰富以低于市场价的 0.87 每天买入 1 个单位外汇而获利，但当汇率下降到 0.87 以下时，则中信泰富必须每天以 0.87 的高价买入 2 个单位外汇。这意味着，中信泰富把宝完全押在了多头。

在合约开始执行的 2008 年 7 月初，澳元对美元价格持续稳定在 0.90 以上，澳元一度还被外界认为可能冲击到 "平价美元" 的地位。这样的一个合约似乎看上去是个好买卖。但是从 7 月中旬以后的短短一个月间，澳元开始出现持续贬值，澳元兑美元跌幅也高达10.8%，这几乎抹平了年初以来的涨幅，特别是 10 月初澳元更是出现暴跌，巨亏就此酿成。如图9－1所示。

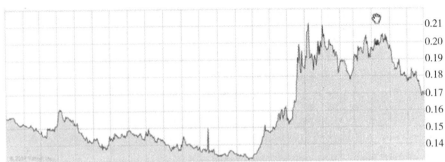

2007年 Mar. Apr. May. Jun. Jul. Aug. Sept. Oct. Nov. Dec. 2008年 Feb. Mar. Apr. May. Jun. Jul. Aug. Sept. Oct. Nov. Dec.

图9－1　澳元兑美元汇率走势（2007～2008）

资料来源：http://finance.yahoo.com/。

澳元兑美元汇率从2000年以来一直呈单边上行趋势，即使在调整期跌幅也较小，因此当时很难预料到短短三个月内，澳元不仅跌破0.87，而且还出现30%的跌幅。可以说这都是全球金融动荡惹的祸。如图9－2所示。

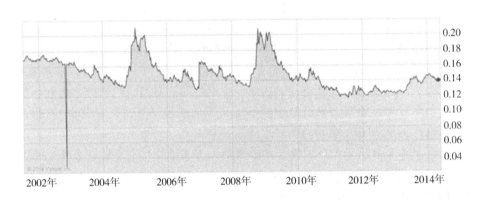

2002年　　2004年　　2006年　　2008年　　2010年　　2012年　　2014年

图9－2　澳元兑美元汇率走势（2001～2014）

资料来源：http://finance.yahoo.com/。

五、中信泰富的风险

中信泰富案虽然已经过去，但其暴露出来的问题值得我们进一步深思。中信泰富作为国有企业"走出去战略"的代表，面对巨大的外汇风险，购买国际投行量身打造的外汇合约而陷入巨亏的泥淖，表面上看，这起外汇杠杆交易是由于澳元的走高而引发，而从根本上来看，则是中信泰富追求杠杆交易的高利润，忽视了风险。

第一，暴利导致实体企业进入金融市场火中取栗。中信泰富在签订澳元期权合约之前，对澳元外汇走势没有做科学评估，盲目进行交易。泰富进行外汇交易不只是为了对冲风险，而是为了牟取暴利。这类杠杆式外汇买卖合约交易者只需支付一定比例的保证金，就可进行数十倍的额度交易，本质上属于高风险金融交易，外汇价格正常的波动会因杠杆放大。尤其在当前金融危机的肆虐下，部分国家货币汇率波动剧烈。类似波动在经杠杆放大后，其导致的风险将是惊人可怕的。

第二，投机意识大于套期保值，实业难逃金融市场引诱。与安然一样，中信泰富的行为，反映他们不只是从事矿业、物业、基建、航空的实体企业，更是一家进入金融交易进行对冲交易的大型金融机构。在中信泰富签下合约中，其套期保值的功能其实相对有限。因为每份合约当达到公司可收取的最高利润时（幅度介于150万美元至700万美元），合约就将终止。如果澳元大幅升值，过低的合约终止价格使得中信泰富声称的"套期保值"作用相当有限，但是如果澳元走软，中信泰富必须不断以高汇率接盘，理论上亏损可以无限大。对澳元汇率的判断过于乐观，使得中信泰富这种半投机性质的衍生金融工具使用，在全球金融危机下付出了惨痛的代价。

第三，内部控制原则上的缺失。从中信泰富的公告中指出，这批导致147亿港元损失的远期合约投资竟然没有通过公司董事会授权审批。主席荣智健对外表示，他对此事毫不知情。授权审批作为公司内部控制中最基本的一个控制原则，应该在所有公司重大的决策行为中加以执行，更不用说是如此巨大的衍生金融工具的使用和投资行为。正是中信泰富在这最基本内部控制原则上的缺失，使得这笔远期合约合同的投资行为无法在事前得到有效的管理控制。中信泰富在发现问题6个星期之后才对外公布，做法令人惊讶，显示出其内部控制存在重大缺陷和漏洞。

第四，没有遵守远期合约风险政策。如果单纯出于避险的目的进行类似外汇保证金交易，那么这类可赎回远期合约亏损基本在可控范围内。如果跟未来的实际交易行为做对冲，以最简单的"锁汇"为例，交易者损失的上限即为已支付的保证金金额。然而，中信泰富的财务主管没有遵循远期合约的风险政策和尽到应尽的职责，使得远期合约的风险无限放大。

资料来源：根据多方资料整理。

在全球性金融危机爆发开始，金融市场波动剧烈，从豪赌原油期货而亏损5.5亿美元的中航油，至法国兴业银行股指期货巨亏71亿美元，到雷曼兄弟次贷资产巨亏破产，再到我国蓝筹公司中信泰富外汇合约巨亏。从国外到国内，从金融到实体，企业市场风险愈演愈烈。不断加强对市场风险的管理成为各国监管部门和公司亟待解决的课题。市场风险（Market Risk，Market Exposure）是指未来利率、汇率、商品价格和股票价格等市场价格的不确定性对企业实现其既定目标的不利影响。市场风险可分为利率风险、汇率风险、股票价格风险和商品价格风险，这些市场因素可能直接对企业产生影响，也可能是通过对其竞争者、供应商或者消费者间接对企业产生影响。限于篇幅，本章主要分析利率风险和汇率风险。

第一节 利率风险

利率风险（Interest Rate Risk）是整个金融市场中最重要的风险。由于利率是资金的机会成本，汇率、股票和商品的价格皆离不开利率；同时由于信贷关系是银行与其客户之间最重要的关系，因此利率风险是银行经营活动中面临的最主要风险。在我国，由于经济转型尚未完成，市场化程度仍有待提高，利率市场化进程也刚刚起步，利率风险问题方才显露。虽然以存贷利率为标志的利率市场化进程已经推进，但是目前我国基准利率市场化还没有开始，影响利率的市场因素仍不明朗，而且市场仍然没有有效的收益率曲线，利率风险将逐步成为我国金融业最主要的市场风险。

一、利率和利率的种类

1. 利率

利率或利息率（Interest Rate），是借款人需向其所借金钱所支付的代价，也是放款人延迟其消费，借给借款人所获得的回报。利率通常以一年期利息与本金的百分比计算。利率是调节货币政策的重要工具，也用以控制例如投资、通货膨胀及失业率等，继而影响经济增长。

就表现形式来说，利率是指一定时期内利息额同借贷资本总额的比率。利率是单位货币在单位时间内的利息水平，表明利息的多少。利率通常由国家的中央银行控制，在美国由联邦储备委员会（以下简称美联储）管理。现在，所有国家都把利率作为宏观经济调控的重要工具之一。当经济过热、通货膨胀上升时，便提高利率、收紧信贷；当过热的经济和通货膨胀得到控制时，便会把利率适当地调低。因此，利率是重要的基本经济因素之一。利率是经济学中一个重要的金融变量，几乎所有的金融现象、金融资产均与利率有着或多或少的联系。当前，世界各国频繁运用利率杠杆实施宏观调控，利率政策已成为各国中央银行调控货币供求，进而调控经济的主要手段，利率政策在中央银行货币政策中的地位越来越重要。合理的利率，对发挥社会信用和利率的经济杠杆作用有着重要的意义，而合理利率的计算方法是我们关心的问题。

影响利率的因素，主要有资本的边际生产力或资本的供求关系，还有承诺交付货币的时间长度，以及所承担风险的程度。利息率政策是西方宏观货币政策的主要措施，政府为了干预经济，可通过变动利息率的办法来间接调节通货。在萧条时期，降低利息率，扩大货币供应，刺激经济发展。在膨胀时期，提高利息率，减少货币供应，抑制经济的恶性发展。

2. 利率的种类

根据计算方法不同，利率分为单利和复利。单利是指在借贷期限内，只在原来的本金上计算利息，对本金所产生的利息不再另外计算利息。复利是指在借贷期限内，除了在原来本金上计算利息外，还要把本金所产生的利息重新计入本金、重复计算利息，俗称"利滚利"。

根据与通货膨胀的关系，分为名义利率和实际利率。名义利率是指没有剔除通货膨胀因素的利率，也就是借款合同或单据上标明的利率。实际利率是指已经剔除通货膨胀因素后的利率。

根据确定方式不同，分为法定利率和市场利率。法定利率是指由政府金融管理部门或者中央银行确定的利率。市场利率是指由金融机构或银行业协会按照协商办法确定的利率，这种利率标准只适合于参加该协会的金融机构，对其他机构不具约束力，利率标准也通常介于法定利率和市场利率之间。市场利率是指根据市场资金借贷关系紧张程度所确定的利率。

根据国家政策意向不同，分为一般利率和优惠利率。一般利率是指在不享受任何优惠条件下的利率。优惠利率是指对某些部门、行业、个人所制定的利率优惠政策。

根据银行业务要求不同，分为存款利率、贷款利率。存款利率是指在金融机构存款所获得的利息与本金的比率。贷款利率是指从金融机构贷款所支付的利息与本金的比率。

根据利率之间的变动关系，分为基准利率和套算利率。基准利率是在多种利率并存的条件下起决定作用的利率，我国是中国人民银行对商业银行贷款的利率。

3. 同业拆借利率

同业拆借利率是指金融机构同业之间的短期资金借贷利率。同业拆借利率是拆借市场的资金价格，是货币市场的核心利率，也是整个金融市场上具有代表性的利率，它能够及时、灵敏、准确地反映货币市场乃至整个金融市场短期资金供求关系。当同业拆借率持续上升时，反映资金需求大于供给，预示市场流动性可能下降，当同业拆借利率下降时，情况相反。目前，国际货币市场上较有代表性的同业拆借利率有以下四种：美国联邦基金利率、伦敦同业拆借利率、新加坡同业拆借利率和香港银行同业拆借利率等，此外，还有上海银行间同业拆放利率、欧元银行同业拆放利率、纽约同业拆借利率等。

（1）美国联邦基金利率。美国联邦基金利率（Federal Funds Rate）是美国同业拆借市场的利率，其最主要的隔夜拆借利率。这种利率的变动能够敏感地反映银行之间资金的余缺，美联储瞄准并调节同业拆借利率就能直接影响商业银行的资金成本，并且将同业拆借市场的资金余缺传递给工商企业，进而影响消费、投资和国民经济。联邦基金利率是反映货币市场银根松紧最为敏感的指示器。作为同业拆借市场的最大的参加者，美联储并不是一开始就具有调节同业拆借利率的能力的，因为它能够调节的只是自己的拆借利率，所以能够决定整个市场的联邦基金利率。其作用机制应该是这样的，美联储降低其拆借利率，商业银行之间的拆借就会转向商业银行与美联储之间，因为向美联储拆借的成本低，整个市场的拆借利率就将随之下降。如果美联储提高拆借利率，在市场资金比较短缺的情况下，联邦基金利率本身就承受上升的压力，所以它必然随着美联储的拆借利率一起上升。在市场资金比较宽松的情况下，美联储提高拆借利率，向美联储拆借的商业银行就会转向其他商业银行，听任美联储的拆借利率孤零零地"高处不胜寒"。但是，美联储可以在公开市场上抛出国债，吸纳商业银行过剩的超额准备，造成同业拆借市场的资金紧张，迫使联邦基金利率与美联储的拆借利率同步上升。因为，美联储有这样干预市场利率的能力，其反复多次的操作，就会形成合理的市场预期，只要美联储提高自己的拆借利率，整个市场就会闻风而动，进而美联储能够直接宣布联邦基金利率的变动，至于美联储是否要辅之以其他操作手段也就变得不那么重要了。

（2）伦敦同业拆借利率。伦敦同业拆借利率（London InterBank Offered Rate, LIBOR），即伦敦银行同业拆放利率。按照《路透金融词典》的解释，LIBOR 指伦敦银行业市场拆借短期资金（隔夜至一年）的利率，代表国际货币市场的拆借利率，可作为贷款或浮动利率票据的利率基准。20 世纪 70 年代，路透社全球知名咨询供应商通过向伦敦各家银行咨询有关利率报价，进行计算后公开发布。这便是 LIBOR 的雏形。后来，英国银行协会公布了 LIBOR 的生成机制，包括计算公式、公布时间等。其过程依然由供应商每天通过向有资格的入选金融机构咨询有关报价，然后按照各银行的报价进行排序，选取中间 50% 数据处理，最后在每天伦敦当地时间中午 11：30 进行公布。

专栏 9-1　　瑞银、花旗等 12 家银行因涉嫌操纵 LIBOR 遭调查

　　LIBOR 被指定报价的机构都是当今一流的银行，业内甚至认为世界上的一小部分人在控制着世界的结算利率！全球约有 10 个监管部门在调查 LIBOR 潜在的操纵行为，欧盟也打算指控 12 家涉嫌串谋操控欧洲银行同业拆息（Euro Interbank Offered Rate, EURIBOR）的金融机构。据彭博社数据，至 2012 年 12 月，监管机构已针对 9 家欧洲大型银行开出至少 13 笔金额在 500 万美元以上的罚单。包括瑞银集团（UBS）支付了 15 亿美元，巴克莱银行（BCS）支付了 2.9 亿英镑，苏格兰皇家银行（RBS）支付了 3.9 亿英镑和代理商 Icap 支付了 5500 万英镑。荷兰合作银行将成为此次调查中遭受罚款第二多的金融机构。法律人士认为，对荷兰合作银行的罚款将超出预期，这对其他陷入操作丑闻的银行是个警告，将促使这些金融机构尽快与监管机构达成和解。荷兰合作银行被指控操作 LIBOR 外，还被指控操作欧洲银行间拆借利率（Euribor）。此外，荷兰合作银行前伦敦分行货币市场经理 Paul Robson 还有可能面临刑事指控。

　　（3）新加坡同业拆借利率。新加坡银行同业拆放利率（Singapore Interbank Offered Rate, SIBOR），指新加坡货币市场上，银行与银行之间的一年期以下的短期资金借贷利率，是从 LIBOR 变化出来的。SIBOR 的单位通常为基点，一个基点相当于 0.01%，比如 SIBOR 当天的短期利率为 3.4%，上浮 20 个基点，则利率为 3.6%。SIBOR 与房市有着千丝万缕的关系，SIBOR 的变动，会影响到房市的变动。如本地房贷自 2007 年起皆采取与 SIBOR 或 SOR 挂钩（比如 SIBOR 加上 1.25% 至 1.75%）的浮动利率制。因此，若 SIBOR 突然上升并停留在高点，不少人将发现每个月需偿还房贷的金额将突然增加、占收入绝大比例。

　　（4）香港银行同业拆借利率。香港银行同业拆借利率（Hongkong InterBank Offered Rate, HIBOR）是香港货币市场上，银行与银行之间的一年期以下的短期资金借贷利率，也是从 LIBOR 变化出来的。

　　4. 固定利率和浮动利率

　　根据市场利率的供求关系，利率分为固定利率和浮动利率。一家公司可以按照固定利率或浮动利率借入债务或用盈余资金做投资。利率固定（比如每年 5%）的债务或投资将产生固定的利息支出或带来固定的利息收入，而浮动利率的债务利息支出或投资利息收入在借款或投资的期限内是变化的。浮动利率通常是以商定的参考利率加一定百分比的形式表示，并定期予以重新设定，通常是每隔 3 个月调整一次。例如，浮动利率可能设定为 SIBOR + 2%。

　　对于利率浮动的债务或投资来说，短期利率的变化会对债务利息支出或投资利息收入产生重大影响。利率上升使借款成本增加，利率下降使投资收益减少。因此，尽管利率浮动的债务或投资具有一定的灵活性，但是，一旦利率上升，公司可能因债务而发生亏损，或者，一旦利率下降，公司可能因投资产生亏损。

固定利率将产生已知的、固定的利息支出，或带来已知的、固定的利息收入，而与利率的未来变动无关。不过，利率固定的债务或投资也存在一些风险。如果利率固定的短期债务（或投资）需要定期重新磋商，其与利率浮动的债务或投资所面临的风险可能是一样的。对于长期债务或投资而言，如果利率在未来下降（或上升），锁定在高（或低）利率的做法可能使公司面临风险。

二、利率风险的种类和影响因素

1. 利率风险的种类

利率风险是指因利率提高或降低而产生预期之外损失的风险。巴塞尔委员会在1997年发布的《利率风险管理原则》中将利率风险定义为利率变化使商业银行的实际收益与预期收益或实际成本与预期成本发生背离，使其实际收益低于预期收益，或实际成本高于预期成本，从而使商业银行遭受损失的可能性。指原本投资于固定利率的金融工具，当市场利率上升时，可能导致其价格下跌的风险。利率波动对不同公司产生的影响可能不同，但是几乎每家公司都会受到利率波动的影响。

利率风险按照来源的不同，可以分为重新定价风险、收益率曲线风险、基准风险和期权性风险。①重新定价风险（Repricing Risk）也称期限错配风险，是最主要和最常见的利率风险形式，源于银行资产、负债和表外业务到期期限（就固定利率而言）或重新定价期限（就浮动利率而言）之间所存在的差异。这种重新定价的不对称性使银行的收益或内在经济价值会随着利率的变动而发生变化。②收益率曲线风险（Yield Curve Risk）的不对称性也会使收益率曲线的斜率、形态发生变化，即收益率曲线的非平行移动，对银行的收益或内在经济价值产生不利的影响，从而形成收益率曲线风险，也称为利率期限结构变化风险。③基准风险（Basis Risk）也称利率定价基础风险，也是一种重要的利率风险。在利息收入和利息支出所依据的基准利率变动不一致的情况下，虽然资产、负债和表外业务的重新定价特征相似，但是因其现金流和收益的利差发生了变化，也会对银行的收益或内在经济价值产生不利的影响。④期权性风险（Optionality）是一种越来越重要的利率风险，源于银行资产、负债和表外业务中所隐含的期权。

2. 利率风险的术语

（1）敞口。敞口（Exposure）即开盘的意思，指买入一种货币，同时卖出另一种货币的行为。人们说敞口100万美元，意思是开盘100万美元，可指买入或卖出100万美元。敞口比较常见的说法就是对风险分析时用到的，表示对风险有暴露的地方。比如，给一个企业贷款10亿元，其中8亿元有外部担保，而其中2亿元没有担保，那么我们就说风险敞口是2亿元。同样的说法也用于其他领域，如期货等。

风险敞口（Risk Exposure）风险敞口是指因债务人违约行为导致的可能承受风险的信贷余额。比如你的收入是日元，但你有一笔美元的借款要还，是没有做任何对冲的交易（比如远期外汇买卖或外汇调期什么的），你因此就有了一个日元对美元的汇率风险敞口。或者你买了一个公司的债券，由于公司债券有信用风险，而且你没有做任何对冲的交易（比如信用调期什么的），你因此有一个信用风险敞口。你如果买了一个固定利率的债券，而且没有做对冲交易（比如利率调期），你要承担利率风险，因此有一个利率风险敞口。

固定利率敞口和浮动利率敞口都包含固有风险。在固定利率工具与浮动利率工具（债务或投资）之间选择时，需要考虑很多因素，包括：①对未来利率变动的预期。如果预期利率将要下降，那么对于借款者来说，浮动利率更有吸引力。②贷款或投资的期限。与长期贷款或投资相比，短期贷款或投资的利率变动更易预测。③固定利率与浮动利率之间的差额。④公司政策和风险偏好。⑤利率敞口的当前水平及组合。固定利率工具和浮动利率工具的适当组合，能够确保利率敞口的多样性，并成为"天然的避险工具"。

（2）头寸。头寸（Position）也称为"头衬"，就是款项的意思，是金融行业常用到的一个词，在金融、证券、股票、期货交易中经常用到。比如在期货交易中建仓时，买入期货合约后所持有的头寸叫多头头寸，简称多头；卖出期货合约后所持有的头寸叫空头头寸，简称空头。商品未平仓多头合约与未平仓空头合约之间的差额就叫做净头寸。只是在期货交易中有这种做法，在现货交易中还没有这种做法。在外币交易中，"建立头寸"是开盘的意思。开盘也叫敞口，就是买进一种货币，同时卖出另一种货币的行为。开盘之后，长了（多头）一种货币，短了（空头）另一种货币。选择适当的汇率水平以及时机建立头寸是盈利的前提。如果入市时机较好，获利的机会就大；相反，如果入市的时机不当，就容易发生亏损。净头寸就是指开盘后获取的一种货币与另一种货币之间的交易差额。另外在金融同业中还有扎平头寸、头寸拆借等说法。

3. 影响因素

利率风险的主要影响因素包括：①宏观经济环境。当经济发展处于增长阶段时，投资的机会增多，对可贷资金的需求增大，利率上升；反之，当经济发展低迷，社会处于萧条时期时，投资意愿减少，自然对于可贷资金的需求量减小，市场利率一般较低。②央行的政策。一般来说，当央行扩大货币供给量时，可贷资金供给总量将增加，供大于求，自然利率会随之下降；反之，央行实行紧缩式的货币政策，减少货币供给，可贷资金供不应求，利率会随之上升。③价格水平。市场利率为实际利率与通货膨胀率之和。当价格水平上升时，市场利率也相应提高，否则实际利率可能为负值。同时，由于价格上升，公众的存款意愿将下降而工商企业的贷款需求上升，贷款需求大于贷款供给所导致的存贷不平衡必然导致利率上升。④股票和债券市场。如果证券市场处于上升时期，市场利率将上升；反之利率相对而言也降低。⑤国际经济形势。一国经济参数的变动，特别是汇率、利率的变动也会影响到其他国家利率的波动。自然，国际证券市场的涨跌也会对国际银行业务所面对的利率产生风险。

三、利率风险的计量

精确且及时的计量利率风险，对于正确的风险管理和控制是必要的。用于量化企业利率风险敞口的三种最常见的风险计量的方法较多，商业银行常用的方法包括期限缺口法、持续期分析法、净现值分析法和动态模拟分析法。期限缺口法、净现值分析法和动态模拟分析法对银行总体利率风险进行衡量，持续期分析法既可衡量银行总体利率风险，也可衡量银行单个（或单种）资产或负债价值的利率风险。从方法基于的价值体系来看，利率风险衡量方法可分为账面价值法和市场价值法。期限缺口法是典型的账面价值法，净现值分析法是典型的市场价值法。持续期分析法的价值体系介于二者之间，但主体仍属于市场价值法。动态模拟分析法则既可用于账面价值分析，也可用于市场价值分析。

1. 中国银行利率风险衡量方法选择

首先，当前中国银行在选择利率风险衡量方法时必须适应较低的收益与较高的成本的对比状况，选择能达到一定衡量要求但成本不高的方法对中国银行利率风险加以衡量。其次，在选择具体方法时还需考虑方法的适用性，选择中国已经具备实践条件的方法。综合中国利率风险衡量的收益－成本分析和方法的适用性分析，中国银行适宜选择期限缺口法衡量银行总体利率风险，对期限缺口法无法充分反映的重要资产、负债的利率风险尤其内含期权风险等则采用其他方法加以补充。这包括：用持续期法衡量债券资产价值的利率风险，探索建立内含期权行为模型等，此外，人们还引进了管理市场风险的 VaR 方法。其中内含期权风险衡量是利率风险衡量的难点，中国商业银行具有的内含期权风险，主要指银行活期存款随时提前支取和银行个人住房贷款提前偿付而带来的利率风险，人们可以分别运用持续期方法和计量建模方法对活期存款提前支取和贷款提前偿付带来的利率风险进行衡量。

2. 期限缺口法衡量银行的总体利率风险

运用期限缺口法衡量银行的总体利率风险首先是编制准确的期限缺口报告，以便进一步进行利率风险分析。假如以一家银行 2003 年 6 月的数据为例，实证分析期限缺口报告编制：从分段缺口来看，除 0～1 天期的缺口头寸为负，其他时间段缺口都为正，因此该行只在 0～1 天期内为负债敏感型，其他时间段都属于资产敏感型；如果 0～1 天内重新定价的贷款余额是存款相应余额（包括同业存放）的 3%，可以推知，假设其他利率不变，如果未来一天内存贷利率同时上升，且存款利率变动幅度小于贷款利率变动幅度的 3%，则银行的净利息收入将增加，若未来一天内，存贷款利率同时下降，则当存款利率变动幅度超过贷款利率变动幅度的 3% 时，银行的净利息收入会增加，表明 2 个月以后利率上升对该行该时间段的净利息收入更有利；如果未来一年内总的利率累计变动是上升，则银行净利息收入将会下降；累计缺口/生息资产（缺口比率）比率越大，银行承受的利率风险越大。解决当前在中国银行运用期限缺口法时数据处理的困难，一是可考虑对定期储蓄的交易数据程序进行改写，对每一天收到的定期储蓄按存期汇总余额，这样就可得出缺口报告所需的准确的管理数据了；二是将每次编制缺口报告处理数据的逻辑写入交易数据生成的程序，则每有一笔交易数据产生，都会自动生成可直接运用的管理数据。

3. 用持续期法衡量债券资产价值的利率风险

用持续期法衡量债券资产价值的利率风险。本书以中国唯一在年报中对所持金额重大的政府债券券种予以披露的民生银行为例，选取组合加权平均法（PWAD 法）计算其主要债券组合的持续期：2003 年末民生银行所持主要债券组合的持续期为 7.124，这说明如果收益率平均上升 100 个基点，民生银行该债券组合的价值将下降约 7.124%，即受损达115327.45 万元；2003 年 12 月 30 日银行间债市平均到期收益率为 3.06%，到 2004 年 7月 2 日的平均到期收益率为 3.99%，上升了 93 个基点，民生银行因此受损达到107254.533 万元。此外，在中国商业银行债券资产中有相当一部分属于由国家开发银行和进出口银行发行的金融债券，这其中必有相当一部分属于浮动利率债券，本书采用Yawitz 等（1987）的方法，计算中国浮息债券的持续期。以 00 国开 09 债券为例计算它的持续期，2001 年 00 国开 09 债券的持续期为 0.984，2002 年利率下调后 00 国开 09 债券的持续期为 0.987，略有上升，但差别极小，这是由于利差和基准利率相对于前一年的变化相互抵消的缘故。

4. 内含期权风险衡量

内含期权对商业银行的最大影响是改变了利率风险的敞口。中国商业银行具有的内含期权风险主要指银行活期存款随时提前支取和银行个人住房贷款提前偿付而带来的利率风险。本书分别利用活期存款价值和持续期计算的方法来衡量活期存款的利率风险。中国商业银行个人住房贷款提前偿付利率风险的衡量关键在于中国商业银行个人住房贷款提前偿付模型的建立。本书以某银行的提前偿付率数据为例，采用时间序列分析的原理与方法根据时序数据本身的规律，对提前偿付率作一初步研究。研究表明提前偿付率序列可以建立一阶差分序列 ARMA（2，1）模型，且模型得到的预测值与实际值非常接近，因此，AR-MA（2，1）模型能够对实际提前偿付率变动较好的模拟与预测。

5. 在险价值法

在险价值法（VaR）可以对市场各种风险逐步定量化，通过资产收益的概率统计方法对市场风险进行识别和度量。在商业银行风险管理中，VaR 法主要在信息披露、资源配置与绩效评价三方面发挥重要作用，同时它也不可避免的在数据要求、使用范围及前提假设的现实性等方面具有一定局限性。

四、利率风险的管理方法

降低利率风险的常见方法包括远期利率协议、子公司现金余额的集中、利率期货、利率期权和利率互换等。

1. 远期利率协议

远期利率协议，一般是企业与银行间就未来的借款或在银行存款的利率达成的协议。企业可能与银行签订在未来某一时间按固定利率借款的远期利率协议。如果实际利率被证实高于双方商定的利率，那么银行将向公司支付差额。如果实际利率低于商定利率，那么企业将向银行支付差额。远期利率协议的缺点是通常只面向大额贷款。而且，1 年以上的远期利率协议很难达成。

远期利率协议的优点是，至少在远期利率协议存续的期间内，能够保护借款人免受利率出现不利变动的影响，原因是双方已根据协议商定利率。一方面，借款人面临着市场发生不利变动的风险；但另一方面，远期利率协议使借款人同样不能从有利的市场利率变动中获益。

银行愿意为远期利率协议设定的利率将反映它们当前对利率变动的预期。如果预期利率将要在签订远期利率协议的谈判期间上涨，那么，银行很可能会将利率定为高于远期利率协议谈判期间的现行可变利率的固定利率。

例如，一家公司尚有 100 万元人民币的贷款未还清，利率每隔 6 个月予以重新设定，利息的偿还期限是每 6 个月的期末。现在离下一次重置利率的时间只剩 3 个月，但公司预计利率可能在此期间内上升。当前这 6 个月的利率为 6%，而签订 6 个月远期利率协议时，资金管理部门争取到 6.3% 的远期利率。执行这一协议后，资金管理部门将利率锁定在 6.3%。如果利率如预期上升至 7%，该公司的利率支出将降低，原因是，虽然公司现在要按照 7% 的利率支付利息，但是其远期利率协议的对手方将向其支付 6.3%

~7%的利息差额。如果利率降至6%，那么，尽管贷款利率较低，但该公司将仍需按照6.3%的实际利率支付利息，并且需要支付远期利率协议的对手方6.3%之间的利息差额。

2. 子公司现金余额的集中

现金余额的集中有利于避免为借款支付高额利息，还能够更容易地管理利率风险。如果一家机构，如集团公司，在一家银行开设了许多不同的银行账户，那么，它可以要求银行在考虑其利息及透支限额时将其子公司的账户余额集中起来。

现金余额的集中有诸多好处：①盈余与赤字相抵。母公司将现金余额集中起来后，盈余可以抵消赤字，从而降低应付利息的金额。②加强控制。余额的集中，意味着核心财务部门更容易实施对资金的控制，并利用其专长，确保风险得到管理，机遇得以有效利用。③增加投资机会。资金被集中后，有可能争取到更有利的利率，而且掌握着这些资金的核心财务部门可以进入本地经营单位无法进入的离岸市场等。

但是，将子公司的现金余额集中起来也有缺点：①对资金的需求。作为营运资金的一部分，子公司的运营需要资金余额用于付款。如果所需的付款额高于预期，那么，子公司可能出现现金不足的问题。②本地决策。如果资金投资的责任不再由本地的管理人员承担，那么他们可能丧失动力。③交易费用。向母公司转移现金盈余后，在需要时再返还给子公司，这样可能产生不必要的交易费用，且这些费用可能高于任何节省出来的利息，特别是在利率较低时。④匹配。出色的汇率风险管理，应通过将以相同货币计价的收支、资产与负债的风险相匹配，努力使风险降至最低。但是，现金余额的集中可能与此项原则相冲突。

3. 利率期货

大多数期货合同包含利率，而且这些合同会提出对利率变动风险进行套期保值的方法。此类合同实际上是在打赌利率会上升还是会下降。除条款、金额和期间是标准化的之外，利率期货实际上与远期利率协议相类似。例如，一家公司可签合同以在6个月内按照商定价格购买或销售名义金额为1万美元、期限为20年的国库券（息票率为8%）。这项决策背后的基本原理是：期货价格可能随着利率的变动而变动，这可以作为对不利的利率变动的套期保值。购买期货的费用远低于购买该金融工具的费用，因此，一家企业初始用相对较少的现金，即可对较大的现金敞口进行套期。借款人希望通过现在出售期货，对利率风险进行套期，并在利率固定之日购买期货。利率期货合同的价格是由现行利率确定的。例如，如果3个月的欧元定期存款的利率是8%，那么3个月的欧元期货合同的定价将为92欧元。如果该利率为11%，那么合同价格将为89欧元。价格或合同价值的下降，反映了固定利率存款在利率上升时期的吸引力下降。

4. 利率期权

利用利率期权，机构可以对不利的利率变动敞口进行限制，同时还可以利用有利的利率变动。借款人可以通过购买看涨期权，设定他们必须支付的利率最大值。出借人可以通过购买看跌期权，设定他们将收取的利息最小值。利率期权赋予买方在未来到期日按照商定利率（执行价）交易的权利，而非义务。在期权期满之日，买方必须决定是否行使这项权利。很明显，如果目前的市场利率低于期权协议中规定的利率，那么，借款期权的买方不希望行使权利。相反，如果在期权期满时市场利率上涨并超出规定的利率，那么行使借出期权是不划算的。如上例，假设公司购买了相关期权，则有权同样执行 6.3% 的利率（即行权价）。期权的期限是 3 个月，也就是到贷款续借期开始之前。假设期权费为 1000 英镑。在 3 个月内，上例提及的两种情形可能还会出现。情形 1：如果 3 个月内的利率为 7%，购买方将行权；利率锁定为 6.3%，期权费为 1000 英镑。因此，公司的总成本等于 32500 元人民币（1000000 × 6.3% × 6/12 + 1000）。情形 2：如果利率是 6%，购买方不会行权，公司承担的额外成本等于期权费 1000 元人民币加 6% 的利率产生的利息费用 30000 元人民币。

利率期权可以分为以下两类：①利率保证。利率保证是对 1 年以内的单个期间进行套期的利率期权。可从大银行购买专门定制的特定价值、到期期限、计价货币和商定利率的"场外"利率期权。期权的成本称为"期权金"。利率期权比远期利率协议更灵活，但价格更高。还可取得外汇交易的期权。②上限、下限和双限。上限是指为利率设定的最高限度，下限是指设定的最低限度。双限是同时设定上限和下限。利率上限是指设定了利率最高限度的期权。利率下限是指设定了利率最低限度的期权。利用"双限"安排，借款方可以在购买利率上限的同时出售利率下限，而后者能确定公司的成本。例如，A 公司目前按照 11% 的利率借款，但担心利率以后可能提高到 13% 或以上。在这种情况下，该公司可能与银行签订协议，商定一个利率上限水平，将最高借款利率固定下来。如果市场上的利率高于上限利率，银行将向该公司补偿高出的部分。作为这份协议的部分内容，该公司还可能同意支付下限利率（比如 8%）。银行同意执行此下限利率，并将向该公司支付一笔费用。

5. 利率互换

在利率互换下，双方同意互相交换利率。利率互换可以作为从支付一种利息改为支付另外一种利息的方法，从而筹集低利率贷款，并保证高利率存款。利率互换是指两家公司，或者一家公司与一家银行，互相交换利率承诺的协议。在某种意义上，这可以看做一方假装成另一方借款，并产生以下影响：一家有固定利率债务的公司进行利率互换后，最后按照可变利率支付利息。而一家有可变利率债务的公司，最后按照固定利率支付利息。因此，利率互换是利用不同市场上利率不同的特点进行借款的交易，使利率固定或利率浮动的贷款利息费用减少。

例如，凭借较高的信用评级，A 公司能够按照 3% 的固定利率或 SIBOR + 0.3% 的浮动利率借款。而 B 公司由于信用评级较低，需按照 4% 的固定利率或 SIBOR + 0.5% 的浮动利率借款。A 公司打算按照浮动利率借入资金，B 公司则倾向于固定利率。如表 9 - 1 所示。质量差幅是指信用评级低的借款者所支付的、超过信用评级高的借款者所支付利息的额外费用。但是，B 公司在浮动利率市场具有比较优势。浮动利率市场上的质量差幅为 0.2%，小于固定利率市场上的差幅。0.8% 的质量差幅的差额是任何互换安排可能产生的、由包括银行等媒介在内的所有各方共享的利益。如果这两家公司各自从具有比较优势的市场上借款，那么，需要支付的利息总额将会降低，而且双方都将从互换安排中获益。在本例中，B 公司可能按照 3.1% 的固定利率向 A 公司支付利息，A 公司则按以 SIBOR 为基础的浮动利率向 B 公司支付利息。在互换中，这两家公司都能节省 0.4% 的利息费用。互换情况如表 9 - 2 所示。

表9-1 质量差幅比较

	A 公司	B 公司	质量差幅 （quality spread）
固定利率（%）	3	4	1
浮动利率（%）	SIBOR + 0.3%	SIBOR + 0.5%	0.2%
质量差幅的差额（%）			0.8%

表9-2 固定利率与浮动利率的互换

	借款利率	从对手方借入的利率	支付对手方的利率	利息费用净值
A 公司	3%	3.1%	SIBOR	SIBOR - 0.1%
B 公司	SIBOK + 0.5%	SIBOR	3.1%	3.6%

第二节 汇率风险

汇率风险（Currency Risk）是市场风险的重要组成部分。随着我国经济持续增长，越来越多的国内企业将走出国门投资海外，汇率风险也随之增加。随着人民币汇率形成机制的进一步完善，市场因素在汇率形成机制中的作用会进一步加大，我国银行业的汇率风险也将进一步提升，加强汇率风险管理和监管变得越来越重要。汇率波动对于有着大量国际交易活动、不可避免地频繁发生资本流动的跨国公司来说有着重要的影响，使跨国公司未来的经营成果和现金流量面临很大的不确定性，这种不确定性就称为外汇风险。

一、汇率风险的类型

汇率风险又称外汇风险，是指经济主体在持有或运用外汇时，因汇率变动而蒙受经济损失的可能性，是预期以外的汇率变动对企业价值的影响。汇率风险通过交易、外币折现和经济风险而产生。它也可能由以商品为基础的商品价格或由外币决定的交易而产生。

1. 交易风险

交易风险（Translation Exposure）也称交易结算风险，是指运用外币进行计价收付的交易中，经济主体因外汇汇率变动而蒙受损失的可能性。它是一种流量风险。

交易风险主要表现为：①在商品、劳务的进出口交易中，从合同的签订到货款结算的这一期间，外汇汇率变化所产生的风险；②在以外币计价的国际信贷中，债权债务未清偿之前存在的风险；③外汇银行在外汇买卖中持有外汇头寸的多头或空头，也会因汇率变动而遭受风险。

大多数企业的业务都会直接或间接地受到交易风险的影响。例如，某公司于12月1日购入一种澳大利亚生产的设备，开具的发票面值为70000澳元，付款期限为下一年1月底。由于12月1日的即期汇率是1澳元兑7元人民币，这批产品以人民币490000元入账。但是，如果人民币相对于澳元走弱，在1月底汇率变成1澳元兑7.2元人民币，那么公司将要花费人民币504000元才能兑换足以结清发票的澳元，这就意味着多支出人民币14000元。

2. 折算风险

折算风险（Transaction Exposure）是指对财务报表，尤其是资产负债表的资产和负债进行会计折算时产生的波动。折算风险主要有三类表现方式：存量折算风险、固定资产折算风险和长期债务折算风险。当资产、负债或利润由交易货币折算成报告货币（如母公司的报告货币）时，就会出现外币折算风险。从另一角度看，折算风险会通过影响资产负债表项目价值来影响企业，如应付账款和应收账款、外币现金和存款以及外币债务。与国外业务相关的长期资产和负债很可能会受到特别的影响。外币债务也可视为折算风险的一个来源。如果一个企业用外币借款，但没有抵消货币资产或现金流量，外币升值则意味着外币负债的折算市场价值增加。

例如，一家英国公司在1英镑兑10克朗（丹麦货币单位）时借入1000万克朗。当时如果将这笔借款计入资产负债表，则应按100万英镑入账。不过第二年，英镑下跌至1英镑兑8克朗，这笔借款现在折合125万英镑。很明显，公司年末账簿上将显示亏损25万英镑。但是，如果不予偿还，这笔借款在下一年或几年后可能"扭亏为盈"，亏损也可能减少或者增加。

3. 经济风险

经济风险（Economic Risk/Economic Exposure）又称经营风险（Operating Risk），是指意料之外的汇率波动引起公司或企业未来一定期间的收益或现金流量变化的一种潜在风险。可能导致经济风险的事件包括：①企业从外国购入资源。比如A公司在意大利购买设备，目的是为中国市场提供产品或服务。在这种情况下，该公司的成本是以欧元计价，而预期收入是以人民币计价。一旦人民币相对于欧元走弱，那么，从运营成本来看，这并不划算。②企业坚持仅以本国货币进行交易，以避免折算风险，但是这样可能导致供货商和客户更愿意与竞争对手交易的风险。③企业为在某国（比如英国）启动一项营销活动投入资金，目的是提供产品或服务，并在随后的几个月中与当地的生产商竞争。一旦人民币相对于英镑走强，那么，适当的英镑价格折合成人民币后，可能无法收回投资。

二、影响汇率的因素

1. 外币供给

货币的现货与远期合约都主要取决于外汇市场的供给和需求。外币的供应和需求受到以下因素的影响：与其他国家相比的本国通货膨胀率、与其他国家相比的利率、国际收支、外汇市场参与者对经济前景的信心、投机行为、政府干预汇率的政策。

其他因素通过与以上所列项目的关系对汇率造成影响。例如，国内经济的总收入和总支出决定产品的需求，包括进口货物、国内生产的商品（如果国内需求小于产量，则将其出口）。国内经济的输出能力和就业水平可能会影响国际收支，因为如果国内经济已实现充分就业，则其生产的出口量将无法增加。货币供应量的增长将影响国内利率和通货膨胀。

2. 利率平价

利率平价是一种预测外汇汇率的方法。假设同一时期两国之间的利率差异应抵消即期与远期汇率之间的差异。根据利率平价，即期和远期汇率之间的差异反映了利率差如果不是这样，那么较低利率的货币投资者会转换到其他较高利率的货币，以通过事先用远期锁定汇率来确保在换回原来的货币时不会遭受损失。如果有足够多的投资者这样做，供给和需求的力量将改变远期利率，以防止此类零风险赚取利润行为的发生。例如，如果英国利率比美国利率高出2%，即期折算时，应购入英镑，而由于投资者普遍想从高利率中牟利，因此即期汇率将随之上升。但是，远期市场上也将出售英镑，因此，英镑的远期汇率将会降低。最终会达到平衡状态，即远期溢价/折价将抵消利差。

3. 购买力平价

购买力平价理论指出，当在每个国家的货币购买力相同时，两种货币的汇率将保持平衡。不应将利率平价与购买力平价相混淆。购买力平价理论预测，交换外汇汇率取决于每种货币的相对购买力，汇率及其利率会随着相对价格的变化而变化。例如，如果一篮子商品在美国需要花25万美元，而同样一篮子商品在英国需要15.05万英镑，在购买力平价保持不变的情况下，美元与英镑的汇率为1.67美元兑1英镑（250000/150500）。

4. 费雪效应

费雪效应有时被用来寻找利率与预期通货膨胀率之间的关系。根据国际费雪效应，国家间的利率差异为即期汇率的未来变化提供了一个无偏预测。拥有相对较高利率国家的货币将相对具有较低利率国家的货币贬值，因为较高利率是为了弥补预期的货币贬值。鉴于国际资本的自由流动，这一看法表明，国家间的实际收益率会由于即期汇率的调整而最终相等。例如，费雪利率原理是：（1+实际利率）×（1+通货膨胀率）=1+名义利率。如果名义利率为每年7%，当前的通货膨胀率为3%，那么，"实际"利率应为4%左右。换句话说，7%的利率扣除3%的通货膨胀率，剩下的4%等于一年的投资回报率。

5. 预期理论

作为平价理论的替代，预期理论认为，目前的远期与即期利率的百分比差异是即期汇率的预期变化。这是基于对汇率、利率及其他有关因素的预期。假设现在是20×9年12月份，按照期望理论，市场预计即期汇率等于6个月（即20×0年6月）的远期汇率。如果英镑兑美元的6个月远期汇率是1.7，这意味着，市场预期企业可在下一年的6月份按照每英镑兑1.7美元的汇率交易。值得注意的是，这并不是说这个汇率一定恰好等于6个月后的汇率，6月份的即期汇率可能不同于我们今天所了解的6个月远期汇率。但是，这两者之间应当不存在系统性偏差，即随着时间的推移，偏差总和肯定等于零。随着时间的推移，远期汇率低估的程度应当等于未来即期汇率高估的程度。

三、汇率风险的管理方法

为了管理跨国企业经营活动中固有的汇率风险，企业需确定当前的风险敞口的具体类型、套期策略以及可利用的工具，以应对这些汇率风险。外汇敞口头寸是面临外汇风险的那部分外币资产负债。外汇敞口头寸包括：①在外汇交易中，风险头寸表现为外汇超买（即多头）或超卖（空头）部分；②在企业经营中，风险头寸表现为外币资产与负债不相匹配的部分，如外币资产大于或小于负债，或者外币资产与负债在数量上相等，但期限不一致等。

1. 套期策略

第一，用于交易风险管理的套期策略。确认汇率风险类型和度量相关风险敞口后，企业需确定是否要对这些风险进行套期。企业常常根据其财务部对所涉及货币的未来变动的看法，对交易风险进行有选择地战术性或战略性套期，以保持现金流和收益。大多数企业采用战术性套期，对与短期应收款和应付款交易的交易货币风险进行套期，而战略性套期用于长期交易。但是，某些企业会采用被动套期，这种套期包括维持同一套期结构并在固定的套期期间内完成，无论货币预期如何。

企业可以利用套期付款。如一家美国 A 公司需要在 3 个月内以瑞士法郎向瑞士的一个债权人付款。虽然它目前没有足够的现金，但是，3 个月后它就会有充足的现金。如不考虑远期合同，这家公司可以：①现在借入适当金额的美元；②立刻将美元兑换成瑞士法郎；③将瑞士法郎存入瑞士法郎银行账户；④当债务到期需要偿还债权人时，用瑞士法郎银行账户向债权人付款，然后偿还美元贷款账户。这样做与利用远期合同的效果是一样的，并且通常情况下，费用也几乎是相同的。如果货币市场套期保值的结果与远期套期存在很大不同，那么，投机者可以不必承担风险就能赚钱。因此，市场力量将确保这两种套期方法会产生非常类似的结果。

企业也可以利用套期收款。上述 A 公司可以利用类似的技术，保护从债务人那里收到的外币款项。为了产生远期汇率，这家公司可：①借入适当金额的外币；②立即将其兑换成本国货币；③将其以本国货币存入银行；④在收到债务人支付的现金后，偿还外币贷款，并从本国货币储蓄账户中提出现金。

第二，用于外币折算风险管理的套期策略。对外币折算风险或资产负债表风险进行套期，这是非常罕见并且非系统化的，其目的常常是避免可能突然发生的货币冲击对净资产的影响。这种风险主要包括长期外汇敞口，如企业对子公司的估值、企业的债务结构以及其国际投资。但是，这些项目的长期性质，以及货币折算只是对企业的资产负债表，而非利润表具有影响，使得对折算风险的套期并未成为管理层眼中需要优先处理的问题。就子公司价值的货币折算风险来说，标准的做法是，对净资产负债表敞口，即可能受到不利的汇率变动影响的子公司的净资产（总资产减负债）进行套期。

根据对合并资产负债表的汇率风险进行套期的框架，对企业债务结构进行套期的问题也具有极为重要的意义。货币和企业债务的到期情况决定了企业净权益和收益对于汇率变动的敏感性。为了减少汇率对收益波动的影响，企业可利用优化模型设计一套最优的套期策略，以管理其货币风险。债务结构优化之后对剩余货币敞口进行套期，是一项艰巨的任务。企业可在优化模型之外采用战术性套期，以降低残余货币风险。而且，如果汇率未按预期变动，那么，折算风险套期可能导致现金流或收益发生波动。因此，对折算风险进行套期，常常需要对套期成本和不进行套期的潜在成本进行仔细权衡。

第三，用于经济风险管理的套期策略。经济风险常常作为残余风险进行套期。经济风险反映了汇率变动对未来现金流现值的潜在影响，因此很难量化。这就需要度量汇率偏离用于预测企业在给定期间内的收入和成本流的基准利率时所带来的潜在影响。在这种情况下，在许多国外市场进行投资的企业面临的净经济风险因抵消效应而变小。然而，如果汇率变动是因通货膨胀的差异造成的，而且企业的一家子公司面临大于一般通货膨胀率的成本膨胀，则企业会发现汇率调整致使其竞争力下降和企业价值降低。在上述情况下，企业可用使企业的子公司遭受高成本膨胀的货币（即使企业价值易受影响的货币）来表示应付款。但是，经验丰富的企业财务部想办法扩大套期策略的效率边界，并制定了整合的方式对货币风险进行套期，而非购买普通套期来覆盖特定的外汇敞口。企业可以利用效率边界对套期成本与被套期风险的水平进行度量。效率边界可确定最为有效的套期策略即对多数风险进行套期时总成本最低的一个。就给定的对货币的看法及敞口来说，套期优化模型通常利用普通远期和期权策略来比较完全的未套期策略与完全的套期策略，以找出最优的一个。对于给定的风险情况，尽管这种管理风险的方法提供了成本最低的套期结构，但是它严重依赖于财务管理人员对于汇率的看法。需要注意的是，此类优化可用在交易、折算或经济汇率风险上，但条件是企业具有明确的对汇率的看法（即对给定时段内的汇率的预测）。

2. 计价货币

选用适当的计价货币是避免汇率风险的有效办法之一。对于出口商而言，出售货物以本国货币计价；对于进口商而言，与供应商以本国货币计价。即使出口商或进口商均希望采用这种方法来避免风险，也只有一方可以这样做，另一方必须接受货币风险。这是因为在签订合同与为货物支付之间有一段时间。否则，除非在下订单时就进行支付。谁承担风险取决于议价能力。在销售合同存在竞争的情况下，以买方的本国货币计价可能形成营销优势。因为以其货币进行计价的外国买方不必面临保护自己不受货币风险损害的问题。

实现同样结果的另一种方法是合同中规定用外币计价，但规定固定汇率为合同的一个。

3. 匹配收入和支出

企业可以通过匹配收入和支出来减少或消除外汇交易风险。只要有可能，以同一外币进行支付和收款的公司，应该以该货币用支付抵销收款。在银行拥有外汇账户将使匹配的过程更加简单方便。

与安排远期合约购买货币和另一远期合约出售货币相比，抵销（匹配付款和收款）更加廉价，前提是收款发生在付款之前，并且以该货币进行的收入和支出之间的时间间隔不是很长。以某种货币计价的应收款项和应付款项之间的差异能够被买入/卖出这个差额的远期合约所冲抵。

4. 提前和滞后付款

为了充分利用外国汇率变动，若预期该国的货币将会转强，企业应该尝试使用提前付款，即在到期日之前提前支付。这时应该考虑融资成本，即用来支付的资金能够产生的利息成本。但提前结算可能会获得折扣。相反地，若预期该国的货币将会转弱，企业则可以考虑滞后付款。

5. 净额结算和多边净额结算

与匹配不同，净额结算并不是用技术上的方法来管理汇率风险。然而，它应用起来很方便。其目的仅仅是为了通过在结算之前将公司内部余额相抵，从而减少交易成本。许多跨国集团的公司进行集团内部的贸易。凡有设在不同国家的关联企业相互贸易，就有可能用不同的货币进行企业内部的债务优惠。

净额结算可分为双边净额结算和多边净额结算。双边净额结算是指两家公司参与其中，用一家公司的较高的应付余额扣除另外一家公司的较低余额，其差值就是将要支付的数量。

多边净额结算是一个更为复杂的程序，两个以上集团企业的债务要进行相互扣除。进行多边净额结算有多种不同的方式。结算安排将由企业自己的中央财务部门或者公司银行进行统一协调。

6. 匹配长期资产和负债

如果一个跨国公司在国外拥有子公司，它有可能用同一货币的长期贷款为子公司的长期资产进行融资。

四、跨国公司汇率风险防范对策

持续波动的汇率使得涉外企业，特别是跨国公司的经营风险逐步加大，企业涉外经营面临的汇率风险逐步显现。对于公司的外汇风险管理刻不容缓，需要引起极大的重视。外汇风险的管理方法多种多样，企业在选择这些产品时，应当充分结合自身的情况以及当前外汇市场的变动，认清各个产品之间的特点和不足，选择更适合自身的防范风险的方法。针对跨国公司面临的不同类型的汇率风险，相应的防范措施包括资产负债表避险策略、合约性避险策略和经营性避险策略。

1. 资产负债表避险策略

资产负债表避险策略是通过调整公司暴露资产和暴露负债的大小来降低风险的方式。由于折算风险的根源在于用同一种外币计量的净资产和净负债不匹配，一般可以采用资产负债表抵补保值的风险管理策略，即调整处于不平衡状态的外币资产与负债，使暴露资产与暴露负债达到均衡。当预期子公司所在国货币相对于母公司所在国货币升值时，应尽可能增加资产和减少负债。反之，应尽可能减少资产和增加负债，应该尽可能减少暴露在外汇风险中的净资产。但事实上，这种调节公司资本结构以规避风险的方法可行性并不高，因采取何种资本结构要取决于许多因素，资本结构优化的目的是公司长期价值的最大化而将会计折算风险的最小化。

2. 合约性避险策略

合约性避险策略是公司利用金融市场上的一些金融工具进行保值避险活动，主要包括：以外汇期货交易避险、以远期外汇交易避险、以外汇期权交易避险、以外汇调期交易避险和货币市场避险。其中，外汇期货交易避险和远期外汇交易避险都是通过锁定购买者在未来某一时点支付的货币价格，使得公司未来的现金流量流入变得更确定，从而达到规避外汇风险的目的。不同的是，外汇期货交易是标准化合约，交割日和每张合同金额都是确定的，而远期合约可以根据公司个体的特殊需要具体订立。事实上远期外汇交易一般适用于大额交易，而期货合同更适合于规避较小金额的风险。使用外汇期货交易避险和远期外汇交易避险能否起到好的作用关键在于现时远期汇率（锁定价格）与未来即期汇率的偏差大小，实际上只要这一偏差小于现时即期汇率与未来即期汇率的偏差，那么避险就是有效的。事实上，由于外汇市场上存在众多套利投机者，几乎接近完全竞争市场的远期汇率反映了整个市场对未来即期汇率的预期，应该可以在相当大的程度上规避外汇波动风险。

3. 经营性避险策略

汇率风险对于跨国公司长期经营的影响要比对资产负债表和短期交易的影响显著得多，比起前面两种避险策略较多用于短期规避风险，经营性避险策略主要是针对经济风险，从长期战略的角度来考虑对外汇风险的规避和防范。对经济风险的管理目标应定位于以尽可能低的成本将经济风险控制在公司可接受的范围内，提高跨国公司经营成果的稳定性，本质是追求风险的最小化而非利润的最大化。跨国公司经济风险的管理与控制不会是一个短期的战略问题，而是应该立足于公司的长远发展，从生产管理、营销管理及在全球范围内积极推行多元化战略着手。

专栏 9 - 2　　　　　　　　　　**奎克国民银行**

20 世纪 80 年代中期，美国明尼阿波利斯第一系统银行预测未来的利率水平将会下跌，于是便购买了大量政府债券。1986 年，利率水平如期下跌，从而带来不少的账面收益。但不幸的是，1987 年和 1988 年利率水平却不断上扬，债券价格下跌，导致该行的损失高达 5 亿美元，最终不得不卖掉其总部大楼。在残酷的事实面前，西方商业银行开始越来越重视对利率风险的研究与管理。

而奎克国民银行（Quaker）在利率风险管理方面树立了一个成功的榜样。1983 年，奎克国民银行的总资产为 1.8 亿美元。它在所服务的市场区域内有 11 家营业处，专职的管理人员和雇员有 295 名。1984 年初，马休·基尔宁被聘任为该行的执行副总裁，开始着手编制给他的财务数据。

基尔宁设计了一种报表，是管理人员在做资产负债管理决策时所使用的主要的财务报表，它是个利率敏感性报表。基尔宁感觉到，这种报表有助于监控和理解奎克银行风险头寸的能力。报表形式为：①在资产方，银行有 2000 万美元是对利率敏感的浮动利率型资产，其利率变动频繁，每年至少要变动一次；而 8000 万美元的资产是固定利率型，其利率长期（至少 1 年以上）保持不变。②在负债方，银行有 5000 万美元的利率敏感型负债和 5000 万美元的固定利率负债。

基尔宁分析后认为：如果利率提高了 3 个百分点，即利率水平从 10% 提高到 13%，该银行的资产收益将增加 60 万美元（3%×2000 万美元浮动利率型资产＝60 万美元），而其对负债的支付则增加了 150 万美元（3%×5000 万美元浮动利率型负债＝150 万美元）。这样国民银行的利润将减少 90 万美元（60 万美元－150 万美元＝－90 万美元）。反之，如果利率水平降低 3 个百分点，即从 10% 降为 7%，则国民银行利润将增加 90 万美元。

基尔宁接下来分析了 1984 年当地和全国的经济前景，认为利率在未来 12 个月将会上升，且升幅将会超过 3%。为了消除利率风险，基尔宁向国民银行资产负债管理委员会做报告，建议将其 3000 万美元的固定利率资产转换为 3000 万美元的浮动利率型资产。奎克国民银行资产负债管理委员会同意了基尔宁的建议。

这时，有家社区银行拥有 3000 万美元固定利率负债和 3000 万美元浮动利率资产，愿意将其 3000 万美元的浮动利率资产转换成 3000 万美元的固定利率资产。于是两家银行经过磋商，很快达成协议，进行资产互换。

正如基尔宁预测的，1984 年美国利率持续上升，升幅达到 4%。为国民银行减少了 120 万美元的损失，基尔宁也成为奎克国民银行的明星经理。

资料来源：姚德良. 奎克国民银行 [J]. 数字财富，2004 - 04 - 09.

第三节　市场风险的计量

市场风险的计量方式包括缺口分析、久期分析、外汇敞口分析、敏感性分析、情景分析和运用内部模型计算风险价值等。商业银行、跨国公司等应充分认识到市场风险不同计量方法的优势和局限性，并采用其他分析手段进行补充。

一、缺口分析

缺口分析（Gap Analysis）是衡量利率变动对银行当期收益的影响的一种方法。具体而言，就是将银行的所有生息资产和付息负债按照重新定价的期限划分到不同的时间段（如 1 个月以下、1~3 个月、3~12 个月、1~5 年、5 年以上等）。在每个时间段内，将利率敏感性资产减去利率敏感性负债，再加上表外业务头寸，就得到该时间段内的重新定价"缺口"。以该缺口乘以假定的利率变动，即得出这一利率变动对净利息收入变动的大致影响。当某一时段内的负债大于资产（包括表外业务头寸）时，就产生了负缺口，即负债敏感型缺口，此时市场利率上升会导致银行的净利息收入下降。相反，当某一时段内的资产（包括表外业务头寸）大于负债时，就产生了正缺口，即资产敏感型缺口，此时市场利率下降会导致银行的净利息收入下降。缺口分析中的假定利率变动可以通过多种方式来确定，如根据历史经验确定、根据银行管理层的判断确定和模拟潜在的未来利率变动等方式。

缺口分析是对利率变动进行敏感性分析的方法之一，是银行业较早采用的利率风险计量方法。因为其计算简便、清晰易懂，目前仍然被广泛使用。但是，缺口分析也存在一定的局限性。第一，缺口分析假定同一时间段内的所有头寸到期时间或重新定价时间相同，因此忽略了同一时段内不同头寸的到期时间或利率重新定价期限的差异。在同一时间段内的加总程度越高，对计量结果精确性的影响就越大。第二，缺口分析只考虑了由重新定价期限的不同而带来的利率风险，即重新定价风险，未考虑当利率水平变化时，因各种金融产品基准利率的调整幅度不同而带来的利率风险，即基准风险。同时，缺口分析也未考虑因利率环境改变而引起的支付时间的变化，即忽略了与期权有关的头寸在收入敏感性方面的差异。第三，非利息收入和费用是银行当期收益的重要来源，但大多数缺口分析未能反映利率变动对非利息收入和费用的影响。第四，缺口分析主要衡量利率变动对银行当期收益的影响，未考虑利率变动对银行经济价值的影响，所以只能反映利率变动的短期影响。因此，缺口分析只是一种初级的、粗略的利率风险计量方法。

二、久期分析

久期分析（Duration Analysis）也称持续期分析或期限弹性分析，是衡量利率变动对银行经济价值影响的一种方法。具体而言，就是对各时段的缺口赋予相应的敏感性权重，得到加权缺口，然后对所有时段的加权缺口进行汇总，以此估算某一给定的小幅（利率变动通常小于1%）可能会对银行经济价值产生的影响，常用经济价值变动的百分比表示。各个时段的敏感性权重通常是由假定的利率变动乘以该时段头寸的假定平均久期来确定。一般而言，金融工具的到期日或距下一次重新定价日的时间越长，并且在到期日之前支付的金额越小，则久期的绝对值越高，表明利率变动将会对银行的经济价值产生较大的影响。久期分析也是对利率变动进行敏感性分析的方法之一。

与缺口分析相比较，久期分析是一种更为先进的利率风险计量方法。缺口分析侧重于计量利率变动对银行短期收益的影响，而久期分析则能计量利率风险对银行经济价值的影响，即估算利率变动对所有头寸的未来现金流现值的潜在影响，从而能够对利率变动的长期影响进行评估，更为准确地估算利率风险对银行的影响。但是，久期分析仍然存在一定的局限性。第一，如果在计算敏感性权重时对每一时段使用平均久期，即采用标准久期分析法，久期分析仍然只能反映重新定价风险，不能反映基准风险，以及因利率和支付时间的不同而导致的头寸的实际利率敏感性差异，也不能很好地反映期权性风险。第二，对于利率的大幅变动（大于1%），由于头寸价格的变化与利率的变动无法近似为线性关系，因此，久期分析的结果就不再准确。

三、外汇敞口分析

外汇敞口分析（Foreign Currency Exposure Analysis）是衡量汇率变动对银行当期收益的影响的一种方法。外汇敞口主要来源于银行表内外业务中的货币错配。当在某一时段内，银行某一币种的多头头寸与空头头寸不一致时，所产生的差额就形成了外汇敞口。在存在外汇敞口的情况下，汇率变动可能会给银行的当期收益或经济价值带来损失，从而形成汇率风险。

在进行敞口分析时，银行应当分析单一币种的外汇敞口，以及各币种敞口折成报告货币并加总轧差后形成的外汇总敞口。对单一币种的外汇敞口，银行应当分析即期外汇敞口、远期外汇敞口和即期、远期加总轧差后的外汇敞口。银行还应当对交易业务和非交易业务形成的外汇敞口加以区分。对因存在外汇敞口而产生的汇率风险，银行通常采用套期保值和限额管理等方式进行控制。外汇敞口限额包括对单一币种的外汇敞口限额和外汇总敞口限额。外汇敞口分析是银行业较早采用的汇率风险计量方法，具有计算简便、清晰易懂的优点。但是，外汇敞口分析也存在一定的局限性，主要是忽略了各币种汇率变动的相关性，难以揭示由于各币种汇率变动的相关性所带来的汇率风险。

四、敏感性分析

敏感性分析（Sensitivity Analysis）是指在保持其他条件不变的前提下，研究利率、汇率、股票价格和商品价格等单个市场风险要素的变化可能会对金融工具或资产组合的收益或经济价值产生的影响。例如，缺口分析可用于衡量银行当期收益对利率变动的敏感性；

久期分析可用于衡量银行经济价值对利率变动的敏感性。

巴塞尔委员会在 2004 年发布的《利率风险管理与监管原则》中，要求银行评估标准利率冲击（如利率上升或下降 200 个基点）对银行经济价值的影响，这也是一种利率敏感性分析方法，目的是使监管当局能够根据标准利率冲击的评估结果，评价银行的内部计量系统是否能充分反映其实际利率风险水平及其资本充足程度，并对不同机构所承担的利率风险进行比较。如果在标准利率冲击下，银行经济价值的下降幅度超过一级资本、二级资本之和的 20%，监管机构就必须关注其资本充足状况，必要时还应要求银行降低风险水平和（或）增加资本。

敏感性分析计算简单且便于理解，在市场风险分析中得到了广泛应用。但是敏感性分析也存在一定的局限性，主要表现在对于较复杂的金融工具或资产组合，无法计量其收益或经济价值相对市场风险要素的非线性变化。因此，在使用敏感性分析时要注意其适用范围，并在必要时辅以其他的市场风险分析方法。

五、情景分析

与敏感性分析对单一因素进行分析不同，情景分析（Scenario Analysis）是一种多因素分析方法，结合设定的各种可能情景的发生概率，研究多种因素同时作用时可能产生的影响。在情景分析过程中要注意考虑各种头寸的相关关系和相互作用。

情景分析中所用的情景通常包括基准情景、最好的情景和最坏的情景。情景可以人为设定（如直接使用历史上发生过的情景），也可以从对市场风险要素历史数据变动的统计分析中得到，或通过运行描述在特定情况下市场风险要素变动的随机过程得到。如银行可以分析利率、汇率同时发生变化时可能会对其市场风险水平产生的影响，也可以分析在发生历史上出现过的政治、经济事件或金融危机以及一些假设事件时，其市场风险状况可能发生的变化。

六、在险价值

1993 年《衍生证券的实践与原则》报告中，对已知的头寸或组合的市场风险定义为：经过某一时间间隔，具有一定工信区间的最大可能损失，并将这种方法命名为在险价值法（Value at Risk，VAR），并竭力推荐各国银行使用这种方法；1996 年国际清算银行在《巴塞尔协议修正案》中也已允许各国银行使用自己内部的风险估值模型去设立对付市场风险的资本金；Jorion（1997）在研究金融风险时，利用"在正常的市场环境下，给定一定的时间区间和置信度水平，预期最大损失或最坏情况下的损失"的测度方法来定义和度量金融风险，也将这种方法称为 VAR 法。

1. VAR 的含义

在险价值是指在一定的持有期和给定的置信水平下（通常为 99%），利率、汇率等市场风险要素发生变化时可能对某项资金头寸、资产组合或机构造成的潜在最大损失；或者说，在正常的市场条件和给定的持有期间内，该投资组合发生 VAR 值损失的概率仅为给定的置信水平。VAR 是计算市场风险的主要方法。例如，在持有期为 1 天、置信水平为 99% 的情况下，若所计算的风险价值为 1 万美元，则表明该银行的资产组合在 1 天中的损失有 99% 的可能性不会超过 1 万美元。例如，假设 ABC 公司的风险管理者张三先生测算出，在 5% 概率水平上 ABC 公司的日在险价值为 5000 万元。这个数据的意思是，在即将到来的一天内，公司的损失超过 5000 万元的可能性或概率是 5%。在 VAR 测算出来后，如果张三认为风险太大，公司不愿承受，就应采取相应的降低风险的措施，如出售一些风险较大的资产，购进一些无风险资产等。

投资风险评价中的在险值（VAR）与纯粹风险评价中的最大可能损失（MPL）是类似的，表示在一定时期内，一定的概率水平上，所投资的资产价值相对于期望值的最大可能损失。

$$VAR = E(w) - w^*$$

式中，E（w）为规定时期内资产组合 w 的预期价值；w^* 为设定的概率水平上，资产组合在规定时期内的最小价值。例如，假设在一个月内，一个投资组合的价值的概率分布如图 9-3 所示。

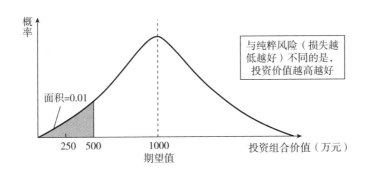

图 9-3 投资组合的概率分布

在 1% 的概率水平上的月在险值 VAR = 1000 - 250 = 750 万元，即该投资组合在该月的损失值超过 750 万元的概率为 1%。在 5% 的概率水平上的月在险值 VAR = 1000 - 500 = 500 万元，即该投资组合在该月的损失值超过 500 万元的概率为 5%。

2. VAR 模型技术

在险价值通常是由银行的市场风险内部定量管理模型来估算。市场风险内部模型的技术方法、假设前提和参数设置可以有多种选择，在进行内部风险管理时，银行通常都根据本行的发展战略、风险管理目标和业务复杂程度自行设定。只是对于市场风险监管资本的计算，巴塞尔委员会和大多数监管当局才做出了一些统一规定，目的是使不同银行所计算的市场风险监管资本具有一致性和可比性，同时从审慎监管的角度出发，对一些参数，如持有期做出了相对保守的规定。巴塞尔委员会在 1996 年的《资本协议市场风险补充规定》中对市场风险内部模型主要提出了以下定量要求：置信水平采用 99% 的单尾置信区间；持有期为 10 个营业日；市场风险要素价格的历史观测期至少为一年；至少每三个月更新一次数据。但是，在模型技术方面，巴塞尔委员会和各国监管当局均未做出硬性要求，允许银行自行选择三种常用模型技术中的任何一种。即使是对 VAR 模型参数设置做出的定量规定，也仅限于在计算市场风险监管资本时遵循，商业银行实施内部风险管理完全可以选用不同的参数值。如巴塞尔委员会要求计算监管资本应采用 99% 的置信水平，而不少银行在内部管理时却选用 95%、97.5% 的置信水平。此外，考虑到市场风险内部模型本身存在的一些缺陷，巴塞尔委员会要求在计算市场风险监管资本时，必须将计算出来的风险价值乘以一个乘数因子（Multiplication Factor），使所得出的资本数额足以抵御市场发生不利变化可能对银行造成的损失。乘数因子一般由各国监管当局根据其对银行风险管理体系质量的评估自行确定，巴塞尔委员会规定该值不得低于3。

目前，市场风险内部模型已成为市场风险的主要计量方法。与缺口分析、久期分析等传统的市场风险计量方法相比，市场风险内部模型的主要优点是可以将不同业务、不同类别的市场风险用一个确切的数值（VAR值）表示出来，是一种能在不同业务和风险类别之间进行比较和汇总的市场风险计量方法，而且将隐性风险显性化之后，有利于进行风险的监测、管理和控制。同时，由于在险价值具有高度的概括性，简明易懂，也适宜董事会和高级管理层了解本行市场风险的总体水平。但是，市场风险内部模型法也存在一定的局限性。第一，市场风险内部模型计算的风险水平高度概括，不能反映资产组合的构成及其对价格波动的敏感性，因此对具体的风险管理过程作用有限，需要辅之以敏感性分析、情景分析等非统计类方法。第二，市场风险内部模型方法未涵盖价格剧烈波动等可能会对银行造成重大损失的突发性小概率事件，因此需要采用压力测试对其进行补充。第三，大多数市场风险内部模型只能计量交易业务中的市场风险，不能计量非交易业务中的市场风险。因此，使用市场风险内部模型的银行应当充分认识其局限性，恰当理解和运用模型的计算结果。

3. VAR的计算

目前常用的计算VAR的方法，主要包括三种：方差—协方差法（Variance – Covariance Method）、历史模拟法（Historical Simulation Method）和蒙特卡法罗（Monte Carlo Simulation Method）。现在，在险价值已成为计量市场风险的主要指标，也是银行采用内部模型计算市场风险资本要求的主要依据。

（1）方差—协方差法是假定风险因素收益的变化服从特定的分布，通常假定为正态分布，然后通过历史数据分析和估计该风险因素收益分布的参数值，如方差、均值、相关系数等，然后根据风险因素发生单位变化时，头寸的单位敏感性与置信水平来确定各个风险要素的VAR值；再根据各个风险要素之间的相关系数来确定整个组合的VAR值。当然也可以直接通过下面的公式计算在一定置信水平下的整个组合（这里的组合是单位头寸，即头寸为1）的VAR值，其结果是一致的。

公式中表示整个投资组合收益的标准差，σ_i、σ_j表示风险因素i和j的标准差，ρ_{ij}表示风险因子i和j的相关系数，x_i表示整个投资组合对风险因素i变化的敏感度，有时被称为Delta。在正态分布的假设下，x_i是组合中每个金融工具对风险因子i的Deka之和。

（2）历史模拟法以历史可以在未来重复为假设前提，直接根据风险因素收益的历史数据来模拟风险因素收益的未来变化。在这种方法下，VAR值直接取自于投资组合收益的历史分布，组合收益的历史分布又来自于组合中每一金融工具的盯市价值（Mark to Market Value），而这种盯市价值是风险因素收益的函数。具体来说，历史模拟法分为三个步骤：为组合中的风险因素安排一个历史的市场变化序列，计算每一历史市场变化的资产组合的收益变化，推算出VAR值。因此，风险因素收益的历史数据是该VaR模型的主要数据来源。

（3）蒙特卡罗法即通过随机的方法产生一个市场变化序列，然后通过这一市场变化序列模拟资产组合风险因素的收益分布，最后求出组合的 VAR 值。蒙特卡罗模拟法与历史模拟法的主要区别在于前者采用随机的方法获取市场变化序列，而不是通过复制历史的方法获得，即将历史模拟法计算过程中的第一步改成通过随机的方法获得一个市场变化序列。市场变化序列既可以通过历史数据模拟产生，也可以通过假定参数的方法模拟产生。由于该方法的计算过程比较复杂，因此应用上没有前面两种方法广泛。

4. VAR 的缺陷

VAR 是指某一资产在某一概率水平下的最大可能损失。比如每日 VAR 为 1% 水平下的 1 亿美元，其含义指在未来 24 小时内资产损失超过 1 亿美元的可能性只有 1%。UBS（瑞士银行）在其 2006 年年报中称，全年没有一次损失超过每日 VAR，但在 2007 年就有 23 次损失超过每日 VAR 的情况，这说明该风险衡量方法在市场条件剧烈变化时就会失灵。

VAR 忽略了发生概率小的巨额损失事件。假设一家公司的每日 VAR 为 1% 水平下的 1 亿美元，而在 100 天里只有 1 天的损失超过了 1 亿美元，如此出色的风险管理记录似乎应该获得嘉奖。但是，巨额损失往往只需一次，就能让公司倒闭。

另外，每日风险度量忽略了流动性风险。VAR 方法假设公司随时能够把资产出售或对冲，所以公司的损失仅限于一天之内。但我们在 2008 年的全球金融危机和 1997 年的亚洲金融危机中看到，市场流动性的突然缺失迫使公司持有相关头寸数周甚至数月之久。以次贷衍生品 CDOs 为例，这类产品的交易市场瞬间消失了，所以投资机构没有办法从 CDOs 的风险中脱身，除非以极其低廉的价格才能卖掉它。在这种情况下，现实风险远远超出了 VAR 衡量的范围。

七、事后检验

事后检验（Back Testing）是指将市场风险计量方法或模型的估算结果与实际发生的损益进行比较，以检验计量方法或模型的准确性、可靠性，并据此对计量方法或模型进行调整和改进的一种方法。若估算结果与实际结果近似，则表明该风险计量方法或模型的准确性和可靠性较高；若两者差距较大，则表明该风险计量方法或模型的准确性和可靠性较低，或者是事后检验的假设前提存在问题；介于这两种情况之间的检验结果，则暗示该风险计量方法或模型存在问题，但结论不确定。目前，事后检验作为检验市场风险计量方法或模型的一种手段还处在发展过程中。不同银行采用的事后检验方法以及对事后检验结果的解释标准均有所不同。

巴塞尔委员会 1996 年的《资本协议市场风险补充规定》要求采用内部模型计算市场风险资本的银行对模型进行事后检验，以检验并提高模型的准确性和可靠性。监管当局应根据事后检验的结果决定是否通过设定附加因子（plus factor）来提高市场风险的监管资本要求。附加因子设定在最低乘数因子（巴塞尔委员会规定为 3）之上，取值在 0~1。如果监管当局对模型的事后检验结果比较满意，模型也满足了监管当局规定的其他定量和定性标准，就可以将附加因子设为 0，否则可以设为 0~1 的一个数，即通过增大所计算 VaR 值的乘数因子，对内部模型存在缺陷的银行提出更高的监管资本要求。

八、压力测试

银行不仅应采用各种市场风险计量方法对在一般市场情况下所承受的市场风险进行分

析，还应当通过压力测试（Stress Testing）来估算突发的小概率事件等极端不利情况可能对其造成的潜在损失，如在利率、汇率、股票价格等市场风险要素发生剧烈变动、国内生产总值大幅下降、发生意外的政治和经济事件或者几种情形同时发生的情况下，银行可能遭受的损失。压力测试的目的是评估银行在极端不利情况下的亏损承受能力，主要采用敏感性分析和情景分析方法进行模拟和估计。

在运用敏感性分析方法进行压力测试时，需要回答的问题如：汇率冲击对银行净外汇头寸的影响，利率冲击对银行经济价值或收益产生的影响等。在运用情景分析方法进行压力测试时，应当选择可能对市场风险产生最大影响的情景，包括历史上发生过重大损失的情景（如 1997 年的亚洲金融危机）和假设情景。假设情景又包括模型假设和参数不再适用的情形、市场价格发生剧烈变动的情形、市场流动性严重不足的情形，以及外部环境发生重大变化、可能导致重大损失或风险难以控制的情景。这些情景或者由监管当局规定，或者由商业银行根据自己的资产组合特点来设计。在设计压力情景时，既要考虑市场风险要素变动等微观因素，又要考虑一国经济结构和宏观经济政策变化等宏观层面因素。

【章末案例】 掉期交易在外汇风险管理中的应用

跨国公司或国际贸易公司在对外国际贸易与对内财务管理中，常常面临一些外汇风险。对于跨国公司及国际贸易公司来说，外汇风险管理是一项重要而复杂的系统工程，其成功与否取决于多方面因素。近年来，借助于国际外汇市场和货币市场，作为一种衍生金融工具的掉期交易法，得到了国际金融界和跨国公司的青睐和广泛应用，使得掉期交易与期货、期权交易一样，已成为国际金融机构规避汇率风险和利率风险的重要工具，并逐步扩展到有效避险和资产负债综合管理以外的利率、汇率、商品、股票、期货等领域。

一、掉期交易的作用

掉期交易（Swap Transaction），是指买卖双方约定在未来某一时期相互等额交换某种资产的交易形式。如某跨国公司因业务需要从纽约某银行买进了 200 万英镑的即期外汇，但同时又向该银行卖出了 3 个月后交割的 200 万英镑的远期外汇。由于掉期交易是运用不同的交割期限来进行的，可以避免因时间不一所造成的汇率变动的风险，对国际贸易与国际投资发挥了积极的作用。对于跨国公司来说，一方面掉期交易可以轧平外汇头寸，避免汇率变动引发的风险，有利于进行套期保值。例如，一个美国子公司欲在 3 个月后向其英国母公司汇入一笔 3000 万美元的收入。在 3 个月后，如果美元汇率下跌，该公司要承担外汇风险。为了使这笔汇款保值，该公司可在当时马上卖出等量的 3 个月远期美元，以保证 3 个月后该公司用本币计价的子公司收入不因汇率变动而遭受损失。同样道理，一方面，跨国公司也可以利用掉期交易，使公司资产负债表上外币资产和债券的国内价值保持不变；另一方面，可以利用不同交割期限汇率的差异，通过贱买贵卖，获得利润。从互换的对象来说，掉期交易一般分为货币掉期交易和利率掉期交易；从互换的时间上来说，掉期交易一般有即期对远期的掉期交易和远期对远期的掉期交易；货币掉期、利率掉期常与即期对远期、远期对远期结合起来应用。

二、货币掉期交易

货币掉期交易（Currency Swap）又称货币互换，是指 A、B 两种货币之间的本金交换。货币掉期交易的目的在于降低筹资成本、满足双方意愿及防止汇率变动风险造成的损失。第一笔货币掉期交易由所罗门兄弟公司在 IBM 公司与世界银行之间运作的、在固定利率条件下进行的货币互换。1981 年，由于美元对瑞士法郎（SF）、德国马克（DM）急剧升值，货币之间出现了一定的汇兑差额，持有瑞士法郎和德国马克资金的 IBM 公司，希望将这两种货币形式的资金换成美元资金，以回避利率风险，但因为数额较大，不能集中于任何一个资本市场。而此时的世界银行具有 AAA 级的信誉，在欧洲美元市场上能够以较为有利的条件筹集到美元资金，但其实际需要的却是瑞士法郎和德国马克。IBM 公司和世界银行在所罗门兄弟公司的安排下，世界银行将它的 2.9 亿美元金额的固定利率债务与 IBM 公司已有的瑞士法郎和德国马克的债务互换。通过这种掉期交易，世界银行以比自己筹集资金更为有利的条件筹集到了所需的瑞士法郎和德国马克资金，IBM 公司则回避了汇率风险，低成本筹集到美元资金。如图 9 - 4 所示。

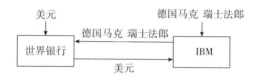

图 9 - 4 所罗门兄弟的货币掉期交易

三、利率掉期交易

利率掉期交易（Interest - Rate Swap）是同种货币资金的不同种类利率之间的交换交易，一般不伴随本金的交换，是借利息支付方式的改变，而改变债权或债务的结构，双方签订契约后，按照契约规定，互相交换付息的方式，如以浮动利率交换固定利率，或是将某种浮动利率交换为另一种浮动利率。

正式的利率掉期交易最早起源于德意志银行运作的一项固定利率与浮动利率的互换交易。1982 年，德意志银行预期利率将会上升，认为以固定利率形式筹集资金和以浮动利率向企业贷款对其更为有利。于是，德意志银行以发行长期固定利率债券的方式筹集了长期资金，并通过利率掉期交易把固定利率变换成了浮动利率，然后向某企业提供了一项长期浮动利率的贷款。如图 9 - 5 所示。

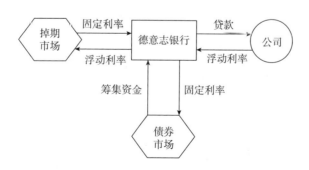

图 9 - 5 德意志银行的利率掉期交易

利率掉期交易主要有三种：①息票利率掉期交易，即同一种的货币固定利率与浮动利率的掉期交易；②基础利率掉期交易，即同种货币以一种市场利率为基础利率的浮动利率与以另一种市场利率为基础利率的浮动利率的掉期交易；③交叉货币利率掉期交易，即一种货币的固定利率与另一种货币的浮动利率的掉期交易。例如，假设甲、乙两个公司都想借入 300 万美元的贷款，甲公司在固定利率市场上有比较优势，想借入浮动利率贷款；乙公司在浮动利率市场上有比较优势，想借入固定利率贷款。这样，甲、乙两个公司就可以利用比较优势互为对方借款，从而降低了双方的筹资成本。

四、金融互换

货币掉期交易的缺点与利率掉期交易一样，也存在违约或不履行合同的风险，如果是这样，另一方必然因利率、汇率变动而遭受损失。货币掉期交易和利率掉期交易可以分别进行，也可结合同时进行。但操作原理与上述单个掉期交易一样。掉期交易除上述利率掉期交易和货币掉期交易两大形式外，还有一种是金融互换。金融互换（Financial Swaps）是约定两个或两个以上当事人按照商定的条件，在约定的时间内，交换一系列现金流的合约。由于互换是负债或资产的交换，是表外业务，因此不会影响资产负债结构。互换是比较优势理论在金融领域的很好运用。只要双方对对方的资产或负债均有需求且双方在两种资产或负债上存在比较优势，就可以进行金融互换。金融互换是 20 世纪 80 年代为了解决平行贷款和背对背贷款会影响资产负债结构的问题的基础上发展起来的。互换是比较优势理论在金融领域的很好运用。只要双方对对方的资产或负债均有需求且双方在两种资产或负债上存在比较优势，就可以进行金融互换。

1. 平行贷款

平行贷款（Parallel Loan）是指两个不同国家的母公司在本国内分别向对方在其国内的子公司提供金额相当的本币贷款，并承诺在指定到期日，各自归还所借货币。平行贷款是在 20 世纪 70 年代首先在英国出现的，它的诞生是基于逃避外汇管制的目的。平行贷款既能规避国内的资本管制，又能满足双方子公司的融资需求，因此在国外市场上深受欢迎。但是我国现行外汇管理政策禁止在国内从事平行贷款业务。此外平行贷款也存在着一定的信用风险问题，这是因为平行贷款包含了两个独立的贷款协议，这两份协议都是具有法律效力的，因此万一遇到一方出现违约的情况，另一方也不能解除履约义务。如图 9-6 所示。

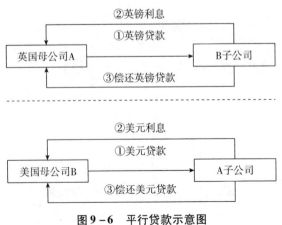

图 9-6 平行贷款示意图

2. 背对背贷款

背对背贷款（Back to Back Loan）是为了解决平行贷款中的信用风险而诞生的一种产品。它是指两个国家的母公司相互直接贷款，贷款币种不同单币值相等，贷款到期日姓通，各自支付利息，到期各自偿还原借款货币。

五、掉期交易的应用

1. 利率掉期交易应用

一方面可利用利率掉期交易进行套期保值、规避外汇风险。如跨国公司A有一笔3年期浮动利率计息的500万欧元负债，利率为计息日当天国际市场公布伦敦银行间同业拆借利率为LIBOR＋1％，每半年付息一次；当时借款利率为3.33％。A公司预测目前欧元利率已经见底，未来利率有上扬的风险，为规避此风险即与世界银行进行利率掉期交易，世界银行以LIBOR＋1％的浮动利率利息支付给A公司，以让A公司支付应付负债的利息，而A公司则以6.6％的固定利率支付给世界银行。这样，A公司就可规避利率上升的外汇风险。另一方面，可以利用利率掉期交易降低交易费用。例如，有两个信誉等级不同的A、B公司，A公司高于B公司。若发行3年期的德国马克固定利率债券，A公司需要支付5％的利率，B公司需要支付7％的利率；若发行浮动利率债券，则A公司需要支付的利率是LIBOR＋0.15％，B公司需要支付的利率是LIBOR＋0.65％。由于现实需要，A公司采用浮动利率筹资，B公司采用固定利率筹资。如果双方根据各自需要分别采用相应的筹资方式，则筹资成本之和为LIBOR＋7.15％。如果双方根据各自的优势，再通过掉期交易来实现各自的筹资需要，即A公司采用固定利率筹资，B公司采用浮动利率筹资，并进行利率掉期交易，那么双方的筹资成本之和为LIBOR＋5.65％。这样，筹资成本共降低了1.5％〔（LIBOR＋7.15％）－（LIBOR＋5.65％）〕，A、B两公司可分享所降低的成本。

2. 货币掉期交易应用

一是利用ABA模式货币掉期交易固定换汇成本，防范风险。假设某公司已拥有A货币但是现在却需要B货币，过了一段时间后又需要把收回的B货币换回A货币。在这种情况下，该公司就可通过货币掉期交易。例如，一家美国贸易公司向英国出口产品，收到货款1000万英镑（A）。而该公司在本国内不需要英镑而要美元（B）。另外，该公司将于3个月后从英国进口原材料，需支付1000万英镑的货款。这样，该公司可做一笔掉期交易，即期卖出1000万英镑，买入相应的美元；3个月远期买入1000万英镑，卖出相应的美元。通过货币掉期交易，该公司可以轧平其中的资金缺口，达到规避风险的目的。因为掉期交易只做一笔交易，从而使交易成本大大降低。

资料来源：孙立新.掉期交易在外汇风险管理中的应用［J］.经济论坛，2012（10）：62－64.

【本章小结】

市场风险可以分为利率风险、汇率风险、股票价格风险和商品价格风险。利率风险是指因利率提高或降低而产生预期之外损失的风险。利率风险按照来源的不同，可以分为重新定价风险、收益率曲线风险、基准风险和期权性风险。汇率风险或货币风险是指由于汇率的不利变动而导致银行业务发生损失的风险。包括交易风险、折算风险和经济风险。汇率风险的表现形式主要有以下三种：折算风险、交易风险、经济风险。商品价格可能由本国货币决定，便于本地客户业务的进行。股票价格风险影响企业股票或其他资产的投资者，其表现是与股票价格相联系的。降低利率风险的常见方法包括：①平滑法，维持固定利率借款与浮动利率借款的平衡；②匹配法，使具有共同利率的资产和负债相匹配；③远期利率协议；④子公司现金余额的集中；⑤利率期货；⑥利率期权；⑦利率互换。针对跨国公司面临的不同类型的汇率风险，相应的防范措施包括资产负债表避险策略、合约性避险策略和经营性避险策略。衍生工具包括期货合同、远期合同和期权。市场风险的计量方式包括缺口分析、久期分析、外汇敞口分析、敏感性分析、情景分析和运用内部模型计算风险价值等。

【问题思考】

1. 什么是市场风险？有哪几类市场风险？

2. 利率风险有哪几类？主要计量方式有哪些？

3. 汇率风险有哪几类？如何管理？

4. 市场风险的计量方式有哪些？

5. 假设在一个月内，一个投资组合的价值服从正态分布，均值为 1000 万元，标准差为 400 万元。请计算，在该月内，该投资组合在 2.5% 的概率水平上的在险价值 VAR？

第十章 信用风险

【学习要点】

☆ 认识信用风险的含义。

☆ 理解信用风险的特征。

☆ 掌握信用风险的度量方法。

☆ 理解信用风险的管理手段。

【章首案例】　　　　　1400 万元死贷最后的下家

一笔 1400 万元的不良贷款担保，经过层层转嫁，终于成为一个让人无法脱身的连环套。最后的入套者发现，银行保险柜里拿出来的东西，未必真的那么"保险"。倪明没有想到，说好第二天就能还的"过桥资金"，仅仅过了一夜，竟突然无法兑现。廖利根也没有想到，已经办理过一次的商业承兑汇票贴现，突然让自己深陷其中，无法自拔。本以为借助了急需的资金，转眼间却差点让自己背上"诈骗"的污名。这一对本该相互敌视的债权债务人，却因为相似的遭遇生出了同病相怜的友情。他们的脚下，赫然踩着一个由不良贷款所引发的连环套。

一、接盘者的挣扎

一切的故事，起源于一笔 1400 万元的不良贷款。2008 年 6 月下旬，浙江东洲实业集团有限公司一笔 1400 万元贷款的担保方——浙江众诚汽车贸易有限公司资金链突然断裂，作为授信方的广东发展银行杭州分行（以下简称广发银行）要求东洲实业追加担保单位。为此，东洲实业找到了凤凰棉业的老板廖利根，要求廖为这笔贷款提供担保。

2006 年，凤凰棉业曾作为银行的指定贴现人和东洲实业有过合作，当时并未发生任何纠纷。在廖利根眼中，东洲实业不仅仅是合作伙伴，更是做房地产的大公司，楼盘、酒店都不少，担保风险并不高。于是，廖利根答应了担保要求，并于 2008 年 7 月 3 日为东洲实业这笔 1400 万元的贷款增加了担保。此时的廖利根并不知道，东洲实业其实已经成为了一具空壳，其董事长何炜东更是于 2008 年 6 月 28 日逃往新西兰，至今杳无音讯。增加担保后仅过了 12 天，廖利根就被广发银行告上了法庭，要求其偿还为东洲实业担保的 1400 万元债务。

廖利根蒙了！他突然明白过来：自己成了不良贷款的接盘者。合同上的白纸黑字写得明明白白，这 1400 万元的债务他廖利根肯定是逃不掉的。但难道就这么认栽？他又不甘心。他认为，银行在要求他追加担保前没有告知他东洲实业马上要倒闭的实情，却通过他的担保保住了1400万元贷款，自己完全是为银行作嫁衣。何况，1400万元对于凤凰棉业可不是个小数目，他无论如何都不能轻易咽下这枚苦果。

思来想去，廖利根终于想出了办法："我是有限责任公司，只承担有限责任，大不了你把我的注册资金500万拿去，想白拿1400万，没门儿。"他提出，除非广发银行给他增加两年5000万元授信，他才能够全额偿还东洲实业的1400万元不良贷款。廖利根的盘算是，有了这5000万，即使还掉银行1400万，还能剩下3600万元。而这3600万元可以用来扩大他的棉花生意，根据当时的市场行情，两年内赚回那1400万元，问题应该不大。

应该说，廖利根的想法并不稀奇，在银行业里，通过增加授信来消化不良贷款的案例并不鲜见。2008年，杭州华航贸易公司资金链断裂也留下了1400万元不良贷款，当地一家控股公司承担了这笔贷款，因此换来了银行3000万元新增授信。这些成功的案例，成为了廖利根心中的榜样。廖利根表示，广发银行的信贷经理口头上答应了他授信5000万元的要求，并让他找一家有实力的单位，用商业承兑汇票贴现的方式拿到贷款。

2008年11月5日，廖利根找到了自己的下游合作企业山东如意科技集团有限公司（以下简称山东如意），以购销棉花为由，签订了《原棉购销长期合作协议书》。此后，作为棉花采购款，山东如意向廖利根开出了两张合计1800万元的商业承兑汇票，廖利根以此顺利获得了广发银行1800万元授信。2008年12月18日，广发银行杭州分行为这两张承兑汇票进行贴现，扣除45万元的贴现利息，廖利根拿到了1755万元。

二、连环套启动

第一笔贷款很顺利，廖利根稍稍放心了些。作为中小型民营企业，贷款难一直是一个令凤凰棉业深感头痛的问题，如果真能通过这次担保顺利拿到5000万元授信，也算得上因祸得福。然而，他忽略了一个最严重的问题：山东如意并没有义务"帮他"拿到这5000万元。第一笔贷款到手后，按约定，廖利根首先偿还了广发银行1400万元，随后，他给山东如意发去了150万元的棉花，除去之前的罚息、律师费等费用，廖利根手上还剩下179万元。而他还欠山东如意1650万元的棉花，怎么办？

按原计划，银行会继续追加3200万元的授信，廖利根正是指望着用这部分后续资金周转，完成合同，打一个时间差，好把1650万元棉花的窟窿填上。然而，这5000万元的授信只是他当初与两名客户经理的口头约定，并没有任何书面合同。广发银行方面表示，"不清楚当时是否有口头承诺"，在其发给本刊的"说明函"中，则只提及1800万元授信额度。残酷的现实摆在廖利根面前：在1800万元到账并偿了那笔1400万元的担保后，那期待中的"后续贷款"，突然变得杳无音讯！

在债务的泥潭里，廖利根陷得更深了。不仅如此，他还把山东如意扯进了这个连环套。只有当初那笔差点成为坏账的贷款，几经辗转，变成了山东如意的承兑汇票——在汇票到期时，经营状况良好的山东如意必须把这1800万元偿还给贴现的广发银行。然而，山东如意并不傻，始终收不到后续的棉花，他们开始产生了怀疑，并最终发现了其中的猫腻。这一事件的直接结果是：当廖利根提出再开一些承兑汇票来填补前一个窟窿时，早已对廖失去信任的山东如意断然拒绝了。为了尽量减少损失，山东如意要求廖利根退还预付的1650万元，甚至承诺，如果廖利根现金不足，需要另外借债来还钱，其下属子公司重庆三峡技术纺织有限公司还可以替廖利根承担一部分借款利息。

廖利根的本意是增加贷款，赚钱还债。如今不仅后续贷款没有着落，债务反而增加了，他哪还有心思和能力来还钱？而山东如意同样不愿追加汇票，已经上了一次当，难道还要越陷越深吗？双方各怀心事，却只能在胶着中被死死套牢。

三、最后一个踩套者

眼看着 2009 年 6 月 27 日的汇票到期期限日益临近，当事的各方都愈加胶着。山东如意以只收到 150 万元的货物为由，拒绝兑付这 1800 万元，别无他法的廖利根只得协同广发银行的工作人员，再次前往山东，继续与山东如意协商。经过反复协商，2009 年 7 月 2 日，山东如意终于松了口，再次与廖利根签订了新的《棉花购销合作协议》。2009 年 7 月 7 日，山东如意第二次开出了 4 张共计 1800 万元的承兑汇票，用来填补上一个已经到期的 1800 万元的窟窿。山东如意承诺，只要廖利根先还清上次的欠款，就可以对新的汇票进行贴现。于是，4 张汇票躺进了广发银行的保险柜，只等廖利根还钱。

尽管过程并不那么愉快，但廖利根还是对这个结果颇感欣慰。拿到汇票的瞬间，他只感到绝处逢生般的喜悦，立即开始寻求融资。杭州高效活跃的融资中介给廖利根帮了大忙，很快，中介就为他物色到一个合适的对象倪明。倪明和几个股东刚从水电项目投资中套现了一笔资金，现金充裕，同时又暂时没有新的投资项目，是最佳的借款对象。正是因为这样，连环套的最后一个踩套者倪明，开始被卷入其中。通过中间人，廖利根找到了倪明，提出借 1800 万元作为过桥资金，借期 1~2 天，以 4 张承兑汇票贴现偿还。借款按月息 2.8% 计息，加上 5 万元的保证金，3 万元的中介费，短短一两天，就能进账 10 多万元。"用这一两天赚点小钱，何乐而不为呢？"倪明有些心动了。

但空口白话并不能让人放心，倪明提出，要看一看作为抵押物的承兑汇票，还要向银行确定是否能贴现。于是，在中间人的陪同下，倪明来到了广发银行杭州分行，看到了对方从银行保险柜中拿出的 4 张总值 1800 万元的汇票及购销合同等文件。银行的保险柜大大打消了倪明的顾虑，而对于倪明提出的 4 张汇票没有填写日期的问题，银行工作人员也表示，这并不影响贴现，还给倪明出示了上次贴现成功的"证据"。略作犹豫之后，倪明还是选择了"信任银行"。2009 年 7 月 8 日，倪明把 1800 万元资金打进了凤凰棉业在广发银行的账户。这笔钱首先是凤凰棉业对山东如意的还款，同时也是山东如意对广发银行贴现的还款，于是，这笔钱最终转给了广发银行，偿还了上一笔承兑汇票的欠账。

让倪明意想不到的事发生了！第二天，当他准备"按约"去取那 4 张保险柜里的汇票并贴现时，山东如意突然给银行发来一纸通知，称凤凰棉业并未实际进行棉花供货，要求银行停止贴现。2009 年 7 月 16 日，山东如意更是在杭州的《钱江晚报》上刊登声明，宣布 4 张承兑汇票作废。作为最后一个垫背者的倪明彻底陷了进去。

四、奈何套中人

受骗之后，倪明首先找到了廖利根。但他很快发现，廖利根事先对山东如意的谋划并不知情，如今也无力偿还债务。廖利根还告诉他，自己当初也是被"骗保"，和倪明遭遇相似。倪明接受了廖利根的说法，他开始怀疑，那 4 张汇票才是圈套的源头，而他"讨说法"的矛头，不仅指向山东如意，也指向了"从保险柜里拿出作废汇票"的银行。

廖利根对银行的怨气也越来越大。他认为，自己"替银行担了 1400 万元的不良贷款"，不仅没能拿到承诺中的 5000 万元授信，还反被算计，债务越滚越大。他和倪明，结成了共同声讨银行的"盟友"。尴尬的是，无论廖利根和倪明再怎么义愤填膺，他们对银行的声讨，顶多也就是"口水仗"。打从廖利根还清银行 1400 万元贷款开始，广发银行就始终只扮演着一个第三方的角色，仅仅负责票据的结算。他们指责银行"骗人"，从法律上根本无从说起。甚至连倪明的律师也承认，想打官司告银行，"根本不可能"。银行早已抽身事外，这 1800 万元欠款，终于变成了倪明、廖利根和山东如意他们自己的问题。谁都想尽量减少损失，但损失恐怕谁都无法避免。同时，谁也不愿把这事闹上法庭，毕竟诉讼的成本太高，风险太大，而收益却有限。

最终，三方选择了协商解决，希望能找出一条大家都可以接受的补偿方式和解决办法。凤凰棉业所在的建德市政府，为了救助廖利根的企业，正在对其进行考察，有望给予其 1000 万～2000 万元的授信，这意味着廖利根很可能重新具备还款的能力。而山东如意为了避免"诈骗"的恶名，其态度也终于软化，同意在 2009 年 12 月开始进一步的协商。然而，这终究只是没有办法的办法。廖利根和倪明都忍不住后悔，如果当初不是那么盲信，事情何至于发展到今天的地步？

资料来源：陶昆（2010）。

第一节　信用风险

一、信用风险的概念

信用风险的概念有广义和狭义之分。广义的信用风险既包括银行信贷风险，也包括除信贷以外的其他金融风险，以及所有的商业性风险。狭义的信用风险是指银行信用风险，即信贷风险，也就是由于借款人主观违约或客观上还款出现困难，而导致借款本息不能按时偿还，而给放款银行带来损失的风险。

（1）传统的观点认为，信用风险是指债务人未能如期偿还其债务造成违约而给经济主体经营带来的风险。随着现代风险环境的变化和风险管理技术的发展，传统的定义已经不能反映现代信用风险及其管理的本质。

（2）现代意义上的信用风险是指由于借款人或市场交易对手违约而导致的损失的可能性；更为一般地讲，信用风险还包括由于借款人的信用评级的变动和履约能力的变化导致其债务的市场价值变动而引起的损失可能性。

专栏 10-1　　　汽车分期付款业务的信用风险和操作风险

近年来，各家商业银行纷纷推出各类汽车金融产品，让众多消费者提前享受到了有车生活。与传统车贷相比，商业银行贷记卡汽车分期付款业务作为新型汽车金融产品，可为客户带来费率低、速度快等实惠，也可为银行带来优化贷记卡客户群体、增加中间业务收入、增强市场号召力等益处，因而备受银行和客户的青睐。然而，不断涌现的案件却在提醒银行，在扩大贷记卡汽车分期业务规模的同时，也要做好充分的风险防控工作以保障业务的健康发展。

一、风险点

2013 年 7 月，市民王某为购买汽车，在某银行办理了一张贷记卡，并使用该卡申请办理了贷记卡汽车分期付款业务，约定的贷款金额为 10 万元，分 2 年还清，首付为 4.5 万元，每月偿还 4000 余元。

但从 2013 年 11 月开始，王某就未再还款，发卡银行多次向其催收，王某仍以各种理由推脱不还。2013 年 11 月，王某因涉嫌信用卡诈骗罪被刑事拘留，然而其仍无法偿还车贷欠款，使得银行的贷款本息无法收回。

二、案例分析

贷记卡汽车分期付款业务无法回避信用风险。站在银行的角度，王某案件恰恰暴露出了银行贷记卡汽车分期付款业务中无法回避的信用风险。从定义上讲，信用风险是借款人因各种原因未能及时、足额偿还债务或银行贷款而违约的可能性。

从银行角度来看，王某出现当期账单无法按期还款的情形，主要是银行对持卡人准入风险把控不严造成的。由于贷记卡汽车分期付款的期限往往长达 36 个月之久，而银行发放贷记卡的审查程序又无法像发放贷款那样严格，如果银行在发放贷记卡时审查不严，造成对客户状况预判不够准确，一旦持卡人的经济状况和信誉状况恶化，将可能无法及时偿还债务，诱发风险。

二、信用风险的特征

1. 风险概率分布的可偏性

企业违约的小概率事件以及贷款收益和损失的不对称，造成了信用风险概率分布的偏离。市场价格的波动是以其期望为中心的，主要集中于相近的两侧，通常市场风险的收益分布相对来说是对称的，大致可以用正态分布曲线来描述。相比之下，信用风险的分布不是对称的，而是有偏的，收益分布曲线的一端向左下倾斜，并在左侧出现肥尾现象。这种特点是由于贷款信用违约风险造成的，即银行在贷款合约期限有较大的可能性收回贷款并获得事先约定的利润，但贷款一旦违约，则会使银行面临相对较大规模的损失，这种损失要比利息收益大很多。换句话说，贷款的收益是固定和有上限的，它的损失则是变化的和没有下限的。另外，银行不能从企业经营业绩中获得对等的收益，贷款的预期收益不会随企业经营业绩的改善而增加，相反，随着企业经营业绩的恶化，贷款的预期损失却会增加。

2. 信用风险数据的获取困难

由于信用资产的流动性较差，贷款等信用交易存在明显的信息不对称性以及贷款持有期长、违约事件频率少等原因，信用风险不像市场风险那样具有数据的可得性，这也导致了信用风险定价模型有效性检验的困难。正是由于信用风险具有这些特点，因而信用风险的衡量比市场风险的衡量困难得多，也成为造成信用风险的定价研究滞后于市场风险量化研究的原因。同时，缺少连续、长周期的历史数据用于量化分析。这一方面是由于信用事件并不是天天发生的，另一方面是由于当事机构对于信用风险事件均不愿披露，因为他们担心这些信息会对自己的信用评级或正在进行中的信用业务产生负面影响。

3. 信用风险往往还具有正反馈放大机制

在信用事件的影响下，信用风险的承受者本身的资信状况会受到其他相关业务往来机构的质疑或下调，接受更严格的信用审查机制，从而处于雪上加霜的境地。这将加重信用风险的破坏作用。

三、信用风险的影响因素

信用风险是外部因素和内部因素共同作用的结果。外部因素是指由外界决定、商业银行无法控制的因素，例如国家经济状况的改变、社会政治因素的变动，以及自然灾害等不可抗拒因素。内部因素是指商业银行对待信贷风险的态度，它直接决定了其信贷资产质量的高低和信贷风险的大小，这种因素渗透到商业银行的贷款政策、信用分析和贷款监督等信贷管理的各个方面。

四、我国的信用风险管理

20 世纪 90 年代末到 21 世纪初，我国开始进入了信用风险全面爆发时期。不仅国有商业银行的不良资产处置举步维艰，日常生活中也出现了诸多信用风险问题；甚至因为一些信用风险的巨大影响，导致整个地区背上了无信的黑锅，使得当地的经济出现明显的负增长。

我国信用风险的管理表现为：①信用问题引起各个部门的高度重视，从中央领导三番五次地强调信用的重要性，到人大、政协的多次提案，到地方政府的高度重视，都表明我国已经认识到这个问题的重要性了。②有关地方政府开始着手建设本地区的信用体系，尤其是建设当地的信用网。着手建设本地信用体系的地方政府通常分为两种类型：一是曾经尝到信用风险苦头的地方，比如温州、汕头，他们有着重新树立形象的强烈冲动，因此在本地信用网、相关信用体系建设，甚至在舆论造势方面不遗余力。二是意识比较先进，总能开全国风气之先的地方，比如北京、上海和广州等地。

第二节 信用评级与信用风险的传统度量方法

一、信用评级

信用评级（Credit Rating），又称资信评级，是一种社会中介服务为社会提供资信信息，或为单位自身提供决策参考。最初产生于 20 世纪初期的美国。1902 年，穆迪公司的创始人约翰·穆迪开始对当时发行的铁路债券进行评级。后来延伸到各种金融产品及各种评估对象。由于信用评级的对象和要求有所不同，因而信用评级的内容和方法也有较大区别。我们研究资信的分类，就是为了对不同的信用评级项目探讨不同的信用评级标准和方法。

1. 信用评级的等级

信用评级的等级是反映资信等级高低的符号和级别。有的采用 5 级，有的采用 9 级或

10 级，有的采用 4 级。有的用 A、B、C、D、E 或特级、一、二、三、四级表示，有的用 AAA、AA、A、BBB、BB、B、CCC、CC、C 表示，也有的用 prime1、prime2、prime3、Not prime 表示。一般来说，长期债务时间长，影响面广，信用波动大，采用级别较宽，通常分为 9 级；而短期债务时间短，信用波动小，级别较窄，一般分为 4 级。在国际上还有一种惯例，即一国企业发行外币债券的信用等级不得超过所在国家主权的信用评级。

（1）BBB（or Baa）以上的等级称为"投资级"（含 BBB），BBB（or Baa）以下的等级称为高收益债券（或称为垃圾债券 Junk Bonds）。

（2）相应等级后" + "or" – "和"1，2 or 3"的符号。在 S & P 评级中有" + "或" – "符号，例如，一个债券有 BBB + 级，这表示这个债券为 BBB 级，但它前景看好，有可能很快升为 A 级；在 Moody 评级中有"1，2 or 3"的符号，1 代表乐观的看法，2 代表中性的看法，3 代表悲观的看法。例如，一个债券有 Baa1 级，这表示这个债券为 BBB 级，但它前景看好，有可能很快升为 A 级。

2. 国际专业信用评级机构

目前国际公认的专业信用评级机构只有三家，分别是穆迪、标准普尔和惠誉国际。

（1）穆迪（Moody）公司的创始人是约翰·穆迪，他在 1909 年出版的《铁路投资分析》一书中发表了债券资信评级的观点，使资信评级首次进入证券市场，他开创了利用简单的资信评级符号来分辨 250 家公司发行的 90 种债券的做法，正是这种做法才将资信评级机构与普通的统计机构区分开来，因此后人普遍认为资信评级最早始于穆迪的铁道债券资信评级。1913 年，穆迪将资信评级扩展到公用事业和工业债券上，并创立了利用公共资料进行第三方独立资信评级或无经授权的资信评级方式。穆迪评级和研究的对象以往主要是公司和政府债务、机构融资证券和商业票据，最近几年开始对证券发行主体、保险公司债务、银行贷款、衍生产品、银行存款和其他银行债及管理基金等进行评级。

（2）标准普尔（S & P）由普尔出版公司和标准统计公司于 1941 年合并而成。普尔出版公司的历史可追溯到 1860 年，当时其创始人普尔先生（Henry V. Poor）出版了《铁路历史》及《美国运河》，率先开始金融信息服务和债券评级。1966 年标准普尔被麦克劳希尔公司（McGraw Hill）收购。公司主要对外提供关于股票、债券、共同基金和其他投资工具的独立分析报告，为世界各地超过 22 万多家证券及基金进行信用评级，目前拥有分析家 1200 名，在全球设有 40 家机构，雇用 5000 多名员工。表 10 – 1 为穆迪和标准普尔评级对照的情况。

表 10 – 1 穆迪和标准普尔评级对照表

穆迪	标准普尔	风险程度
Aaa	AAA	还本付息能力极强，有可靠保证，承担风险最小
Aa1 Aa2 Aa3	AA + AA AA –	还本付息能力很强，但风险性比前者略高
A1 A2 A3	A + A A –	安全性良好，还本付息能力一般，有潜在的导致风险恶化的可能性
Baa1 Baa2 Baa3	BBB + BBB BBB –	安全性中等，短期内还本付息无问题，但在经济不景气时风险增大
Ba1 Ba2 Ba3	BB + BB BB –	有投机因素，不能确保投资安全，情况变化时还本付息能力波动大，不可靠

续表

穆迪	标准普尔	风险程度
B1 B2 B3	B＋ B B－	不适合作为投资对象，在还本付息及遵守契约条件方面都不可靠
Caa	CCC	安全性极低，随时有无法还本付息的危险
Ca	CC	极具投机性，目前正处于违约状态中，或有严重缺陷
C	C	最低等级，完全投机性
D	D	债务违约

（3）惠誉国际（Fitch）是1913年由约翰·惠誉（John K. Fitch）创办，起初是一家出版公司，他于1924年就开始使用AAA到D级的评级系统对工业证券进行评级。惠誉国际的规模较小，是唯一的欧资国际评级机构，总部设在纽约和伦敦，在全球设有40多个分支机构，拥有1100多名分析师。惠誉长期评级用以衡量一个主体偿付外币或本币债务的能力。惠誉的长期信用评级分为投资级和投机级，其中投资级包括AAA、AA、A和BBB，投机级则包括BB、B、CCC、CC、C、RD和D。AAA等级最高，D为最低级别，表明一个实体或国家主权已对所有金融债务违约。惠誉的短期信用评级大多针对到期日在13个月以内的债务。短期评级更强调的是发债方定期偿付债务所需的流动性。短期信用评级从高到低分为F1、F2、F3、B、C、RD和D。其采用"＋"或"－"用于主要评级等级内的微调，但这在长期评级中仅适用于AA至CCC 6个等级，而在短期评级中只有F1一个等级适用。

二、信用评级的主要种类

1. 信用评级按照评估对象来分

（1）企业信用评级包括工业、商业、外贸、交通、建筑、房地产、旅游等公司企业和企业集团的信用评级，以及商业银行、保险公司、信托投资公司、证券公司等各类金融组织的信用评级。金融组织与公司企业的信用评级要求不同，一般公司企业生产经营比较正常，虽有风险，容易识别，企业的偿债能力和盈利能力也易测算；而金融组织就不一样，容易受经营环境影响，是经营货币借贷和证券买卖的企业，涉及面广，风险大，在资金运用上要求营利性、流动性和安全性的协调统一，要实行资产负债比例管理，要受政府有关部门监管，特别是保险公司是经营风险业务的单位，风险更大。因此，金融组织信用评级的风险性要比一般公司企业来得大，评估工作也更复杂。

（2）证券信用评级包括长期债券、短期融资券、优先股、基金、各种商业票据等的信用评级。目前主要是债券信用评级，在我国已经形成制度，国家已有明文规定，企业发行债券要向认可的债券评信机构申请信用等级。关于股票评级，除优先股外，国内外都不主张对普通股票发行前进行评级，但对普通股票发行后上市公司的业绩评级，即对上市公司经营业绩综合排序，大家都持肯定态度，而且有些评估公司已经编印成册，公开出版。

（3）国家主权信用评级（Sovereign Rating）。国际上流行国家主权评级，体现一国偿债意愿和能力，主权评级内容很广，除了要对一个国家国内生产总值增长趋势、对外贸易、国际收支情况、外汇储备、外债总量及结构、财政收支、政策实施等影响国家偿还能力的因素进行分析外，还要对金融体制改革、国企改革、社会保障体制改革所造成的财政负担进行分析，最后进行评级。根据国际惯例，国家主权等级列为该境内单位发行外币债券的评级上限，不得超过国家主权等级。

（4）其他信用评级如项目信用评级，即对其一特定项目进行的信用评级。

2. 信用评级按照评估方式来分

（1）公开评估。一般指独立的信用评级公司进行的评估，评估结果要向社会公布，向社会提供资信信息。评估公司要对评估结果负责，评估结果具有社会公证性质。这就要求信用评级公司必须具有超脱地位，不带行政色彩，不受任何单位干预，评估依据要符合国家有关法规政策，具有客观公正性，在社会上具有相当的权威性。

（2）内部评估。评估结果不向社会公布，内部掌握。例如，银行对借款人的信用等级评估，就属于这一种，由银行信贷部门独立进行，作为审核贷款的内部参考，不向外提供资信信息。

3. 信用评级按照评估收费与否来分

（1）有偿评级。由独立的信用评级公可接受客户委托进行的信用评级，一般都要收费，属于有偿评级。有偿评级特别要讲究客观公正性，不能因为收费而失去实事求是的作风，忽视投资者的利益。如果违背了这一点，信用评级公司就会丧失社会的信任。

（2）无偿评估。信用评级机构有时为了向社会提供资信信息，有时为了内部掌握，评估一般不收费用。无偿评估通常只能按照有关单位的公开财务报表和资料进行，不能进行深入的现场调查，因而资信信息比较单一，评估程序和方法也较简单。

4. 信用评级按照评估内容来分

（1）综合评估是对评估客户的各种债务信用状况进行评级，提出一个综合性的资信等级，它代表了对企业客户各种债务的综合判断。

（2）单项评估，即对某一具体债务进行的有针对性的评估，例如对长期债券、短期债券、长期存款、特定建设项目等信用评级。债券评估属于单项评估的典型例子，通常采用"一债一评"的方式。

三、要素分析法

传统的信用风险度量方法主要包括要素分析法、综合比较法和信用评分模型三种方法。要素分析法也称专家系统法，专家系统法是一种最古老的信用风险分析方法，其最大的特征是：银行信贷的决策权是由该机构经过长期训练、具有丰富经验的信贷人员所掌握并由他们做出是否贷款的决定。

1. 5C 要素分析法

这种方法主要从借款人品德（Character）、经营能力（Capacity）、资本（Capital）、资产抵押（Collateral）、经济环境（Condiltion）五个信用要素进行分析。

（1）借款人品德是对企业声誉的一种度量，考察其偿债意愿和偿债历史。基于经验可知，一家企业的年龄是其偿债声誉的良好替代指标。

（2）经营能力即还款能力，反映借款者收益的易变性。如果按照债务合约还款以现金流不变的方式进行下去，而收益是不稳定的，那么就可能会有一些时期企业还款能力受到限制。

（3）资本：所有者的股权投入及其对债务的比率（杠杠性），这些被视为预期破产的可能性的良好指标，高杠杆性意味着比低杠杆更高的破产概率。

（4）资产抵押：如果发生违约，银行对于借款人抵押的物品拥有要求权。这一要求权的优先性越好，则相关抵押品的市场价值就越高，贷款的风险损失就越低。

（5）经济环境：企业所处的商业周期，是决定信用风险损失的一项重要因素，特别是对于那些受周期决定和影响的产业而言。

2. 5W 要素分析法

"5W" 是指借款人（Who）、借款用途（Why）、还款期限（When）、担保物（What）、如何还款（How）。

3. 5P 要素分析法

"5P" 是指个人因素（Personal）、目的因素（Purpose）、偿还因素（Payment）、保障因素（Protection）、企业前景因素（Perspective）。

4. 4F 要素分析法

4F 要素分析法主要着重分析以下四个方面的要素：组织要素（Organization Factor）、经济要素（Economic Factor）、财务要素（Financial Factor）、管理要素（Management Factor）。

5. CAMPARI 分析法

CAMPARI 分析法是对借款人以下七个方面进行分析：品德即偿债记录（Character）、借款人偿债能力（Ability）、企业从借款投资中获得的利润（Margin）、借款的目的（Purpose）、借款金额（Amount）、偿还方式（Repayment）、贷款抵押（Insurance）。

6. LAPP 分析法

LAPP 分析法包括以下要素：流动性（Liquidity）、活动性（Activity）、营利性（Profitability）、潜力（Potentialities）。

7. 骆驼评估体系

骆驼评估体系包括五个部分：资本充足率（Capital Adequacy）、资产质量（Asset Quality）、管理水平（Management）、收益状况（Earnings）、流动性（Liquidity），其英文第一个字母组合在一起为 "CAMEL"，因正好与 "骆驼" 的英文名字相同而得名。

上述评级方法在内容上大同小异，都是根据信用的形成要素进行定性分析，必要时配合定量计算。它们的共同之处都是将道德品质、还款能力、资本实力、担保和经营环境条件或者借款人、借款用途、还款期限、担保物及如何还款等要素逐一进行评分，但必须把企业信用影响因素的各个方面都包括进去，不能遗漏，否则信用分析就不能达到全面反映的要求。传统的信用评级要素分析法均是金融机构对客户作信用风险分析时所采用的专家分析法，在该指标体系中，重点放在定性指标上，通过它们与客户的经常性接触而积累的经验来判断客户的信用水平。另外，美国几家信用评级公司都认为信用分析基本上属于定性分析，虽然也重视一些定量的财务指标，但最终结论还要依靠信用分析人员的主观判断，最后由评级委员会投票决定。

四、综合比较法

1. 加权评分法

这是目前信用评级中应用最多的一种方法。一般做法是根据各具体指标在评级总目标中的不同地位，给出或设定其标准权数，同时确定各具体指标的标准值，然后比较指标的实际数值与标准值得到级别指标分值，最后汇总指标分值求得加权评估总分。

加权评分法的最大优点是简便易算，但也存在三个明显的缺点。第一，未能区分指标的不同性质，会导致计算出的综合指数不尽科学。信用评级中往往会有一些指标属于状态指标，如资产负债率并不是越大越好，也不是越小越好，而是越接近标准水平越好。对于状态指标，加权评分法很容易得出错误的结果。第二，不能动态地反映企业发展的变动状况。企业信用是连续不断的，加权评分法只考察一年，反映企业的时点状态，很难判断信用风险状况和趋势。第三，忽视了权数作用的区间规定性。从严格意义上讲，权数作用的完整区间，应该是指标最高值与最低值之间，不是平均值，也不是最高值。加权评分法计算综合指数时，是用指标数值实际值与标准值进行对比后，再乘上权数。这就忽视了权数的作用区间，会造成评估结果的误差。如此，加权评分法难以满足信用评级的基本要求。

2. 隶属函数评估法

这种方法是根据模糊数学的原理，利用隶属函数进行综合评估。一般步骤为：首先利用隶属函数给定各项指标在闭区间 [0，1] 内相应的数值，称为"单因素隶属度"，对各指标作出单项评估。然后对各单因素隶属度进行加权算术平均，计算综合隶属度，得出综合评估的向指标值。其结果越接近 0 越差，越接近 1 越好。隶属函数评级方法较之加权评分法具有更大的合理性，但该方法对状态指标缺乏有效的处理办法，会直接影响评级结果的准确性。同时，该方法未能充分考虑企业近几年各项指标的动态变化，评级结果很难全面反映企业生产经营发展的真实情况。因此，隶属函数评估方法仍不适用于科学的信用评级。

3. 功效系数法

功效系数法是根据多目标规划原理，对每一个评估指标分别确定满意值和不允许值。然后以不允许值为下限，计算其指标实现满意值的程度，并转化为相应的评估分数，最后加权计算综合指数。由于各项指标的满意值与不允许值一般均取自行业的最优值与最差值，因此，功效系数法的优点是能反映企业在同行业中的地位。但是，功效系数法同样既没能区别对待不同性质的指标，也没有充分反映企业自身的经济发展动态，使得评级结论不尽合理，不能完全实现信用评级所要实现的评级目的。

4. 多变量信用风险二维判断分析评级法

对信用状况的分析、关注、集成和判断是一个不可分割的有机整体，这也是多变量信用风险二维判断分析法的评级过程。多变量特征是以财务比率为解释变量，运用数量统计方法推导而建立起的标准模型。运用此模型预测某种性质事件发生的可能性，使评级人员能及早发现信用危机信号。经长期实践，这类模型的应用是最有效的。多变量分析就是要从若干表明观测对象特征的变量值（财务比率）中筛选出能提供较多信息的变量并建立判别函数，使推导出的判别函数对观测样本分类时的错判率最小。根据判别分值，确定的临界值对研究对象进行信用风险的定位。二维判断就是从两方面同时考察信用风险的变动状况：一是空间，即正确反映受评客体在本行业（或全产业）时点状态所处的地位；二是时间，尽可能考察一段时期内受评客体发生信用风险的可能性。

五、信用评分模型

信用评分主要包括两种模型：Z 评分模型和 ZETA 评分模型。

1. Z 评分模型

Z 评分模型的主要内容：美国纽约大学斯特商学院教授阿尔特曼（Altman，1986）提出的 Z 评分模型是根据数理统计中的辨别分析技术，对银行过去的贷款案例进行统计分析，选择一部分最能够反映借款人的财务状况，对贷款质量影响最大、最具预测或分析价值的比率，设计出一个能最大限度地区分贷款风险度的数学模型（也称为判断函数），对贷款申请人进行信用风险及资信评估。阿尔特曼确立的分辨函数为

$$Z = 0.012X_1 + 0.014X_2 + 0.033X_3 + 0.006X_4 + 0.999X_5$$

或 $Z = 1.2X_1 + 1.4X_2 + 3.3X_3 + 0.6X_4 + 0.999X_5$

其中，X_1：流动资本/总资产（WC/TA）；X_2：留存收益/总资产（RE/TA）；X_3：息前、税前收益/总资产（EBIT/TA）；X_4：股权市值/总负债账面值（MVE/TL）；X_5：销售收入/总资产（S/TA）。这两个公式是相等的，只不过权重的表达形式不同，前者用的是小数，后者用的是百分比，第五个比率是用倍数来表示的，其相关系数不变。阿尔特曼经过统计分析和计算最后确定了借款人违约的临界值：$Z_0 = 2.675$。如果 $Z < 2.675$，借款人被划入违约组；如果 $Z \geq 2.675$，则借款人被划为非违约组。当 $1.81 < Z < 2.99$ 时，判断失误较大，称该重叠区域为"未知区"（Zone of Ignorance）或称"灰色区域"（Gray Area）。

2. ZETA 评分模型的主要内容

ZETA 信用风险模型（ZETA Credit Risk Model）是继 Z 模型后的第二代信用评分模型，变量由原始模型的 5 个增加到了 7 个，适应范围更宽，对不良借款人的辨认精度也大大提高。模型中的 7 个变量是：资产收益率、收益稳定性指标、债务偿付能力指标、累计盈利能力指标、流动性指标、资本化程度的指标、规模指标。

3. Z 评分模型和 ZETA 评分模型存在的主要问题

（1）两个模型都依赖于财务报表的账面数据，而忽视日益重要的各项资本市场指标，这就必然削弱预测结果的可靠性和及时性；

（2）由于模型缺乏对违约和违约风险的系统认识，理论基础比较薄弱，从而难以令人信服；

（3）两个模型都假设在解释变量中存在着线性关系，而现实的经济现象是非线性的，因而也削弱了预测结果的准确程度，使得违约模型不能精确地描述经济现实；

（4）两个模型都无法计量企业的表外信用风险，另外对某些特定行业的企业如公用企业、财务公司、新公司及资源企业也不适用，因而它们的使用范围受到较大限制。

专栏 10 - 2   格兰仕海外管理客户信用风险

2001 年，东欧一新客户开始和格兰仕公司海外市场部接触，希望从格兰仕大批量购买微波炉。海外市场部随即启动了客户信用评审程序。

第一步：从客户提供的资料看出，这是一家颇具实力的大型进口商兼零售商，销售范围覆盖东欧三四个国家，并辐射到中亚和苏联一些国家。之后，双方进一步当面接洽，主管业务员从客户的言谈、营销网络和使用的品牌等方面，了解到对方确实有相当的规模，应该是一个颇有潜力的买家。这位客户通过了公司关于客户信用评审的第一关。

第二步：海外市场部评审对方的开证银行。发现客户尽管地处东欧，但在开立信用证时，使用的多是德国、瑞士等地知名度高、信誉不错的银行。这通过了信用评审的第二关。

第三步：第三方机构（银行）获得的资料显示，它和不少中国公司合作的历史却不光彩，尤其是付款信誉不佳，该客户多次以信用证的不符点为由，推迟付款甚至漫天杀价，使不少中国公司损失惨重。

格兰仕对此非常重视。于是继续第三步评审：利用自己在船运公司方面的网络，顺藤摸瓜了解到，由于信用证的不符点等原因，该客户经常将货物滞留港口。客户的"劣迹"确认之后，该客户顺理成章被自动评为 C－级。在和对方谈判时，格兰仕态度坚决，弃用信用证的付款方式，改用 T/T，收到全额付款之后再发货。同时，为了规避风险，拒绝对方一次 10 个柜的订单，要求每次订货数量减少。

一、三个面＋三个点

作为当事人之一，格兰仕海外市场部业务经理黄振斌表示："如果早几年的话，我们肯定被这个客户套牢了。但现在，我们的信用评审系统将过滤掉那些劣质的客户。"由于这套系统，格兰仕的出口额在每年保持 50% 高速增长的同时，坏账率却持续下降。2002 年出口 3 亿美元，坏账率几乎为零。

黄振斌刚进格兰仕集团时，公司出口量小，客户不多，对客户采用非常粗放的管理。评判客户信用全靠业务员的主观推断。很多时间都消耗在单证审核上，尤其是信用证项下的单证。尽管投入精力不少，但拖欠和坏账仍有发生。随着客户和出口量的增加，公司意识到，必须加强对客户信用的管理，而这种管理需要建立在科学的流程之上。

格兰仕摸索出了一套行之有效的流程。黄振斌介绍，对客户信用评审，大致通过"三个面＋三个点"来完成。三个面是指格兰仕自己、客户和第三方机构的信息，而三个点分别指客户所在国、客户使用银行和客户公司本身。

具体地说，和任何一个客户洽谈生意，都需要就客户自己提供的背景资料、格兰仕自己了解的信息（老客户的话需要考察双方历史资料）、第三方机构获取的情报进行评审。之后，还需要了解客户所在国家或地区的风险评估、客户使用银行的信用级别加上客户本身的经营和财务状况等。经过了这些规范复杂的评审之后，得出客户的信用等级。有了这个等级，公司在和客户合作时，就能掌握一定的授信度和灵活度。业务员在操作时，就会有据可依，在此基础上充分发挥个人的主观能动性。

二、客观性＋科学性

客户信用评审需要建立在翔实的数据之上。数据的广泛性和客观性是决定评审是否准确的重要前提。所以，出口企业必须广开渠道，多方搜集数据，然后进行加工处理。黄振斌说，企业要采用立体交叉的方式获取信息。

企业对历史数据要做整理。老客户以往成交的记录、对方付款状况需要集中起来，以后和老客户的合作，需要这些一手资料。这些资料往往最真实、最直接，并且获取的成本小。这一点并没有被大多数中国企业所重视。

从第三方机构获取数据非常重要。其中包括银行、保险公司、船公司、专门的市场调研机构乃至同行。黄振斌说，就格兰仕而言，银行提供的帮助最大。银行同时为无数的出口企业服务，在国内外也有广泛的网络，他们对买家尤其是那些有一定规模、和中国公司合作过的买家的信誉有一定了解。上述的那个东欧客户就是通过中国银行提供的信息，从而避免了出口风险。另外，部分保险公司有专门针对出口企业的出口信用保险，一些金融机构开展保理业务，还有如邓白氏有专门针对地区的公司调查。从这些机构都可能得到买家的一些背景资料。通过互联网查询是另一大行之有效的途径。地区或行业网站（尤其是一些互动的社区）里面有些专门针对买卖双方的黑名单。这些资料当然不一定全信，但至少可以作为参考。

黄振斌特别提醒，客户的信息是动态的，因此信息收集的过程也必须一直持续。因此，格兰仕还推出了对客户的定期拜访制度。各区域的业务队伍针对自己的区域，在适当的时候拜访客户，并对当地市场和销售业态进行调研。这种访问和调研可以得到关于客户最新、最直接的资料，然后提交标准的报告，进入数据库系统。

格兰仕现在正和专业的外贸软件公司合作，共同开发一套外贸软件系统。黄振斌介绍，这套系统将订单管理、单证管理、合同管理、付款记录、售后跟踪等外贸业务的所有流程纳入电脑管理，客户信用评审是其中一个重要模块。一旦这套系统启动，将彻底避免以往手工操作的弊端，实现信息真正的共享，大大提升业务效率。

三、政策化＋制度化

邓白氏的统计表明，2002 年中国企业的坏账率为 2%～3%，而国外企业平均只有 0.25%～0.5%，更重要的是，国外的销售有 90% 是信用销售（赊销），而国内该比例不足 20%。这些统计足以说明，中国企业目前在信用管理上还存在相当的距离。

邓白氏国际信息咨询（上海）有限公司商务咨询部经理梁波和出口企业打过多年的交道。他觉得，目前国内企业的客户风险管理大多还停留在非常初步的战术层面，在局部进行操作。很多企业将客户信息交由业务人员分散管理，没有建立共享的制度。梁波在给企业做咨询时，一些总经理甚至没办法将客户信息汇总，因为业务人员各自为政，哪有共享可言？由于客户信用管理的不力，中国出口企业收款的周期非常长。邓白氏在 2002 年的统计表明，出口企业比其他企业的周期要长，同时出口企业的坏账率更高。

梁波认为，企业首先需要制定自己的信用政策，包括信息怎么搜集、客户如何评估、机构如何设置等。在信用政策的基础上，企业需要开发一套具体而详细的信用制度，主要对具体的操作层面进行规范，比如单据怎么审核、交易该怎么执行、收款该如何处理等。

梁波进一步指出，客户信用管理需要作为出口企业战略来考虑。它是全方位的，涉及企业的各个部门，部门之间需要密切配合；它同时又是全过程的，贯穿到企业运作的整个流程。客户信用风险管理的提升，能保证最大限度地降低风险，保证企业的最大利润。

资料来源：Jack Li（2003）。

第三节　信用风险的现代度量模型

现代信用风险度量模型主要包括信用监控模型、信用风险的矩阵模型、麦肯锡模型、保险方法、基于神经网络的模型和信用差额计量法。

一、信用监控模型

1. KMV 模型

最典型的信用监控模型就是美国旧金山市 KMV 公司创立的违约预测模型——信用监测模型（Credit Monitor Model）。该模型使用了两个关系：第一，企业股权市值与它的资产市值之间的结构性关系；第二，企业资产市值波动程度和企业股权市值的变动程度之间的关系。通过这两个关系模型，便可以求出企业资产市值及其波动程度。一旦所有涉及的变量值被算出，信用监测模型便可以测算出借款企业的预期违约频率（EDF）。企业股权市值与它的资产市值之间的结构性关系是由贷款与期权的关系决定的。企业股权作为期权买权的损益情况如图 10-1 所示。

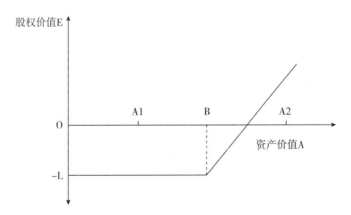

图 10-1　企业股权作为期权买权的损益情况

借款企业股东的股权市值头寸看作是持有一份以企业资产市值为标的的买权。正像古典布莱克－斯可尔斯－默顿模型中股票卖权定价的五变量一样，企业股权可由下式来估价出：

$$\overline{E} = h(A, \ \sigma_A, \ \overline{r}, \ \overline{B}, \ \overline{\tau}) \tag{10-1}$$

其中，A 表示资产市值，B 是向银行借款数，r 指的是短期利率，σ_A 表示该企业的资产市值的波动性，τ 指的是股票卖权的到期日或在贷款的情形下指的是贷款期限（或违约期限）。r、σ_A、τ 都可以从市场上直接观察到。股权市值的波动性 σ_E 与它的资产市值波动性 σ_A 的关系：

$$\overline{\sigma_E} = g(\sigma_A) \tag{10-2}$$

股权市值的波动性可以在市场上直接观察到，故联立（10-1）、（10-2）式，就可得出所有相关变量。代入公式：

$$抵达违约点的距离 = \frac{A-B}{\sigma_A} \tag{10-3}$$

如果借款企业的资产市值呈现正态分布的话，就可知道违约的概率。KMV 公司利用其自身优势建立起了一个全球范围企业和企业违约信息数据库，计算出了各类信用等级企业经验预期违约频率，从而产生了以这种经验预期违约频率为基础的信用分值来。

2. KMV 信用监测模型的缺陷

KMV 信用监测模型的缺陷表现为：①模型的使用范围受到了限制，不适用于非上市公司；②在现实中，并非所有借款企业都符合模型中资产价值呈正态分布的假定；③该模型不能够对长期债务的不同类型进行分辨；④该模型基本上属于一种静态模型，但实际情况并非如此。

二、信用风险矩阵模型

J. P. Morgan 继 1994 年推出以 VaR 为基础的风险矩阵（Risk Metrics）后，1998 年又推出了信用矩阵（Credit Metrics）；瑞士信贷银行推出另一类型的信用风险量化模型（Credit Metrics +）。因此，信用风险矩阵模型主要包括在险价值法（VAR）：Risk Metrics 模型；信用度量制方法：Credit Metrics 模型；火灾保险方法：Credit Metrics + 模型。

1. 在险价值法：Risk Metrics 模型

在险价值法就是用来度量一项给定的资产或负债在一定时间里和在一定的置信度下其价值最大的损失额。VaR 方法度量非交易性金融资产如贷款的在险价值时则会遇到如下问题：因为绝大多数贷款不能直接交易，所以市值 P 不能够直接观察到。由于贷款的市值不能够观察，也就无法计算贷款市值的变动率 σ。贷款的价值分布离正态分布状偏差较大。如图 10-2 所示。

2. 信用度量制方法：Credit Metrics 模型

VaR 模型是在给定的置信区间内，度量给定的资产在一定时间内的最大损失额。而信用矩阵是希望提供一个运行风险估值的框架，用于非交易性资产的估值和风险计算。通过信用矩阵模型，可以估测在一定置信区间内，某一时间贷款和贷款组合的损失。虽然，贷款的市场价值具有波动性，但利用借款人的信用评级、评级转移矩阵、违约贷款回收率等可计算出市场价值 P 和标准差 σ。

信用度量制是通过掌握借款企业的资料（如借款人的信用等级资料、下一年度该信用级别水平转换为其他信用级别的概率、违约贷款的收复率），计算出非交易性的贷款和债券的市值 P 和市值变动率 σ，从而利用受险价值方法对单笔贷款或贷款组合的受险价值量进行度量的方法。

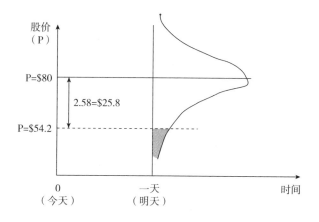

图 10 - 2　Risk Metrics 模型

本模型假定了信用等级的转换概率在不同的借款人之间，以及在商业周期不同阶段都是稳定的，现实条件很难满足这一假设。此外，基于 VaR 的 Credit Metrics 法测度信用风险时还存在对极端损失估计不足，需要人为加大标准差的值；模型需要假定转移概率服从 Markov 过程等问题，与现实中信用评级的转移有跨期自相关性不相符。

表 10 - 2　一年期信用等级转换矩阵

年初信用等级	年底时的信用评级转换概率（%）							
	AAA	AA	A	BBB	BB	B	CCC	违约
AAA	90.81	8.33	0.68	0.06	0.12	0	0	0
AA	0.70	90.65	7.79	0.64	0.06	0.14	0.02	0
A	0.09	2.27	91.05	5.52	0.74	0.26	0.01	0.06
BBB	0.02	0.33	5.95	86.93	5.36	1.17	0.12	0.18
BB	0.03	0.14	0.67	7.73	80.53	8.84	1.00	1.06
B	0	0.11	0.24	0.43	6.48	83.46	4.07	5.20
CCC	0.22	0	0.22	1.30	2.38	11.24	64.86	19.79

表 10 - 3　信用等级下贷款市值状况（包括第一年息票额）

一年结束时信用等级	市值金额（百万美元）
AAA	109.37
AA	109.19
A	108.66
BBB	107.55
BB	102.02
B	98.10
CCC	83.64
违约	51.13

3. 火灾保险方法：Credit Metrics + 模型

瑞士信贷银行金融产品部开发的信用风险附加 Credit Risk + 模型运用家庭火险财产承保的思想，把违约事件模型化为有一定概率分布的连续变量，每一笔贷款都有着极小的违约概率并且独立于其他贷款。组合的违约概率的分布类似于泊松分布，因此根据泊松分布公式，可计算违约的概率。利用各个频度的违约概率分布加总后得出贷款组合的损失分布。Credit Risk + 中没有违约原因的假设，所以不能像 Credit Metrics 或 KMV 那样用违约要素之间的相关性来代替违约本身的相关性。

Credit Metrics + 模型与作为盯市模型（MTM）的 Credit Metrics 不同，它是一个违约模型（DM），它不把信用评级的升降和与此相关的信用价差变化视为一笔贷款的 VAR（信用风险）的一部分，而只看作是市场风险，它在任何时期只考虑违约和不违约这两种事件状态，计量预期到和未预期到的损失，而不像在 Credit Metrics 中度量预期到的价值和未预期到的价值变化。

三、麦肯锡模型

麦肯锡模型是在 Credit Metrics 的基础上，对周期性因素进行了处理，将评级转移矩阵与经济增长率、失业率、利率、汇率、政府支出等宏观经济变量之间的关系模型化，并利用蒙地卡罗模拟技术，模拟周期性因素的影响来测定评级转移概率的变化。麦肯锡模型可以看成是对 Credit Metrics 的补充，它克服了 Credit Metrics 中不同时期的评级转移矩阵不变的缺点。

宏观模拟模型在计算信用资产的在险价值量时，将各种影响违约概率以及相关联的信用等级转换概率的宏观因素纳入体系。克服了信用度量制方法由于假定不同时期的信用等级转换概率是静态的和固定的而引起的很多偏差，被视为信用度量制方法的重要补充。

解决和处理经济周期性因素常用方法是直接将信用等级转换概率与宏观因素之间的关系模型化，如果模型是拟合的，就可以通过制造宏观上的对于模型的"冲击"来模拟信用等级转换概率的跨时演变状况。

四、保险方法

1. 死亡率模型

死亡率模型（Mortality Model）最早是由阿尔特曼（Altman）和其他学者开发的贷款和债券的死亡率表而得名的，因为阿尔特曼所运用的思想和模型与保险精算师在确定寿险保险费政策时所运用的思想和模型是相似的。

该模型以贷款或债券组合以及它们在历史上违约经历为基础，开发出一张表格，用该表来对信用资产一年的或边际的死亡率（Mrginal Mortality Rate，MMR）及信用资产多年的或累积的死亡率（Cumulative Mortality Rate，CMR）进行预测。将上面的两个死亡率与违约损失率（LGD）结合起来，就可以获得信用资产的预期损失的估计值。

2. 财产保险方法模型

财产保险方法模型即 Credit Metrics + 模型。

五、基于神经网络的模型

有学者提出以非线性方法（如类神经网络或模糊理论）作为信用风险分析的工具。

在神经网络概念下，允许各因素之间存在复杂的关系，以解决传统计分方法的线性问题。而非线性方法面对的最大问题是：需要考虑多少个隐蔽关系？考虑太多的隐蔽关系有时会给模型产生过分拟合的问题。并且，使用神经网络来决策的一个缺陷是解释能力缺乏。当它们能产生高的预测精度时，获取结论的推理却不存在。故需要一套明确的和可理解的规则，有人评价对比了几种神经网络的规则提取（Neural Network Rule Extraction）技术，并用决策表（Decision Table）来代表提取规则。他们得出结论，神经网络的规则提取和决策表是有效的和有力的管理工具，可以为信用风险评估构建先进的和友好的决策支持系统。

六、信用差额计量法

信用差额计量法（Credit Spreads）是用某种债券的收益率与同期无风险债券收益率的差来计量该债券的信用风险。该差越大，信用风险越大。

1. 零曲线收益率

债券投资者经常通过估计零曲线（Zero Curve）的收益率来比较债券的不同信用等级；

$$Z(t, T) = e^{-y(t,T) \times (T-t)}$$

y（t，T）称为零息债券收益率函数（Function of T），也称为利率的期限结构或收益率曲线或零曲线。

2. 示例

表 10 – 4 是一个"A"等级的债券与无风险债券收益率的比较，投资者通过计算收益率之间的差，作为评价债券质量的指标。如 5 年期公司债券与相应期限的国债券之间的收益率差为 5.95% – 5% = 95bps。

表 10 – 4　　"A"等级的债券与无风险债券收益率的比较

偿还期（年）	无风险利率（%）	"A"－公司债券利率（%）
1	5	5.25
2	5	5.50
3	5	5.70
4	5	5.85
5	5	5.95

第四节　信用风险的管理手段

一、传统的信用风险管理

1. 传统信用分析步骤

传统信用分析主要分析企业的资产负债状况和现金流状况。对企业的信用分析是一个程序化的、劳动密集型的工作，主要包括以下几个步骤：①分析企业需要这笔贷款的用途，要运用其所了解的企业基本情况，根据银行的现代政策和"喜恶特征"分析该企业的贷款申请；②对企业的资产负债及损益表进行详细分析，用以发现该企业在各阶段的发展趋势以及业务上的波动情况；③对试表算进行分析；④对账目进行调整以符合用于趋势分析与推测的标准格式。

2. 传统的信用风险管理步骤

传统的信用风险管理方法主要包括以下几个步骤：①根据预计现金流对该笔贷款的目的进行评价，放贷者要寻找出第一退出途径和第二退出途径；②确定较松和较严的假设前提，并进行压力测试；③分析行业结构，特别是正在出现的发展趋势、公司在行业中的地位及监管活动的潜在影响；④对公司管理高层及现行战略进行评价，同时负责生存、库存、定价和销售系统的部门经理也要进行评价。

二、现代信用风险的管理

现代信用风险的管理手段主要包括：①交易所和清算所；②信用衍生产品；③信用证券化。

1. 交易所和清算所

银行、衍生工具交易商及其他金融机构参与者之间有大量的交易，在他们每天交易的过程中都要承担信用风险，交易所和清算所是降低这些风险的结构化手段。交易所实施了以下一些规章措施来防止信用风险：①保证金要求；②逐日盯市制度，即每日清算收入或损失；③头寸限制等。

2. 信用衍生产品

（1）利用期权对冲信用风险。利用期权对冲信用风险的原理是：银行在发放贷款时，收取一种类似于贷款者资产看跌期权的出售者可以得到的报酬。这是因为，银行发放贷款时，其风险等价于出售该贷款企业资产看跌期权的风险。这样，银行就会寻求买入该企业资产的看跌期权来对冲这一风险。

对这种信用风险对冲方式的最早运用是美国中西部的农业贷款。为保证偿还贷款，小麦农场主被要求从芝加哥期权交易所购买看跌期权，以这一期权作为向银行贷款的抵押。如果小麦价格下降，那么小麦农场主偿还全部贷款的可能性下降，从而贷款的市场价值下降；与此同时，小麦看跌期权的市场价格上升，从而抵销贷款市场价值的下降。图10 – 3显示了小麦看跌期权具有抵销性效应。如图10 – 3所示，当小麦价格为B时，农场主的资产（小麦）价值恰好保证能偿还银行贷款，同时小麦看跌期权的价值为零；当小麦价格从B下降时，银行贷款的报酬下降，但是同时小麦看跌期权的价值上升；当小麦价格从B上升时，银行贷款的报酬保持不变，同时小麦看跌期权的价值进一步下降。但是，小麦看跌期权是由农场主购买的，作为贷款的抵押，因此银行贷款的报酬并不发生变化。此时，农场主的最大借贷成本是购买小麦看跌期权的价格。

上述对冲方法看上去很完美，但是存在着下列两个问题：①农场主可能由于个人的原因，而不是因为小麦价格的下降而违约。也就是说，这种方法只保证了贷款者的还款能力，但对于贷款者的还款意愿却没有任何的保证。可是从前面我们知道，信用风险的产生是还款能力和还款意愿这两者共同作用的结果。②农场主要想获得贷款必须购买看跌期权，从而必须支付一定的期权费，使得农场主贷款的成本上升。从农场主的角度来看，他肯定不愿意这样做。如果银行强迫农场主购买期权就有可能会损害银行和农场主的关系，农场主也可以不选择这家银行贷款。

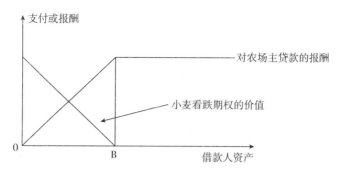

图10-3 小麦看跌期权的抵销性效应

违约期权：这种期权在贷款违约事件发生时支付确定的金额给期权购买者，从而对银行予以一定补偿的期权。银行可以在发放贷款的时候购买一个违约期权，与该笔贷款的面值相对应。当贷款违约事件发生时，期权出售者向银行支付违约贷款的面值；如果贷款按照贷款协议得以清偿，那么违约期权就自动终止。因此，银行的最大损失就是从期权出售者那里购买违约期权所支付的价格。这类期权还可以出现一些变体，比如，可以把某种关卡性的特点写入该期权合约中。如果交易对手的信用质量有所改善，比如说从B级上升到A级，那么该违约期权就自动中止。作为回报，这种期权的出售价格应该更低。

贴水期权：债券的发行者可以利用期权对平均信用风险贴水进行套期保值。例如，A公司信用评级为BBB+1，它计划在两个月后发行总价值为100万元的1年期债券。如果在这两个月内该公司的信用等级下降，那么它付给投资者的信用风险贴水就会上浮，则公司势必要以更高的利率发行债券，融资成本必将升高。为防止此类情况的发生，A公司可以购入一个买入期权，双方约定在信用风险贴水上浮到一定限度后，由期权的出售方弥补相应多出的费用。因而，买入期权在信用贴水上升时可以使其购买者以固定利率借款而避免损失，利率下降时则可以享有相应的好处。当然，享有这样权利的代价是要付出相应的期权费。

（2）利用互换对冲信用风险。信用互换主要有两类：总收益互换和违约互换。

第一，总收益互换。在总收益互换中，投资者接受原先属于银行的贷款或证券（一般是债券）的全部风险和现金流（包括利息和手续费等），同时支付给银行一个确定的收益（比如LIBOR），一般情况下会在LIBOR基础上加减一定的息差。与一般互换不同的是，银行和投资者除了交换在互换期间的现金流之外，在贷款到期或者出现违约时，还要结算贷款或债券的价差，计算公式事先在签约时确定。如果到期时，贷款或债券的市场价格出现升值，银行将向投资者支付价差；反之，如果出现减值，则由投资者向银行支付价差。

第二，违约互换。银行在每一互换时期向作为交易对手的某一金融机构支付一笔固定的费用（类似于违约期权价格）。如果银行的贷款并未违约，那么他从互换合约的交易对手那里就什么都得不到；如果该笔贷款发生违约的情况，那么互换合约的交易对手就要向其支付违约损失，支付的数额等于贷款的初始面值减去违约贷款在二级市场上的现值。在这里，一项纯粹的信用互换就如同购入了一份信用保险，或者是一种多期的违约期权。银行在每一互换时期向作为交易对手的某一金融机构支付一笔固定的费用（类似于违约期权价格）。如果银行的贷款并未违约，那么他从互换合约的交易对手那里就什么都得不到；如果该笔贷款发生违约的情况，那么互换合约的交易对手就要向其支付违约损失，支付的数额等于贷款的初始面值减去违约贷款在二级市场上的现值。在这里，一项纯粹的信用互换就如同购入了一份信用保险，或者是一种多期的违约期权。

第三，利用远期合约对冲信用风险。信用远期合约是在贷款利率被确实以及贷款被发放以后，对冲贷款违约风险地增加的一种无期协议。信用远期合约为借款人发行的基准债券（或贷款）明确规定一个信用风险价差。合约的购买者承担了借款企业基准债券违约风险的增加。

3. 信用证券化

近来，商业信贷或贷款证券化（如同贷款出售和交易）发展速度非常快。主要包括两类：一是表外的CLO；二是表内的CLN。CLO之类的证券化，一般是将贷款移出资产负债表，以抵押贷款债券的形式重新包装并一揽子出售给外部的投资者。比如非常受欢迎的抵押贷款、汽车贷款。CLN之类的证券化，一般仍把贷款保留在资产负债表内，是将贷款组合发行资产支持证券。

【章末案例】 500 亿元资金池悬疑：宜信的坏账风险

2014年5月15日夜晚，唐宁早早出现在宜信8周年庆祝晚会上。随后，唐宁的8周年寄语风传网络。在寄语中，他一如既往只谈发展和理念。这个8周年对于宜信而言，是一个微妙的时刻。接二连三爆发的坏账风波把宜信推向了舆论的风口浪尖。当时，宜信在全国120多个城市20多个农村地区设立网点，员工总数超过25000人。宜信P2P业务规模促成交易额达500亿元。2.5万大军，500亿P2P业务规模，总业务涉及小额信贷、财富管理、信用评级、担保、融资租赁、私募基金、理财代销，这不输于一家中小"银行"。然而，对于这个如此庞大的金融航母，掌舵人唐宁从来对于数据和模式都讳莫如深。宜信的风控、盈利数据、坏账数据也并不透明，其资金池模式更是饱受市场质疑和诟病。宜信藏得很深，但这一次，它不得不面对市场了。

一、风险事件频发

宜信似乎正掉入了一个被称为"危局"的舆论旋涡。激起漩涡的石子，是宜信在东北开展的三个房地产相关项目。2014年4月8日，有爆料人向媒体反映，宜信东北地区地产项目的8亿元贷款已出现问题。在这8亿元的坏账中，贷款主体已经遭到多起诉讼，宜信即使申请资产保全，也很难追回全部欠款。而这部分坏账的抵押物都是东北四线以下城市的烂尾楼。对此，2014年4月13日宜信CEO唐宁通过内部公开信澄清，宜信在东北开展的房地产相关业务只有三个项目，共计2.64亿元额度，项目运作均正常。

一波未平一波又起。东北项目问题爆发3天后，又有媒体曝出，即将于下月到期的杭州某商业地产项目，也存在潜在的逾期或坏账风险。尽管宜信一再澄清，在宜信财富一年接近500亿的资产配置中，只有13.1%的资金配置到了各种房地产项目上，且有超值的抵押担保，但仍未打消市场疑虑。

围绕宜信一桩桩坏账风波的背后，实际是对宜信 P2P 模式的担忧。其独创的债权转让模式太容易让外界产生"资金池"的联想。早在 2013 年 8 月 13 日，在互联网大会上，央行副行长刘士余就曾警示 P2P 平台的道德风险及操作风险，并直接指出，线下 P2P 如果脱离了平台操作功能之后，就会演变成资金池，成为影子银行。业内认为刘士余直指宜信线下 P2P 模式。2014 年初，P2P 的监管归口为银监会，有消息称，相应的 P2P 监管细则正在制定之中，而宜信经常出现在监管部门召开的各种 P2P 行业研讨会上。

同时，华融普银山东高速项目延期兑付事件仍在继续发酵。华融普银发行的一款名为"华融普银基金——中国城市建设山东高速项目"理财产品，总规模 6 亿元，资金将用于山东省岚临高速（岚山港至临沂市）道路的施工建设，基金期限为 1 年。其中认购金额 50 万~100 万的预期年化收益率为 9%，100 万元以上认购金额的预期年化收益率为 11%。原本 2014 年 3 月到期，因公司资金链断裂，产品到期无法兑付。有媒体报道称宜信代销了该产品的近三分之一，即 1.9 亿元。4 月 22 日，宜信公关人士对此予以否认。有人从宜信内部获悉，宜信代销过这一理财产品，金额至少 1 亿元。

二、宜信版 P2P 模式

宜信的一端，是急需小额资金、又有未来还款能力的人群。四川人小邓已经在上海工作 4 年了，目前在一家网吧担任维修工作，月收入 2500 元。为了能找到更好的工作来改变自己的生活，小邓希望参加网络工程师培训。但近万元的课程培训费却让他一时无能为力。正犯愁之时，在某培训学校，他发现宜信这种新型的小额贷款模式，课程培训期为 6 个月，学费是 8000 元，他只要每月还款 667 元就能完成学业。

宜信的另一端，是有闲余资金、愿意通过出借来获取回报的人群。首都外经贸大学刘教授尝试宜信这种出借理财近半年。他一开始很担心宜信的借款平台是否安全。他参加了宜信的理财活动，又去公司反复咨询，看了一叠借款人的申请资料后还是不放心。后来他发现，借款人在公司办公室一对一地接受严格仔细的"面试"，这才愿意用几万元尝试一下。投资前，刘教授可以选择借款人和回款方式。宜信根据他的投资金额和要求推荐借款人信息，包括身份、工作收入、借款用途、金额、利息等。如果不满意还可以更换。接下来每个月，他都能收到宜信的报表，上面写有此前借款人的还款情况以及又有哪些新的借款人可供选择。

现在，45 万元的投资每个月近 5000 元的进账让刘教授十分满意。"45 万在北京只能买一个很小的房子而且只够付首期，首付 45 万元买个六七十平方米的房子每月最多 3000 元租金收入。"——这就是宜信模式的大致轮廓。"宜信和淘宝一样，只不过淘宝'卖'的是货物，宜信'卖'的是信用。"唐宁用最简洁的语言解释宜信模式，"我们不吸收存款，也不发放贷款，就是小额信贷中介。""一对多"的尤努斯模式由此裂变为"多对多"的宜信模式，从商业化的角度，这无疑是一次质的飞跃。宜信不管理资金，只管理信用。出借人并非将资金交给宜信，而是直接交给借款人，出借人能追踪资金使用方向，一切都是透明的。宜信提供前期的信用审查、按期回收账款及催收服务，并根据额度、信用水平等条件，向出借人和借款人双方总共收取每笔借款的 1%~10% 不等的服务费。与银行提供贷款的方式不同的是，宜信促成的借贷交易都是无担保、无抵押的小额信用贷款。从细分市场的角度看，作为新型创业公司的宜信，从一开始就避开了与银行等从事借贷业务的金融机构的竞争。

宜信最初的一批客户群即是职业培训的大学生，这也是至今为止宜信 P2P 业务四类主要客户群体中的一类，另外三类客户群体分别是小微企业主、工薪阶层和农民。但，如今宜信的模式已经和成立之初有所不同。目前，宜信的资金端不仅可以对接个人，也可以对接信托、银行等机构。在原有的 P2P 模式的基础上已经衍生出了信托对个人、银行对个人的 B2P 等新模式，出借人已不仅仅限于个人。从 2011 年开始宜信与中航信托合作，其发行的"天宜小额贷款结构化集合资金信托计划"和"天惠信贷及车贷结构化集合资金信托计划"正是宜信创新后的 B2P 模式。上述两种信托计划已经分别发行了 29 期和 24 期，每一期都包含从三个月到二十四个月不等的不同期限产品，最低门槛为 50 万元。

P2P 只是一个工具，以后机构作为资金来源的方式也会越来越多，宜信与银行、信托等金融机构都有进一步合作的可能。从 2012 年开始，宜信原有的 P2P 业务板块被更名为普惠金融业务，该业务板块包括了宜人贷、宜农贷、宜车贷、宜学贷、宜信租赁、信翼计划、小微企业信贷服务中心等 P2P 业务品类。

对于宜信来说，近年来其模式上还有一个重要的变化就是互联网化，但宜信线上营销渠道的形成并没有改变宜信依赖线下的 P2P 模式。宜信的业务物理网络已经分布于全国 120 多个城市以及 20 多个农村地区，员工总数远超过 25000 人，相当于三年前的两倍规模。唐宁也曾经明确表示："国内线下审核数据更为有效，线上所得数据仅能作为一种增信手段。"而宜信分布于全国各地的员工最为主要的任务依然是投资端和理财端的营销。

三、资金池质疑

不可否认的是，唐宁所创立的债权转让的 P2P 模式使得宜信在创立之初能够迅速获得市场，并在 2008 年后得以成倍扩张，宜信模式所撬起来的 P2P 市场规模或许远不止其所对外宣称的上百亿元。但也正是这一债权转让的模式让宜信长期以来很难摆脱"资金池"的质疑。就具体运作流程而言，宜信的债权转让模式即为唐宁先将资金借给借款人，随后对债权在时间上和金额上进行拆分，再以理财产品的方式通过线下庞大的营销团队找到最终的资金出借人也就是投资者，从中赚取息差或手续费。

唐宁还曾被戏称为中国累计放贷额度最大的个人。很显然，宜信的债权转让模式正是完成了一场类似资产证券化的过程，而这一过程中发生资金池的可能性成为长期以来市场关注的焦点。在唐宁看来，宜信只是把一笔已经生成的债权细分之后进行的转让，并不涉及资金池。

"新出借人把既有出借人和借款人已经生成的债权买走，依然形成了新出借人与借款人'一对一'的债权关系，原出借人并不承诺到期后借款人一定还款，也不保证本金和利息。"唐宁曾对记者解释称。虽然一直以来，宜信和唐宁都矢口否认资金池的存在，但市场对于宜信的质疑并没有消失，对于投资与借出是否真正完全匹配，风险在债权转让时是否完全隔离依然心有疑虑。"这种模式相比于完全的线上模式更需要很强的自律性和高度的信息透明，否则很容易滋生资金池或影子银行。"一位 P2P 公司的负责人分析称。

据该负责人介绍，目前国内共有至少 1500 家 P2P 公司，但主要分为三种平台模式：最为普遍的是线上线下相结合的平台模式，另外两种分别是以拍拍贷为代表的纯线上的小额借贷平台和纯线下＋债权转让模式的宜信 P2P 模式。

"债权转让的模式确实可以提高 P2P 平台整体的收益，可以提高借款人借款的效率，但在这种情况下，平台是否能够完全按照期限、金额进行切分，同时风险信息透明，前期风控尽责是关键所在。"一位银行业的资深人士分析称。

在宜信看来，市场上所存在的一些质疑是对宜信的业务模式不充分了解的臆测，债权转让过程中不涉及任何资金池或期限错配。相比以前，目前宜信的官网已经很少看到债权转让的项目。

"债权转让模式是宜信发展过程中逼出来的创新，也是在当时的情况下最符合实际市场需求和客户的需求的，而且合法合规的业务模式。随着技术的发展和成熟，电子签名技术被日益接受、互联网的使用日渐普及，宜信从几年前就开始积极研发使用电子签名技术进行借贷双方的直接签约，目前这种模式已经在宜信的业务中占据越来越重要的份额。"一位宜信公司的负责人对此解释称。

四、高收益率背后的坏账风险

2013 年，P2P 行业出现许多提现困难、倒闭甚至跑路的案例。据公开数据显示，2013 年全年，国内共有 75 家 P2P 平台出现问题，其中经营不善导致的提现问题占到 80%，跑路平台和欺诈平台超过 15 家。而 2014 年一季度内，又有超过 20 家 P2P 平台爆出问题。在业内人士看来，高利息意味着高风险，也意味着高的坏账。正因为高收益回报的可能，才使不少 P2P 公司敢冒风险，同时产生坏账的风险被放大。

一直以来，拥有近 3 万线下团队的宜信，其模式的收益率是否能够覆盖成本备受关注。曾有消息称，通过宜信平台借款，借款人有时会付出高达 30% 以上的实际成本，但由于宜信收取的服务费、债权转让服务费以及风险保证金的原因，投资者所得到的收益率并不高，一般在 10% 左右。据上述宜信的负责人称，目前投资人在宜信平台上进行出借，年化收益率在 10% 左右，宜信向投资人收入服务费用，根据投资人在平台上进行借贷的资产规模不同，收取的服务费比率在 0~2% 左右。

同时，宜信对于借款人也收取相应的服务费，根据不同的客户人群和风险定价，宜信收取的服务费、债券转让服务费及风险保证金等费率取得的服务费每年在 1%~12%。唐宁在今年接受媒体采访时也表示，过去的两年宜信已经实现了盈利。在此之前，宜信支撑扩张的资金主要来自于唐宁的自有资金和两轮融资。2010 年，国际顶级创投机构凯鹏华盈曾对宜信进行了千万美元的战略投资。一年后的 2011 年 5 月，宜信的 A 轮融资中再获摩根士丹利、凯鹏华盈等机构 3000 万美元的投资。根据宜信提供的数据粗略估算，通过宜信平台融资的主体一般的融资成本也在 13% 以上，最高接近 30% 也并非不可能。"目前，行业内平均借款成本也在 20% 左右，15% 以下的很少，25% 以上的相对很多。"一位 P2P 公司的负责人称。

如此高成本融资背后的真实坏账率问题又是多少呢？宜信又是多少呢？据了解，2012 年前后，德勤会计师事务所曾对宜信的财务状况出具过审计报告，显示其坏账率仅为 0.7968%，远低于同期业内公认的 2%~3% 的行业水平，更低于信用卡 1.5% 的平均坏账率。宜信的这一坏账率水平并不被市场所接受。2014 年以来，就曾有消息称宜信坏账率超过 5%，局部坏账率高达 15%。宜信对于这一消息并不认同。对于其坏账率的具体水平，宜信方面回应称："目前整体不超过 3%，随着不同的客户群体会有所区别，但整体的风险情况表现平稳。"

五、宜信的风控逻辑

对于外界来说，宜信的风控体系更为神秘。不久前，唐宁在接受某媒体采访时透露称，宜信已经投入了上亿元建立风控体系，包括信息系统和人员建制。实际上，包括宜信在内的整个 P2P 行业至少目前都必须面临信贷技术的重重难题：在无抵押不担保的前提下，解决小微、个人信用缺失、信用评估的问题。宜信的整个风险管理环节基本分为信贷业务拓展部门、贷审风险管理部门、贷后管理部门三个层级。

信贷业务拓展部门主要负责客户的开发和资料的收集，对客户进行身份认证及做好风险防控的第一道防线。过去 8 年间，宜信创新最多、模式最为多样的即是前期的尽职调查环节。在小微业务中，宜信当地的信贷员会走进小微企业主的场所，和小微企业主攀谈两三个小时，帮助他评估自己的现金流，做信用判断。而近年来采用的信贷工场模式则是利用大数据，在宜信已经积累的百万客户数据的基础之上做决策引擎、评分卡、大数据的分析模型。

作为中台的贷审风险管理部门一方面负责风险数据分析、建模，进行实时的数据监控，系统维护，制定相应的审批政策与审核标准，同时还负责具体的贷审运营工作。

另外，贷后管理也是非常重要的一环。贷后管理部门负责风险预警、逾期客户催收等，具体该部门利用量化工具，密切关注客户的还款行为，结合数据模型开发客户的行为评分模型等，制定不同的催收策略，以及进行资产组合的风险预警管理。

【本章小结】

信用风险的概念有广义和狭义之分。广义的信用风险既包括银行信贷风险，也包括除信贷以外的其他金融风险，以及所有的商业性风险。狭义的信用风险是指银行信用风险，即信贷风险，也就是由于借款人主观违约或客观上还款出现困难，而导致借款本息不能按时偿还，而给放款银行带来损失的风险。信用风险是外部因素和内部因素共同作用的结果。外部因素是指由外界决定、商业银行无法控制的因素；内部因素是指商业银行对待信贷风险的态度，它直接决定了其信贷资产质量的高低和信贷风险的大小。

传统的信用风险度量方法主要包括要素分析法、综合比较法和信用评分模型三种方法。要素分析法也称专家系统法，专家系统法是一种最古老的信用风险分析方法，主要有 5C 要素分析法、5W 要素分析法、5P 要素分析法、4F 要素分析法、CAMPARI 分析法、LAPP 分析法、骆驼评估体系等；综合比较法包括加权评分法、隶属函数评估法、功效系数法、多变量信用风险二维判断分析评级法；信用评分主要包括两种模型：Z 评分模型和 ZETA 评分模型。现代信用风险度量模型主要包括信用监控模型、信用风险的矩阵模型、麦肯锡模型、保险方法、基于神经网络的模型和信用差额计量法。

【问题思考】

1. 如何认识信用风险？
2. 信用风险有哪些影响因素？
3. 5C 要素分析法、5W 要素分析法、5P 要素分析法、4F 要素分析法、CAMPARI 分析法、LAPP 分析法、骆驼评估体系是什么？
4. Z 评分模型和 ZETA 评分模型存在哪些问题？
5. KMV 信用监测模型的缺陷是什么？
6. 信用监控模型包括哪些模型？
7. 如何管理信用风险？

第十一章 操作风险

【学习要点】

☆ 了解操作风险的含义、类型。

☆ 理解操作风险的特征、来源。

☆ 了解操作风险的评估工具。

☆ 理解自我风险评估法。

☆ 掌握关键风险指标法的应用。

☆ 学会操作风险的应对。

☆ 学会基本指标法的应用。

☆ 学会标准法的应用。

☆ 学会高级计量法的应用。

【章首案例】   **没有进入银行系统的理财资金**

2012年9月5日晚11时，洪女士接到温州市城市信用社B支行行长的电话通知，其所交付的2400万元理财资金没有进入银行系统，而是被其客户经理夏某挪用于放高利贷，夏某所用的公章也是假的。在银行大厅购买了理财产品，在盖有银行公章的文件上签字画押，一切都和在其他银行办理业务一样。但是，资金却并没有进入银行。洪女士简直难以相信，让她更难以接受的是，挪用她资金的客户经理夏某与其已相识多年；这件事明明发生在银行大厅而银行却称毫不知情！

一、事件的起因

洪女士是温州市新电器城的一名商户，夏某当时在附近的城市信用社工作，后来信用社搬离此地，双方中断了业务往来。2004年，夏某主动上门，修复了双方的业务往来。正是如此，洪女士才对夏某信任有加。

2010年4月的一天，洪女士到B支行营业大厅办理业务，夏某向她推荐了一款理财产品。这项产品是为贵宾客户提供各类人民币、外币理财产品，由本外币存款、本外币理财、股票、基金、国债、信托、保险、委托贷款等产品组成，收益高于传统存款产品。以50万元或者等值人民币的外币为起点，预期综合理财年收益为7%。此后洪女士先后购买了1550万元，一年到期后，收益为108万元。这部分本金和收益都按期到账。在此情况下，洪女士加大了投资金额。根据洪女士的数份合同记录显示，从2011年11月14日至2012年8月29日，洪女士分12份陆续购进此类理财产品共2400

万元。

由于有之前的"良好"投资记录，洪女士并未发现异常，直到温州市一家 C 企业出现问题。当时温州市城市信用社 B 支行领导得知夏某也有参与这家企业的融资，立刻感到情况不妙。夏某交代自己挪用了 4 名客户的资金，其中包括洪女士的 2400 万元。和洪女士一样，其他三名客户基本都与该银行有业务往来，并且都是夏某的熟人。

二、循环路径

让洪女士一直未察觉的另一原因在于之前的投资都能按约结账。事发后，洪女士夫妻才发觉，此前买理财产品的收益与本金的返还均是来自银行其他客户账户。转出去也是转到其他客户账号。比如，2010 年 11 月 12 日，洪女士的账户被转给黄某某账户 100 万元。2011 年 11 月 12 日，委托理财合同期满，夏某在叶某某的账号下分两次转账给洪女士账户 100 万元本金和 7% 的"委托理财"收益 7 万；2011 年 4 月 20 日，夏某从洪女士账户汇给黄某某账户 200 万元；2012 年 4 月 20 日，叶某某账户转入 200 万元，用以填补之前转走账户的资金。

围绕洪女士在温州市城市信用社开设的理财产品账户，一般都通过同一账户做本息分开两期转入。牵涉温州市城市信用社 6 人以上的账户资金，累加操控资金额度为 3000 万元以上。再加上此后尚套其中的 2400 万元，两年时间内，单单围绕洪女士开设的理财账户，估计操控资金起码在 5000 万元上下。

夏某如此随心所欲，是基于双方 10 年来建立的信任关系，洪女士又不熟悉银行业务操作流程，将银行网银插在客户经理的电脑上，任其自行操作划款。此也是一个比较关键的漏洞。由于理财本金和利息都按时到账，这些客户都未发现异常。直到夏某放高利贷的 C 企业出事，所有问题才得以暴露。

三、过失之辩

洪女士当时并未发觉这是银行客户经理私底下的操控。因为每次签订理财合同，都在银行的营业场所，在客户经理夏某的办公室里签订合同，并由夏某亲自拿到"楼上"盖好公章交予洪女士。在签订这份合同之前，客户本人必须在该银行开设个人结算账户，并存入相应的资金。洪女士在 2012 年 3 月 31 日签署的理财合同上，不仅有客户和银行客户经理的签字，还盖有"温州市城市信用社 B 支行零售业务部"的公章。

"支行行长告知我，我在银行所购买理财产品竟然是假的，所盖温州市城市信用社的公章也是假的。"洪女士称。不过，洪女士认为，温州市城市信用社完全负有责任，"我是在温州市城市信用社的员工推荐下，在温州市城市信用社的经营场所，购买的理财产品。温州市城市信用社的职工、客户经理代表的是温州市城市信用社，和我签订了合同，并盖上了银行的印章。"

事实上，案发后温州市城市信用社就主动找洪协商解决。双方有过几轮洽谈，但尚未达成一致意见。该事件被定性为涉嫌刑事案件之后，温州市城市信用社就转变了态度。洪女士介绍："温州市城市信用社认为是夏某将巨额资金转为己有，要我自己承担损失。"对此，有律师认为，银行员工行为涉嫌犯罪，这是银行和员工之间的事情。但在客户方而言，认定对方是银行的员工才会有此业务往来。何况，合同也是在银行营业场所签订的。如果公章是假的，银行本身应该也存在风险控制问题。如果公章是真的，那么银行应该依法负相应的责任。理财合同上公章的真假问题及相关事宜，还需要进一步做出司法鉴定。

资料来源：作者根据多方资料整理而成。

尽管操作风险一直被视为"其他"风险中的一部分——在信用风险和市场风险领域之外——然而它已迅速占领金融领域的最前沿。新巴塞尔协议将操作风险列为与信用风险、市场风险并列的三大风险之一。操作风险存在于商业银行的各个领域，近几年银行业案件呈高发态势，其中由于操作风险造成损失的事件也连续不断。据有关资料统计，从国际上看，2001~2005 年，美国排名前 12 位的银行因风险造成的损失占其净收入的 4%~5%，至少两家大银行遭遇了操作风险损失，且占其税前净收入的 10%。我国商业银行操作风险也呈现上升趋势，并且开始出现涉案数量多、金额大、损失严重等新特点，2001~2008 年共发生 5 起轰动全国的操作风险案件，涉案金额 139 亿元。其中，2001 年"开平案"、2005 年"高山案"、2007 年"邯郸案"让人们记忆深刻。事实证明，操作风险管理在商业银行风险管理中越来越重要。

第一节　操作风险概述

一、操作风险的含义

操作风险是银行与生俱来的古老风险，近年来操作风险的管理逐渐受到各国商业银行的重视，《新巴塞尔协议》也把其纳入到风险资本管理的范畴。然而，对于操作风险的定义在业内并没有达成共识。目前，关于操作风险的界定可以归纳为以下四种观点。

第一，广义的操作风险是指除市场风险和信用风险以外的所有风险。如我国银监会2004 年《商业银行操作风险管理指引》将操作风险定义为：除市场风险和信用风险以外的所有风险。其特点是：①主要来源于金融机构的日常营运，人为因素是主要原因。②事件发生频率很低，但是一旦发生就会造成极大的损失，甚至危及银行的生存。③单个的操作风险因素与操作性损失之间不存在清晰的、可以定量界定的数量关系。这种定义过于笼统，无法计量。

第二，狭义的操作风险是指只与金融机构中运营部门相关的风险才是操作风险，即由于控制、系统及运营过程中的错误或疏忽而可能导致潜在损失的风险。最狭义的定义是将操作风险定义为与操作部门相关的风险，或称作为操作性风险。

第三，《新巴塞尔协议》（2004）沿用了英国银行家协会（BBA）的操作风险定义：由于不完善或有问题的内部程序、人员及系统或外部事件所造成损失的风险。这一定义包括法律风险，但不包括策略风险和声誉风险。这是因为，法律风险是由于银行在经营活动中对所涉及的法律问题处理不当或由于外部法律环境的变化而导致银行遭受损失的风险。银行的法律活动是银行为完成经营任务而采取的手段之一，基本上是操作性质的活动。而策略风险和声誉风险则是由于银行董事会对银行的重大发展方向和目标的决策失误而导致银行损失的风险，这是决策性质的风险而不是操作风险。而且，从为风险配置资本的角度讲，对策略风险和声誉风险进行测定并配置资本几乎是不可能做到的。《新巴塞尔协议》的定义是介于广义与狭义之间的操作风险的定义，这种定义以狭义的操作风险界定为基础并对其所涵盖的风险内容进行扩展，寻求内涵的完备性与计量管理之间的平衡。

第四，从非金融机构的一般企业角度，将操作风险定义为企业在进行基本的操作时经受的风险。例如，由人员、程序、技术引起的损失的可能。换句话说，操作风险是指因不充分的或失灵的内部程序、人员和系统或者外部事件而发生损失的风险。因此，企业需要对操作风险进行定义，包括终端产品、资源及用于生产该产品的程序。操作风险是大多数企业面临的最大风险领域之一。然而，传统的管理方法对于这个领域并未采用有组织的方式。许多公司早已设立了信贷部门，但是直到现在，设置操作风险部门的公司还很少。操作风险与企业的运作有着紧密关联。例如：一名售货员将女衬衫的价签弄错了，因此向买了这件商品的顾客少收了钱；飞行员对飞机距离地面过低的警报置之不理，导致飞机撞上山腰，机上人员无人生还；在记录客户的电话号码时，业务员一不小心将两个数字的位置颠倒了，所以联系不到客户，没有办法电话跟进。操作风险与其他类型的风险不同，它出现的原因在于它不是管理未知事项，而是处理已确立的程序。由于操作风险不是应付重大的未知事项，因此，在企业面临的所有风险类型中，操作风险是最便于管理的。它并不涉及任何对于未来事项的推测。就操作风险而言，企业面临的主要风险是在执行已明确的工作时，采取错误的步骤。

专栏 11-1　　　　**10 分钟的悲剧：德国最愚蠢的银行**

德国经济评论家哈恩说，在这家银行，上到董事长，下到操作员，没有一个人是愚蠢的，可悲的是，几乎在同一时间，每个人都开了点小差，加在一起，就创造出了"德国最愚蠢的银行"。

2008 年 9 月 15 日上午 10 时，拥有 158 年历史的美国第四大投资银行雷曼兄弟公司，向法院申请破产保护，消息转瞬间通过电视、广播和网络传遍地球的各个角落。令人匪夷所思的是，10 时 10 分，德国国家发展银行居然按照外汇掉期协议的交易，通过计算机自动付款系统，向雷曼兄弟公司即将冻结的银行账户转了 3 亿欧元。毫无疑问，这笔钱将是肉包子打狗有去无回。

转账风波曝光后，德国社会各界大为震惊。财政部长佩尔施泰因布吕克发誓，一定要查个水落石出，并严厉惩罚相关责任人。一家法律事务所受财政部的委托，进驻银行进行全面调查。

几天后，他们向国会和财政部递交了一份调查报告，调查报告并不复杂深奥，只是一一记载了被询问人员在这 10 分钟内忙了些什么。这里，看看他们忙了些什么。

首席执行官乌尔里奇施罗德：我知道今天要按照协议预先地约定转账，至于是否撤销这笔巨额交易，应该让董事会开会讨论决定。

董事长保卢斯：我们还没有得到风险评估报告，无法及时做出正确的决策。

董事会秘书史里芬：我打电话给国际业务部催要风险评估报告，可那里总是占线。我想，还是隔一会儿再打吧。

国际业务部经理克鲁克：星期五晚上准备带全家人去听音乐会，我得提前打电话预订门票。

国际业务部副经理伊梅尔曼：忙于其他事情，没有时间去关心雷曼兄弟公司的消息。

负责处理与雷曼兄弟公司业务的高级经理希特霍芬：我让文员上网浏览新闻，一旦有雷曼兄弟公司的消息就立即报告，现在，我要去休息室喝杯咖啡了。

文员施特鲁克：10时3分，我在网上看到雷曼兄弟公司向法院申请破产保护的新闻，马上跑到希特霍芬的办公室。当时，他不在办公室，我就写了张便条放在办公桌上，他回来后会看到的。

结算部经理德尔布吕克：今天是协议规定的交易日子，我没有接到停止交易的指令，那就按照原计划转账吧。

结算部自动付款系统操作员曼斯坦因：德尔布吕克让我执行转账操作，我什么也没问就做了。

信贷部经理莫德尔：我在走廊里碰到施特鲁克，他告诉我雷曼兄弟公司的破产消息。但是，我相信希特霍芬和其他职员的专业素养，一定不会犯低级错误，因此也没必要提醒他们。

公关部经理贝克：雷曼兄弟公司破产是板上钉钉的事。我本想跟乌尔里奇施罗德谈谈这件事，但上午要会见几个克罗地亚客人，觉得等下午再找他也不迟，反正不差这几个小时。

德国经济评论家哈恩说，在这家银行，上到董事长，下到操作员，没有一个人是愚蠢的，可悲的是，几乎在同一时间，每个人都开了点小差，加在一起，就创造出了"德国最愚蠢的银行"。

是疏忽还是马虎？是麻痹大意还是开小差？生活中，我们也常明知故犯，最终将自己逼入绝境。实际上，只要其中有一个人认真一点，这场悲剧就不会发生了。

资料来源：王伟（2011）。

二、操作风险的类型

按照发生的频率和损失大小，巴塞尔委员会将操作风险分为七类：①内部欺诈：故意欺骗、盗用财产或违反规则、法律、公司政策的行为；②外部欺诈：第三方故意欺骗、盗用财产或违反法律的行为；③雇用合同以及工作状况带来的风险事件：由个人伤害赔偿金支付或差别及歧视事件引起的违反雇员健康或安全相关法律或协议的行为；④客户、产品以及商业行为引起的风险事件：无意或由于疏忽没能履行对特定客户的专业职责，或者由于产品的性质或设计产生类似结果；⑤有形资产的损失：自然灾害或其他事件造成的实物资产损失或损坏；⑥经营中断和系统出错：业务的意外中断或系统出现错误；⑦执行、交割以及交易过程管理的风险事件：由于与交易对方的关系而产生的交易过程错误或过程管理不善。如表11-1所示。

表 11 - 1　操作风险损失事件分类详表

事件类型（1级目录）	定义	2级目录	业务举例（3级目录）
内部欺诈	故意骗取、盗用财产或违反监管规章、法律或公司政策导致的损失，此类事件至少涉及内部一方，但不包括性别、种族歧视事件	未经授权的活动	交易不报告（故意） 交易品种未经授权（存在资金损失） 头寸计价错误（故意）
		盗窃和欺诈	欺诈、信贷欺诈、假存款 盗窃、勒索、挪用公款、抢劫 盗用资产 恶意损毁资产 伪造 多户头支票欺诈 走私 窃取账户资金、假冒开户人等 违规纳税、逃税（故意） 贿赂、回扣 内幕交易（不用企业的账户）
外部欺诈	第三方故意骗取、盗用财产或逃避法律导致的损失	盗窃和欺诈	盗窃、抢劫 伪造 多户头支票欺诈
		系统安全性	黑客攻击损失 盗窃信息（存在资金损失）
就业政策和工作场所安全性	违反就业、健康或安全方面的法律或协议，个人工伤赔付或者因性别、种族歧视事件导致的损失	劳资关系	薪酬、福利、雇用合同终止后的安排 有组织的劳工行动
		安全性环境	一般责任（滑倒和坠落，等等） 违反员工健康及安全规定事件 工人的劳保开支
		性别及种族歧视事件	所有涉及歧视的事件
客户、产品及业务操作	因疏忽未对特定客户履行分内义务（如信托责任和适当性要求）或产品性质或设计缺陷导致的损失	适当性、披露和信托责任	违背信托责任、违反规章制度 适当性、披露问题（了解你的客户等） 违规披露零售客户信息 泄露私密 冒险销售 为多收手续费反复操作客户账户 保密信息使用不当 贷款人责任（Lender Liability）
		不良的业务或市场行为	反垄断 不良交易、市场行为 操纵市场 内幕交易（不用企业的账户） 未经当局批准的业务活动 洗钱

续表

事件类型 （1级目录）	定义	2级目录	业务举例（3级目录）
客户、产品及业务操作	因疏忽未对特定客户履行分内义务（如信托责任和适当性要求）或产品性质或设计缺陷导致的损失	产品瑕疵	产品缺陷（未经授权等） 模型误差
		客户选择，业务提起和风险暴露	未按规定审查客户 超过客户的风险限额
		咨询业务	咨询业务产生的纠纷
实体资产损坏	实体资产因自然灾害或其他事件丢失或毁坏导致的损失	灾害和其他事件	自然灾害损失 外部原因（恐怖袭击、故意破坏）造成的人员伤亡
业务中断和系统失败	业务中断或系统失败导致的损失	系统	硬件 软件 电信 动力输送损耗/中断
执行、交割及流程管理	交易处理或流程管理失败和因交易对手方及外部销售商关系导致的损失	交易认定、执行和维持	错误传达信息 数据录入、维护或登载错误 超过最后期限或未履行义务 模型、系统误操作 会计错误、交易方认定记录错误 其他任务履行失误 交割失败 担保品管理失败 交易相关数据维护
		监控和报告	未履行强制报告职责 外部报告失准（导致损失）
		招揽客户和文件记录	客户许可、免则声明缺失 法律文件缺失、不完备
		个人、企业客户账户管理	未经批准登录账户 客户记录错误（导致损失） （客户资产因疏忽导致的损失或毁坏）
		交易对手方	非客户对手方的失误 与非客户对手方的纠纷
		外部销售商和供应商	外包 与外部销售商的纠纷

三、企业操作风险的来源

在业务操作过程中，实施某个程序时可能出错的地方有很多。以下是一些较为常见的操作风险来源。

1. 缺乏规定程序

对于小型企业来说，随机应变的操作可能是不错的选择，原因在于它的交易量很小，不必设置复杂的程序。但是，随着业务量的增加，业务越来越复杂，设立正规的程序变得日益重要。当程序滞后于其日益复杂的操作时，缺乏程序和效率会对企业发展产生遏制作用。

2. 雇员缺乏培训

缺乏培训的雇员，可能犯致命错误。错误的一步可能使本已糟糕的情况演变成"噩梦"。尽管有时候公司已意识到培训的重要性，但是，它们不愿意为员工提供培训。原因有很多：①培训被视为一项昂贵的管理费用，而且常常不能立即帮助企业提高获利能力；②雇员接受培训时，将无法工作，因此，培训通常会使雇员的手头工作中断；③接受培训与应用新技能之时往往存在时间上的滞后；④培训的效力往往并非显见的，当然，对雇员进行如何正确使用设备的培训，能够产生明显的效果，但是，软技能的培训（比如有效沟通的课程）的效果常常并不明显；⑤人员流动频繁，如果员工很可能在几个月内离开公司，那么为员工提供培训看起来似乎很不值当。

3. 疏忽

操作风险的一大成因被称为"疏忽"，这是指某人在执行任务时并未将注意力放在这件工作上。由于注意力不集中，就会犯错误。疏忽的根源一般是疲劳、分心和厌烦。

4. 设备及软件维护不足或已报废

设备和软件的维护是指为了保持设备和软件的正常运转而对其开展的一系列活动。预防性维修就是其中的一种维护类型。例如，在管理公司的车队时，为每行驶 3000 英里的汽车发动机更换机油，这就是一种预防性维修。另一种维修类型是在事故发生时，对设备进行修理。

5. 缺乏职业道德和存在舞弊意识

如果管理层对业务程序控制松散，那么就给一些员工创造了利用公司资产，甚至从事任何非法或舞弊活动的机会。可能导致舞弊的一种典型的情况就是企业内不存在职责划分。例如，如果负责现金收取的收银员还要负责在分类账上记录交易，这就为该收银员擅自拿走现金而不记录相关交易创造了机会。此外，工作人员可能为了达到不现实的利润指标而造假或进行高风险的交易。一个人或更多人出错及欺诈的风险都属于这一领域。由于资产以及金融交易的规模和数量都较大，大型的错误或欺诈行为的潜在危害是巨大的。

6. 不妥善的外包安排

妥善的外包安排将无法为企业带来所需的专长，或者帮助其实现商业目标。服务外包造成的问题主要是产品规格不明，这使承包商可能无法交付企业期望的产品，或者企业严重依赖承包商而未对其产品和服务进行检查。

专栏 11-2   **庞氏骗局**

"庞氏骗局"源自一个名叫查尔斯－庞兹（Charles Ponzi, 1882～1949）的人，他是一个意大利人，1903 年移民到美国。庞兹在美国干过各种工作，包括油漆工，一心想发大财。他曾因伪造罪在加拿大坐过牢，在美国亚特兰大因走私人口而蹲过监狱。经过美国式发财梦十几年的熏陶，庞兹发现最快速赚钱的方法就是金融，于是，从1919年起，庞兹隐瞒了自己的历史来到了波士顿，设计了一个投资计划，向美国大众兜售。

这个投资计划说起来很简单，就是投资一种东西，然后获得高额回报。但是，庞兹故意把这个计划弄得非常复杂，让普通人根本搞不清楚。1919年，第一次世界大战刚刚结束，世界经济体系一片混乱，庞兹便利用了这种混乱。他宣称，购买欧洲的某种邮政票据，再卖给美国，便可以赚钱。国家之间由于政策、汇率等因素，很多经济行为普通人一般确实不容易搞清楚。其实，只要懂一点金融知识，专家都会指出，这种方式根本不可能赚钱。然而，庞兹一方面在金融方面故弄玄虚，另一方面则设置了巨大的诱饵，他宣称，所有的投资，在45天之内都可以获得50%的回报。而且，他还给人们"眼见为实"的证据：最初的一批"投资者"的确在规定时间内拿到了庞兹所承诺的回报。于是，后面的"投资者"大量跟进。

在一年左右的时间里，差不多有4万名波士顿市民像傻子一样变成庞兹赚钱计划的投资者，而且大部分是怀抱发财梦想的穷人，庞兹共收到约1500万美元的小额投资，平均每人"投资"几百美元。当时的庞兹被一些愚昧的美国人称为与哥伦布、马尔孔尼（无线电发明者）齐名的最伟大的三个意大利人之一，因为他像哥伦布发现新大陆一样"发现了钱"。庞兹住上了有20个房间的别墅，买了100多套昂贵的西装，并配上专门的皮鞋，拥有数十根镶金的拐杖，还给他的妻子购买了无数昂贵的首饰，连他的烟斗都镶嵌着钻石。当某个金融专家揭露庞兹的投资骗术时，庞兹还在报纸上发表文章反驳金融专家，说金融专家什么都不懂。

1920年8月，庞兹破产了。他所收到的钱，按照他的许诺，可以购买几亿张欧洲邮政票据，事实上，他只买过两张。此后，"庞氏骗局"成为一个专门名词，意思是指用后来的"投资者"的钱，给前面的"投资者"以回报。庞兹被判处5年刑期。出狱后，他又干了几件类似的勾当，因而蹲了更长时间的监狱。1934年被遣送回意大利后，他又想办法去骗墨索里尼，但没能得逞。1949年，庞兹在巴西的一个慈善堂去世。死去时，这个"庞氏骗局"的发明者身无分文。

第二节 操作风险的管理、评估与应对

操作风险由一个组织中三个关键领域进行的活动产生，这三个领域包括人员、流程和技术。操作失败允许损失积累，许多衍生出的大量损失由此产生。操作风险一向被松散地定义和量化。管理操作风险需要具备关于人员、流程和系统的知识，以及确保职责和程序能顺利执行的明确规定、记录以及遵守规定。一个企业所面临的许多风险是跨边界的……操作损失并不总是只发生在具有大量或者复杂业务的企业中，当然产品的复杂性、市场的波动性，再加上一个组织中业务的错综复杂性能够导致大量风险。

一、操作风险的评估

近年来，人们为了研究操作风险的具体测量方法开展了大量工作。直到今天，还没有发现类似 VAR 的被普遍认可的计量方法，而很多的风险仍然继续采用传统方式计量。因操作风险涉及领域广泛，而且每个领域都面临着不同程度的计量难题。比较典型的操作风险计量方法有：①员工方面：空缺职位数量、绝对数量及百分比、有职位空缺的期间、缺席员工的平均人数及最多人数、加班水平等；②运作方面：已利用的容量的百分比、控制界限被突破的实例、系统失效的次数、系统运作结束时未被处理的项目数量、交易量、平均处理时间、最长处理时间、生产力水平、员工流动、每千次处理中发生差错的数量等；③舞弊：舞弊或舞弊未遂实例的数量和价值、破坏安全系统未遂的次数；④风险的自我评估：管理层对企业内的不同层级采用不同的调查问卷，要求每个人完成一系列的综合问题，以对其负责的领域进行自我评估。这些问题可能涉及如职工安置水平、对现有的已知问题的识别、技术支持的充分性和将在未来半年或一年内出现的计划变动。然后管理层对风险进行评级，即将特别重大的风险领域评为高优先级，次级重要的风险评为中等优先级，影响力有限的风险评为低优先级，并且在与下一级管理人员讨论后，以其优先级作为资源分配的基础。

除了风险的自我评估，可以将列出的指标纳入评级系统，这种评级系统同时利用客观和主观标准，为业务部门或运营部门评出风险分数，定期追踪主要风险指标。主要风险指标是由管理层确立的客观的计量方法。由于它们是风险的主要指标，应当对它们进行定期追踪。例如，企业如果以要求员工定期休假作为把内部舞弊风险降至最小化的一种方法，就要定期追踪连续休假尚未达到规定期间的员工数量。

许多风险是属于操作性质的风险，因此，这些风险都可以采用上述方法计量。它们不一定是复杂的计量方法，但是，如果使用得当，有利于识别暴露潜在问题的领域，从而可以据此采取行动。

二、操作风险的评估工具

我国银监会先后出台了《商业银行内部控制指引》《商业银行操作风险管理指引》，指导和要求商业银行不断强化风险意识，形成科学风险偏好，建立长效操作风险防范机制。操作风险的评估工具主要有自我风险评估法和关键风险指标法。

1. 自我风险评估法

自我风险评估法是指商业银行识别和评估潜在操作风险以及自身业务活动的控制措施、适当程度及有效性的操作风险管理工具。操作风险自我评估流程包括以下几个阶段。

第一阶段，全员风险识别与报告。其任务和目标包括：①每位员工依据本岗位工作职责及体系文件、场所文件，识别本岗位所有工作环节中的风险点及相应的控制措施，初步评估风险程度和控制措施的质量，并提出控制优化的建议。②每位员工完成风险识别工作后，填制员工操作风险识别报告表。③成立自我评估小组，汇总本部门员工操作风险识别报告及下级行对口部门自我评估工作成果，并进行梳理归并。

第二阶段，作业流程分析、风险识别与评估。其任务和目标包括：①自我评估小组对部门职责范围内的各项作业流程进行全面的梳理和分析，并绘制作业流程图。②识别流程中对经营管理目标产生明确影响的风险点，并在流程图的相应环节进行标注。③在第一阶段汇总员工和下级对口部门风险识别报告的基础上，对风险点识别和标注工作进行补充和完善。④根据商业银行对操作风险的定义和分类标准，对识别出的操作风险进行分类。⑤采用发生概率和影响程度矩阵来评估操作风险的严重程度。

第三阶段，控制实施评估。其任务和目标包括：①对上一阶段识别出的操作风险进行重检，逐一对应检查是否存在有效的控制措施，明确现有控制措施的状态。②评估残余操作风险的重要程度。③依据控制质量评估措施的有效性、必要性、充分性和合规性。

第四阶段，制订与实施控制优化方案。其任务和目标包括：①根据残余操作风险与控制质量评估表，查找出不可接受的残余操作风险，以及控制措施存在缺陷的操作风险。②制订并实施上述操作风险的改进和控制优化方案。

第五阶段，报告自我评估工作于日常监控。其任务和目标包括：①各部门在自我评估结束后，应填制操作风险自我评估工作汇总表，向上级对口部门和同级风险管理部门报送，由风险管理部门逐级汇总上报总行风险管理部门，建立全行操作风险事件数据库。②各级机构和各业务条线根据操作风险自我评估工作汇总表，筛选出所辖操作风险程度高的风险点，加强日常监测和管理。

2. 关键风险指标法

关键风险指标是指代表某一风险领域变化情况并可定期监控的统计指标。关键风险指标可用于监测可能造成损失事件的各项风险及控制措施，并作为反映风险变化情况的早期预警指标（高级管理层可据此迅速采取措施），具体指标例如：每亿元资产损失率、每万人案件发生率、百万元以上案件发生比率、超过一定期限尚未确认的交易数量、失败交易占总交易数量的比例、员工流动率、客户投诉次数、错误和遗漏的频率，以及严重程度等。

目前国际金融界对操作风险的分类并没有统一的规定，在世界各大保险公司的研究实践中也从各个不同角度诠释了对操作风险的理解。RMA（Risk Management Associatiion）专业性风险咨询企业与风险管理协会是金融业 KRI 体系研发行动的发起人。借鉴巴塞尔委员会对银行操作风险的分类方法，KRI 包括 8 个标准的业务线（细分成 40 个产品和服务组 115 个风险类别），46 个业务功能单位（按产品特征和组织属性功能分类）。KRI 实质上是一个三维模型业务产品/服务线、风险分类和业务功能单位，三维模型中的每一个组合（产品/服务线、风险分类、业务功能单位）决定一个操作风险点，每一个风险都对应一个 KRI，对该风险点风险水平进行度量，反映风险发生的频率或损失强度或兼而有之。

根据指标的时滞性，KRI 体系中的指标可以分为预警指标（Leading Indicator）、同步指标（Cconcurrent Indicator）和滞后指标（Lagging Indicator）。

（1）预警指标。预警指标值的变化先于实际风险状况的变化，参考这种指标可以发现"预先警示标志"，分析未来风险状况及其对今后保险公司经营效益的影响，是对未来产生影响的操作风险监测指标。

（2）同步指标。同步指标值的变化同步于风险状况的变化，它的变化时间与风险情况基本一致，用于定义"正在发生的风险"，其中潜在损失事件可能导致一家或者另一家机构产生风险滞后指标。

（3）滞后指标用于反映或查找"历史事件"，其值的变动时间往往落后于实际风险状况的变动。同步指标和滞后指标可以显示风险变动的总趋势，并确定或否定预警指标预示的风险变动趋势，而且通过它们还可以看出风险变化的深度。

根据所监测操作风险的影响面和重要程度，KRI 还可以分为核心指标、重要指标和普通指标三个层次。核心指标是代表涉及保险公司核心业务的主要风险的指标；重要指标是代表保险公司核心业务具体细分之下的业务风险的指标；普通指标是代表除核心业务之外的其他业务具体细分之下的业务风险的指标。某寿险公司采用了这种风险指标分类方法，将 KRl 分为核心 KRI、具体的核心业务 KRI 和具体的其他业务 KRI 三类。

KRI 实际上是一个三维模型，三维模型中的每一个组合（产品/服务线、风险分类、业务功能单位）决定一个操作风险点，每一个风险点都对应一个 KRI。KRI 体系中的每一个风险点均标明了其功效、内部可比性、外部可比性、简易度和属性，并根据业务性质对每一个风险点进行简单描述。同时，KRI 体系对每一个风险指标进行编号、命名、分类、定性和描述，并将其与有关的已经有了明确定义的风险点相联系，产生 KRI 表格，每一个三维模型中的 KRI 均通过这种表格来进行定义。一个 KRI 可以对应多个风险点。

三、企业操作风险的应对

与可保风险、项目风险或大多数经营风险不同，操作风险的重点不是重大的不确定性。企业不会低估完成一项工作所需要的成本，或者新产品可能不受消费者欢迎的可能性。相反，企业要应对的是在实施已确立的程序时出现的小故障。会出现的问题及其后果是众所周知的。因此，管理操作风险最为普遍采用的方法是：

1. 设立流程、程序和政策

流程和程序有助于确保一个企业的政策得以实施。政策和程序的整理归档可以减少管理时间并为雇员提供策略支持。流程和程序产生的风险包括由于流程、程序、控制或制衡的缺失或无效而引起风险所产生的不良后果。通常，这些程序是为了减少错误或欺诈而设计的。流程和程序的风险影响套期保值以及交易的决策、监督和风险控制功能，交易的处理以及对政策的遵守。

企业的竞争力在很大程度上是由其所立程序的有效性表现出来的。国际标准化组织（ISO）只向那些证明已实施了能够提供高质量产品和服务的程序的企业颁发证书。显然，意识到在操作过程中会面临问题的企业，需要完善用于开展业务的程序。而这需要在必要时增加新的程序、更新现有程序及废止过时的程序。

2. 在公司内实施正式的内部控制系统

可参考本书第八章内容，其中提到要创建企业的内部控制环境，说明管理层的能力，强化内部控制文化和反舞弊意识。

3. 防止错误和欺诈

人员对于企业的运作至关重要，并且从风险管理的角度来看，他们往往代表一种最为显著的风险。交易涉及雇员的决策以及雇员之间的关系。因此，必须始终警惕潜在的错误和舞弊。执行反舞弊项，设计和执行控制，以消除程序内嵌入的重大风险。

4. 培训和管理雇员

由于雇员对企业的获利能力有较大影响，因此，对雇员进行有效的管理是很重要的。

人力资源管理的有效性，可通过旷工率、劳动力流失、事故率等来衡量。有关人力资源管理实务，可参见本书第五章相关内容。

5. 评价技术和系统

技术和系统风险也属于操作风险，是由于商品或服务的定价和交易系统、技术依赖、支付系统、数据和网络保护、访问文件或数据可被欺诈性地改变而产生。对系统和网络进行评价，要根据其对于破坏、欺诈或错误的脆弱性。如果只有一个员工能够操作一个复杂的系统，那么，就会产生很大的问题。关于技术和系统安全的风险属于技术性的问题，许多方面的讨论适合由行业专家来进行。

6. 外包安排

企业应与外包服务商通过服务级别协议建立质量和服务的要求，并对其产品和服务进行定期的检查。

第三节 操作风险的度量方法

《新巴塞尔协议》提出了操作风险的三种基本度量方法，即基本指标法（BIA）、标准法（SA）和高级计量法（AMA）。

一、基本指标法

基本指标法的基本思路是，银行所持有的操作风险资本应等于前三年总收入的平均值乘上一个固定比例（用 α 表示）。资本计算公式如下：

$$KBIA = GI \times \alpha$$

其中，KBIA 为基本指标法下的操作风险资本要求；GI 为前三年银行总收入的平均值；α 为对总收入提取的固定比率（一般为15%）。基本指标法对于总收入的定义是，净利息收入加上非利息收入。总收入的这种定义包括了所有计提准备（例如未付利息准备），但是不包括银行账户上出售证券实现的利润或损失，此外也不包括特殊项目以及保险收入。

基本指标法的特点在于不区分银行的经营范围和业务类型，统一使用一个风险指标（总收入），其优点是简便易行，但同时也过于粗略，适用于业务范围较为简单的银行。

二、标准法

在标准法中，银行的业务分为8个业务类别：公司金融（Corporate Finance）、交易和销售（Trading & Sales）、零售银行业务（Retail Banking）、商业银行业务（Commercial Banking）、支付和清算（Payment & Settlement）、代理服务（Agency Services）、资产管理（Asset Management）以及零售经纪（Retail Brokerage）。标准法计算操作风险的基本思路是，银行的操作风险应该按照不同的业务类别分别计算。每一类别的操作风险等于各类别业务的总收入乘以一个该业务类别适用的系数（用 β 值表示）。β 值代表银行在特定业务类别的操作风险损失经验值与该业务类别总收入之间的关系。不同业务类别的 β 值如表 11-2 所示。

表 11 – 2　银行不同类别业务的 β 值

业务类别	β 系数
公司金融（β_1）	18%
交易和销售（β_2）	18%
零售银行业务（β_3）	12%
商业银行业务（β_4）	15%
支付和清算（β_5）	18%
代理服务（β_6）	15%
资产管理（β_7）	12%
零售经纪（β_8）	12%

计算每类业务资本要求的方法是，用银行的基本财务指标乘以一个 β 值。β 值代表行业在特定业务的操作风险损失经验值与代表银行该类业务情况并按监管标准修正的基本财务指标之间的关系。而标准法中的总资本要求是每类业务资本要求的简单加总，即

$$KTSA = \sum_{i=1}^{8} GI_i \times \beta_i$$

其中，KTSA 为用标准法计算的资本要求；GI_i 为 8 个业务类别中各业务类别过去三年的年均总收入；β_i 为巴塞尔委员会设定的固定百分数，β 系数建立了 8 个业务类别中各业务类别的总收入与资本要求之间的联系。在标准法下的各业务类别中，总收入是个广义指标，代表业务经营规模，因此也大致代表了各业务类别的操作风险暴露。标准法把银行的行为细分为不同的产品线，每个产品线使用不同的风险指标，因而与基本指标法相比，标准法更为复杂。同时，标准法并不像基本指标法那样，对任何银行都适用，只有满足一定的条件时，银行才被允许使用。

三、高级计量法

高级计量法是到目前为止计量资本要求方法中对风险最为敏感的一种方法。在该类方法下，银行可以在服从巴塞尔委员会规定的一系列定性和定量标准下，建立起自己的内部风险计量模型。目前主要有四种方法：内部计量法、损失分布法、计分卡法和极值理论。

1. 内部计量法

内部计量法（Internal Measurement Approaches）更为细致地考虑了各个产品线的操作风险。在此方法下，操作风险资本要求的计算公式为

操作风险资本要求 $= \sum_i \sum_j r(i, j) \times EI(i, j) \times LGE(i, j)$

其中，i 表示产品类型；j 表示风险类型；(i, j) 表示产品类型 i 和风险类型 j 的组合；r (i, j) 表示将预期损失 EI 转化为资本要求的换算因子，其定义是在一定的置信水平内，每一个持有期的最大损失量，r 由监管部门根据全行业操作损失数据确定并适用于所有银行；EI (i, j) 表示组合 (i, j) 的操作风险暴露大小；PE (i, j) 表示组合 (i, j) 对应的损失事件发生的概率；LGE (i, j) 表示组合 (i, j) 给定的损失事件发生时的损失程度。

内部计量法与前两种方法相比更为科学和准确。它要求银行在估计银行资本费用时适用内部损失数据。和标准法相似，内部计量法也要求将银行的行为分为不同的产品线，但是，它允许银行在监管的框架下，根据自身的损失记录来确定资本金储备。由于大多数银行都缺乏相应的损失数据，这将成为其推广的主要障碍。

2. 损失分布法

损失分布法（Loss Distribution Approaches）可以看成是内部计量法的更高版本。在这种方法下，银行利用过去的内部数据来估计每个产品线或风险类型的两个概率分布函数：一个是单一时间冲击下的条件概率；另一个是关于下一年度的事件频率的条件概率。基于以上两个预测分布，银行计算累积操作损失的概率分布函数。将银行所有产品线或风险类型的风险值相加即为银行总操作风险资本配置金要求。考虑到这一方法的复杂性，巴塞尔委员会估计在新协议实施初期，该方法可能难以实施，但不能排除将来适用这种方法的可能性，而且这种方法代表了今后操作风险计量技术的发展方向。损失分布法同内部计量法的最大区别在于：它需要直接估计出不可预计的损失，而不是通过估计可预计和不可预计损失之间的关系间接得到不可预计的损失。现在已有多种损失分布方法处于发展中，但还没有形成一个统一标准。

3. 计分卡法

银行首先要决定每个产品线起始的一个操作风险水平，然后随着时间的转移在计分卡（Scorecard Approaches）的基础上修改这些量，以抓住不同产品线的潜在风险和控制环境。这些计分卡为资本要求的计量提供了一个直观的方法，它反映出风险控制环境的改善能够降低未来操作风险损失的概率和严重性。计分卡可以建立在真实计算的风险上，通常是用一系列指标表示产品线内特别的风险类型。计分卡法要求要有一个健全可靠的数据基础，全部资本要求量是通过对内外损失数据的严格分析而产生的。有时，计分卡法像内部计量法和损失分布法一样依赖于初始的估计方法，与其他方法不同的是，计分卡法并非仅仅依赖历史损失数据来决定资本量。一旦资本需要量确定，它的总规模以及在不同产品线之间的分配可以在定性的基础上进行调整。

4. 极值理论

作为一种参数估计方法，极值理论涉及研究极端值的分布情况。它可以在总体分布未知的情况下，仅依靠样本数据，得到总体中极值的变化性质。极值理论主要包括两种模型，传统的分块样本极大值模型和近年来发展起来的POT（Peaks over Threshold）模型。极值理论的优势在于它能直接处理损失分布的尾部，且没有对损失数据预先假设任何的分布，而是利用数据本身说话。由于引致操作风险损失的事件发生的频率低，但造成的损失巨大，从分布形态上看具有强烈的厚尾部特征。

利用极值法计量操作风险也存在缺陷：由于参数的不确定性，即使有充足的、高质量的数据来处理以及有很好的模型，参数估计仍存在标准误差；而且该方法需要大量的历史数据，然而最终能用于估计尾部分布的数据却又少得可怜，这造成了大量的数据浪费，会丢失许多有用的信息。

对于以上方法的运用，国际银行业中一些风险管理能力强的大型复杂银行或金融机构已经开始了操作风险高级度量模型的研究与开发工作，其模型方法完全符合《新巴塞尔协议》提出的高级计量方法的要求。鉴于上述方法特点及我国商业银行的发展现状，笔者认为基本指标法不是度量我国商业银行操作风险的有效方法；标准法可以作为我国商业银行近期使用的操作风险量化方法；高级计量法是我国商业银行操作风险管理的未来趋势，其中内部计量法、计分卡法和损失分布法对我国商业银行都有一定的借鉴意义，但目前它们的直接应用还存在较明显的局限性。《新巴塞尔协议》制定时主要考虑的是十国集团成员国和国际活跃银行的需要，并没有充分考虑发展中国家的国情，同发达国家相比，我国银行的风险管理水平存在较大差距。

【章末案例】　　　　蚂蚁搬家：天津银行一员工窃走2000万

"像老鼠偷粮食一样，一天搬点，一天搬点，积少成多，直到最后滚成2000多万元那么个大雪球。"这是2011年12月底发生在天津银行劳联支行的内部盗窃案，一名现金管理岗位的宋姓员工卷款2000余万潜逃。

一、内部盗窃

天津银行股份有限公司（Bank of Tianjin Co.，LTD），简称天津银行（Bank of Tianjin），成立于1996年，目前设有6家分行和6家中心支行、230个营业机构，注册资本为51.26亿元。天津银行劳联支行坐落在天津市和平区小建设路上的一座小楼里，楼房外观略显破旧，但地处三条交通要道的交接处，又置身于一片小居民区中，有闹中取静之意。此事发生后，天津银行低调处理，一直不为外界所知。直到2012年3月底，长城资产管理公司因此而搁置了收购天津银行超过50%股权的计划，才使之浮出水面。而让众多人士难以理解的是，这被盗的2000万元是作案者一点一点累积下来的，挂在账上一年有余，居然无人发觉。

窃款员工姓宋，大家都称其为小宋。小宋是一位现金管理人员，主要负责网点的每日现金分配和盘点。在很多人的印象中，小宋平时积极勤快，连休假都很少，曾被评为优秀员工。但是没成想，小宋的积极勤快，竟然是为了一点点"搬"走银行的存款。那么，他是怎么"搬"走的呢？"行里也没对我们公开实情，不过我听说是通过ATM机操作的。"该行员工根据自己的理解推测，最大的可能是，在小宋给ATM机放钱时，采取了少加钞，自己截留部分钱款的手段。具体的做法为，比如要向ATM机放100万元，但实际只放80万元或更少，自己截留20万元，到下次加钱时，将这20万元清钞记账。也就是说，此时实际库存已没有这20万元，账上有20万元是虚增出来的。

但是，根据惯例，ATM机加钞员各银行通常都由两个人负责，一人负责钥匙，一人负责密码，同时还会实行轮岗制，他所在银行是6个月一轮岗，要犯案，也是两个人串谋，同时泄露阴谋的风险也会大大增加，故而很少有人能钻这个漏洞。事实上，ATM机加钞员犯罪案件也有发生，但是基本没有通过ATM机长年累月盗窃的，出问题都是发生在提钱环节，是作案者拐款后立刻逃跑。比如去年闻名一时的浙江某银行加钞员，就是利用比另一位加钞同事早到的时机，提前把钱拿出来，将一多半的钱装到背包里，后来又嫌钱太重，而将其中50万元扔入垃圾箱逃跑。

有人质疑："一个支行的账上居然挂有2000万元存款，简直就是天大的笑话，怎么可能？"按照规定，每个营业网点对账上的现金都有上限规定，平均水平在三四百万元左右，就算个别现金需求多的网点，上限基本也不超过500万元，更别说2000万元了，只要银行稍微一核查，立刻就能发现。"放在其他行不可能，但在我们行就有可能。"一位天津银行员工透露，劳联支行加钞不是两个人，就小宋自己，况且授权员密码也由同一个人保管，监守自盗自然不再是难事。但还是难以理解，他们行日常就不查账吗？其实这样的账不难查：首先，一个支行网点账上挂有 2000 万元本身就是个问题，翻翻账本看到这个数字就该意识到有问题；其次，账上数字是虚数，只要清点库存，立刻就能发现账实不符。

二、员工客户均不满

实际上，天津银行在过去的 2011 年里，就已是风波迭起，问题重重了。2011 年初，天津银行鑫源支行曾私自挪用商户存款 2000 多万元，遭到员工举报，好在款项最终归还到账；2011 年上半年，天津银行一中支又发生挪用储户 500 多万元存款的事件。算上日前曝出的劳联支行员工窃款事件，天津银行在一年内至少连续发生了三起同类型的恶性事件。

就是到了 2012 年，问题还依然存在。2012 年 2 月，天津银行北京分行陷入"理财门"，该行针对中国航天科技集团第一研究院在职及离退休共 4 万多名专家发行一款年化收益率 8.1% 的专属理财产品，但由于涉嫌高息揽储，遭其他银行向银监会举报，致使该款产品发行仅 3 天后便以失败告终。据了解，此事有颇多蹊跷，现场几位帮助客户填写资料的工作人员居然称是刚被雇来的临时工，而且该款产品也没有资金投向等说明书，更没有正规的理财购买协议。虽然这一蹊跷产品很快被叫停，但此事给天津银行带来不小的负面影响。

如此管理的银行，要想获得客户的好评亦很难。"我们单位工资是在天津银行发，单位都已经把工资款打到银行了，但我们的工资却总要拖延一星期左右才到账，凭啥白白扣我们工资那么多天？单位出面问过，他们说系统出问题了，从来都没有一点歉意。"天津某公司员工如是说。

三、上市进程

早在 2008 年，天津银行就已经明确提出了上市目标，正式启动上市进程。2010 年 10 月，天津银行再次实施增资扩股，向现有股东和新投资者定向融资 42 亿元人民币，增加股本 8 亿股。当时，天津银行董事会办公室阎志军表示，天津银行的股权转让、增资，都是在为 IPO 扫清障碍，天津银行方面正紧锣密鼓进行筹备，最快有望在 2011 年上半年成功实现 IPO。

时间到了 2012 年，城商行上市热议声再起。不过，在证监会公布的 14 家城商行 IPO 预披露名单中，并未见到天津银行的影子。"监管层对城商行的风险是比较关注的，毕竟是新兴事物，比较敏感。天津银行出现这个案件，说明其在风险机制，尤其是操作风险上的重视程度还不够，应在定期检查库房、定期查账等方面，建立相应的警报机制。现在国内银行风控方面，有制度不执行的现象还是比较多的。"一位城商行副行长表示，"但城商行在快速扩张的过程中，难免会出现相应的风险。所谓高风险高收益，城商行的收益率增长那么快，风险自然会加大。因为受资本金的限制，城商行只能选择一些资本金动用较少，又能产生较高利润的业务。另外，城商行成立的目的就是要支持中小企业发展，为什么大银行不愿意做中小企业，就是因为风险偏高。"

更名—扩股—上市，历来是中国城商行的经典上市路径。但对于天津银行来说，前两个步骤已经重复了多次。1996 年，天津城市信用社改制为天津市商业银行。2000 年其实施第一次增资扩股。2006 年该行实施第二次增资扩股，引入了澳大利亚和新西兰银行集团有限公司作为股东。2007 年又实施公积金转增股本，注册资本变更为 27.26 亿元。2007 年更名为天津银行，同时获准跨区经营，在外地设立分行。现在，天津银行准备第三次更名，并再次更换股东，补充资本金，为上市做好充分准备。

天津银行 2010 年年报显示，目前天津银行的前十大股东持股比例为 63.64%，其中，天津保税区投资有限公司、天津海泰控股集团有限公司、天津市经济技术开发区财政局、天津投资集团公司均有国资背景，四家公司股权总和超过 30%。据悉，长城资产获得的股权主要来自这些国资背景的大股东。年报显示，2010 年天津银行的资本充足率为 11.30%，满足监管要求，但相对于城商行整体行业水平来说，却稍显不足。银监会数据显示，截至 2010 年末，城商行平均资本充足率达到 12.8%。而银监会前任主席刘明康曾透露，截至 2011 年 9 月末，城商行平均资本充足率达到 13.03%。

作为资产规模排名前十的城商行，天津银行的资本充足率距离行业平均水平显然还有差距。另外，尽管资金不宽裕，天津银行也丝毫没有放慢扩张的步伐。其网站显示，2011 年，天津银行新增分支机构 10 家，目前在北京、唐山等 5 地开设分行。不过，在天津银行 2000 万元内部盗窃案处理完成之前，这笔重要交易或许只能等待。"2000 万的数额不算大，但这个案子刚好爆发在敏感时期，自然会引起监管层的关注。"上述城商行副行长表示。

资料来源：作者根据多方资料整理而成。

【本章小结】

操作风险是银行与生俱来的古老风险，近年来操作风险的管理逐渐受到各国商业银行的重视，《新巴塞尔协议》也把其纳入到风险资本管理的范畴。《新巴塞尔协议》（2004）沿用了英国银行家协会（BBA）的操作风险定义：由于不完善或有问题的内部程序、人员及系统或外部事件所造成损失的风险。这一定义包括法律风险，但不包括策略风险和声誉风险。

按照发生的频率和损失大小，巴塞尔委员会将操作风险分为七类：内部欺诈，外部欺诈，雇用合同以及工作状况带来的风险事件，客户、产品以及商业行为引起的风险事件，有形资产的损失，经营中断和系统出错，执行、交割以及交易过程管理的风险事件。

操作风险的评估工具主要有自我风险评估法和关键风险指标法。《新巴塞尔协议》提出了操作风险的三种基本度量方法，即基本指标法（BIA）、标准法（SA）和高级计量法（AMA）。

【问题思考】

1. 《新巴塞尔协议》（2004）是如何界定操作风险的？
2. 《新巴塞尔协议》（2004）对操作风险的分类标准是什么？分成哪几类？
3. 操作风险的来源有哪些？
4. 操作风险有哪些评估工具？
5. 企业操作风险如何应对？
6. 操作风险有哪些度量方法？

参考文献

［1］ Allison L. , Bruce B. , et al. CFTC and SEC jointly adopt final swap entity definition rules ［J］. Journal of Investment Compliance, 2012, 13 （3）: 51 – 59.

［2］ Ansoff H. Igor. Corporate Strategy ［M］. McGraw Hill – Rare Vintage, 1965.

［3］ Chapman P. , Christopher M. & Juttner U. Identifying and managing supply chain vulnerability ［J］. Logistics and Transport Focus, 2002, 4 （4）: 59 – 64.

［4］ Crawley Frank, Preston Malcolm & Tyler Brian. HAZOP: Guide to Best Practice. Guidelines to Best Practice for the Process and Chemical Industries. European Process Safety Centre, Chemical Industries Association & Institution of Chemical Engineers.

［5］ Das PAAG – Verfahren. International Social Security Association, （ISSA）, c/o B. G. Chemie, Heidelberg, Germany, 2000.

［6］ Fathi A. , Nader N. Credit – default swap rates and equity volatility: A nonlinear relationship ［J］. Journal of Risk Finance, 2006, 7 （4）: 348 – 371.

［7］ Ghanem S. , Lounas R. & Brennand G. Global Energy Outlook: An oil price scenario analysis ［J］. OPEC Review, 2000, 24 （35）: 251 – 285.

［8］ Guidelines for Hazard Evaluation Procedures. Center for Chemical Process Safety of the American Institute of Chemical Engineers, New York, 1999.

［9］ Halit G. , Floris S. & Willem P. F. A. Credit default swap spread and succession events ［J］. Journal of Financial Regulation and Compliance, 2007, 15 （4）: 450 – 463.

［10］ Harrington Scott, Greg Niehaus & Ken Risko. Enterprise risk management: The case of united grain growers ［J］. Journal of Applied Corporate Finance, 2002.

［11］ Heijden K. The art of strategic conversation ［M］. John Wiley & Sons Ltd. , 1996.

［12］ Henry Mintzberg. The Rise and Fall of Strategic Planning: Reconceiving roles for planning, plans, planners ［M］. The Free Press, 1994.

［13］ Jack Li. 管理客户信用风险 ［EB/OL］. 世界经理人网站, 2003.

［14］ John C. G. & Ronald C. A. Capital structure: Perspectives for managers ［J］. Management Decision, 1997, 35 （7）: 552 – 561.

［15］ Julia A. S. Empirical study of a venture capital relationship ［J］. Accounting, Auditing & Accountability Journal, 2005, 18 （6）: 756 – 783.

［16］ Kam C. C. , Hung – Gay F. & Gaiyan Z. On the relationship between Asian credit default swap and equity markets ［J］. The Journal of Asia Business Studies, 2009, 4 （1）:

3 – 12.

［17］ Kent D. Miller. A framework for integrated risk management in international business ［J］. Journal of International Business Studies, 1992, 23 (2): 311 – 331.

［18］ Kletz Trevor A. HAZOP and HAZAN – Identifying and assessing chemical industry hazards, institution of chemical engineers ［M］. Rugby, 1999.

［19］ Knowlton Ellis. A manual of hazard & operability studies, the creative identification of deviations and disturbances ［M］. Chemetics International, Vancouver, Canada, 1992.

［20］ Lam James. The CRO is here to stay ［J］. Risk Management, 2001, 48 (4): 16 – 22.

［21］ Mintzberg H., Joseph L. & Bruce A. Strategy Safari: A guided tour through the wilds of strategic management ［M］. Free Press, 1998.

［22］ Miret P. & Paolo V. An intergenerational cross – country swap ［J］. The Journal of Risk Finance, 2010, 11 (5): 446 – 463.

［23］ Redmill Felix. Chudleigh Morris & Catmur James. System Safety: HAZOP and Software HAZOP ［M］. Wiley, 1999.

［24］ Rodney S. Efficient capital controls ［J］. Journal of Economic Studies, 2001, 28 (3): 199 – 212.

［25］ Scott E. Harrington & Gregory R. Niehaus. Risk Management and Insurance ［M］. McGraw – Hill, 1999.

［26］ Sean Silverthorne. 平衡计分卡遗漏的问题字号. 哈佛商业见解, http: // blogs. bnet. com. cn, 2010.

［27］ Steiner G. A. & J. B. Miner. Management Policy and Strategy ［M］. London: Cllier Macmillan, 1982.

［28］ Steiner G. A. Strategic planning: What every manager must know ［M］. New York: The Free Press, 1979.

［29］ Vijaya M. & Jan M. The performance of intellectual capital: Mobilising relationships between intellectual and financial capital in a bank ［J］. Accounting, Auditing & Accountability Journal, 2011, 24 (5): 622 – 646.

［30］ Vivek B., Malhotra D. K., Philip R. & Rahul S. An empirical examination of volatility spillover between the Indian and us swap markets ［J］. International Journal of Emerging Markets, 2012, 7 (3): 289 – 304.

［31］ ［美］格林布拉特·逊特曼等. 资本市场与公司战略[M]. 王琪琼译. 北京: 中信出版社, 2004.

［32］ ［美］哈林顿, 尼豪斯. 风险管理与保险 ［M］. 陈秉正, 王覂, 周伏平译. 北京: 清华大学出版社, 2005.

［33］ ［美］明茨伯格. 战略历程: 纵览战略管理学派 ［M］. 刘瑞红等译. 北京: 机械工业出版社, 2002.

［34］ ［美］安娜·彻诺拜, 法兰克·法伯兹. 操作风险: 新巴塞尔协议资本要求、模型与分析指南 ［M］. 大连: 东北财经大学出版社, 2010.

［35］［英］布赖恩·科伊尔．利率风险管理［M］．谭志琪，王庆译．北京：中信出版社，2005.

［36］巴曙松．巴塞尔新资本协议框架下的操作风险衡量与资本金约束［J］．经济理论与经济管理，2003（2）：17－24.

［37］巴曙松．新巴塞尔资本协议研究［M］．北京：中国金融出版社，2003.

［38］彼得·L. 伯恩斯坦．与天为敌：风险探索传奇［M］．穆瑞年，吴伟，熊学梅译．北京：机械工业出版社，2010.

［39］曹一方．宜信：来自京城的信用保镖［N］．商界，2010－12－06.

［40］陈芳．钱荒期间我国系统重要性商业银行市场风险传染研究［D］．山西财经大学，2018.

［41］陈建，段力平．实用技术经济学［M］．北京：高等教育出版社，2008.

［42］陈立文．项目投资风险分析理论与方法［M］．北京：机械工业出版社，2004.

［43］程丽．国有大中型企业走出去风险及其预警机制设计研究［D］．湖北大学硕士学位论文，2008.

［44］池国华，乔晓婷．海外并购中的政治风险——由北汽竞购欧宝公司失利引发的思考［J］．财务与会计，2011（7）：13－15.

［45］崔业莲.204 只券商理财产品八成亏损，有 30 只亏 15%以上［N］．证券日报，2012－02－22.

［46］崔政斌，冯永发．杜邦十大安全理念透视［M］．北京：化学工业出版社，2013.

［47］邓瑶．拯救中钢［N］.21 世纪经济报道，2012－04－21.

［48］邓瑶．中钢百亿占款触目惊心：身陷河北纵横泥潭［N］.21 世纪经济报道，2011－05－28.

［49］邓瑶．中钢幕后事：谁为巨额国资流失负责？［N］.21 世纪经济报道，2012－04－22.

［50］杜丽虹．四成上市房地产企业扩张超速谁是下一个顺驰？［J］．证券市场周刊，2006－11－10.

［51］杜玉兰．国际金融［M］．北京：科学出版社，2010.

［52］段在鹏等．复杂网络视域下的陶瓷企业生产危险因素分析［J］．安全与环境工程，2018（5）：115　120，126.

［53］范彬彬等．基于鱼骨图的汽车自燃安全事故诱因分析及对策探讨［J］．农村经济与科技，2018，29（2）：282－283.

［54］冯为民，朱俊，李嘉荣．贝叶斯方法在房地产风险决策中的应用研究［J］．重庆建筑大学学报，2006（2）：111－114.

［55］冯云杰．"王麻子"破产败在哪里？［J］．财经界，2006（6）：101－103.

［56］葛奇．美国商业银行利率风险管理［M］．北京：中国经济出版社，2011.

［57］葛秋菊．鱼骨柏拉图分析法在消毒供应中心质量管理中的应用［J］．齐鲁护理杂志，2018，24（9）：69－72.

［58］龚明雷．基于情景分析的供应链风险管理研究［D］．上海交通大学硕士学位

论文，2008.

　　[59] 郭知静，李俊，吴健．基于层次分析法的鱼骨图分析法在航班正常性管理中的应用 [J]．民航管理，2018（1）：63 – 65.

　　[60] 国家安全生产监督管理总局．AQ/T3049 – 2013 危险与可操作性分析（HAZOP分析）应用导则〔标准文本 20140320〕，2013 – 06 – 08.

　　[61] 国资发改革〔2006〕108 号文件．中央企业全面风险管理指引，2006 – 06 – 06.

　　[62] 何婷婷．用鱼骨图与层次分析法结合分析高校资助工作效率问题 [J]．海峡科学，2018（6）：95 – 97.

　　[63] 胡曙光．利率理论与利率风险管理 [M]．北京：中国人民大学出版社，2006.

　　[64] 黄佐，王帅．CME 风险监控及启示 [N]．期货日报，2013 – 06 – 24（004）.

　　[65] 江帆．基于直方图对比 TRT 图像识别技术的隧道超前地质预报综合判别方法 [D]．北京交通大学，2016.

　　[66] 蒋学海．基于博弈论的 P2P 网贷平台监管分析——兼论帕累托最优路径选择 [J]．征信，2017，35（12）：62 – 68.

　　[67] 金远征，崔守臣，赵礼，孙啸．基于改进 LEC 法的水利施工安全风险评估与管控 [J]．人民长江，2018，49（19）：63 – 66，104.

　　[68] 李琛．跨国经营政治风险及其管理研究 [D]．复旦大学博士论文，2005.

　　[69] 李村．开出收购筹码最高，北汽竞购欧宝仍失败 [N]．新快报，2009 – 07 – 29.

　　[70] 李三喜．三泰公司风险识别案例及分析 [J]．中国内部审计，2009（12）：60 – 62.

　　[71] 李燕．三泰公司风险管理研究 [D]．内蒙古大学硕士学位论文，2011.

　　[72] 李真．天津银行内部盗窃案追踪：员工或持续作案一年多 [N]．投资者报，2012 – 04 – 22.

　　[73] 李志辉，范洪波．商业银行操作风险损失数据分析 [J]．国际金融研究，2005（12）：60 – 61.

　　[74] 刘冬．华融普银 6 亿项目兑付延期，宜信被指代销 2 亿 [N]．第一财经日报，2014 – 04 – 22.

　　[75] 刘海龙，王慧．金融风险管理 [M]．北京：中国财政经济出版社，2009.

　　[76] 刘思敏．帕累托最优视角下农户小额贷款创新模式研究 [J]．农村经济与科技，2016，27（20）：106 – 107.

　　[77] 刘志毅，朱姝．"最牛工会"与沃尔玛的战争：维权 VS 维稳 [N]．南方周末，2014 – 04 – 03.

　　[78] 陆斌．福记定时炸弹 [J]．商界，2010（1）：54 – 57.

　　[79] 吕蕾．基于工作—风险分解法的 CBD 项目风险识别模型 [D]．格林尼治研究生班论文，2011.

　　[80] 罗猛，綦相，邵长毅．操作风险高级计量法及其验证：国际经验与启示 [J]．国际金融研究，2009（5）：54 – 60.

　　[81] 宁钟，王雅青．基于情景分析的供应链风险识别——某全球性公司案例分析

［J］．工业工程与管理，2007（2）：88 - 94.

［82］藕继红．切开苹果：以创新站上价值链顶端［EB/OL］．南方网，2013 - 04 - 08.

［83］钱进．顺驰公司案例分析［J］．第一会达风险管理，2008 - 05 - 16.

［84］乔舰．基于极大似然估计的右删失数据风险函数直方图估计［J］．廊坊师范学院学报（自然科学版），2016，16（1）：5 - 8，12.

［85］秦旋，孙承毅．知识分享的教师间博弈——从"囚徒困境"到合作博弈［J］．教育观察（下半月），2016，5（7）：20 - 21，30.

［86］冉孟顺，袁名富．万福生科：大米神话是如何注水的［N］．南方周末，2012 - 12 - 02.

［87］沈东军．组织智慧：21世纪企业盛衰的秘密［M］．北京：商务印书馆，2008.

［88］沈全芳．商业银行操作风险衡量与管理方法及其运用［J］．金融论坛，2009（11）：22 - 27.

［89］石海均．房地产投资分析［M］．大连：大连理工大学出版社，1994.

［90］世经未来．银行业风险案例精析，2012.

［91］孙立新．掉期交易在外汇风险管理中的应用［J］．经济论坛，2012（10）：62 - 64.

［92］孙鹏程，朱相慧，王天杨．基于帕累托最优的小区开放优化以及合理性建议［J］．科技创新导报，2017，14（15）：244，246.

［93］孙岩．中国企业跨国经营的政治风险管理研究［D］．上海外国语大学，2008.

［94］谭德俊，邹敏烨．操作风险损失的广义帕累托分布参数估计及其应用［J］．财经理论与实践，2010（6）：22 - 25.

［95］谭小芳．战略管理拎不清，百年老店也破产［J］．博锐管理在线，2012 - 05 - 31.

［96］陶昆．14000000死贷最后的下家［J］．商界，2010（1）：58 - 60.

［97］田玲，孙宁，杨琛．基于CARA效用的帕累托最优地震指数保险设计［J］．保险研究，2018（2）：17 - 31.

［98］王昶．战略管理：理论与方法［M］．北京：清华大学出版社，2010.

［99］王洪臣，扈国峰，刘晓东，陈晓栋，田文超．运用鱼骨图分析方法分析钻井施工高处坠落事故［J］．山东工业技术，2018（9）：104 - 105.

［100］王路，房莹．两步法求解帕累托最优再保险策略［J］．南开大学学报（自然科学版），2018，51（3）：72 - 77.

［101］王思锐．基于概率有限元的斜拉桥施工阶段可靠性评价［D］．长安大学，2017.

［102］王天娇．中国股票市场不同行业VaR风险价值测度［D］．首都经济贸易大学，2018.

［103］王伟．德国最愚蠢的银行［N］．南海网 - 南国都市报，2011 - 05 - 27.

［104］王霄濛，张谨．汇丰银行风险管理解析［J］．商，2011（5）：161.

［105］王选鹤，王鲁帅，刘旖彤．费率市场化背景下R语言在车险损失数据分析中

的应用［J］．保险职业学院学报，2016，30（1）：72－76.

［106］王盈勋．奴才的心态，哪来人才的收入？［EB/OL］．独立评论＠天下，2013－07－09.

［107］王远枝．基于效益、效率和风险平衡的大型石油公司风险管理［N］．中国企业报，2010－06－11（003）．

［108］王卓甫．工程项目风险管理［M］．北京：中国水利水电出版社，2002.

［109］吴晓波．大败局Ⅱ［M］．杭州：浙江人民出版社，2011.

［110］吴晓波．顺驰一匹被速度击垮的黑马［J］．现代阅读，2011（8）：68-69.

［111］吴重光．HAZOP培训系列教材——危险与可操作性分析（HAZOP）应用指南［M］．北京：中国石化出版社，2012.

［112］邢媛媛，张飞飞，邱黎明．基于风险界面理论的煤与瓦斯突出风险研究［J］．煤炭工程，2018（9）：91－95.

［113］闫雪晶．蒙特卡罗模拟方法房地产投资风险分析的应用［D］．西南财经大学硕士学位论文，2006.

［114］杨衡．蒙特卡罗模拟优化与风险决策分析的应用研究［D］．天津大学，2004.

［115］姚德良．奎克国民银行［J/OL］．数字财富，2004－04－09.

［116］银监会．银监发〔2007〕42号．商业银行操作风险管理指引，2007－05－14.

［117］银监会令〔2004〕第10号．商业银行市场风险管理指引，2004－12－29.

［118］尹乾．基于车辆运行管理的多目标化V2V数据传递优化研究［J］．汽车实用技术，2018（13）：22－26.

［119］尹志军．工程项目投资风险度量与模拟及收益优化模型研究［D］．河北工业大学硕士学位论文，2002.

［120］应奇益，叶自成．中国对外投资呈四大特点，需从三层面防范政治风险［N］．中国经济，2010－09－07.

［121］袁盼锋，田小蕾．500亿宜信资金池悬疑：高收益率背后的坏账风险［N］．理财周报，2014－06－04.

［122］原小瑛．在化工厂，可以比在家还安全［N］．中国化工报，2010－07－08（007）．

［123］张建．国际投资政治风险评估方法分析［J］．科技创业月刊，2004（8）：13－15.

［124］赵选民，张继伟．基于风险坐标法的风险识别实证分析［J］．财会通讯，2011（2）：153－154.

［125］中国注册会计师协会编．公司战略与风险管理［M］．北京：经济科学出版社，2014.

［126］中华人民共和国国家军用标准．GJB/Z 768A—98《事故树分析指南》，1998－03－16.

［127］周光友，罗素梅．金融风险的度量与指标选择［J］．统计与决策，2005（6）：16－17.